DEMAND FORECASTING AND INVENTORY PLANNING
A Practitioner's Perspective（2nd Edition）

需求预测和库存计划
一个实践者的角度
第2版

[美] 刘宝红 著

机械工业出版社
CHINA MACHINE PRESS

新品计划难免大错特错，老品计划做不到精益求精，是众多企业面临的普遍挑战。追求精益求精要靠预测模型，本书会详细介绍几种最常用，也是最重要的预测模型；避免大错特错要靠群策群力，本书会详细介绍德尔菲法，来有效应对高度不确定性。本书还会详细介绍库存计划，比如安全库存、再订货点如何计算，批量大、批量小的产品如何计划，VMI 的库存水位如何设置等。鉴于绝大多数企业没有专门的计划软件，本书所有的案例都在 Excel 中完成。本书为实践者量身打造，目标受众为计划经理、供应链总监、一线计划人员，以及对需求预测、库存计划实践感兴趣的人。

北京市版权局著作权合同登记　图字：01-2024-5619 号。

图书在版编目（CIP）数据

需求预测和库存计划：一个实践者的角度 /（美）刘宝红著 . -- 2 版 . -- 北京：机械工业出版社，2025.6. -- ISBN 978-7-111-78435-7

I. F713.52

中国国家版本馆 CIP 数据核字第 2025UZ0811 号

机械工业出版社（北京市百万庄大街 22 号　邮政编码 100037）
策划编辑：张竞余　　　　　　　　　责任编辑：张竞余　杨振英
责任校对：孙明慧　张雨霏　景　飞　责任印制：单爱军
天津嘉恒印务有限公司印刷
2025 年 7 月第 2 版第 1 次印刷
170mm×240mm・22.25 印张・1 插页・383 千字
标准书号：ISBN 978-7-111-78435-7
定价：89.00 元

电话服务　　　　　　　　　　网络服务
客服电话：010-88361066　　　机　工　官　网：www.cmpbook.com
　　　　　010-88379833　　　机　工　官　博：weibo.com/cmp1952
　　　　　010-68326294　　　金　书　网：www.golden-book.com
封底无防伪标均为盗版　　机工教育服务网：www.cmpedu.com

前言

一本关于怎么做计划的书

一位跨境电商的创始人问我，能否把那些预测模型给他，将它们写到程序中指导补货？电商、新零售是互联网的产物，其惯常的解决方案是信息化——当你手里的工具是把锤子的时候，你会有意无意把所有的问题都当钉子。

但作为一个计划老兵，我深知需求预测可不光是预测模型，甚至可以说模型本身只是需求预测中的很小一部分。用什么数据，用多少数据，极端值如何处理，模型的假设能否满足，模型参数是否优化，是否有系统性偏差，这些都是需求预测的重要组成部分，比模型本身更重要，也更难对付。

预测模型之于需求预测，就如篮球鞋之于打篮球，听NBA"大嘴"巴克利的球鞋广告就知道了："这就是我的新鞋，鞋子不错，（但是）它不会让你像我一样扣篮，像我一样富有，像我一样抢篮板球，更不会像我一样英俊潇洒。它只会让你拥有一双和我一样的球鞋。"[一]

预测模型也是同理。这就是为什么要聚焦员工的能力训练，理解公式以外的东西，而不是光寄希望于预测模型与工具本身。功夫在诗外，拳假功夫真，放在预测模型上，同样贴切。

[一] 这里摘取的是巴克利在1993年为耐克做的广告，原文如下："This is my new shoe. It's a good shoe. It won't make you dunk like me. It won't make you rich like me. It won't make you rebound like me. It definitely won't make you handsome like me. It'll only make you have shoes like me." 巴克利这个人，在中国读者中最为人知的大概是吻驴屁股了：巴克利很不看好刚加入NBA的姚明，就跟同为篮球评论员的史密斯打赌，如果姚明得分超过19分，他就亲吻史密斯的屁股。结果没过多久，火箭对阵湖人时，姚明9投9中，得了20分。然后巴克利就在全美电视上亲吻了驴屁股。

就这位跨境电商创始人来说，虽然基本的预测模型就那么几个，但是他的计划团队看了，还是不知道如何做计划。这不，他们在 Excel 中套用模型，一上来就用最为复杂的霍尔特－温特模型，既预测趋势，也预测季节性。但问题是，趋势参数的优化值为零，表明该产品的需求没有趋势；季节性在月份上相当模糊，应该考虑按季度汇总；促销等活动带来的极端值未经任何处理……

随随便便套模型，也没有对参数进行优化，再加上数据清洗不到位，就相当于盲人骑瞎马，垃圾进垃圾出，掉到坑里还不知道怎么掉进去的。而要解释清楚这些，可不是三言两语的事。我在计划领域 20 多年了，有些细节还是弄不清楚；很多计划人员呢，既没学过计划，也没人带领做过计划，能搞得清模型背后的那么多细节？

我知道，得写一本书。而写这么一本书的念头，从十几年前我在管理计划团队时就产生了。

在我的职业生涯中，有 8 年是在做计划经理，最多时在全球有 20 多位计划员和计划主管。那么大的团队，有人晋升了，有人离职了，有人做全职妈妈了，就注定一直在招新人。每次有新人加入，培训就是一个大问题：对于采购员的话，你可以给他一本采购手册什么的，上面告诉他订单怎么做，价格怎么询，合同用什么文本；而给计划员的书呢，不管是英文，还是中文，就是找不到一本合适的，让他读了就会做计划。

市面上有些计划类的认证，比如美国供应链管理协会（ASCM）的生产与库存管理认证（CPIM），我 20 多年前参加过，当时需要通过 5 门考试，想想要读多少书。[一]但问题是即便通过了认证，你还是不会做计划，虽然道理你都懂，基本的模型和公式你都见过。这就如有些人能把一本《新华字典》倒背如流，但还是不会写文章一样。

那怎么办？我就只能采用土办法：先把新计划员叫到硅谷的总部，集中

[一] 我参与认证时，机构名为美国生产和库存控制学会（APICS）。现在该认证有所简化，详见供应链管理协会的网站：www.ascm.org。

培训一周时间，手把手地教；然后让她回到自己的分公司开始实践，但每个计划决策都得我先看过。大概三个月以后，看她会做基本的计划了，就宣布"出师"，让她自己做计划，但我还是在背后紧盯着——**紧张**地盯着，就如你学车初上路，最紧张的不是你，而是坐在旁边的教练一样。

于是我就考虑写这本书，前后酝酿了 10 多年，可以说是我的几本书中最费周折的一本。管理层面的书相对好写，具体操作方面的书其实更难写，因为要涉及大量的细节。而把那些基本的预测模型、计划逻辑跟实践结合起来，既要有形而上的提高与总结，又要能解决形而下的问题，就更不容易了。

本书的主要目标读者有两类：其一，一线计划人员，很多完全凭经验做计划，希望他们通过本书可以掌握基本的预测方法和库存计划，并在实践中应用起来；其二，计划经理、供应链总监，希望他们通过本书可以选择、优化合适的模型，更上层楼，系统改善企业的计划体系。

本书的特点是围绕案例进行论述。有些案例是我当年工作中遇到的，更多的则来自各行各业的读者。这些真实的案例（有些经过脱敏处理），让本书得以覆盖众多行业，从电商、贸易、代理到制造业［大批量制造、小批量的设备和 MRO（非生产性物资）］，从传统的家电、汽车到新零售、快时尚、餐饮、养殖业。这些问题表面上会有不同，但解决方案有很多共性，也是本书得以成书的关键。

特别要说明的是，本书**不是**一本关于预测方法论的书。

我深知，预测方法深如海，几十年来形成的专业研究估计一个图书馆都装不下，自己才疏学浅，不敢奢望在这方面有所创新。本书会探讨几类常用的预测方法，力图以浅显易懂的方式，把这些方法介绍给大家，让更多的人能够熟练应用。

本书从实践者的角度进行阐述，力图通过最常用的一些模型，解决工作中百分之七八十的问题，让一个人会做基本的计划。那其余百分之二三十的问题怎么处理？我认为答案既不在更复杂、更"先进"的模型上，也不在强势职能拍脑袋上，而是要么群策群力，避免大错特错（比如德尔菲法），要么在这些常用的模型基础上，配以业务端的经验判断。这些都会在本书中谈到。

鉴于绝大多数企业没有专业的计划软件，本书所有的案例都将在 Excel 中完成，有些可在我的网站下载电子版文件。Excel 中也有一系列函数，帮助我们实现常见的一些预测模型。多年的经验告诉我，掌握了基本的预测方法，做了基本的数据清洗，在 Excel 中也可以做出很好的计划，虽然不一定最优，但还是会有实质性的改善。

在很多时候，我们作为实践者，寻找的是**更优**而非**最优**的解决方案。学者们所追求的最优解决方案往往过于复杂、约束条件过多，实践者很难理解和实施。鉴于这点，在我的一些案例中，比如预测方法的择优，我会适当简化，牺牲一点准确度，但可以显著增加操作的可行性，特别是在没有计划软件的前提下。

本书也会尽量避免数理统计。但不得不承认的是，供应链处处充满不确定性，而要掌握不确定性，没有比数理统计更好的工具了。所以，我会尽量以浅显的语言，从实践者的角度解释最基本也是最重要的数理统计。你不用懂多少数理统计，就可以做出相当不错的计划来。但是，如果要成为计划、供应链领域的高手，数理统计的思维必不可少。

最后，我想再次强调的是，书中分享的解决方案只是这些年来我自己的实践经历，绝非最佳实践。他山之石可以攻玉，仅此而已。

谢谢。

刘宝红 | Bob Liu

"供应链管理专栏"创始人 | 西斯国际执行总监

www.scm-blog.com | baohong@hotmail.com

1 (510) 456 5568（美国）| 136 5127 1450（中国，微信同）

2025 年 5 月 26 日于硅谷

作者简介

刘宝红，供应链管理畅销书作者，"供应链管理专栏"（www.scm-blog.com）创始人，西斯国际执行总监。

自 2000 年起，刘先生便在美国学习和实践供应链管理。他先在硅谷半导体设备制造业从事供应商开发和管理，在全球采购产品、服务和技术；后转入供应链计划领域，支持一家高科技企业每年 13 亿美元的服务备件业务。从 2004 年起，刘先生致力于推广供应链管理，帮助中国企业培养中高层管理人员，改善供应链绩效，推动供应链转型。

刘先生的专著《采购与供应链管理：一个实践者的角度》于 2012 年推出初版，至今已经写到第 4 版（2024 年），每年都居京东、当当供应链管理门类销量榜首。他的专著《供应链的三道防线：需求预测、库存计划、供应链执行》于 2022 年再版，《供应链管理：高成本、高库存、重资产的解决方案》于 2023 年再版，都成为供应链领域的畅销书。

围绕这些畅销专著，刘先生推出一系列专题培训，先后为众多行业龙头企业提供内训，并且有几千家企业、数万名职业人参加他的公开课培训，来自汽车、家电、电信设备、航空航天、机械制造、新能源、新零售、电商、快时尚、服装、餐饮等多个行业。

刘先生毕业于上海同济大学，获项目管理硕士；后赴美国，在亚利桑那州立大学读商学院，获供应链管理的 MBA。他通过了美国供应管理协会（ISM）的注册采购经理认证（C.P.M.）、运营管理协会（APICS）的生产与库存管理认证（CPIM），接受了亚利桑那州立大学、摩托罗拉和霍尼韦尔的精益六西格玛培训，是六西格玛黑带。

刘先生现旅居硅谷，定期往返于中美之间。如欲联系他，请电邮至 baohong@hotmail.com，或致电 136 5127 1450（中国，微信同）/ 1(510) 456 5568（美国）。

Demand Forecasting and Inventory Planning 目录

前言　一本关于怎么做计划的书
作者简介

引言　计划是供应链的引擎 / 1
供应链的三道防线 / 2
从"七分管理"到"三分技术" / 3
本书的内容结构 / 5

第 1 章　数据是计划的基础 / 7
定义需求历史 / 8
　　不能拿发货历史当需求 / 9
　　案例 1-1　发货数据带来系统性的偏差 / 10
　　谁的需求 / 11
　　小贴士　三家手机厂商，都是第一 / 13
　　多少需求历史算合适 / 14
　　按日、按周还是按月汇总需求 / 16
数据清洗 / 18
　　基本的数据清洗 / 19
　　极端值的处理 / 20
　　小贴士　极端值的识别 / 23
　　小贴士　削峰填谷 / 26

案例 1-2　某跨境电商的数据清洗　/ 28

案例 1-3　某设备商的备件数据清洗　/ 32

案例 1-4　某代理商的数据清洗　/ 34

与数据有关的一些好习惯　/ 38

第 2 章　移动平均法和简单指数平滑法　/ 40

时间序列简介　/ 41

移动平均法　/ 44

究竟用多长的需求历史　/ 44

相信数据，而不是你的眼睛　/ 46

小贴士　预测的灵敏度和准确度　/ 48

移动平均法的局限　/ 49

加权移动平均法　/ 50

简单指数平滑法　/ 50

简单指数平滑法的逻辑　/ 51

小贴士　"指数"是怎么来的　/ 53

简单指数平滑法的初始化　/ 54

平滑系数的择优　/ 56

小贴士　平滑指数的经验值　/ 60

小贴士　特别警惕 Solver 给的优化值　/ 61

简单指数平滑法的优劣　/ 62

第 3 章　评估预测方法的优劣　/ 64

预测的准确度　/ 64

准不准，跟谁比　/ 64

预测准确度如何计量　/ 66

案例 3-1　某制造商的预测准确度　/ 69

那么多的预测，究竟评估哪个　/ 71

预测准确度的行业标杆是个伪命题　/ 72

小贴士　预测准确度的几个规律　/ 73

可以不考核，但不能不统计　/ 74

预测的系统性偏差 / 76

    案例 3-2　猪突然不怎么吃玉米了 / 81

预测模型择优的几点补充 / 82

    过度拟合是择优之大忌 / 82

    小贴士　数据是很好的仆人，却是糟糕的主人 / 84

    小贴士　预测模型的择优流程 / 85

    简单的模型往往比复杂的好 / 86

    小贴士　最基本的方法也是最重要的 / 88

    寻找更优而非最优的解决方案 / 88

    预测：增值还是添乱 / 90

    小贴士　预测模型的边际效益 / 91

预测能力的评估 / 92

第 4 章　趋势的预测 / 95

用线性回归来预测趋势 / 95

    小贴士　Excel 表格中运行线性回归 / 97

    小贴士　如何解读线性回归 / 99

    小贴士　用函数 TREND 来预测趋势 / 102

    小贴士　正确解读残差图 / 103

    案例 4-1　线性回归中，极端值的处理 / 105

霍尔特法 / 108

    小贴士　指数平滑法的一点小历史 / 111

    初始化和平滑系数择优 / 112

    小贴士　用 FORECAST.ETS 来运行霍尔特法 / 114

    霍尔特法和线性回归法的优劣 / 115

    案例 4-2　究竟该用什么模型 / 117

    小贴士　介绍一个专业网站 / 119

第 5 章　季节性需求的预测 / 124

传统的季节性模型 / 125

    有季节性，没趋势 / 125

　　　　季节性、趋势并存　/ 126

　　　　小贴士　季节性需求的安全库存设置　/ 129

　　　　案例 5-1　季节指数的计算　/ 129

　　　　案例 5-2　季节性需求预测的纠偏　/ 130

　　霍尔特 – 温特指数平滑　/ 133

　　　　初始化　/ 135

　　　　平滑系数择优　/ 136

　　　　小贴士　用 Excel 函数做霍尔特 – 温特指数平滑　/ 137

　　　　小贴士　用 Excel 中的"预测工作表"做霍尔特 – 温特指数平滑　/ 139

　　　　小贴士　不要寄厚望于霍尔特 – 温特模型　/ 141

　　案例 5-3　三种不同方式来预测季节性需求　/ 142

　　　　方法 1：霍尔特 – 温特模型　/ 143

　　　　方法 2：传统的季节性模型　/ 145

　　　　方法 3：把周三当作独立的时间序列来预测　/ 147

　　　　最优的预测方法　/ 148

　　　　预测准确度这么低，怎么办　/ 150

　　　　小贴士　季节该如何切分　/ 154

　　　　小贴士　究竟参照什么日历　/ 155

第 6 章　一家电商的预测方法优化　/ 156

案例企业背景　/ 157

案例 6-1　中心仓的预测方法择优　/ 157

　　需求预测的现状　/ 158

　　需求预测的集中化　/ 159

　　预测方法择优：整体思路　/ 162

　　供应链执行能力限制了计划　/ 165

　　小贴士　4 周锁定，2 周滚动　/ 166

　　移动平均法，几周最准　/ 167

　　小贴士　配对 t 检验　/ 168

　　简单指数平滑法，是否更准　/ 172

　　小贴士　初始预测值的影响　/ 173

　　　　系统性偏差 / 175

　　　　小贴士　极端值的识别和处理 / 179

　　　　预测方法择优建议 / 181

　　　　小结：中心仓的预测 / 185

　　案例 6-2　店铺的预测和库存计划 / 185

　　　　那么多的库存从何而来 / 186

　　　　预测方法的设计 / 187

　　　　预测方法的择优 / 189

　　　　系统性偏差 / 192

　　　　小贴士　移动平均法和简单指数平滑法的比较 / 194

　　　　预测有趋势的产品 / 195

　　　　小结：店铺预测 / 200

　　　　小贴士　前置仓的计划人员做什么 / 201

　经验教训 / 202

第 7 章　高度不确定性下，如何预测 / 205

　游戏：瓶子里有多少颗糖 / 207

　德尔菲法 / 209

　　　小贴士　德尔菲法与开会大不一样 / 211

　　　案例 7-1　快时尚电商的新品预测 / 212

　　　德尔菲法失败的一些原因 / 220

　　　小贴士　反馈改进，从失败中学习 / 221

　　　小贴士　德尔菲法的设计 / 222

　　　案例 7-2　专家小组不是免责委员会 / 225

　　　小贴士　德尔菲法不是万能药 / 226

　　　专家判断有没有约束力 / 227

　　　德尔菲法错了怎么办 / 228

　　　小贴士　德尔菲法的变种 / 228

　　　小贴士　德尔菲法的应用越来越多 / 230

第 8 章　新品预测：尽量做准，尽快纠偏 / 232

　新品不同，预测的难度也不同 / 232

新品预测的两大核心挑战 / 234

案例 8-1　新品开发期的滚动纠偏 / 234

　　新品开发期的三个节点 / 235

　　新品导入期的三个节点 / 237

　　小贴士　关于快反的迷思 / 239

新品的滚动计划要有计划性 / 239

　　小贴士　新品计划由谁做 / 240

案例 8-2　新品预售期的滚动纠偏 / 241

　　线性回归模型 / 243

　　线性回归模型的验证 / 245

　　预售期需求的滚动预测 / 247

　　初始预测高估或低估了，怎么办 / 248

项目型需求的滚动计划 / 251

　　案例 8-3　大型设备的预投机制 / 251

第 9 章　预测不准，设置安全库存来应对 / 256

安全库存：库存计划的看家本领 / 257

供应确定，需求不确定 / 258

　　第一步：量化需求的不确定性 / 259

　　小贴士　季节性需求的不确定性 / 261

　　第二步：量化服务水平的要求 / 263

　　小贴士　服务水平怎么定 / 265

　　小贴士　服务水平和有货率不一样 / 267

　　第三步：计算安全库存 / 269

　　小贴士　补货周期如何计算 / 270

　　案例 9-1　安全库存的计算示例 / 272

需求、供应都不确定 / 273

　　小贴士　两种不确定性对安全库存的影响 / 275

需求确定，供应不确定 / 276

非现货供应，安全库存如何设置 / 278

　　案例 9-2　需求符合正态分布时，非现货供应的安全库存 / 279

缓冲库存也是安全库存 / 280

安全库存计算中的一些假设 / 281

第 10 章 再订货点和再订货机制 / 284

再订货点的主要参数 / 284

  再订货点 / 285

  案例 10-1 再订货点的计算 / 285

  订货量 / 287

  小贴士 经济订货量 / 287

  案例 10-2 经济订货量的计算 / 290

  小贴士 库存持有成本 / 292

再订货点的适用范围 / 294

  小贴士 用再订货点，还是安全库存 + 需求预测 / 294

补货机制 / 298

  补货机制：定量与不定量 / 298

  补货机制：定期与随时 / 300

  案例 10-3 定期补货机制下，再订货点计算 / 301

  补货机制小结 / 302

  案例 10-4 某工业品企业的库存计划 / 304

VMI 的库存水位如何设置 / 305

  计算最低、最高库存水位 / 306

  VMI 的库存风险 / 307

  VMI 库存的绩效管理 / 308

  案例 10-5 离开信息化，就很难具备做 VMI 的条件 / 310

  小贴士 VMI 有助于减轻牛鞭效应 / 312

第 11 章 长尾产品：库存计划的终极挑战 / 314

长尾、中尾、短尾分类 / 317

  小贴士 从计划的角度来对产品分类 / 318

用泊松分布来模拟长尾产品 / 321

  小贴士 什么时候用正态分布，什么时候用泊松分布 / 324

简单法则来指导长尾产品的计划 / 325

  成本—频次编码体系 / 326

  备件损耗指数 / 330

长尾产品的库存控制 / 332

  高库存、高服务水平是怎么来的 / 333

  长尾产品的库存控制事关决心 / 335

后记 / 337

参考文献 / 339

Demand Forecasting and
Inventory Planning 引言

计划是供应链的引擎

> 貌似没做到,实则没想到;不但要做到,而且要想到。

简单地说,供应链是**采购**把东西买进来,**生产**来加工增值,**物流**配送给客户,这是供应链的三大执行职能。我们有这么三个环节,我们的客户、供应商有这么三个环节,客户的客户、供应商的供应商也有这么三个环节,环环相扣,就形成了供应链。

这三大执行职能的上面是**计划**职能。计划告诉采购买什么,买多少;生产什么,生产多少;配送什么,配送多少。计划加上三个执行职能,就构成完整的供应链管理(见图 0-1)。

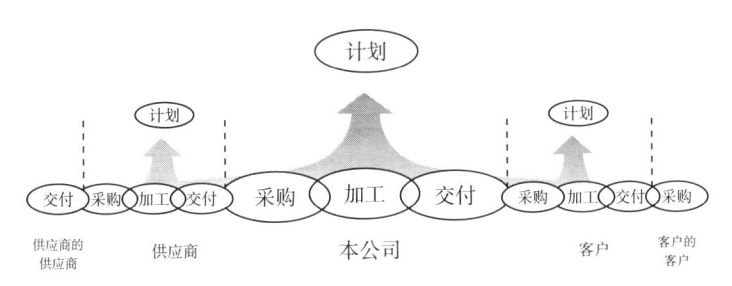

图 0-1 供应链管理是计划加三大执行职能

资料来源:Supply Chain Council 的 SCOR 模型,有简化。

计划是供应链的引擎。对于供应链的绩效,表面上看是没做到,实际上是没想到——计划想不到,采购、生产和物流就很难做到;即便做到了,也是以较高的成本、库存和产能为代价。对于供应链管理者来说，我们**不但要做到，而且要想到**。

企业越大，计划就越重要，就越需要先想到，再做到，通过想到来指导做到。否则，一味在执行导向下，运营成本高昂，产能利用和库存周转率低下，最终导致生意越做越多，钱越赚越少；账面上赚了，都赚到库存和产能中去了。

供应链的三道防线

那计划做什么？如图 0-2 所示，计划首先做的是**需求预测**。所有的预测都是错的，但错多错少可大不一样。如何"从数据开始，由判断结束"，有效对接销售和供应链运营，做出一个"准确度最高的错误的预测"，是需求预测的核心任务，也是为供应链建好第一道防线。

需求预测
- 从数据开始，由判断结束
- 合适的方法、合适的人，尽量做准
- 管理需求，探知变化，尽快纠偏

库存计划
- 所有的预测都是错的
- 安全库存、富裕产能作为缓冲
- 平衡服务水平与资产周转

执行实施
- 计划之不足，执行来弥补
- 缩短响应周期，提高响应能力
- 选好、管好供应商，加强执行力度

图 0-2　供应链的三道防线，也叫计划的三道防线

"从数据开始"是基于需求历史，做出基准预测。这里的假设是业务有一定的重复性：要么在成品，要么在半成品，要么在原材料层面，至少也应该在工艺层面，我们总是在做某种重复性业务，否则的话，光靠没有重复性的一锤子买卖，企业能做到几千万、几亿、几十亿元的营收？

但是，历史不会百分之百地重复，要么是以前发生过的，以后可能不会发生；要么是以前没发生过的，未来可能会发生。谁对还没发生但是可能发生的事有一定的预判？销售、市场、产品管理，凡是跟客户端有接触的，有时候包括设计、客服、高管，都有一定的预判能力，从而可以调整预测，这就是"由判断结束"。

企业大了，**有判断的人往往没数据，有数据的人往往没判断**。比如销售整天跟客户、市场打交道，有判断，但他们不怎么接触信息系统，对于需求历史等数据并不熟悉，即便有了历史数据，也往往分析不到位。

相反，计划整天跟数据打交道，很清楚每个产品卖掉多少，卖给谁了，什么时候卖掉的，在数据分析能力上一般也更强，但他们远离市场与客户，没有判断——真正的判断要来自一线。

这就注定**需求预测是个跨职能行为**：有数据的出数据，有判断的出判断，把这些都放到桌面上，消除信息不对称，是提高需求预测准确度的关键。预测准确度低，很多时候都能看到单一职能做预测的影子。

所有的预测都是错的，那错了该怎么办？这就得靠供应链的第二道防线——**库存计划**，通过设置合适的安全库存、富裕产能，来有效应对需求和供应的不确定性，同时兼顾资产周转率。除了科学、合理地设置安全库存以外，库存计划还有一项任务，就是把有限的库存放到合适的地方，避免有的地方短缺，有的地方过剩，短缺与过剩并存的情况。

安全库存、富裕产能不够用怎么办？这就得靠供应链的第三道防线——**供应链执行**（执行实施）来弥补。对于很多企业来说，供应链上的绝大多数活儿都归供应商负责，这就又回到供应商的选择与管理上，这在我的《采购与供应链管理：一个实践者的角度》(第4版) 一书中有重点阐述。

这就是供应链的三道防线，也叫计划的三道防线。当然，有人或许会问，那我们熟悉的主计划、生产计划、物料计划、采购计划都到哪儿去了？这些计划整体上属于**非独立**计划，依赖需求预测这样的**独立**计划而存在。我们不是说非独立计划不重要，而是要首先制订需求计划（独立计划），在其基础上依次制订主计划、生产计划、物料计划和采购计划等非独立计划。

三道防线的整体方法论在我的《供应链的三道防线：需求预测、库存计划、供应链执行》(第2版) 一书中有详细阐述。本书主要是讲"从数据开始"，也就是基于需求历史，适当清洗数据，找到合适的预测方法，制定基准预测——毕竟，绝大多数的计划工作是基于数据的，然后再根据对业务端未来的预判，适当加以调整，成为最终的预测。

从"七分管理"到"三分技术"

供应链计划是"七分管理，三分技术"。《供应链的三道防线：需求预测、库存计划、供应链执行》一书主要是解决"七分管理"的问题。作为**管理层**，读完该书，你会在组织、流程层面对计划有很好的理解；但作为**执行层**，在"三分技术"上，却还有诸多实操层面的问题，需要进一步厘清。

所以，我想再写一本更偏**实操**层面的书，解决"三分技术"的问题。正好这几年在帮助一些电商改进供应链计划体系，积累了一系列案例，再加上以前在高科技行业 8 年的全球计划经历，为这本新书提供了素材。

书中案例相当一部分来自电商和快时尚行业，一方面是因为在这些新兴行业，从业人员普遍年轻，精于业务创新而疏于供应链运营，供应链管理特别是计划是薄弱项，有很大的提升余地；另一方面是因为这些行业的信息化程度比较高，数据相对完善易得，为案例分析提供了充分的素材。

但是，我不想因为这些案例，就把该书定位在特定的行业、特定的领域——不管是时兴的跨境电商、新零售，还是传统的生产制造、贸易流通，在供应链计划上的问题都很相似，主要表现为两大挑战，如图 0-3 所示。

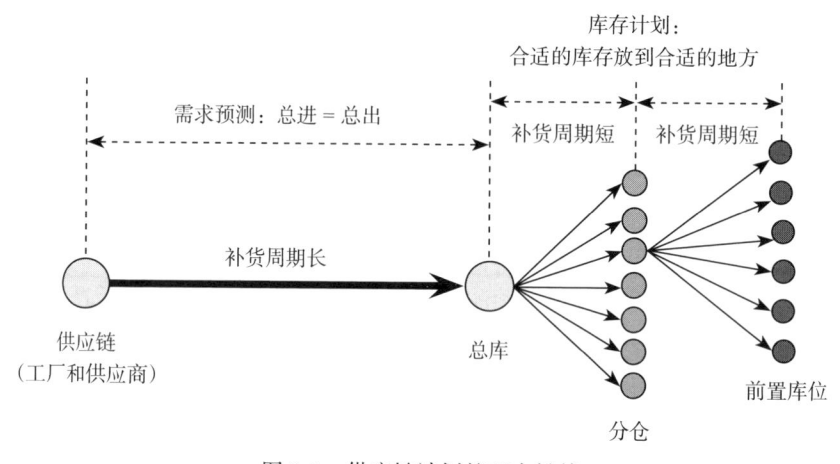

图 0-3　供应链计划的两大挑战

其一，**总进总出整体上不平衡，导致全局性的需求与供应不匹配**。这在新产品导入上很常见，在成熟产品上也屡见不鲜。这主要是个需求预测的挑战，在公司层面（总库）尤为重要，需要提高预测的准确度，尽量做准、尽快纠偏，并驱动生产线和供应商的执行来弥补。

其二，**库存没放到合适的地方，导致局部性的需求与供应不匹配**。即便整体需求与供应匹配了，但合适的库存放不到合适的地方，也会导致局部性的过剩与短缺并存。这更多是个库存计划的问题，主要发生在分仓和前置库位，可通过设置合理的安全库存、再订货点等来解决。

在实践中，这些问题又以两种方式呈现：不确定性很高时，比如全新产品的导入、大的促销等活动，需求计划极度不准，经常出现**大错特错**；可重复性高时，比如长销产品，计划做不到**精益求精**，无法让库存最低、服务水平最高。

这些事为什么做不好？如果你问计划职能，听到的大多是销售如何如何；殊不知，有很多事情，比如数据分析，计划职能自己就能完成，并不需要销售来帮忙——计划要做自己能够控制的，那就是解决好数据分析问题。

计划职能的**数据分析能力不足**，表现在需求预测上，就是过分依赖销售在颗粒度很小的地方"提需求"，导致预测准确度太低；表现在库存计划上，就是简单地一刀切，设置一定天数的需求为安全库存，导致短缺与过剩并存。做不好本职工作，计划职能就失去了价值，沦落为跟单执行的打杂机构。

这些问题不是特定行业所独有的，我们需要寻找广义的解决方案，那就是加强计划的"三分技术"。没有人知道得比数据更多——计划人员必须加强数据分析能力，从数据中寻找规律，做好需求预测和库存计划。这也是计划职能的核心竞争力。

我想特别强调的是，计划主要是个数据分析职能。我们经常习惯性地低估业务的重复性，高估销售在计划中的作用。毕竟，销售端能够显著改变需求的产品数量，大概不会超过几把手指头，这也是他们能够帮助判断的。绝大多数的产品，我们都得基于需求历史（数据分析）来预测。

这也是为什么计划首先得"从数据开始"。

本书的内容结构

不管是需求预测还是库存计划，都离不开历史需求数据。基础数据准备不当，数据分析就如建在沙滩上的高楼。所以，本书从基础数据开始（第1章），主要包括需求的定义和极端值的清洗。

接下来，我们会介绍两种基本的预测方法：移动平均法和简单指数平滑法，并阐述预测模型的择优（第2章）。预测模型重要，模型的择优更重要。我们在第3章会进一步介绍预测模型的优劣评判标准，那就是不但要准确，而且要没有系统性偏差，以及易于理解、落地等。

理解了基本预测模型和择优原则后，我们会介绍趋势（第4章）、季节性模型（第5章）。跟移动平均法和简单指数平滑法一道，这些模型都是基于需求的延续性，构成完整的对时间序列的预测。线性回归（第4章）是基于相关性的，是预测趋势的另一种方法。

在第6章，我们会分享一个完整的案例，帮助一家企业优化其计划体系，也是对前面几章的总结，包括预测方法的选择和优化，以及在应用中要注意的一系列问题。整个案例是在Excel中完成的，虽然做不到最优，但能做到更优，实质性地提高了案例企业的预测准确度。

以上方法都是基于需求历史的可重复性，发现其中的规律性，帮助我们做到精益求精，尽量降低库存，同时提高服务水平。对于高度不确定的情形，我们会在第7章介绍德尔菲法，群策群力来避免大错特错；在第8章阐述小步快走，尽快纠偏来应对初始预测的准确度不高。

不管怎么努力，预测总是错的，供应链的自然应对是设置安全库存。在第9章，我们会介绍大批量产品的安全库存设置，以及在此基础上设置再订货点、供应商管理库存（Vendor Managed Inventory，VMI）的最高和最低库存水位（第10章）。在第11章，我们会介绍小批量（长尾）产品的计划和库存控制，作为本书的收尾。

Demand Forecasting and
Inventory Planning 第1章

数据是计划的基础

计划的大厦，建立在数据的地基上。

一提到需求预测，人们就联想到预测模型。其实，需求预测首先要从数据整理开始（"数据内核"），在数据的基础上应用合适的预测模型（"三分技术"），然后借助组织流程的力量，整合需求端的职业判断（"七分管理"），完成"从数据开始，由判断结束"的闭环，如图1-1所示。

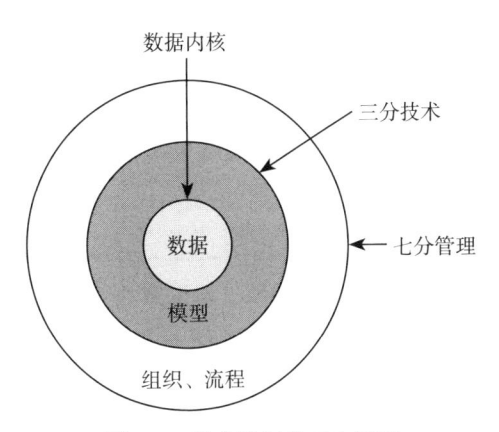

图 1-1　需求计划的三个层面

我们之所以从数据开始，是因为数据是需求计划的基础。很多人把数据当成想当然的，就着"来路不明"的数据，花了太多的资源来优化预测模型，但基础数据没有处理好，多好的分析都会成为空中楼阁——模型优化是在追求精益求精，而不良数据却会导致大错特错。

本章我们将探讨企业的两大挑战：①准确定义需求历史，选择合适的需求历史做计划；②清洗非重复性的需求，特别是极端值的处理。我们也会通过几个案例，分享数据清洗的一些基本做法。

定义需求历史

需求就是特定的定价策略、竞争态势下，客户想要什么、要多少、什么时候要。打个简单的比方，这就相当于是客户想吃几碗饭，跟我们想让客户吃几碗饭完全不是一码事——前者事关需求预测，后者却是销售目标，两者不能混为一谈。

客户想吃几碗饭，这是非约束性需求，亦即没有考虑供应能力的预测，是**真实需求**⊖。需求预测就是预测**未来**的真实需求。这很难，因为我们连**过去**的真实需求也很难定义，而我们一般是基于过去的需求来预测未来的需求。

在一个完美的世界，客户有多少需求，就给我们下达多少订单，我们就给发多少货。所以，需求量 = 订单量 = 发货量。但世界是不完美的，不是供不应求，就是供过于求，导致这三者很难相等。也就是说，订单不是真实需求，发货量也不是。

比如，供不应求时，有些订单得不到满足，可能改为别的产品，甚至被取消；供过于求时，我们促销，让客户提前下订单，下更多的订单，提前发货。在有些行业，比如电商、零售、新零售，手头没有库存时，就拿不到客户的订单（除非能够负卖），通过订单来精准量化需求就更难了⊜。

物理学上有个测不准定律，放在需求识别上也是：追求严格意义上的真实需求是徒劳的。我们只能来近似，也就是把**订单**当作需求。⊖这后面还有一系列的细节。比如我们在 7 月 5 日接到 100 个的订单，客户要求 7 月 10 日交货，我们承

⊖ 相应地，考虑了供应能力等约束条件的预测叫"约束性需求"。一般情况下，约束性需求 ≤ 非约束性需求，约束性需求不是真实的需求。但为了淡季充分利用产能，约束性需求也可能高过真实需求。严格意义上，需求预测的对象是"非约束性需求"，而"约束性需求"对应的是"需求计划"。不过"需求预测"和"需求计划"的这些差别很多人分不清，除非特别说明，在我的书和文章中也将两者混用。

⊜ 有些读者或许会问，那拿不到订单怎么办？比如断货后，平台不允许负卖，电商就拿不到订单。这就需要清洗数据，我们在案例 1-2 中会提到。

诺7月20日交货，实际拖延到8月3日才发货。那这100个需求，究竟算到哪一天？

答案是客户要求交货的那一天，也就是基于客户的**需求日期**来定义需求。当然，有些人会说，客户可能围绕需求日期博弈，比如为了抢货而要求提前交货。这没错，但作为供应方，我们如果能够精准预测到这些，提前准备好库存的话，会做更多的生意，有什么不好呢？

而常见的问题呢，就是拿发货数据当需求历史。这一问题是如此之普遍，以至于成为预测"七宗罪"里的第一大罪。⊖遗憾的是，很多人根本都不知道这是个错误，因为他们从第一天开始，就是基于发货历史做计划的。

不能拿发货历史当需求

不能拿发货历史当需求，根本原因是发货数据滞后，导致低估或高估需求，从而低估或高估预测，可能拉长短缺的恢复时间，并加剧短缺后的过剩。

举个例子。假定需求在增加，客户希望7月15日得到100个产品，但由于以前低估了需求的增长，我们没有准备足够的库存，直到8月2日才发货。按道理这100个产品要归到7月，指导我们做好8月的预测；但如果基于发货日期的话，这100个产品会归到8月，导致我们低估了7月的需求，从而低估对8月及后续的预测，让短缺的情况更严重。

想想看，如果短缺非常严重，持续时间非常长，发货延迟很久，那么基于发货历史做预测会低估多少需求！过剩的情况正好相反。假定客户的需求日期在8月，但因为我们有货，所以提前在7月发货；或者说原来短缺，积压了好几周的订单，现在终于有货了，一下子发送很多，这使当期的需求虚高，误导后续预测也虚高，从而加剧短缺后的过剩。

让我们通过下面的案例来进一步说明。

⊖ *7 Deadly Sins of Sales Forecasting*, by Fred Tolbert, Principal, Southeast Demand Solutions, LLC. 顺便介绍一下其余的六宗罪：第二宗罪是糟糕的数据，比如没有清洗促销、铺货、特殊需求等一次性需求。第三宗罪是对于数理统计的预测结果，从计划员到销售到产品管理，层层跟着感觉走，大面积主观调整。第四宗罪是糟糕的活动计划，比如促销、新品导入、老品下市。第五宗罪是高层干预，由销售目标、库存目标、服务水平目标等带来系统性偏见。这是最好识别但最难管理的。第六宗罪是不统计预测准确度，不了解是否有系统性偏差，不做根源分析。第七宗罪是完全基于误差来设置安全库存——应该考虑系统性偏差，比如预测系统性高于实际时，不需要设置安全库存。

案例 1-1　发货数据带来系统性的偏差

这是一位读者分享的数据。如图 1-2 所示，我们用两种方式来识别需求：一种是按照客户需求日期（简称需求），另一种是按照实际发货日期（简称发货）。

图 1-2　2018 年过剩时的需求和发货历史

如果按照实际发货日期来统计需求历史，9 月到 12 月的发货量明显高于客户需求。这段时间发货量大，可能是以前短缺，现在产能终于上来了；也可能是年末考核到了，销售向渠道压货。不管怎么样，如果基于发货量，我们看到的趋势明显，可能误导我们拔高后续的预测。

即便不用趋势模型，而用简单的移动平均法，预测的结果也大不相同。[一]比如用 6 个月移动平均，基于客户需求量的话，2019 年 1 月的预测是 83 746 个；而基于发货量的话，这一数字则变为 102 255 个，高出 22%。如果用 3 个月移动平均的话，这一差距变为 52%，可以说是大错特错了。

相反，在短缺状态下，基于发货量则可能导致低估需求，让已经存在的短缺变得更糟糕。就案例产品来说，2017 年的产能不足，供不应求，当年实际发货量比需求量低 6.4%，如图 1-3 所示。选用 6 个月移动平均来预测 2018 年 1 月的需求，我们会低估 11%；按照 3 个月移动平均的话，我们会低估 8%。

可不要小看 8 个点、11 个点的差异。如果想通过选择、优化预测模型来提高这么多点的准确度，你不知道得熬多少灯油——在后文第 6 章的案例中，做了那

  ㊀ 移动平均法在预测增长趋势时，会低估需求的增长。

么多优化，准确度往往也只能提高一两个百分点。

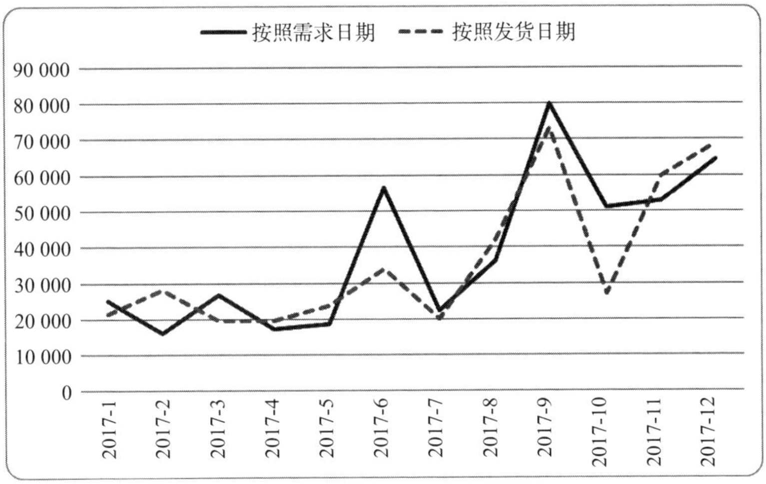

图 1-3　2017 年短缺时的需求和发货历史

│实践者问│

客户和销售虚报需求，怎么办？比如短缺时有意拔高需求、提前提交需求。

│刘宝红答│

参考短缺发生前的需求历史，适当清洗短缺期间的需求，用来预测未来需求。

│实践者问│

如果订单上没有客户需求日期，我们也不是立即发货的话，该如何计划？

│刘宝红答│

企业一般会有一定的交付承诺，或者跟客户达成共识或默契，比如接单后两周交货，那么需求日期就是接单日期加上两周。

谁的需求

供应链上有多个环节，每个环节都有需求。究竟应该基于哪个环节的需求来做预测？

如图 1-4 所示，在传统的渠道模式下，品牌商发货给分销商，分销商出货给零售商，零售商卖给最终的消费者，整个链条上出现三种"需求"。

图 1-4　传统渠道示例

资料来源："知乎"文章《英文销售词汇：Sell In, Sell Through 和 Sell Out》。作者青蛇。图片系刘宝红制作，最右边的图片来自 Vectorstock。

第一，品牌商给分销商的出货量叫"出货"。也就是说，产品离开了制造商的工厂、总仓，进入了分销商的系统（Sell In）。

第二，分销商卖给零售商的叫"批发"。销售渠道就如一根管子，分销商是入口，批发就是让产品"流经"管道（Sell Through）。

第三，零售商卖到最终消费者手上的叫"实销"。可以说，零售商就如管道的出口，到此为止真正的需求才算发生了，就如其英语名称 Sell Out 的直译。

理想状态下，当整个渠道各处的"管子"粗细相同、流速相同，而且都已经"注满水"时，出货、批发和实销的数据应该都一样，这是完美的协同状态。但现实中，这种可能性微乎其微。

首先，整个渠道的初次铺货过程中，出货＞批发＞实销。比如在一家几十亿营收的卫浴企业，整个渠道的铺货要几个月，在整个铺货过程中，各段的"需求"就是这样的。在产品生命周期那么短的情况下，好不容易铺满了货，紧接着就开始清货，各段的需求大小关系就又倒过来了。

更具挑战性的是，每一段在管理行为下，都可能出现人为改变需求的情况。典型的例子就是渠道压货，导致出货和批发虚高，库存滞留在渠道。相反，激进的促销等活动，或者出现爆款，则会导致实销的速度远超出货和批发的速度。

那作为品牌商，究竟该以哪个需求为准呢？答案是零售环节的**实销**数据。当然，这里的实销并不是实际发货，而是基于客户的需求日期统计的订单量。

在数据原生企业，比如电商、新零售，获取最终的实销数据并不难。⊖手机的激活数据、工程设备的远程控制，都提供给我们更精准的实销数据。但在传统

⊖　数据易得，并不意味着就用。比如有个电商能拿到各平台、店铺的实销数据，却一度基于给分仓的发货量做预测，这主要是因为计划人员的经验不足。

行业，这就困难多了，除非零售商提供 POS 数据，或者分销渠道统一用你的进销存系统。

有些零售商提供 POS 数据，有些不提供。提供的话，不同零售商的数据格式、汇总程度可能不同——有的按日汇总，有的按周汇总；有的细化到 SKU 层面，有的汇总到产品、品类。数据提供的方式也可能不同，有的是通过 EDI，有的可以直接从网上下载，有的则是通过邮箱发送 Excel 表格。这些都需要额外处理，加剧了信息滞后。

即便技术问题解决了，关系问题还在。比如销售跟供应链博弈，不愿让供应链看到客户提供的数据。再比如渠道管理粗放，渠道商要么太小而没能力用制造商的分销系统，要么太大、忠诚度低而不愿用，都导致制造商看不到最终的进销存数据。

这就又涉及渠道的管理。有个家电巨头经过了多轮渠道商整合，把管理粗放、能力不足的小合作伙伴，以及规模大但忠诚度低的大合作伙伴给清理掉了，主要跟规模较大、管理能力较强、忠诚度更高的分销商合作。有个工程设备巨头也有过类似的历程，打通了跟渠道伙伴的信息连接，得以及时获知渠道库存和实销数据。

而相当一部分品牌商呢，则只能基于给分销商的发货数据，再大致估计渠道里的库存，来近似计算实销数据。而发货数据可能受到多种影响而失真，虽然最终消费者的需求并没有改变。比如品牌商的促销，可能导致分销商多下订单；预计到可能的短缺，分销商也可能多下订单；最小起订量、经济订货量，都会影响品牌商看到的订单量。

再就是，供应链上的需求层层整合、汇总的过程中，凡是人碰到的时候，就有可能被调整，否则觉得自己跟没增加价值一样。在短缺、过剩和考核指标的驱动下，组织博弈会导致需求变动的层层放大，也就是我们常说的"牛鞭效应"，它是需求预测的大敌。㊀

:: 小贴士　三家手机厂商，都是第一

"深圳腾讯新闻"微信公众号上有篇文章，名叫《手机销量罗生门：华为、荣耀、vivo，都是第一》，说的是对于 2024 年第一季度中国智能手机市占率，三大市场调研机构给出三个第一和三种不同的排名。

㊀ 关于牛鞭效应的详细阐述，可参考我的《采购与供应链管理：一个实践者的角度》（第 4 版），第 117 ～ 135 页。机械工业出版社，2024。

"在 IDC 的统计里，荣耀以 17.1% 的市占率成为这一季度出货量最高的厂商；而在 Canalys 的统计里，销量最大的是华为（市占率 17%）；Counterpoint 则公布这一季度市占率最高的是 vivo（市占率 17.4%）。"

该文称，根本原因是统计口径不同。IDC 和 Canalys 用的是向总代理或者省代理的出货量，而 Counterpoint 用的是总代理、省代理向下一级分销商的出货量。这造成三大机构的排名也有差异，甚至出现三个不同的第一来（当然，这也反映了中国国内手机市场竞争之激烈）。

即便都用给总代理、省代理的出货量，IDC 和 Canalys 的统计也有差别。两者解释的是数据的四舍五入；没有解释的呢，应该还有整个销售渠道复杂，数据层层汇总过程中出现的偏差。公司内部的销售、财务、供应链在需求历史数据上鸡同鸭讲，也是由类似的原因造成的。

作为手机品牌商，最关注的当然是零售端卖给消费者后，被消费者激活的手机。品牌商能够获取激活量，但这是非常机密的信息，其自然不愿意透露给市场调研机构。

| 实践者问 |

中心仓做预测的时候，需求历史取什么值？是前置库位的补货指令，还是前置库位最终卖给客户、消费者的实销数据？

| 刘宝红答 |

卖给最终客户、消费者的实销数据。如果中心仓基于前置库位的要货数据来预测，可能误导计划。比如说刚开始铺货时，渠道向中心仓的要货量会相当大；中心仓短缺时，前置库位可能争相拔高要货量，以期分配到更多的库存，这些都可能加剧"牛鞭效应"。

多少需求历史算合适

预测需求时，并不是历史数据越多越好。因为整体经济状况在改变，竞争格局在改变，消费喜好在改变，季节性因素在改变，促销策略在改变，再加上产品之间的相互影响、客户的导入导出，都会让太老的数据失去代表性。

那究竟该用多久的需求历史？我们一般要考虑以下一些因素。

1. 模型要求。对于移动平均法来说，滑动窗口的大小决定了所需的需求历史。比如 6 周移动平均需要 6 周的需求数据，13 周移动平均需要 13 周的需求数据，这是最直观不过的了。

对于线性回归的每个独立变量，至少要有 5 个数据点；对于季节性模型，则至少要有 2 个完整的周期。对于预测趋势、季节性的霍尔特-温特模型，如果季节性体现在每年的 4 个季度，则至少要有 9 个数据点；如果体现在每年的 12 个月，则至少要有 17 个数据点。这都假设数据质量不错，否则需要的数据点会更多。⊖

如果涉及模型的初始化，则可能需要更多数据。比如在简单指数平滑法中，我们一般会用 9 期的历史需求来初始化，以降低初始预测值的影响。这些在后文还会详细谈到。

要强调的是，我们必须从业务出发，而不是模型，来确定合适的历史数据。如果在业务上，老的数据没有参考性，那就应该排除，应该基于有代表性的数据来选择合适的模型，而不是相反。

2. 数据质量。数据质量越差，需要的数据就越多。这里的数据质量定义为随机误差小，直观地讲，就是跟模型的拟合度高。比如在用线性回归预测趋势时，数据点相对均匀地随机分布在直线的两边；用季节性模型预测季节性需求时，数据点相对均匀地随机分布在曲线的两边，残差小且没有规律。

举个例子。如图 1-5 所示，假定这两个产品的需求都有趋势，我们都用线性回归来模拟。产品 1 的需求变动性（随机性）显然要比产品 2 更大，数据质量也更差，因而需要更多的数据点才能建立可靠的模型。

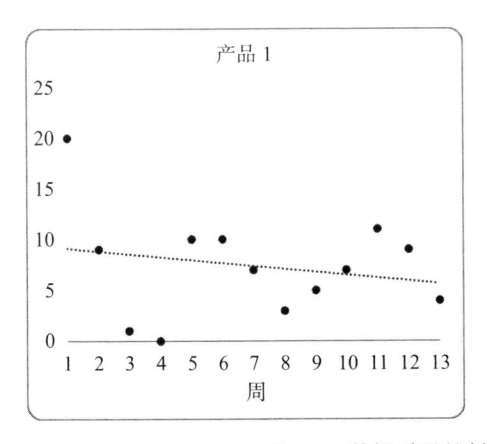

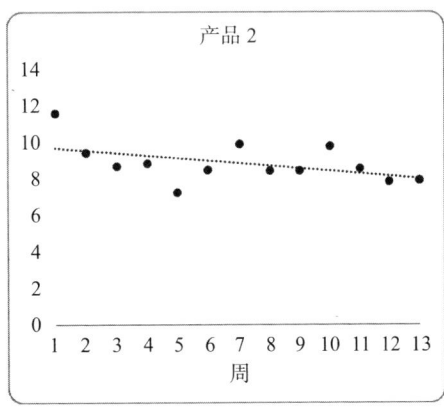

图 1-5　数据质量越低，需要的样本数越多

⊖ *Minimum Sample Size Requirements For Seasonal Forecasting Models*, by Rob J. Hyndman and Andrey V. Kostenko, FORESIGHT Issue 6, Spring 2007.

对结构化的"小数据"来说，质量比数量更重要。这里的"小数据"是 ERP 里的，跟来源广泛的"大数据"有区别。本书讲的需求预测和库存计划，都是基于"小数据"的。

3. **预测跨度**。也就是说，基于预测要解决的问题，需要覆盖未来多长时间。比如预测门店明天的补货量，最近几天、几周的需求历史或许就够了；但要规划前置仓的库容的话，则需要预测未来一年、两年、三年的需求，也需要参考更多的历史需求。

常见挑战是可参考的历史需求数据太少。作为应对方案，可以参考类似产品的数据。比如季节性模型至少应该有两年的数据，以计算每个季节的季节指数。如果数据不够，没法有效计算季节指数的话，也可参考类似产品的季节指数，这样用较少的数据也可能做出不错的预测来。

读到这里，或许有些读者会说，我还是不知道该用多久的需求历史。是的，这个问题本身就没有标准答案：预测模型不同，产品特性不同，生命周期不同，数据质量不同，预测要解决的问题不同，都决定了需要的数据量可能不同。

作为计划人员，我们要综合考虑这些，配以对业务的了解和职业判断，来决定究竟用多少需求历史。这就是经验不可替代。我们要么自己试错，从自己的经验中学习；要么读书，参加培训，从别人的经验中学习。

按日、按周还是按月汇总需求

在整理需求历史的时候，还有个常见的话题，就是在时间维度上，按日、周还是月甚至更大的颗粒度来汇总数据？汇总的颗粒度太小不好，因为可能"放大"了需求的变动性，反倒掩盖了规律性，降低了可预测性；太大也不行，因为可能掩盖了需求的变动性。

让我们看个具体的例子。

如图 1-6 所示，这是某产品过去 3 个月的销量。我们先按日来汇总，得到 91 个数据点；然后按周来汇总，得到 13 个数据点；最后，我们按月汇总，得到 3 个数据点。按日汇总的颗粒度最小，需求的变动性看上去最大，也最杂乱无章；按月汇总的颗粒度最大，需求就相对"平稳"多了。汇总方式显著"影响"到需求的变动性，之所以给"影响"加引号，是因为这只是展示出不同的变动性，实际上并没有改变需求的变动性。

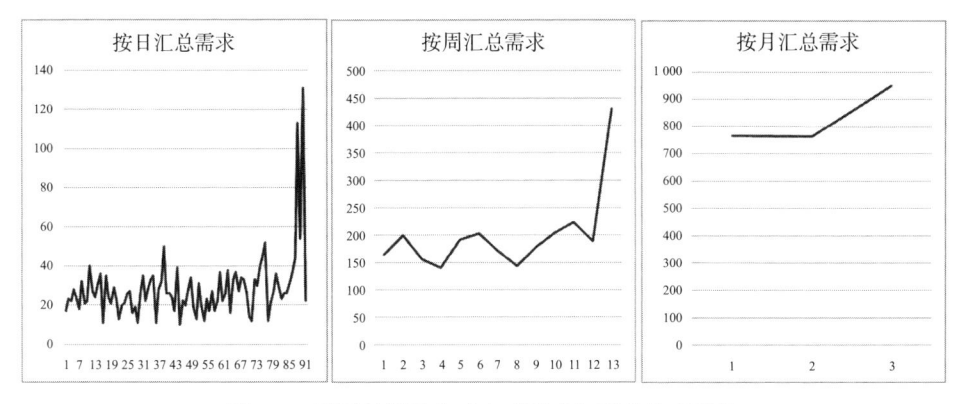

图 1-6 不同的汇总方式会"影响"需求的变动性

接着，我们根据按日和按周汇总的数据，计算各自的平均值、标准差，用标准差除以平均值，得到每组数据的离散度（按月汇总的数据点太少，没法计算）。[一]如图 1-7 所示，很明显，当按日汇总的时候，离散度要比按周汇总的高——离散度越大，表明需求历史的变动性越大，预测准确度一般越低，需要放越多的安全库存。

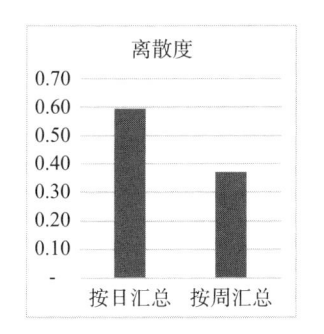

	按日汇总	按周汇总
平均值	28.52	199.62
标准差	16.94	73.91
离散度	0.59	0.37

图 1-7 按日汇总"放大"了需求的波动性

这很正常，因为时间颗粒度越大，期内的需求变动越可能被掩盖。打个比方，假定每周的需求是 210 个，分配到每日，一个极端是每天都是 30 个，另一个极端是其中一天是 210 个，其余 6 天都是 0。两种情况，需求的变动性可大不一样，但如果按周汇总，这样的变动性就被掩盖了。

颗粒度小了，比如按日汇总，可能出现大的季节性中嵌套小的季节性的情况：一年中有淡旺季，这是大的季节性；每周中有大小天，这是小的季节性[二]。这

[一] 严格地讲，标准差除以平均值得到的是变异系数，而变异系数只是统计离散度的方法之一。离散度还有别的统计方法，比如极差（最大值与最小值的差）、方差、标准差等。参考自 ChatGPT。

[二] 比如在餐饮、零售行业，周末比非周末需求量大，这是一周内的季节性。

可能增加需求预测的难度。

具体的时间颗粒度，要视预测要解决的问题而定。

就这个案例产品来说，我们要预测的是中心仓给店铺的补货。虽然店铺每天都在卖货，但给中心仓的补货指令呢，还是每周下达一次；中心仓给店铺的补给呢，也是每周一次的频率。所以，需求历史按周汇总，看上去比较靠谱。

当然，如果你是零售或者新零售，为了尽可能降低店铺的库存（店铺一般位于闹市区，地段贵，仓储空间有限），需要每天发货甚至发两次货，那你就得按日甚至按半天来汇总需求。相反，如果只是为了整体的产能规划，按月甚至按季度来汇总需求或许就足够了。

有些企业按月汇总需求。在管理粗放的情况下，比如每月排定一次生产计划，每月给供应商下一次订单，或许就可以了。但问题是在用预测模型时，数据点太少，有些模型的数理统计可靠性不够。如果为了更多的数据点而采取更长的需求历史，则面临老的需求历史失去代表性的风险。

按月汇总需求，还有大小月的问题：30天与31天的月份相比，相差3%；31天的月份跟28天、29天的2月相比，要多出11%、7%来。周末也是问题：有的月份有4个周末，有的有5个，周末与工作日的需求可能有显著不同（这也是一周内的季节性产生的原因）。这些都可能显著影响每个月的需求，从而降低预测准确度。

在管理精细的企业，一般会按周来汇总运营指标，以周为单位管控过程；每周滚动预测，预测也是分解到周，需求历史也是按周汇总，这解决了大小月、周末的多少等问题。当然，按周汇总也有问题。比如每周的起始点是周一还是周日？促销活动可能跨周，让需求历史拆分到两周；年初、年末的部分需求可能归入别的年；一年365天，会有不完整的第53周等。

数据清洗

清洗数据的过程，其实也是理解业务、分析数据的过程。

预测"七宗罪"的第二宗是糟糕的数据。一次性的需求不能用来预测未来需求，错误的需求历史就更不用说了。功夫在诗外，拳假功夫真：预测模型就如"诗"和"拳"，而"功夫"呢，则是高质量的历史数据。

预测模型本身没什么特别的，就那些基本的模型，我有的你都有。真正不同的是数据：数据质量是企业管理能力的写照，管理越是精细的企业，数据质量就越高，也越有能力清洗数据；管理越是粗放的企业，数据质量就越低，也越没有能力清洗数据。

数据清洗就是去芜存菁，发掘需求历史中真正有重复性的部分。真正做计划的人都知道，计划人员的大部分时间，其实是花在清洗数据上的。我们分两方面来阐述：①相对直观的数据清洗，比如可以清楚定义规则的，可交给计算机来自动清洗；②相对复杂的，特别是极端值的清洗，主要得靠人的介入来识别和清洗。

不过要说明的是，这部分主要是分享经验，举些例子，并不是穷举，说数据就应该或不应该这样清洗。企业所处的行业不同、运作方式不同、管理精细度不同，都可能导致数据的"清洁度"不同，具体的问题不同，应对的方式也会有差异。

有趣的是，我参考了十几本计划和供应链管理方面的书，没有一本详细谈到数据清洗。看来学者们整天待在象牙塔里，难以触及业界的最基本问题。他们认为业界在云上飘，追求的是最顶尖、最新颖的模型，而我们这些在业界干活的人呢，则在地上爬，为最基本的数据而头痛。

基本的数据清洗

这里说的基本是指不需要动多少脑子，或者可以定义规则，通过计算机来处理。下面列举几类常见的问题。

内容和输入错误：

- 不一致的输入，比如有的地方用"上海市"，有的地方用"上海"。
- 明显的输入错误。比如一串数字中加上一个字母或标点。
- 重复记录。比如同一个订单出现在多个表单上，合并表单时没有去重。

格式问题：

- 数据格式。比如同一内容，在不同电商平台对应的字段不同；有的平台按日汇总，有的按周汇总；有的下载成 Excel 表格，有的下载成 TXT 格式。
- 日期格式。比如 2025 年 3 月 20 日，有些记录写成 2025-03-20，有些写成 03-20-2025，有些是 20-03-2025，有些地方则成了 20250320。有的记录把日期当字符，有的当日期，有的当数字，有的在日期后还带有详细的小时、分钟、秒数。
- 计量单位。比如有的记录按个，有的按箱来计量。再比如产品都一样，但包装的数量不同，有 2 个、3 个、4 个、10 个一包的，都需折合成个。

需求的匹配问题：

- 产品替代。设计变更了，原来是产品 A，现在成了 B，B 要"继承"A 的需求历史。
- 发货地址的匹配。某客户原来由仓库 A 供货，现在是 B；或者说按道理由 B 库供货，但短缺时由 A 库来跨库供应，那么相应的需求历史要匹配到 B 库。
- 客户的兼并、重组。原来是两个客户，现在合并成为一个；原来是一个客户的两个工厂，现在有一个工厂被剥离了，成了独立的客户。这些情况都得重新匹配历史需求。
- 丢失的客户。以前做生意，以后不做了，相应的需求历史应该清零。
- 退货。如果退的货还能够卖，那就应该冲减退货收到日期的需求。
- 一次性的赠送，要从重复性的正常需求历史中剔除。
- 一品多码。同一个东西，不同子公司、事业部的编码不同，要把这些编码的需求历史都匹配到同一个编码上。

数据清洗还有很多内容，比如缺失值的处理、数据的归一化。这些都比较直观。最难对付的就是极端值，我们接下来继续谈。

极端值的处理

顾名思义，极端值明显与众不同，也叫异常值、离群值。[⊖]它们要么太大，要么太小，落到正常的区间之外。如图 1-8 所示，该产品的需求没有季节性，也没有趋势，如果我们用平均需求加减两倍的标准差作为上下限，那么第 6 周的需求超出上限，就是极端值。

极端值也可能来自输入错误，比如录入时多打个零，漏掉小数点。极端值也可能是偶发需求，比如新冠疫情刚开始时，美国人一窝蜂地囤积卷筒纸；日本排放核废水后，某国人一窝蜂地抢购食盐。极端值更可能是人为显著改变需求的结果，比如 6·18、双十一的大促销。

⊖ 严格意义上，这三个概念是有区别的。极端值是指偏离均值一定倍数的值，适用于正态分布。异常值是指不符合常规的数据点，可能由于错误或特殊情况引起，判断需结合背景。离群值是指相对于大部分数据明显偏离的数据，适用于多种分布特征的识别方法。引自 ChatGPT。

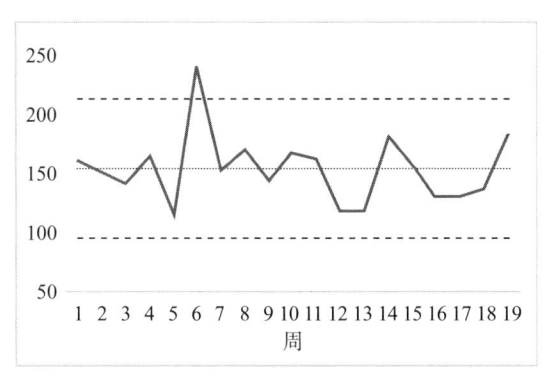

图 1-8　极端值示例

有些极端值能清楚定义根源，比如灾害性天气；有些则是随机的、未知的。不管怎样，极端值不但会显著降低预测模型的准确度，而且可能带来系统性偏差，我们不能等闲视之，下面将分享三种常见的处理方式。[○]

第一种做法是极端值的根源未知而且是一次性的，那就**纠正极端值**，也就是说用正常的值来取代极端值。

就拿图 1-8 中的第 6 周来说，假定我们不知道这个需求是怎么发生的，且认定是一次性的，以后不会发生，我们可参考一系列的方法来推算其"正常值"：

- 用时间序列的平均值来替代，那就是 155。
- 用一段时间，比如前后各 4 周的平均值来替代，那就是 152。
- 取前后两个值的中间值，那就是 135。
- 切去超出上下限的部分，那就是 214。

相信会有人问，这么多的方法，每个的结果都不一样，究竟哪种最好？这需要在具体业务环境下，由计划人员来判断。

比如由于货期快到而打折清仓，那么可以用打折开始前几期的平均值（打折结束后，大家都不买东西了，需求有可能偏低，不具代表性）。由于短缺造成恐慌，导致客户下了太多订单的处理方式类似。

但对于已知的促销，比如双十一，促销前一段时间，大家都在期待着促销，需求会偏低；促销后一段时间，大家都买到东西了，需求也会偏低。所以，这里要避开促销前后的两段谷值，用期外的正常需求来修正。

有些计划软件有识别极端值的能力，并会剔除、修正极端值。风险是这种识

○ *How to Forecast Data Containing Outliers*, Business Forecast Systems, Inc., www.forecastpro.com.

别完全基于数据分析，比如把变动超过一定幅度的当作"异常"，自动剔除或修正，可能导致得出错误的结论。要知道，有些情况是以极端值的方式出现，但并不是一次性的，不能简单地剔除或者修正，否则可能导致错误的结论。

典型的例子就是南极上空的臭氧洞。多年来，由于氯氟烃的危害，南极上空的臭氧在减少，相关数据被监测到了，结果被软件当作不可靠的异常数据给自动剔除了，并被代以看起来更靠谱的数据。更具讽刺意味的是，美国航空航天局也记录下了臭氧含量的变化，却又被当成操作人员笔误，又一个"数据清洗"造成的悲剧。㊀

我们可以用软件来帮助识别，但最好是逐个人工来评估、纠正极端值。如果工作量太大，不得不用软件自动纠正的话，那么我们要把自动纠正的门槛设得更高一些。门槛究竟设多高？可提取一部分数据，跟人工调整的对比，来确认自动纠正的结果差不多才行。

网上常说的数据分析的主要对象是这些年流行的"大数据"，而清洗工作也主要是通过计算机完成。比如检验数据的一致性，发现超出正常范围、逻辑上不合理或者相互矛盾的数据，供进一步核对和纠正；用样本均值、中位数或众数代替无效值和缺失值，删除特定样本，甚至删除整个变量等。㊁

第二种做法是知道极端值的根源，用不同的模型把极端值与正常值**分开预测**。

比如一个电商进入线下渠道，铺货造成一次性需求，形成极端值。我们可以把线上、线下两股需求分割开来，分别预测。比如跟渠道管理人员确认后，线下渠道铺货大概是 3 个月的量，那么我们可以估算每个月的用量，指导后续线下渠道的预测。而线上部分呢，还是按照原来的电商业务来预测。

每年的 6·18、双十一、黑色星期五等的促销，以及固定节假日的需求，也可以单列出来，一部分按照正常模型来预测，而电商节、节假日的特殊部分可借鉴前些年的销量或者销售的判断来预测。这意味着有两个模型，而这两个模型一般是不同的。

当然，分开预测假定我们能够清晰地识别不同需求，并将它们在需求历史中分割开来。否则，还是按照同一个时间序列来预测为好。

第三种做法是用同一个模型，跟正常需求一道**预测极端值**，前提是我们能知道极端值的根源，比如极端天气、特定活动。

㊀《原来南极上空破了个洞》，《周末画报》第 754 期，http://www.modernweekly.com。

㊁ 百度百科，"数据清洗"词条。

比如有一家新零售企业，一旦天下雨，就有更多的人通过 app 下单，带来极端需求，造成库存短缺、运力不足。那我们在预测正常需求的模型中，可加上天气这一虚拟变量，下雨天为 1，不下雨为 0，然后根据天气预报来计划未来一天、两天、三天的需求，提前准备库存、筹备运力等。

再比如，我在查曼·贾因的书中看到一个案例，[一]说有一家企业影响营收的主变量是广告费——广告费越多，卖掉的东西也越多；虚拟变量是罢工——员工罢工了，当然就做不了生意卖不掉东西了。那么在建立线性回归模型时，主变量设成广告费，虚拟变量设成罢工，有罢工的年份值为 1，没罢工的年份值为 0，根据下年有没有罢工，可以预测营收是否有大的变动。

到现在为止，我们介绍了三种常见的处理极端值的方法。想再次强调的是，有些极端值不是一次性的，而是反映了剧烈变动的需求，我们不能简单地忽略，或者推导一个"正常值"来替代。人天生不喜欢极端值，看到不顺眼的"枝丫"就顺手砍掉，这样让预测模型看上去很完美，却是掩耳盗铃，非常危险的。

比如说，有些客户特别是大客户三个月不下订单，一下就要三个月的量，需求的波峰波谷明显，十有八九是极端值；销售在每个季末都大规模促销、压货，出现极端值，然后需求就大幅下降，我们还不能简单地清洗、削峰填谷，而要么管理需求来平滑需求，要么建立合适的模型来预测。否则，我们可能低估需求的波动性，没法满足严苛的服务水平要求。

这都要求我们贴近业务，更好地理解业务。毕竟，理解极端值的过程，也是理解需求、更好地管理需求的过程。

:: 小贴士　极端值的识别

最简单、直观的办法就是使用折线图，肉眼识别极端值。不过这样速度慢，而且标准难以客观量化。这里介绍两种数理统计方式，以便快速、一致地识别极端值。

方法 1：计算上下限、Z 值。

这里假设需求历史符合正态分布。如图 1-9 所示，围绕这 19 期的需求历史，我们计算平均值（用 Excel 中的函数 AVERAGE）、标准差（用 Excel 中的函数 STDEV.S）。上限是平均值加 N 个标准差，下限是平均值减 N 个标准差。按照正态分布，约 68% 的数据应该落入平均值加减一个标准差的区间，约 95% 的落入

[一] 案例参考自 *Fundamentals of Demand Planning and Forecasting*, by Chaman Jain, P225-226, Graceway Publishing, 2017。

正负两个标准差的区间，约 99.7% 的落入正负三个标准差的区间。示例中是以 2 倍标准差为限，第 6 周的需求在上限外，就被识别为极端值。

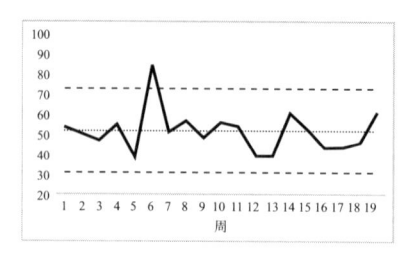

周	1	2	3	4	5	6	7	8	9	10	11	12	13	14	15	16	17	18	19	平均值	标准差
需求	54	51	47	55	39	85	51	57	48	56	54	39	39	61	53	43	44	46	61	52	11
上限（平均值+2× 标准差）	73	73	73	73	73	73	73	73	73	73	73	73	73	73	73	73	73	73	73		
下限（平均值−2× 标准差）	31	31	31	31	31	31	31	31	31	31	31	31	31	31	31	31	31	31	31		
Z 值 =（需求 − 平均值）/标准差	0.2	(0.1)	(0.4)	0.3	(1.2)	3.1	(0.0)	0.5	(0.3)	0.4	0.2	(1.2)	(1.2)	0.8	0.1	(0.8)	(0.8)	(0.6)	0.9		

图 1-9　计算上下限、Z 值

注：表中数据有四舍五入。

跟上下限一脉相承的是计算 Z 值，也就是计算一个值超出或低于平均值多少个标准差。如图 1-9 中，第 6 周的 Z 值是 3.1。

那么，Z 值究竟超出多少就算极端值？统计学上通常以 3 为限。不过，这要看具体的需求和波动情况。我在有些案例中用 2（比如后文案例 5-3），有些案例中用 2.5（比如后文案例 6-1、案例 6-2）。我的经验是，大批量业务的需求相对更平稳，小批量业务的波动本来就更大，前者的上下限、Z 值极限可设小一点，后者的可适当放大一点。

在 Excel 中批量操作时，我们可以围绕一段需求历史中的最大值，计算它的 Z 值，来判断是否为极端值。如图 1-10 所示，我们这里举了个例子来展示所用的函数。要注意的是，这只能判断需求历史中有无极端值，但并不能判断有多少个极端值——我们假定在这有限的数据点中，如果有的话，也只有一个极端值。

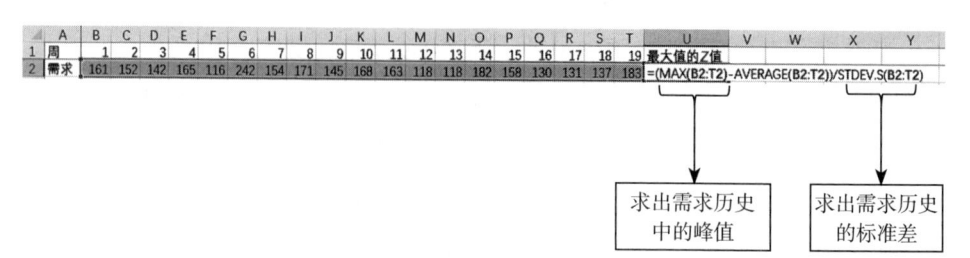

	A	B	C	D	E	F	G	H	I	J	K	L	M	N	O	P	Q	R	S	T	U	V	W	X	Y
1	周	1	2	3	4	5	6	7	8	9	10	11	12	13	14	15	16	17	18	19	最大值的Z值				
2	需求	161	152	142	165	116	242	154	171	145	168	163	118	118	182	158	130	131	137	183	=(MAX(B2:T2)-AVERAGE(B2:T2))/STDEV.S(B2:T2)				

求出需求历史中的峰值　　求出需求历史的标准差

图 1-10　判断最大值是否为极端值

方法2：箱形图法。

箱形图又称为盒须图、盒式图或箱线图，是一种用作显示一组数据分散情况的统计图。它于1977年由美国著名统计学家约翰·图基发明，因形状如箱子而得名。[一]

箱形图能直观地展示一组数据的最大值、最小值、中位数，以及上下四分位数，如图1-11所示。超出最大、最小的即被视作极端值。下面我们来解释这些数值都是如何计算的。

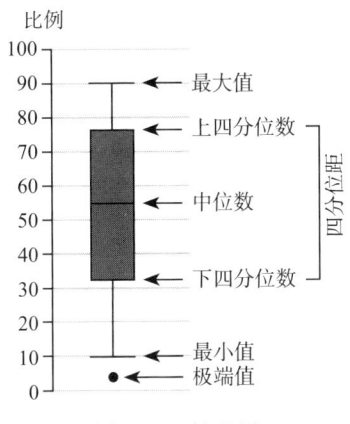

图1-11　箱形图

资料来源：《箱线图及其变体》，知乎账号"投必得论文编译"。

- **中位数**：按顺序居于中间的那个数。如果数据个数是偶数的话，则是居于中间的那两个数的平均值。Excel中可用函数MEDIAN来计算。
- **上四分位数**：从大到小排序居于上四分之一的位置，亦即比75%的数据要大。Excel中可用函数QUARTILE.INC和QUARTILE.EXC来计算。[二]
- **下四分位数**：从大到小排序居于下四分之一的位置，亦即比25%的数据要大。Excel中可用函数QUARTILE.INC和QUARTILE.EXC来计算。
- **四分位距**：上四分位数与下四分位数之间的差值。
- **上限**：上四分位数 + 1.5 × 四分位距。
- **下限**：下四分位数 − 1.5 × 四分位距。
- **极端值**：落到上下限外的数值。

[一] 百度百科，"箱形图"词条。
[二] 当样本数为奇数的时候，QUARTILE.INC最好；当样本数为偶数时，QUARTILE.EXC最好。计算下四分位数同理。

针对图 1-9 中示例产品的需求历史，我们可以在 Excel 中画出箱形图，如图 1-12 所示（搜索网络可找到关于如何画的说明）。其中第 6 周的需求为 85，落到上下限以外，就是极端值。箱形图很直观地展示极端值，我们也可以在 Excel 中用上述函数、公式来计算出相应的数值，这样就可以批量操作了。

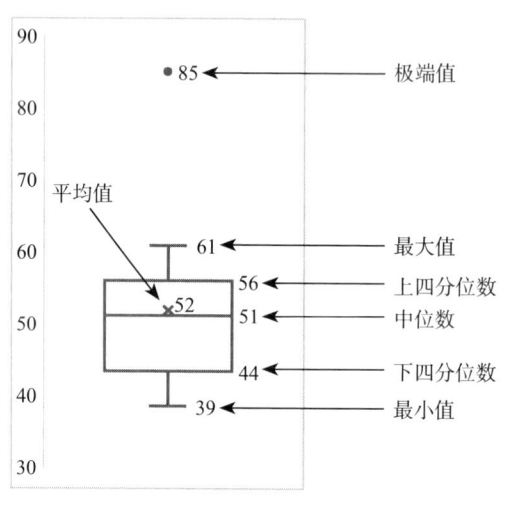

图 1-12　箱形图示例

:: 小贴士　削峰填谷

有些显著改变需求的行为，比如大型的促销等活动，会给产品需求带来波峰、波谷，在数据处理上跟极端值类似。

如图 1-13 所示，促销前大家都在观望，等着促销而不愿下单；促销后钱已经花了，东西已经买到了，手已经被"剁"了，需求自然会下降，这就形成了波谷。促销期间呢，需求大增，形成波峰。在双十一、6·18、黑色星期五前后，波峰、波谷一般都很明显。

波峰、波谷的形成，也可能是由别的原因造成的。比如短缺时客户把订单下给竞争对手，我们看到的需求就少；过剩的时候我们被迫折价处理，

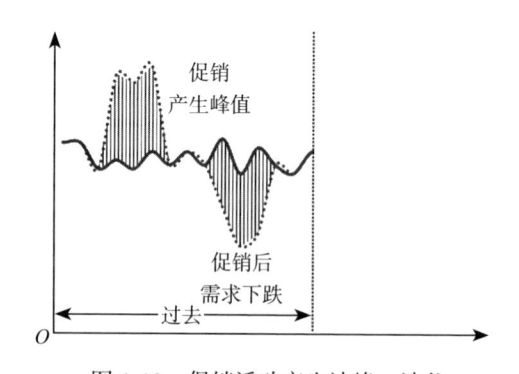

图 1-13　促销活动产生波峰、波谷

资料来源：Radio Zhang 的微信公众号"收音机小姐"，有改动。

人为造成峰值。天气因素、偶发事件、竞争对手的行为，都可能造成波峰、波谷。

不管是人为造成的，还是不明因素导致的，如果预计后续不会有类似的需求模式，我们就不能用波峰、波谷的数据来预测后续需求，而要对其清洗，比如用前后一段时间的平均需求来代替，就是我们常说的"削峰填谷"。

"削峰填谷"后，我们得到**可重复**的需求历史，然后运行预测模型，就得到基准预测，如图 1-14 所示。

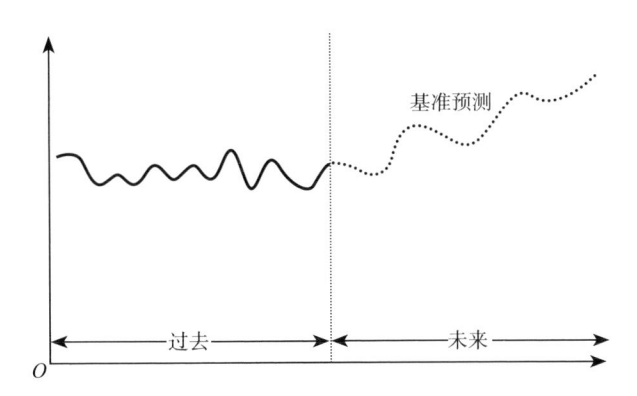

图 1-14 削峰填谷后，运行预测模型，制定基准预测

资料来源：Radio Zhang 的微信公众号"收音机小姐"，有修改。

在基准预测的基础上，我们叠加未来的促销、上新、铺货等显著改变需求的计划，就得到完整的预测，如图 1-15 所示。比如某一期的基准预测是 100 个，预计促销能带来 300 个的额外需求，那需求预测就变成 400 个。

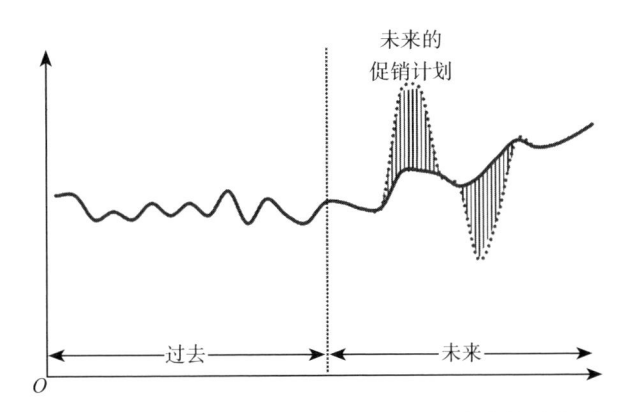

图 1-15 叠加上未来的促销等计划，得到未来的需求预测

资料来源：Radio Zhang 的微信公众号"收音机小姐"，有修改。

重复性的需求由计划基于数据分析预测，非重复性的需求预测需要由销售、市场等职能基于判断来制定。这样，上帝的归上帝，恺撒的归恺撒，操作上就很清楚，完成了"从数据开始，由判断结束"的预测流程。

💡 案例1-2　某跨境电商的数据清洗

这家跨境电商的主要业务在亚马逊平台，总共有300多个SKU。我们选择了销量最大的产品，从亚马逊平台下载了过去一年的所有订单。作为计划的第一步，我们要围绕原始的订单，适度清洗来整理出需求历史。过程中遇到一系列问题，这里主要谈三个方面：常见的输入错误、断货、促销。

首先我们看看各种**输入错误**。

就拿消费者所在的州来说，比如我居住了20多年的加州，英语的标准缩写是CA，但有些人在后面加上一个"."，就成了"CA."；有些人将第二个字母小写，就成了Ca；有些人将两个字母都小写，就成了ca。还有的人用全拼，这就成了California，或者CALIFORNIA。这不，转眼就有六种拼法，加州的销量就分成六块了。

究其原因呢，主要是拼写习惯。解决方案就是在下达订单时让消费者从下拉菜单中选。不过类似的问题还是没法完全规避，比如城市、邮编等一般都得手工输入（否则下拉菜单太长，影响用户友好性）。这不，有的收货地址邮编是5位数，有的还加上后面的4位，⊖又产生新的差异。

或许有人会说，地名、邮编拼错就拼错呗，有什么大不了呢？如果你要统计加州的销量，决定是否要在附近建个仓库；如果你要精准投放广告，需要研究不同城市、不同邮编区的消费特征时，从地理角度精准了解客户群体就很重要。那在清洗数据时，可制定简单的对照表，进行统一处理。

重复订单的问题也很普遍。比如就该产品在12月4日的4 000多个订单中，其中22%是重复项，有的订单竟然重复了18次。其计划员重新下载数据来确认，发现新老数据在重复项上一模一样，而且发现了新问题：促销信息大不相同了。在第一次下载的数据中，11%的订单有促销；第二次下载的数据中，这一比例变成了95%。

类似的基本错误还有很多，我们不能一一列举。我想说的是，数据准备过程中很容易出现问题，不同的人操作、不同平台来源的数据、不同时期的数据，再

⊖ 美国邮编主体是5位数字，后面还有4位数字用来更具体地识别投送地址，中间由横杠"-"连起来。

加上进一步处理，都可能出现这样那样的问题。作为计划人员，定义标准的数据库和数据整理方式，尽可能地让计算机自动整理原始订单数据，避免多人、手工处理数据，对于保证数据质量都是大有裨益的。

我们接着说**断货**，以及由此造成的数据该如何清洗。

一到旺季，案例企业就不时断货。断货可分两种情况，姑且称为"软断货"和"硬断货"。

"软断货"是货物被运往亚马逊运营中心，但需要一段时间才能周转到各区域仓，亚马逊系统能够识别在途库存的到达日期，就以**预售**的形式呈现给客户。在旺季、节假日这种情况相对更普遍，因为业务量大，亚马逊的入库、转运、上架速度更慢。如果可以接受预期的交期，客户就下单，但有些客户不愿等待，生意就流失了，或者下了订单后又取消。总之，订单量一般会下降。

针对该产品的一个 SKU，我们截取两个月的销量。如图 1-16 所示，8 月 11 日到 18 日期间，销量显著低于前后平均值。我们从数据本身看不出原因，但估计是因为"软断货"而转入预售状态：这段时间的折价促销还在继续，而且折价比例是 60%，远高于之前、之后的 35%。如果不是短缺，为什么要打这么大的折，而且订单量还下降更多？

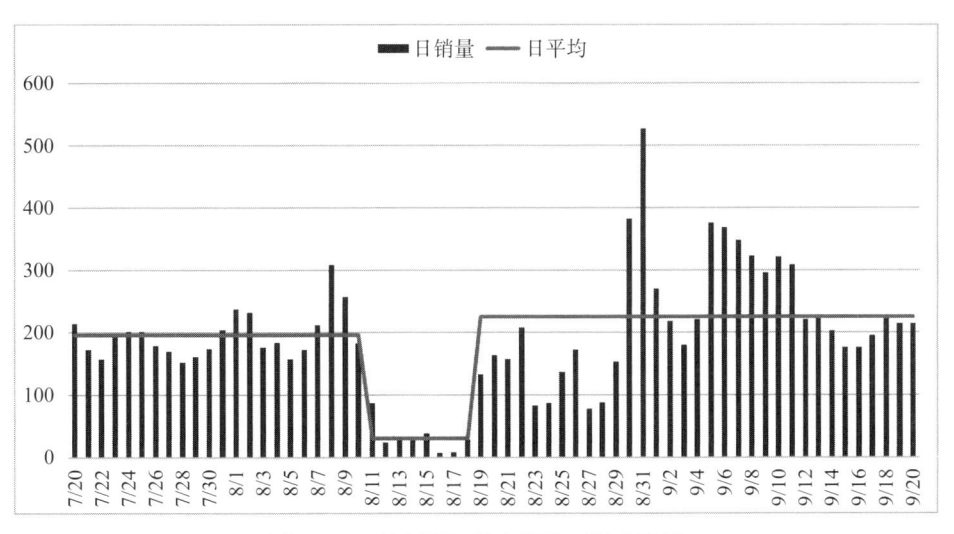

图 1-16 "软断货"转入预售而影响销量

当然，我们也可以找到更多的信息来证明。比如看几个具体的订单，看是哪一天接到的，哪一天发货的；或者统计这段时间的在库库存，库存水位应该很低或者为零。不管怎样，这样的需求需要清洗，最简单的就是用前后一段时间的平均值来"填平"。

"硬断货"是平台显示不可售，或者因为各种原因没法下单，导致订单量下降为零。最直接的原因就是在库没货，在途的也很遥远，平台不允许预售。当然也可能是因别的原因平台不允许售卖，比如定价与市场价显著不一致，产品信息不完整或缺少关键的尺寸、颜色、型号信息，账户有付款问题或违规操作等。⊖ 不管什么原因，这种刚性断货可以从需求历史中识别。

比如，这个 SKU 的销量很大，是案例企业的主要营收来源，一天 24 小时，时刻都有订单进来。图 1-17 展示的是 11 月 10 日的订单情况。从 0 点到上午 10 点，每个小时都有相对稳定的订单量，平均每小时卖掉 20 个左右。但从上午 11 点到晚上 11 点，却没有一个订单进来。查了几个别的 SKU，发现这一段时间都呈现同样的模式。这表明很可能是平台原因，导致没法接收订单。

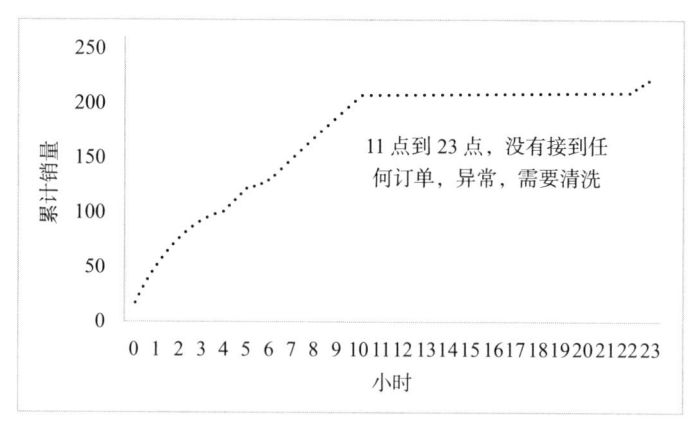

图 1-17 "硬断货"对销量的影响

不管什么原因造成的，这段时间的需求不具备重复性，需要清洗。简单的做法就是参考前后一段时间的需求来"填平"这段时间的需求。

最后，我们谈一下案例电商的**促销**。

简单且容易对付的促销是处理过剩库存。比如案例企业有个产品在 11 月的感恩节黑色星期五销量不达预期，就在 12 月加大促销力度，销量反倒大增，不过 90% 以上的订单都是折价处理的，以清理库存。这样的需求没有重复性，应该剔除。如果不剔除，容易被误认为是增长趋势，导致后续建更多的库存。

最直观，但最难对付的是节假日的促销，对该跨境电商来说集中在后半年。

⊖ 《亚马逊商品显示在售但是不可以购买是什么原因？该如何解决？》，百佬汇跨境网站：www.myvipon.cn/。

这不，7月的亚马逊会员日狂欢购物，接着就是10月的秋季促销，然后就开始准备黑色星期五——感恩节的大促销，那是11月的第四个星期五——美国最大的购物节之一。紧接着是网上星期一，每年感恩节后的第一个周一，大家虽然在上班，却在继续黑色星期五的购物热情，亚马逊也继续促销。感恩节一过就是圣诞节，继续做促销。

这些大促销就跟中国国内的6·18、双十一一样，站内站外引流、折价，加上旺季的需求，很难分清需求究竟是如何产生的，因而很难清洗。案例企业没有很好的解决方案，主要是参考以前的类似促销，加上职业判断来备货，所以备多备少是常事。

对于此类充满不确定性的促销备货，我们的建议是参考后文的德尔菲法，群策群力来避免大错特错（见第7章）。"削峰填谷"后得到基准需求历史，制定基准预测，叠加上促销计划，就得到后续的需求预测。

日常的引流、折扣，因为一直在做，而且叠加在一起，所以数据清洗也很困难。

对案例产品来说，1/4左右的量是打折卖出的。折扣有两种：其一，站外引流时的折扣；其二，站内的折扣。案例电商能够识别站外引流产生的销量。对于这部分销量，我们针对价格折扣做线性回归分析，发现两者的线性关系不成立。可能的原因有二：其一，模型中丧失了更重要的因子，比如引流的平台、引流的方式、引流的时长等（这些都缺乏更详细的数据）；其二，价格折扣对销量的影响应该是指数形式，而不是线性形式，所以模型可能是错误的。⊖

看了案例企业的数据，还有好几个别的电商的数据，发现价格折扣非常普遍，三天两头就有。就案例产品来说，大概1/3的天数有价格折扣。这就相当于你开了个实体店，三天两头都在门口招揽过往行人；或者作为销售，三天两头打电话推销，拜访客户，有相当大的可重复性，除非是特殊的打折举措（比如清库存），案例企业就假定其延续性而不予清洗。

总体而言，案例企业对促销没有什么靠谱的数据分析，数据基本没怎么清洗。一方面，计划人员对业务端的了解不够，缺乏足够多的数据；另一方面，每年几亿元的营收，只有一个计划主管带着一个计划员在疲于应付，资源不足，也没能力做多少数据分析和清洗。

⊖ 我看到零售环境的分析，说价格折扣与销量是指数关系。参考文献：*The New Science of Retailing*, by Marshall Fisher and Ananth Raman, P98, Harvard Business Review Press, 2010。这一结论应该也适用于电商环境，但我没看到相关的研究来证明。我自己想做类似的分析，但缺乏数据和时间，只好留待将来进行。

这也是众多电商的普遍挑战。结果呢，计划不到位，导致灾难频发，库存过剩与短缺并存，也是意料之中的了。

💡 案例 1-3　某设备商的备件数据清洗

案例企业是一家大型设备制造商，售后备件是其营收的一大来源，每年达 10 多亿美元。为了支持庞大的备件业务，该设备商在全球有 20 多个仓库、八九十个客户寄售点、几十名备件计划人员。

身处高科技行业，案例企业的技术一直在推进，产品一直在迭代，客户一直在改变，都给备件的需求计划带来种种挑战。案例企业有成套的数据清洗逻辑，并将其固化到信息系统中，每周在周末两天清洗数据。这里将分享一些主要的做法。

我们先讲产品迭代带来的**替代关系**。

设备行业的常见问题是，一批设备已经被安装到各地的客户现场了，却发现零件 A 达不到设计的性能指标，于是就优化设计，推出零件 B。零件 B 刚开始没有任何需求历史，而是通过继承 A 的需求历史来做初始计划。案例企业的系统里有**一张产品继承关系表**，说明某年月日开始，**设计变更**要正式导入，其时在计划系统中，B 就继承了 A 的需求历史，计划软件会做出相应的预测。但在这之前，计划人员要手工降低 A 的预测和安全库存，拔高 B 的预测和安全库存。

试想想，大型设备制造商很多是由技术驱动的，动辄有几千甚至上万名工程师，每天做的绝大多数都是持续改进，也就是对现有设计修修补补，通过设计变更导入一个又一个的新部件。这些部件中，有相当一部分是售后备件，在全球几十甚至上百个库位备货，影响全球千百个客户。这后面的计划任务相当繁重，特别是过渡期的手工计划。

另一种替代关系是**维修件**。在大型设备行业，有些零部件特别是高值备件，坏了后会修理再用。刚开始的时候，安装在设备上的都是新零件，坏了后修理需要一段时间，你只能再替换上去一个新零件。慢慢地，坏掉的零件越来越多，就形成一个足够周转的"维修池"，这时候案例企业就会更新产品继承关系表，说某年月日起，维修件 C 会替代新零件 C，而以前新零件的需求历史也会匹配到维修件上，计划软件就会做出相应的计划建议。在此之前，计划人员要手工预测新零件和维修件，并设定安全库存。

当完全替代后，每次这个零件坏掉，就给设备安装一个维修过的零件，把换下来的零件再拿去修理；但修理几次后，这个零件就没法再修了，只好完全报废。

就这样，"维修池"会不断缩小，直到没法正常周转的时候，完全替代就中止了，计划人员开始拔高新零件的预测和安全库存，每次坏掉后就换新零件上去，将坏掉的零件加入"维修池"，直到"维修池"足够大……

想想看，如果你是波音、空客、GE、应用材料、华为、三一重工这样的大企业，有几百几千这样的维修件，在全球有几十几百个库位，有些库位在用新零件，有些库位在用维修件，过渡阶段的数据没法自动清洗，计划人员的相当一部分时间就是花在数据清洗上，确保由正确的数据来驱动计划。

在大型设备行业，**客户**的变动也很多，给售后备件的计划带来又一重挑战。

比如原来这家工厂归客户 A，后来 A 不行了，被卖给客户 B，那么相应的需求历史就要匹配到 B。这样的兼并整合可太多了，特别是一个行业进入成熟期后。拿航空业来说，1995 年美国有 95 家航空公司，到 2024 年就整合为 58 家。⊖ 还不要说那些供租赁的飞机，一段时间在这个国家的航空公司，一段时间在另一个国家的航空公司，备件支持也得跟着调整，需求历史也得清洗。

再拿半导体行业来说，2000 年前后全球有几十家主要芯片制造商，2024 年的主要玩家两把手指头大概就数完了。光美光一家就先后兼并了日本的尔必达、新加坡的特许半导体、中国的力晶和华亚科技等主要晶圆厂。客户的关停并转、设备的关停并转，都给备件支持带来实质性的挑战，需要有系统的方式跟踪支持。

在案例企业的售后备件计划软件里，客户、工厂、设备、备件的物料清单（BOM）都由相应的数据库来维护。设备 X 从客户 A 转到 B 了，那么相应的备件需求历史也自动匹配到 B；设备 X 上原来安装的是零件 a，现在要升级为 b，那么 a 的需求历史也会自动匹配到 b，指导后续拔高 b 的计划需求，降低 a 的计划需求。

这意味着要对整个装机量进行动态管理。对于几十亿、百亿美元级别的大型制造商来说（案例企业后来成长为百亿美元级），这可不是件容易的事，涉及设计、售后、计划、采购等多个职能。但只有将这些数据维护好了，才可能有效计划库存，支持每年几十亿美元的售后备件业务。而备件业务一般毛利更高，对企业的盈利至关重要，特别是行业低迷、新设备销量大幅下跌的时候。⊜

除了产品、客户的变动外，还有多种**一次性**需求，案例企业主要通过**订单类**

⊖ *Number of air carriers in the United States from 1995 to 2024*, Statista, www.statista.com.

⊜ 惠普这样的打印机制造商，主要不是靠卖打印机，而是靠卖墨盒赚钱。有些大型设备行业有点像卖打印机的，卖新设备赚不了多少钱，很多钱来自售后备件和服务。

型等方式来识别，自动清洗计划用的数据库。

比如说，要对客户现场的设备升级，需要一次性更换很多零部件，这样的需求用专门的订单类型来识别，在计划数据中自动清零。类似的还有质保期的需求，如果期满后客户不再向案例企业采购备件，也需要清零处理。

至于说有些灾难性的事件，比如某客户现场发生火灾，需要一次性大批量更换备件，或者说技术升级、产线工艺大调整，需要大批量一次性更换备件，这都是典型的一次性需求，需要在计划数据中清零。如果没法通过专门的订单类型来识别，就得手工来调整。

在案例企业，诸如此类的调整有很多，绝大多数都是有一定规则的。这些规则都被定义下来，由计算机来自动更新。几万个备件、几十个库位、几百上千家客户工厂，这些组合数以亿计。每个周末，一台功力强大的计算机就开始运作，吭哧吭哧地从 ERP 中提取上周新增的备件需求历史，按照这些规则来清洗，添加到备件需求历史库中，确保下周一上班的时候，全球几十号计划人员都能用到最新、最准确的备件需求历史。

在管理粗放的企业里，比如案例企业并购的一家同行，虽然也是营收几十亿美元的大企业，但基础数据质量却很差，甚至连设计变更相关的产品替代关系都没有准确维护，那备件的需求历史就只能靠手工维护，经验都存储在一帮计划员的头脑里，以及一张又一张的 Excel 表格中。相应地，备件计划就很糟糕，高库存、低有货。这只是并购对象"非卓越运营"的冰山一角，也部分解释了最终被并购的命运。

💡 案例 1-4　某代理商的数据清洗

有个代理商，其库存和交付一直存在问题：短缺时有发生，而整体库存却居高不下。他们想从计划着手来解决。他们的计划主管首先导出几个产品的历史销量，做了折线图，想从中发现规律，却看不出什么门道。问我该怎么办，我就把数据要过来——谈到具体的计划问题，不看数据就无异于瞎谈。

需求历史数据发过来了，我一眼就发现不对劲儿：一年是 52 周（有时候零头会成为第 53 周），为什么这个数据只有 50 周？缺的是哪 2 周，这 2 周都到哪里去了？问他们的计划主管，她也不知道，因为她拿到的是二手数据。这就是计划要解决的首要问题：**数据的准确性**。

对于计划人员来说，**我们对任何数据都要心怀戒备，尤其是汇总整合后的数**

据。我们一定要从最基本的数据，即原始的客户订单开始，理解需求历史的来龙去脉。

对于这个案例，我就索取原始的客户订单数据，比如订单是什么时候接到的，要什么货，要多少，什么时候要，什么时候发货等。案例公司说，订单接到日期和发货日期在不同的系统里，很难凑到一起，他们是按照发货数据做计划的。那好，那就给我发货数据。但作为计划人员，你得意识到用**发货数据**做计划有风险，这里列举几点。

第一，短缺未发货的订单没有计入需求历史。比如客户上月要100个，你如果有货的话上月就发了，形成上月的需求，在需求历史中出现，指导未来的预测；如果没货，要到3个月以后才发货，意味着如果依赖发货历史来计划的话，你会低估需求，在计划上滞后。这在业务暴增而大面积短缺时尤其糟糕。

解决方案呢，就是按照客户的**需求日期**来识别需求。比如客户说3月7日要100个，那100个就算作该日的需求，不管是否已发货、何日发货、从哪个库位发出去。

第二，需求可能被匹配到错误的地方。比如这个客户默认的是由仓库A来支持，A仓没货，于是从B仓发货。如果按照发货历史的话，这个需求就算到B仓的头上，导致以后B仓过量计划，而A仓则计划不足。解决方案呢，就是在信息系统里提取数据时，不管实际是从哪里发送的，需求都匹配到默认的发货仓。

第三，有些企业是每天接订单，但每周或几天集中在一起发货，比如每周五发这周收到的订单。把发货历史当作需求时，你会发现周一到周四的"需求"是0，而周五的"需求"一大堆，这就人为增加了需求的变动性，可能错误地导致增加安全库存。

在有些管理粗放的企业，订单数据里没有"客户需求日期"这一项。那好，就用接到订单的日期，默认客户是随订随要，或者按照约定的交期来算。但这也有风险，比如客户一次给一个大订单，分批要货的话，我们可能高估需求的变动性，从而增加不必要的安全库存来应对。

解决方案呢，就是按照每次的客户需求日期来归置数据，这要求接单时跟客户确认。比如说，客户3月1日下了个大订单，总共要100个，分解为3月8日30个、15日30个、22日40个。那客服在接单的时候，就要在系统里把该订单拆分成三行，注明这三个需求日期，以及相对应的需求量。这是基本数据，在接收订单的时候就得收集。

再回到这个案例。我拿到了最原始的发货数据，不完美，但也只能将就。这是逐日的流水账。为了便于进一步分析，我先把数据按照年、月、周来切分，如表1-1所示。对于具体的日期，Excel中有个函数YEAR就可以求出对应的年，MONTH求出对应的月，WEEKNUM求出对应的周。我把这些函数写出来，是因为我发现有些人不熟悉这些，竟然花了很多时间在手工处理上。

表1-1　Excel中计算年、月、周的函数

序号	型号	客户	发货日期	数量	年	月	周
1	A	客户500	2017-01-13	4	=YEAR(D2)		2
2	A	客户105	2017-01-13	4	YEAR(serial_number)		2
3	A	客户107	2017-01-13	10	2017	1	2
4	A	客户572	2017-01-13	20	2017	1	2
5	A	客户392	2017-01-16	1	2017	1	3

然后做个透视表，把数据按月、按周来汇总。这时候要注意，某一时段没有需求的时候，相应的时段在透视表里就不出现，或者出现但当作空格。在计算平均值、标准差等参数时，要把相应时段的需求设为0，否则可能会误导。比如在表1-2的例子中，过去13周中有4周的需求为0，正确的做法是把这些周设为0；否则，Excel会把它们当作空格，在计算时排除在外，把本来13个数据点当成9个，计算出的周平均就会被高估，需求的标准差也大不一样。

表1-2　在Excel中，空格与0不一样

周数	需求 （包括0需求的周）	需求 （不包括0需求的周）
1	0	
2	774	774
3	7	7
4	2	2
5	0	
6	840	840
7	0	
8	0	
9	148	148
10	1 194	1 194
11	284	284
12	197	197
13	259	259
周平均	285	412
标准差	396	420

这些看上去很琐碎，但"魔鬼"藏在细节中，这都是为了提高数据的准确性，避免垃圾进、垃圾出。过去十几年里，我手把手辅导过几十名计划人员，发现他们在数据处理上的问题真是数不胜数，尤其是在新兴企业或者管理粗放的企业。数据不好，分析注定好不到哪里去。

在这个案例中，案例公司给我一个产品的 A、B 两个有替代关系的型号做分析。这就涉及另一个重要概念：产品的**替代关系**。比如 B 是新型号，要替代 A 的话，那么 A 的需求历史要归到 B 上去。如果 A 和 B 能够互相替代的话，那就更复杂。

比如客户要的是 A，但因为手头没货，我们给的是 B，那按照发货历史的话，这就成了 B 的需求历史，而实际应该匹配到型号 A 上去（这都可在订单上注明——订单是清洗数据的最原始单位）。否则，我们会低估 A 的预测，而高估 B 的需求。

类似的还有**客户替代**：原来的客户甲后来被客户乙并购了；或者原来这个地区的经销商是 A，现在换成了 B，相应的需求历史都需要重新匹配。**供货点替代**也是：原来这位客户由仓库 A 供应，后来改为仓库 B；或者说原来的仓库 A 关闭了，跟仓库 B 合并，那相应的需求历史要并入仓库 B。

还有，同一客户可能有多个收货地址，以及相应的编码。那么这些地址对应的编码呢，都得归并到同一客户编码，确保相应的需求都归到这个客户上。这些在信息化程度较高、数据清洗比较规范的企业里，一般会维护在匹配关系表中，由计划软件来自动清洗。

在需求历史中，我还发现有些需求是负数，那意味着**退货**。这是个传统的代理商，这两个型号的退货比例为 4%；而在电商环境，退货比例可能高得多。比如有个做快时尚服装的电商，有些款式退货率高达 60%。在这个案例中，退货还可再销售，那就抵消收到退货时的需求历史，而不是接到订单时的需求。

这些只是谈到的一些问题。还有更多的细节，我们不再详述。这不，来回沟通好几天了，还根本没有谈到任何预测模型的事儿。这位代理商的计划主管就很焦灼：本以为是预测模型和库存计划问题，却发现一直在整理、清洗数据，而这只是漫长征程的开始，看不出什么时候会结束。

这种情况很普遍。经常有人通过微信问我计划问题，但绝大多数人做不完数据准备就放弃了。他们以为计划是关于预测模型和公式的，真正做计划的人知道，说是做计划，其实大部分时间都在整理数据。这就如习武的人说是练拳，其实大部分时间都在练功一样。

拳假功夫真，数据这项基本功无法替代：**基于优质的数据，一般的预测模型和计划人员也能得到相当不错的结果；但在糟糕的数据基础上，多好的模型也得不到好的结果。**

这让我想到 20 多年前的老东家——硅谷一家当时几十亿美元营收的企业。老东家有几十个计划员，有些连大学都没读过，基本都在 Excel 中做计划，但因为肯在数据上下功夫，数据质量高，即使采用简单的加减乘除也能做好计划，将客服水平和库存周转都做成了行业标杆。

与数据有关的一些好习惯

数据告诉我们"是什么"，但很难告诉我们"为什么"。清洗数据有助于理解业务，理解数据背后的故事，从而更好地理解"为什么"。那些在数据上做得好的企业，都有什么好习惯呢？这里简单总结一些。

1. 不要信任任何数据，如果不理解其来源的话。比如这些数据都经过了谁人之手，在哪些系统里导出导进过？有没有被调整过、汇总过、平均过，或者被做了别的处理？

2. 从源头——客户订单开始确保数据质量。比如接到订单时就录入客户需求日期，不同的业务用不同的订单类别来标识，一次性需求用特定字段来注明等。

3. 贴近业务，做销售的业务伙伴，理解业务端是怎么改变需求的，这都有助于后续的数据清洗。[一]销售、市场、产品等职能可能对需求分门别类地、有针对性地管理，比如评判不同销售措施的效果等。这些都可能用来清洗计划用的数据。

4. 对于清洗的逻辑、所做的假设，不管是手工还是计算机自动清洗，都要记录下来。

5. 数据清洗不是个计算机的活。首先得从业务着手，理解业务，理解数据，然后对可设立清晰的、标准的原则的数据，交给计算机来清洗。

6. 聚焦大的清洗，比如极端值。

7. 对于极端值、脏数据的根因，要做根源分析和纠偏。

[一] 我跟有些企业的计划人员接触，惊奇地发现他们对需求端的事情所知甚少，有的甚至跟销售端"老死不相往来"，几乎没有联系。要知道，计划是个数据分析工作，但光对着计算机注定是做不好计划的。知道"什么"重要（"什么"来自数据），知道"谁"更重要（"谁"就是那些能够给我们业务判断的人）。

8. 建立标准的、集中的数据库，包括用标准的字段、格式。这些需要跟财务、销售等一道确定，建立跨职能沟通的共同语言。

最后，就是配备足够的计划资源。有些企业的计划职能人手、能力严重不足，根本没有资源做好数据清洗工作。比如有家公司，每年好几亿元的营收，共有700多个产品，上万个款式、颜色、尺寸，却只有一个计划员。这位计划员做预测，连6·18、双十一这样的促销都没有做任何数据清洗。想必现在你能理解，那一堆一堆的库存都是怎么来的了。

第 2 章　Demand Forecasting and Inventory Planning

移动平均法和简单指数平滑法

最基本的预测方法，往往是最好的。

在杜克大学 Robert Nau 教授的网站上，看到这样一句格言："我已经看到未来。它跟现在别无二致，只是更久远。"㊀

格言下面是教授的注解：这条伪哲学的格言，实际上言简意赅地阐述了统计学预测。我们寻找时间序列中的统计学特性，比如水平、趋势、季节性、相关性和自相关性等。然后，我们预测这些特性不仅可以描述现在，而且同样适用于未来。㊁

这正是我们能够预测的精髓所在：①时间序列的**延续性**（也叫连贯性）；②变量之间的**相关性**（也叫类推性）。计划人员的任务呢，就是通过分析历史数据，总结出这样的延续性、相关性，然后是应用这样的特性对未来做出预判，指导供应链执行来提前准备。

相关性是指变量之间存在特定关系，可以类推。比如促销预算越多，买的广告、流量就越多，销量一般也会越高；预售期卖得好的产品，正常销售一般也会卖得好；在试点区卖得好的产品，在所有区域也会卖得不错。

㊀ 原文为"I have seen the future and it is very much like the present, only longer"。这句话来自凯赫洛·奥尔布兰的讽刺性伪哲学书籍 *The Profit*。该书模仿了纪伯伦的《先知》(*The Prophet*)，以幽默和荒诞的方式探讨了人生哲学。这里的 Profit 和 Prophet 发音相同，前者直译为"利润"，后者直译为"先知""预言家"。

㊁ 原文来自 Robert Nau 的网站：https://people.duke.edu/~rnau/411quote.htm。

常言道，不怕不识货，就怕货比货。这"货比货"说的就是相关性，在数据有限的情况下，比如新产品的预测中，扮演着重要角色。小步快走、尽快纠偏，也是通过有限时间、有限客户的需求，来推断、调整整体的需求预测，其后的逻辑也是相关性。

延续性就是以前发生过的，在以后有一定的重复性。比如这个人以前一直干活卖力，以后也会干活卖力；这个产品的需求以前呈现季节性，以后也会有季节性。虽然每个财务报告都会说，过去的绩效不能代表未来的回报，但我们对世界的信心，很大程度上是基于延续性的——如果没有了延续性，这个世界就彻底乱套了，我们也就抓瞎了。

这些都体现在需求历史的时间序列里。

时间序列简介

在需求预测中，**时间序列**是把需求历史按照时间的先后顺序排列，影响需求的变量只有一个，那就是**时间**。这并不是说没有别的变量；有，而且可能很多，但我们没法一一解释，于是就把它们全都归因于时间（有点像"时间可以治愈一切"）。这些变量整合在一起有一定的惯性，随着时间的进展，呈现出某种模式，这就是需求的延续性。

如图 2-1 所示，时间序列可分为三部分：①水平——需求展现出忽高忽低的变化，但没有明显的趋势、季节性；②趋势——随着时间推移，需求呈现增长或者降低的趋势；③周期性——需求呈现交替性的高峰、低谷，季节性就是其中一种，是有规可循的周期性。水平波动、趋势和季节性是需求变动中的"系统部分"，可预测；其余的"杂音"属于随机变动，不可预测。

时间序列 = 水平 + 趋势 + 季节性 + 杂音

系统部分可预测　　随机部分不可预测

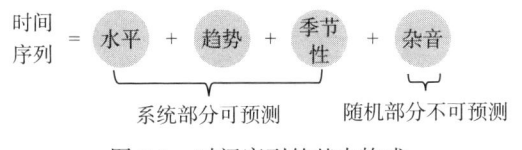

图 2-1　时间序列的基本构成

资料来源：《供应链计划：需求预测与 S&OP》，许栩著，有修改。

这些基本形式叠加到一起，比如趋势和季节性并存，就形成更加复杂的时间序列。

比如一家卖热饮的企业营收每年增长 30%，这是趋势；热饮冬天卖得多，夏天卖得少，这是季节性；两者加到一起，就是趋势与季节性并存，是可以预测的。当然，热饮的需求受气候、竞品等各种影响，有些不能预测，那就是"杂音"，成为时间序列的随机部分。

再比如牛奶产量，在过去的几十年里，奶牛的平均产奶量在增加，这是趋势；夏秋产奶多，冬春产奶少，这是季节性；两者加到一起，也形成趋势与季节性并存的时间序列。城市的用电量、商用车的销量，甚至治疗糖尿病的药的销量都呈现趋势和季节性。

让我们看个例子。[一]图 2-2 给出了某地多年来国际航班的乘客总数，单位是千人。我们分解乘客人数，发现乘飞机的人一年比一年多，呈现明显的趋势；季节性也很明显，这是由每年的寒暑假、法定节日等驱动的；剩余的是随机成分，也就是难以系统地预测的部分。

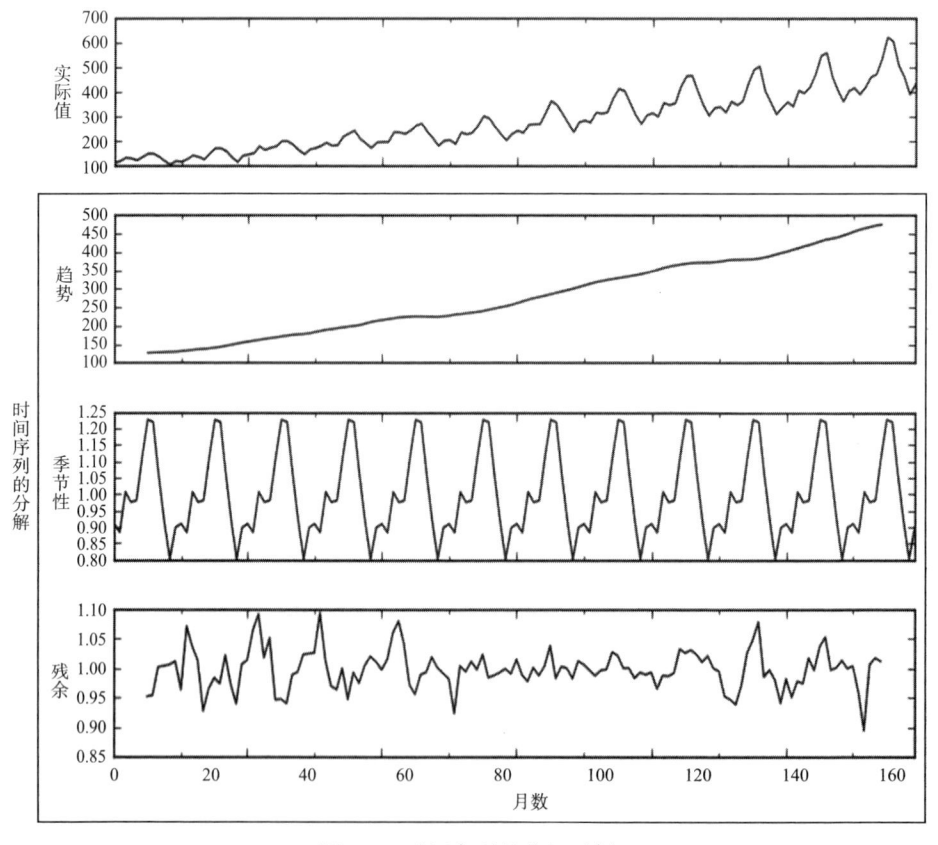

图 2-2　时间序列的分解示例

[一] 案例来自 *How to Decompose Time Series Data into Trend and Seasonality*, by Jason Brownlee, https://machinelearningmastery.com。

这幅图很有代表性。很多产品的需求都可以这样分解。

时间序列的可分解性，有着极其重要的实践意义。它让我们从貌似纷繁复杂的世界里，提炼出我们能够理解的，即趋势、季节性等有重复性、延续性的成分，把未知留给那些随机变动的部分。经过分解，我们会发现，大部分变动的其实是可知的，也就是数据是可以解释的；未知的只是很小一部分，需要数据外的判断。

那些未知的随机变动中，有相当一部分是管理行为导入的变动。这部分未知的变动其实也有一定的可预见性，如果找到那些导入此类变动，或者熟悉竞品、客户行为的职能，比如市场、销售、门店经理，让他们及早帮助判断的话。剔除这些管理导入的变动，剩下的才是真正的随机变动。

就这样，我们把需求分解成了三大块：①历史数据完全可以揭示的趋势、季节性变动，只要我们分析历史数据，就能很好地预知，这就是"从数据开始"；②管理行为导入的变动，比如促销等活动、新品导入和老品下市，只要我们很好地对接市场、销售等职能，"由判断结束"，即可大幅降低大错特错的概率；③历史数据、职业判断都没法解释的随机波动，我们要通过设置安全库存和供应链的执行来应对。

现在你知道，为什么需求预测主要是个计划行为了：计划的数据分析不到位，没法把有规律的可知部分提炼出来，就把所有的变动都当作不可知，于是就不可避免地依赖销售"提需求"，走上一条不归路。数据驱动的计划都没有能力分析数据，经验主义的销售、市场就更分析不了，企业在需求预测上就不得不"从判断开始，由判断结束"，靠拍脑袋，在粗放管理的泥淖里打滚。

即便是随机部分，也不是完全的不可知——**小概率事件一旦发生了，就不再是小概率事件了**。也就是说，凡是发生了的，其实都有其必然性。**那些可预知的东西，比如趋势、季节性，最初也往往是以"随机"的面目出现**。

比如原来的需求挺稳定，业务开始增长时，增长部分是水平部分没法解释的，就被归到随机部分；业务继续增长，你会发现"随机"变动中有了趋势的成分，变成了可以预测的。

季节性变动也是这样：刚开始时没呈现任何规律，被归入随机变动；增长的时间长了，就成了增长趋势；然后开始下降，归为下降趋势；过了一段时间又开始增长、下降，这就成了季节性。

我们的解决方案呢，一方面是尽快滚动预测，纳入最新的需求历史和职业判断；另一方面是选择、配置合适的模型，通过模型更好地"规律"化这些"随机"因素。

接下来，我们主要介绍移动平均法、简单指数平滑法，来预测上下随机波动，但没有趋势、没有季节性的需求；在第 4 章，我们会聚焦趋势，介绍线性回归和霍尔特法；在第 5 章，我们会着眼季节性，以及季节性带趋势的预测，介绍季节性模型、霍尔特 – 温特模型等。这几种预测方法，加上第 7 章的德尔菲法，如果应用得当，应该能够解决大部分的需求预测问题。

移动平均法

移动平均法是用一段最近的历史需求（这叫"滑动窗口"），来预测未来一期或多期的需求。然后每引入一个最新的数据点，就会移除最老的那个数据点，表现为窗口在"滑动"。这是时间序列最简单，也是最常用的方法之一。当每期的历史需求权重一样的时候，我们就叫**简单移动平均**（一般简称为移动平均）；当权重不同的时候，我们就叫**加权移动平均**。

通过平均多个数值，移动平均法可消除需求波动中的随机因素：需求时高时低，通过取平均值，高低互相抵消，我们得到更加平稳、准确的预测，也让需求预测变得更平滑，提高供应链的执行效率，降低运营成本。这种方法简单易行，适用于需求既不快速增长，也不快速下降，同时没有季节性、周期性的情况。

根据滑动窗口的大小（所用需求历史的期数），移动平均又分为二期、三期、四期移动平均等。滑动窗口越大，也就是说用的需求历史越长，平滑效果就越好，但对需求变动的响应速度就越慢；滑动窗口越小，也就是说用的需求历史越短，预测就越灵敏，但风险是放大"杂音"，增加了需求波动，可能带来更多的运营成本。

究竟用多长的需求历史

移动平均法很简单，难的是确定滑动窗口的大小，也就是究竟用多少期的需求历史算合适。很多人都是凭经验，比如有的用 2 个月，有的用 3 个月。为什么不是 1.5 个月，或者 4 个月？我们的经验值就是这样，也就是说，祖祖辈辈都这么用。那老祖宗为什么选 2 个月而不是 3.2 个月？如果没有经验的话，怎么办？

这就涉及移动平均法的**择优**。简单而直观的做法是复盘验证，让我们用一个例子来说明。

如表 2-1 所示，已知某产品在过去 5 周的实际需求，我们基于更老的需求历史（表格中没有列出），分别用 4 周、8 周移动平均来复盘预测这 5 周的需求。针对每一周，我们计算出误差，以及绝对误差的百分比。比如第 2 周的实际需求是 69，4 周移动平均得到的预测是 97，那么误差就是 =97-69=28，绝对百分比误差 =28 ÷ 69 = 40%（等式前后均存在四舍五入，本书余同）。

表 2-1 移动平均法的择优

周	1	2	3	4	5	平均
实际需求	97	69	102	96	79	
预测：4 周移动平均	104	97	86	88	91	
误差	7	28	(16)	(8)	12	
绝对百分比误差	7%	40%	16%	9%	15%	17%
预测：8 周移动平均	114	106	104	102	98	
误差	17	37	2	6	19	
绝对百分比误差	17%	54%	2%	6%	24%	21%

把这 5 周的绝对百分比误差平均，就得到 4 周移动平均的误差为 17%。同理，我们得到 8 周移动平均的误差为 21%。两相比较，4 周移动平均的误差更小，因而更准确。

那么，在这个公司，是不是所有的产品都是 4 周移动平均最准确？当然不是。即便是同一个产品，旺季和淡季的最优预测模型也可能不同。你现在就知道，按照经验值，对所有的产品一刀切，都用相同时长的需求历史来预测，该有多粗放了。

我们光通过 Excel 表格来做简单的复盘，对不同产品采取不同的模型，让你最优秀的计划经理花上几天时间，把预测准确度提高半个、一个百分点，其实并没有多难。可不要小看这半个、一个百分点，它可能实质性地提升净利润——假定你的预测准确度是 65%，其中 63% 可能是用来覆盖各种成本，最后的 2% 才给你净利润。

要注意的是，为了不让数据太多、太复杂，表 2-1 中的示例只用了 5 个数据点。从数理统计的角度看，5 个数据点太少，我们也不能简单地比较平均值，而是要做 t 检验，来判断究竟哪种预测方法更准确。⊖当然，我们比较平均误差来择优，也要比完全拍脑袋、靠经验要强。

⊖ t 检验的详细内容，我们在后文还会谈到。

此外，滑动窗口要多大，我们首先要从业务判断开始，比如多长时间段的需求有代表性，然后通过复盘来验证。这样更可能避免大错特错。切忌直接从一堆数据开始，完全通过计算预测准确度来择优，因为数据不是完美的，有时候极端值会影响结论等，特别是数据点较少的情况下。

相信数据，而不是你的眼睛

我们在评估预测模型的优劣时，一定要计算预测准确度（或者误差），而不是光看图形。让我们看个例子。

在图 2-3 中，我们已经知道这个产品第二个季度每周的需求历史，我们基于更老的需求历史，用滑动窗口为 2 周、6 周、13 周等的移动平均来复盘预测。如果光看图形，我们很容易得出结论，2 周移动平均最准确。其实我们被自己的眼睛误导了：2 周移动平均的波峰、波谷看上去跟实际需求挺匹配，实际上却是慢了一拍。

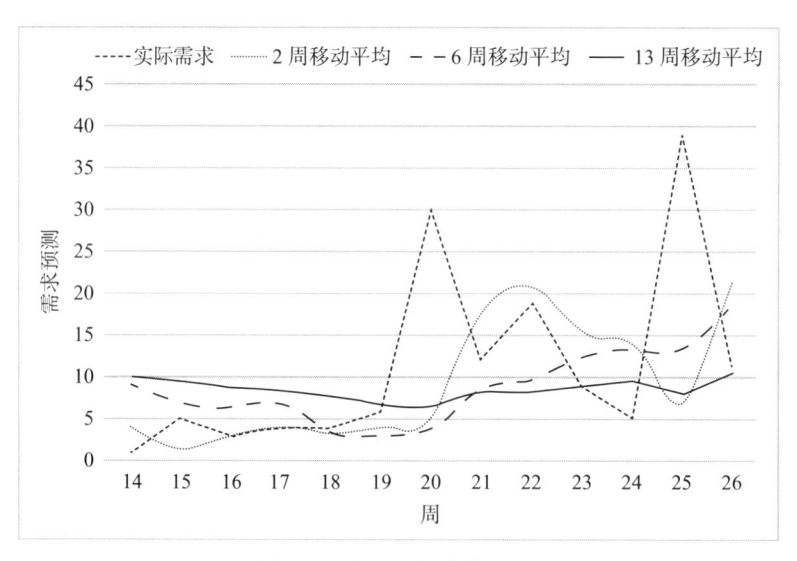

图 2-3　移动平均法的择优

我们得统计不同模型的预测准确度。这里我们用均方误差来量化准确度——我们在第 3 章会详细讲到其计算方法，这里只需要知道均方误差越小，表明预测准确度越高。

如图 2-4 所示，2 周移动平均很灵敏，需求变动很快就体现到预测中，但实际需求的变动并没有那么快，所以预测准确度低。从 2 周、4 周到 6 周移动平均，用的历史数据越来越多，预测模型的灵敏度就越来越低，但更接近实际需求的变化，所以预测准确度逐渐上升；从 6 周、8 周到 13 周移动平均，滑动窗口在持续增大，预测模型的灵敏度却持续下降，把更多的需求变动掩盖了，但实际需求的变动没那么慢，所以预测准确度又开始逐渐下降。6 周移动平均呢，跟实际需求的变动最匹配，均方误差最小，预测准确度也最高。

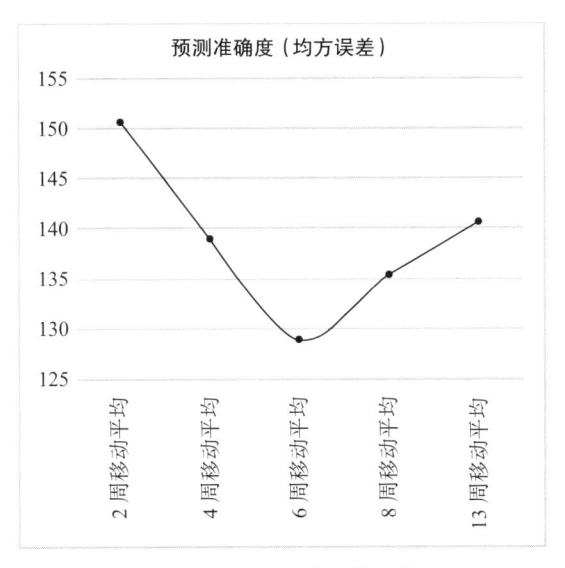

图 2-4　预测准确度的比较

或许有人会问，为什么是 2 周、4 周、6 周等移动平均，而不是 3 周、5 周、7 周？理论上，你可以选择任何期数的移动平均，5 周、7 周移动平均完全有可能比 6 周更准确。但在实际操作中，人们更习惯于 2 周（半个月）、4 周（1 个月）、8 周（2 个月）、13 周（1 个季度）等，这也有利于跨职能沟通。

如果用计划软件的话，软件会测试各种时长的移动平均。但 Excel 中，我们的数据处理能力有限，往往选择有限数量的模型来测试。这样做的结果是，我们有可能得到的不是最优模型，但可以得到更优模型，也比完全靠经验、拍脑袋的不优化要好。

我们顺便再看一下，移动平均法的平滑效果跟滑动窗口大小的关系。移动平均的滑动窗口越大，平滑效果越好，除了从图 2-3 中可直观看出外，我们还可以计算每组预测值的离散系数（需求历史的标准差 / 平均值，也叫离散度）。离散系数越小，表明波动越小，越平稳。如图 2-5 所示，2 周移动平均的离散系数最大，平滑效果最差；13 周的最小，平滑效果最好。

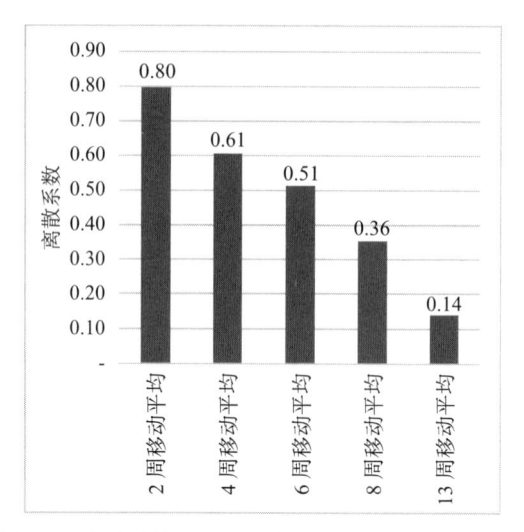

图 2-5　移动平均法的滑动窗口越大，平滑效果越好

:: 小贴士　预测的灵敏度和准确度

预测的**灵敏度**和**准确度**经常相互抵触：灵敏度高了，准确度不一定高；准确度高了，灵敏度不一定高。

就移动平均法而言，灵敏度最高的就是 1 期移动，即拿上次的实际需求当作下次的预测。这相当于球跑到哪儿人就追到哪儿，看上去很"响应"，却是典型的被动反应慢一步，永远赶不上球；同时也给供应链导入频繁的变动，容易导致产能利用率低，运营成本高。平均多期的历史需求，把"杂音"过滤掉，以一定的不变应"万变"，反倒增加了"拦住球"的可能。

要知道，**灵敏度本身不是计划的目的**。一味追求灵敏度，会失去计划本身的意义。预测要兼顾灵敏度和准确度：一味地以执行为导向，亦步亦趋地跟进，"响应"是很"响应"，但准确度往往不高；一味地以战略为导向，对正在发生的不管不顾，傲慢也会要了我们的命。

此外，人们常说的"计划赶不上变化"，后面的逻辑是错的：**计划不是用来"赶上"变化的，而是通过预判，用来"拦截"变化的**。"赶"意味着滞后，被动反应，把计划做成了执行。计划是预判，要力求去芜存菁，消除杂音，发现规律，引领执行。计划的目的是给供应链注入更多的确定性，在提高服务水平的同时，降低运营成本，提高资产周转率。

这意味着计划得有一定的战略。战略意味着为了长期利益，牺牲一定的短期利益；为了全局利益，牺牲一定的局部利益。遗憾的是，两种情况都可能让你看上去不够"响应"，对业务的"支持力度"不够，在很多公司都是大罪。不过作为一个优秀的供应链专业人士，你得明白，**紧跟变化的计划很少是好计划**——紧跟变化容易随波逐流，而随波逐流不是计划，是执行。

移动平均法的局限

经常有读者问，移动平均法预测的是下期，那下下期，以及更远的呢？都等于下期预测。也就是说，移动平均法预测的未来是一条水平直线。[⊖]但是你知道，如果跨度足够大，时间足够长的话，需求往往会呈现一定形式的趋势、季节性。这也决定了移动平均法适用于**短期预测**，要求需求没有明显的趋势、季节性（这并不是说需求就一成不变，它还是会上下随机波动）。

移动平均法还有个缺点，那就是**滞后**。这在需求有趋势、季节性的时候会很糟糕（这也是为什么移动平均法不适合于这两种情况）。让我们看个例子。

如图 2-6 所示，左边的需求呈现增长趋势，右边的需求呈现下降趋势，移动平均法都呈现明显的滞后。结果呢，需求增长时，移动平均法系统性地低估；需求下降时，移动平均法系统性地高估。这都是**系统性偏差**，是选择预测模型的大忌，我们在第 3 章会详细讲到。

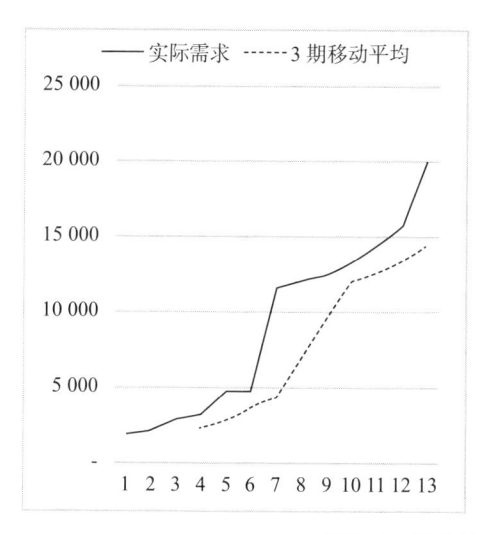

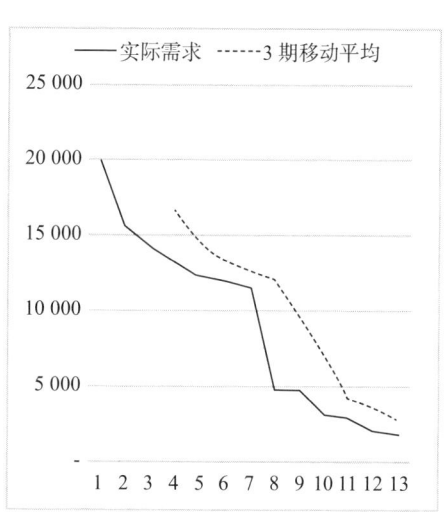

图 2-6　移动平均法的滞后性

⊖ 对计划新手来说，我发现有个常见的错误，就是用预测值来预测未来的需求。比如用本周实际值和下周的预测值，来预测下下周的需求（假定用 2 周移动平均）。这不对。移动平均法是基于已经发生了的需求历史，预测未来的需求是一条水平直线。

那对于趋势、季节性需求如何预测？如果需求呈现趋势，我们可以用线性回归、霍尔特法（第4章讲到）。如果需求同时呈现季节性和趋势，那我们可以用季节性模型、霍尔特-温特模型（第5章讲到）。

加权移动平均法

上面介绍的移动平均法，每期的权重都相同，是简单移动平均法。那权重不同的，就叫加权移动平均法。加权移动平均通过给近期的数据更大权重，能够更准确地捕捉到短期变化。

让我们以图2-6的数据为例。假定我们用3期移动平均，最近3期的权重分别为60%、30%、10%，越新的需求历史，权重越大。如图2-7所示，加权移动平均预测趋势还是滞后，但要比简单移动平均的响应度更高，表现为更加贴近实际需求。

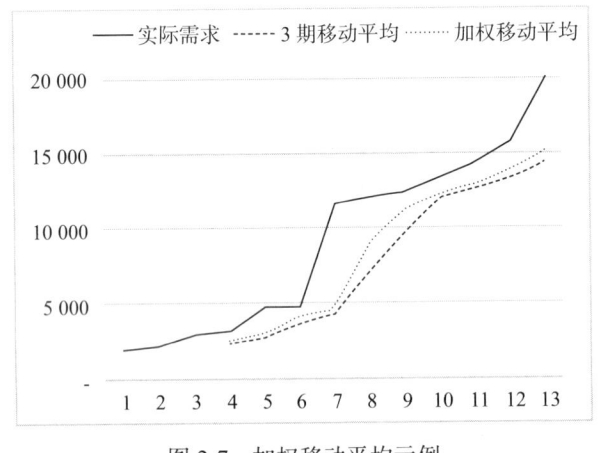

图2-7 加权移动平均示例

加权移动平均的权重究竟应该如何分配，我们可以通过复盘的方式来择优。当其权重按照指数方式衰减时，就成了我们接下来要讲的简单指数平滑法。

简单指数平滑法

对于随机波动，除了移动平均法，还有简单指数平滑法。能用前者的情景，很多时候都能用后者，而且后者预测效果往往更好，因为能更好地捕捉到**近期**的变动。

挑战是指数平滑法看上去有点"技术"含量，特别是"指数"二字有点高冷玄妙，容易吓退"追求者"。但这更多的是心理障碍，一旦了解了基本逻辑，突破就没问题了。

与移动平均法一样，**简单指数平滑法**用来预测下一步，把下一步的预测当作未来各期的预测（未来是一条直线），因此适用于没有明显的趋势、季节性的情形。它只是指数平滑家族的一员。指数平滑法常见的还有预测有趋势但没有季节性的**霍尔特法**（见第 4 章）、预测季节性加趋势的**霍尔特-温特模型**（见第 5 章）。

简单指数平滑法的逻辑

我们看一下简单指数平滑法的计算公式。

在式（2-1）中，让我们用 X 代表实际需求，F 代表预测。那么，X_t 就是第 t 期的实际需求，F_{t+1} 就是下一期的预测，其中一部分来自上期实际值，其余部分来自上期预测值，也就是说，是上期实际值与预测值的加权平均。用另一种形式表述，就是下期的预测是在上期预测的基础上，根据误差做出一定的调整 [见式（2-2）]。两种表述，区别只是形式上的，而实质内容是一样的。

$$F_{t+1} = \alpha X_t + (1-\alpha) F_t \quad (2\text{-}1)$$

$$F_{t+1} = F_t + \alpha (X_t - F_t) \quad (2\text{-}2)$$

$$0 \leqslant \alpha \leqslant 1$$

通过调整平滑系数 α，就可以调整上期实际与预测值的权重：α 越大，上期实际值的权重就越大，预测模型表现得越灵敏，越能尽快反映最新变化，当然也放大了随机因素的影响，带给供应链的波动也越大；α 越小，上期实际值的权重就越小，越多的变动被当作"杂音"平滑掉，预测也表现得越平稳，给供应链的运营成本越低，但风险是可能没法及时响应市场的需求变化。

让我们拿踢足球打比方，来进一步理解简单指数平滑法的逻辑。

如图 2-8 所示，预测就如防守方，要预测下一步该往哪儿跑，需要考虑两点：①现在球停在什么地方，这是上期的实际值；②现在自己站在哪里，这是上期的预测值——防守者是按照自己的**预测**行事，他现在的落点就是上期的预测值。

作为防守队员，一个极端是"步步紧逼"，上一次球落到什么地方，就赶到什么地方，实际上是百分之百拿上期实际值作为下一步的预测（平滑系数 α=1）；另一个极端是"我行我素"，严格按照老计划行事，实际上是百分之百拿上期预测作为下一期的预测（平滑系数 α=0）。

图 2-8　指数平滑法的逻辑就如防守队员

"我行我素"是以不变应万变，风险是可能没法及时响应变化了的局势；"步步紧逼"看上去很积极，实际上是跟着球跑，永远慢一步，永远也抢不到球，而且给供应链导入频繁、无序的波动，可能导致产能利用率低，运营成本高。我们的任务呢，就是寻找最佳的平滑系数 α，最大化"抢到球"的概率，这就是指数平滑法的择优，我们待会儿接着讲。

| 实践者问 |

不是说"所有的预测都是错的"，简单指数平滑法为什么还要考虑以前的预测，错上加错？

| 刘宝红答 |

这貌似有悖常理，其实不然。

其一，就跟足球防守队员一样，我们现在的落点不是上一步实际发生的，而是上一步预测要发生的（我们是在按预测行事）。所以，下一步的出发点不是上次的实际值，而是上一次的预测。也就是说，两个预测之间天然是有联系的。

其二，上期的预测不是简单的预测，而是以前需求历史的结晶，就跟我们下面"小贴士"中要讲的，正是通过以前的预测，我们得以把所有的需求历史考虑在内。

:: 小贴士 "指数"是怎么来的

指数平滑法听上去很玄妙，玄妙就玄妙在"指数"是怎么来的，"平滑"又是如何平滑的。

让我们把式（2-1）展开来阐述。我知道，你不喜欢这些公式，我也不喜欢。但是，为了表明我们比那些经验主义者知道得多，有时候还不得不做一些简单的推导——请相信，这是本书不多的几处公式推导，你也不用记住详细的公式。

如图2-9所示，下一期的预测是上一期的实际值、上一期的预测值的加权平均。上一期的预测值呢，又是上上期的实际值、上上期的预测值加权平均。依次类推，你会发现，需求历史是按照（1-α）的等比级数综合到预测中的。

$$F_{t+1} = \alpha X_t + (1-\alpha) F_t$$
$$= \alpha X_t + (1-\alpha)[\alpha X_{t-1} + (1-\alpha) F_{t-1}]$$
$$= \alpha X_t + \alpha(1-\alpha) X_{t-1} + (1-\alpha)^2 F_{t-1}$$
$$\cdots$$
$$= \alpha X_t + \alpha(1-\alpha) X_{t-1} + \alpha(1-\alpha)^2 X_{t-2} + \cdots + \alpha(1-\alpha)^{t-1} X_1 + (1-\alpha)^t F_1$$

式中，X为实际值；F为预测值。

图2-9 简单指数平滑法的分解

比如第t期的权重是$\alpha(1-\alpha)^0$，$t-1$期的是$\alpha(1-\alpha)^1$，$t-2$期的是$\alpha(1-\alpha)^2$，依次类推。因为$1-\alpha$是个小数（介于0和1之间），所以指数的次数越高，需求历史的权重就越小，以指数级别衰减，这就是指数平滑法中"指数"的来历。

公式中的F_1也类似，t越大，其权重$(1-\alpha)^t$衰减到越接近0。所以，剩下的都是各期实际值的加权平均。这也是为什么说，简单指数平滑法是一种特殊的加权平均法。

恭喜你，到现在为止，你已经读完了简单指数平滑法中技术含量最高的部分。

从图2-10也能看出，平滑系数α越大，需求历史的权重就衰减得越快，也意味着最新需求历史的权重越大，用的需求历史也越短，预测模型也就越灵敏。比如$\alpha=0.8$时，需求历史的权重从80%很快减小到16%、3%，只需要4期就衰减到1%。

相反，α越小，需求历史的权重就衰减得越慢，用的需求历史就越长，需求预测也就越平滑。比如$\alpha=0.2$时，最新一期的需求历史的权重只有20%，然后依次衰减到16%、13%、10%等，需要12期才能衰减到1%。

	权重		
	α=0.2	α=0.5	α=0.8
t	20%	50%	80%
t−1	16%	25%	16%
t−2	13%	13%	3%
t−3	10%	6%	1%
t−4	8%	3%	
t−5	7%	2%	
t−6	5%	1%	
t−7	4%		
t−8	3%		
t−9	3%		
t−10	2%		
t−11	2%		
t−12	1%		
t−13	1%		
t−14	1%		
t−15	1%		
t−16	1%		

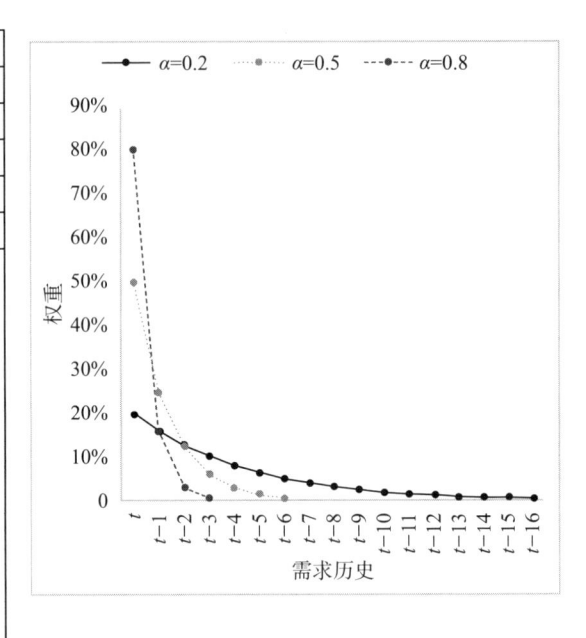

图 2-10 简单指数平滑法中，需求历史的权重按照指数级别衰减

简单指数平滑法的初始化

建立简单指数平滑模型时，我们有个初始化的过程：①确定初始预测值；②消除初始预测值的影响。之所以重视初始化，是因为初始预测值对后续预测的影响相当显著，平滑系数越小越明显。

建模时，第一期实际值我们有，但往往没有第一期预测值。我们一般用两种方式来设定初始预测：要么假定第一期预测就等于第一期实际值，要么用简单平均、加权平均等方法推算一个预测。

用第一期实际值做初始预测值，好处是简单，缺点是如果第一期实际值异常，可能导致模型偏差，造成的影响需要多期以后才能消除；用前 N 期实际值的平均值，较好地避免了这一问题，不过计算稍微复杂一点。究竟用前几期的实际值？这里建议用 6 期。

让我们看个例子。

假定一个产品的需求历史如图 2-11 中的表格所述，我们要用这些需求历史建立简单指数平滑法模型。我们分三种情况来设定初始预测值。第一种情况是用前6期的平均值作为初始预测,四舍五入为52。[○]第二种情况是用其0.5倍作为初始预测,四舍五入为26;第三种情况是用其1.5倍,四舍五入为78。

期数	1	2	3	4	5	6	7	8	9	10	11	12	13	14	15	16	17	18	19	20	21	22	23	24	25	26
需求	53	53	39	55	60	50	36	43	86	72	86	107	56	55	54	62	52	65	67	54	60	49	105	69	72	80

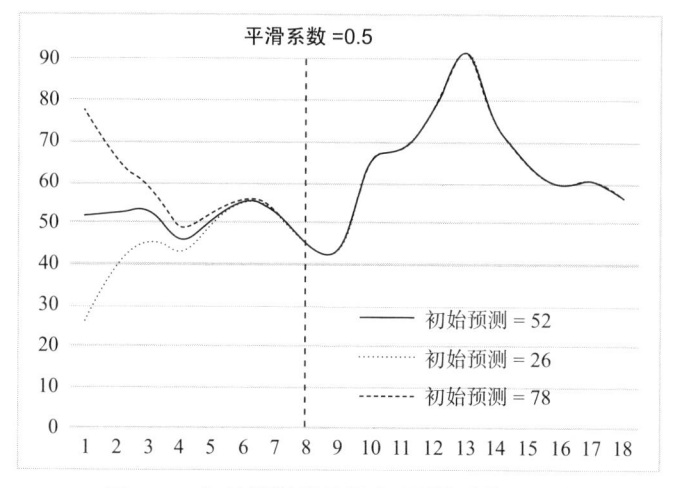

图 2-11 初始预测值的影响(平滑系数 = 0.5)

当平滑系数为0.5时,3个预测的收敛速度最快,在第8期基本完全融合,表明初始预测值的影响消失了,如图2-11所示。

当平滑系数为0.3时,3个预测的收敛速度变得更慢,要到第12期才基本完全融合,表明初始预测值的影响才算消失,如图2-12所示。

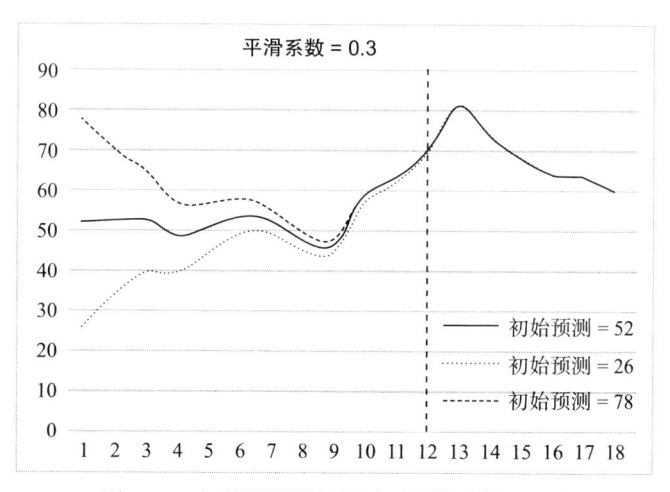

图 2-12 初始预测值的影响(平滑系数 = 0.3)

○ 具体计算是(53+53+39+55+60+50)/ 6 = 51.7 ≈ 52(四舍五入)。

当平滑系数为 0.1 时，3 个预测的收敛速度变得最慢，直到第 18 期还没有完全融合，表明初始预测值的影响还在，如图 2-13 所示。

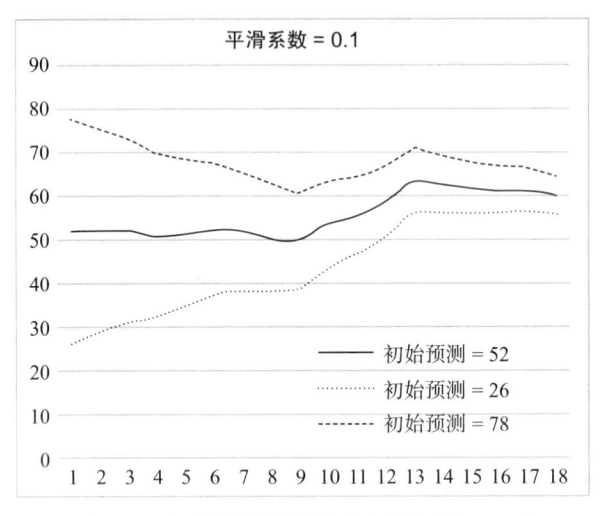

图 2-13　初始预测值的影响（平滑系数 =0.1）

这就是说，**平滑系数越小，初始预测值的影响就越大**。这跟指数平滑法下，历史数据的权重按照指数级别衰减有关。

当平滑系数 α 是 0.5 时，参照图 2-10 中的公式，意味着在第 2 周的预测中，初始预测值的权重为（1-0.5）= 0.5；到了第 3 周，其权重就成了 $(1-0.5)^2 = 0.25$；到了第 4 周，这一权重成了 $(1-0.5)^3 = 0.125$。但是，平滑系数 α 是 0.1 时，初始预测值的影响就衰减得慢多了，第 4 周的时候，初始预测值的权重还占 0.73。

如果需求历史足够长，我们有足够的数据来"预热"，初始预测值的影响最终会衰减到无足轻重。但需求历史有限时，平滑系数越小的时候，初始预测值要尽量设置得准确，以尽量减小其影响。

究竟用多长的需求历史，来消除初始预测的影响呢？在一些预测方面的经典著述中，一般用最初的 9 个数据点作为指数平滑法的初始化数据。[一]如果是按照季度汇总，这大致就是 2 年出头的数据；如果按照周来汇总，大致就是 2 个多月的数据。

平滑系数的择优

简单指数平滑法其实是一种**加权移动平均**。相比移动平均法，简单指数平

[一] 比如 *Forecasting: Methods and Applications*, by Spyros Makridakis, Steven C. Wheelwright and Rob J. Hyndman, John Wiley & Sons Inc.，第 3 版，2018 年重印。

滑法更加精致，而这所有的"精致"，都是通过微调平滑系数这一参数来实现的。所以，选择合适的平滑系数至关重要。

直观地讲，平滑系数 α 的值取决于需求的稳定性：需求越稳定，最新需求的权重就越小，平滑系数 α 就越小，预测也就越平滑；反之，需求越不稳定，最新需求的权重就越大，平滑系数 α 也越大，预测也就越灵敏。

平滑系数的择优，简单直观的做法就是复盘，看平滑系数等于多少时预测误差最小（准确度最高）。这里的假设是需求的延续性：需求历史有一定的代表性，未来的需求跟复盘用的历史需求表现差不多。这个假设也适用于我们所熟悉的那些时间序列预测，比如趋势和季节性。

让我们继续用图 2-11 中的数据来举例说明，如图 2-14 所示。

期数	1	2	3	4	5	6	7	8	9	10	11	12	13	14	15	16	17	18	19	20	21	22	23	24	25	26
需求	53	53	39	55	60	50	36	43	86	72	86	107	56	55	54	62	52	65	67	54	60	49	105	69	72	80
	\multicolumn{9}{c	}{初始组}	\multicolumn{17}{c}{测试组}

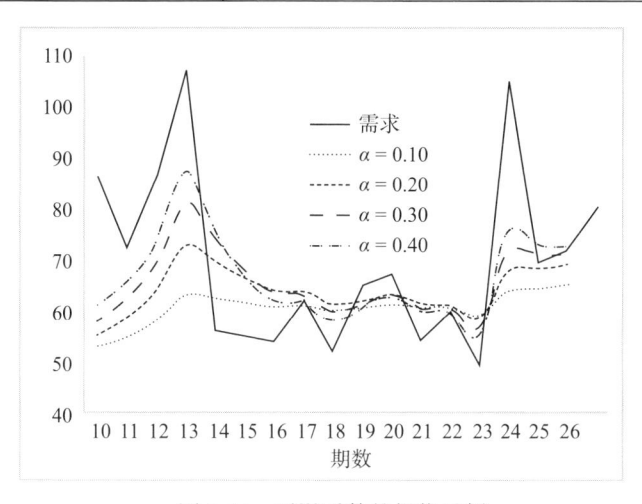

图 2-14 平滑系数的择优示例

【下载】该示例的 Excel 文件可到我的网站上下载：scm-blog.com/download.html（如果公司网络屏蔽，可换个网络下载）。

对于图 2-14 中的样本产品，我们用前 9 期的需求历史作为初始组，假定第 1 期的初始预测等于 1～6 期的平均值，来建立简单指数平滑法模型。然后针对不同的平滑指数，我们来复盘预测第 10～26 期的需求，跟实际需求比较，计算预测误差（这里用均方误差表示），来选择更优的平滑指数。

要注意的是，"上帝的归上帝，恺撒的归恺撒"："初始组"是用来消除初始预测值的影响的，不能用于测试模型的准确度；"测试组"是用来测试模型准确度的，不能用来做初始化。这就如比赛有热身与正式比赛之分，设备有运行与试运行之别一样。

从图2-14中可以看出，平滑系数越小的时候，预测越平稳，预测受需求波动的影响越小；平滑系数越大的时候，预测越灵敏，一旦实际需求有了峰值，预测的峰值也会更明显。那究竟什么样的平滑系数最适合该产品？

如果光看图形，我们很可能会认为 $\alpha=0.4$ 时最准确，因为其峰值、谷值看上去跟实际需求的起伏最为匹配。不过不要忘了，那些峰值、谷值是滞后的，慢一拍。我们不能看图形，而是要看预测的误差，如图2-15所示，$\alpha=0.2$ 时，均方误差最小，预测最准确。

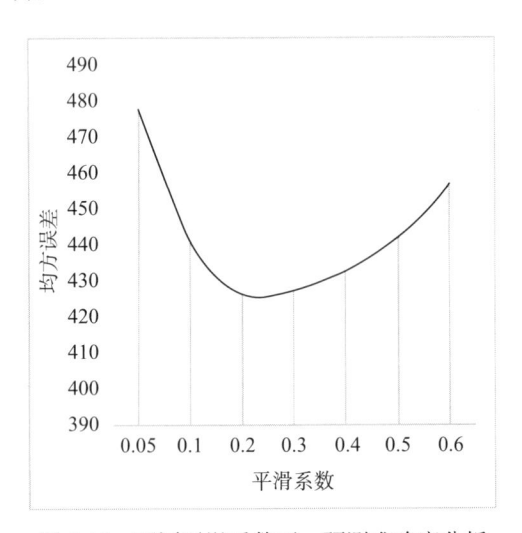

图 2-15 不同平滑系数下，预测准确度分析

平滑系数为0.05时，预测模型最平滑，但实际业务变动更大，两者不匹配，所以预测准确度不高。随着平滑系数的增大，预测模型与实际需求的匹配度增加，预测准确度逐步提升；到0.2的时候，预测准确度最高；超过0.2以后，随着平滑系数的进一步加大，预测模型更灵活了，但业务的变动没那么大，两者又开始越来越不匹配，相应的预测准确度也越来越低。

那么，对该案例企业来说，是不是所有的产品都是 $\alpha=0.2$ 最优？不是。有的产品需求变动大，有的需求变动小，相应的平滑系数也会不同。即便对于同一产品，不同库位、不同时段的需求模式可能不同，相应的平滑系数也可能不同。比如相比淡季，旺季的需求变动一般更大，因而平滑系数也更大；相比中心仓，前

置库位的需求变动性一般更大，相应的平滑系数也更大。○

如果你有计划软件的话，每次预测的时候，软件会针对每个产品在每个库位择优，推荐最佳的平滑系数。不过没有计划软件也没关系（相信绝大多数企业都没有），Excel 中也能做出相当不错的计划：我们没法用 Excel 随时择优，但可以在特定时段择优，比如淡季、旺季各择优一次，虽然做不到最优，但比不优化要强得多。在后面第 6 章的案例中，我们就是这样做的。

在平滑系数择优上，还有个问题，就是测试组究竟该有多少数据点。

在我参考的一些书中，比如斯拜罗·马瑞达克斯（Spyros Makridakis）等人的著作，○经常看到用 12 期的数据。我想用 12 期的数据有两个原因：其一，这些研究中，时间单元一般是月，12 个月正好是完整的一年，覆盖到每个月，减小了潜在的季节性影响。其二，10 多个数据点，一点儿不算多，但也不算太少，在数理统计上有一定的可靠性。

一般来说，测试组的数据点越多越好，数理统计要求 30 个以上的数据点；但在实践中，我们往往没有那么多的数据点。比如快时尚产品的生命周期往往就几个月，按周拆分的话，也没有多少个数据点。我在做分析的时候，会力求用 13 周或更多数据点来测试，这样我们能覆盖一个完整的季度。当然，这只是个人经验，仅供参考。

在实践中，平滑系数可按以下方式择优：

1. 先以时间为横轴，需求历史为纵轴做成折线图，确认需求没有明显的趋势、季节性。

2. 如果没有，参照下面"小贴士"中的指导纲要，确定平滑系数的大致范围。

3. 最后套用几个不同的 α 值，一般从 0.05 或 0.1 开始，每次增加 0.05，看哪个的预测准确度最高，哪个就是最优的平滑系数。这一般会通过复盘的方式进行，比如复盘过去 13 周的预测，计算每周的误差，然后求得 13 周的平均误差，据此判断预测的准确度。数理统计上更严谨的做法呢，应该是配对 t 检验，我们在后文还会详细介绍。

○ 中心仓的需求聚合效应一般更明显，所以需求变动也更小。当然也有例外。比如我在研究一个跨境电商，发现在亚马逊的各个网店（前置库位），其产品的需求变动性反倒小，因为亚马逊的促销活动并不多；在中国国内的中心仓，产品的需求变动反倒更大，因为中心仓不但支持各个亚马逊仓，而且支持官网、中国国内电商和 B2B 业务——官网和中国国内电商经常有促销活动，B2B 业务本身就比 B2C 业务变动大。

○ *Forecasting: Methods and Applications*, by Spyros Makridakis, Steven C. Wheelwright and Rob J. Hyndman, John Wiley & Sons Inc.，第 3 版，2018 年重印。

∷ **小贴士　平滑指数的经验值**

对于简单指数平滑法中的平滑系数的取值，阅读文献，你会发现一些经验值。

1. 当需求历史比较稳定时，选择较小的 α 值，$0.05 \sim 0.2$。
2. 需求历史波动较大时，可选择稍大的 α 值，$0.1 \sim 0.4$。
3. 有的教科书建议 α 取值 $0.1 \sim 0.3$，有的建议 $0.05 \sim 0.5$。[一]

但是，需求多稳定算稳定，波动多大算大？这很难量化，各人理解也会不同。

比如有一家企业营收每年翻倍，它的计划经理认为业务波动很大：在她的逻辑里，增长本身就意味着波动，α 应该取 $0.6 \sim 0.8$；但我复盘研究了一些产品后，发现 α 实际上为 0.3 最合适，也就是说业务的变动并没有想象的大。

这是因为虽然每年翻倍，但我们预测的是门店补货量，预测跨度只有 3 周（补货周期是 3 周），而在这 3 周内，业务变化其实没多少。况且，每年翻倍的业务更多来自新产品、新市场导入，对于现有产品、现有市场，需求增长其实没多大。

ChatGPT 建议的典型取值在 $0.1 \sim 0.3$。这跟我个人的经验比较一致。

Excel 中的分析工具包能做简单指数平滑，其中说到适当的平滑系数在 $0.2 \sim 0.3$。这也意味着把上期的误差调整 20% ~ 30%，整合到预测中。平滑指数更大时，响应速度会更快，但可能导入无序的波动；平滑指数更小时，响应速度慢，可能导致预测值长期滞后。[二]

在用计划软件或者 Excel 中的 Solver 插件择优时，α 的最优值可能很大，甚至是 1 或非常接近 1。这其实是完全拿上次的实际值作为下次的预测值，我们要非常谨慎，因为简单指数平滑法可能不是合适的方法。

从图 2-10 也可看出，当平滑系数等于 0.8 的时候，真正起作用的主要就是两期历史需求，各自的权重为 80% 和 16%；当平滑系数等于 0.5 时，就跟 3 期加权移动平均差不多了，各自的权重为 50%、25%、13%。只用两三期的需求历史，不管权重怎么分配，总觉得模型不够可靠，除非你的需求波动的确是那么大，两三期以外的需求历史没有多少参考意义。

所以，有些文献把平滑系数的上限定为 0.5，还是有其道理的。这也是我在后面第 6 章案例中设定的上限（后来发现，0.5 的上限都有点高，应该是 0.3）。

[一] *Setting the Initial Value for Single Exponential Smoothing and the Value of the Smoothing Constant for Forecasting Using Solver in Microsoft Excel*, by Junthopas W., Wongoutong C., Applied Sciences. 2023 (13): 4328.

[二] *Use the Analysis ToolPak to Perform Complex Data Analysis*, Microsoft, support.microsoft.com.

一旦 Solver 择优的平滑系数超过 0.5，我们首先应该考虑是否有极端值没有清洗，简单指数平滑法是否还适用，以及数据分析中是否有误。

∷ 小贴士　特别警惕 Solver 给的优化值

Excel 中有个优化工具 Solver（需要先安装），可以用来帮助择优平滑系数：设定优化目标，比如均方误差最小，Solver 就可通过多次迭代，找到最合适的平滑系数。

Solver 的具体操作说明可以在网上找到。这里要强调的是，对于 Solver 的择优结果，我们要非常谨慎，因为我们用的数据点较少，任何数据变动，都可能显著改变最优解。

比如我做过一个案例，初始预测用前 6 期的平均值，用前 9 期作为初始组，然后借助 Solver，目标是第 10～26 期的均方误差最小，得到的最优平滑系数为 0.22。

如果用第 11～26 期的数据来择优，Solver 给出的最优平滑系数就变成了 0.37。只是少用一个数据点，"最优"的平滑系数就变化这么大，两个模型也会截然不同。

极端值的影响就更大了。我们把第 23 期的需求变成了极端值，再用 Solver 优化，最优的平滑系数就变成了 0.62。

从 0.22、0.37 到 0.62，这些都是非常显著的变化，其诱因却只是一个数据点的变化。可见 Solver 优化的结果对原始数据很敏感，一点微小的变动，都可能导致显著的变化。数据点少的时候，这个问题就更加显著。

虽然有些学者习惯于用 Solver 来择优，但那些择优结果往往很极端。如果一定要用 Solver 的话，我会建议设定平滑系数的上下限，比如最低不小于 0.05，最高不超出 0.5 等。

还有，Solver 择优完全依靠比较两组数值，并不一定具备数理统计上的意义。比如，在 Solver 眼里，均方误差 100 是要比 100.000 1 小，相应的预测方法更"准确"；但从数理统计的角度来分析，你会发现这两种方法根本没区别。我做过多次检验，用配对 t 检验来比较两组误差值，发现均方误差相差在几个百分点以内时，大多数时候两种预测方法都没区别。

上面这些问题，其实是任何择优方法都有的。不管我们是用计划软件、Solver，还是在 Excel 中手工复盘，我们都在基于误差最小的准则，来确定最优预测方法。不同之处在于，在手工复盘时，因为运算能力有限（反倒成了好事），我们根据业务情况会限定平滑系数的上下限，比如从 0.05 到 0.5；Solver 和计划软件呢，择优范围一般更广，经常出现非常接近 0 和 1 的"最优值"。之所以这里加引号，是因为这更可能是过度拟合的结果，预测效果往往不好。

解决方案呢，我更倾向于针对企业的几十、几百个有代表性的产品分别复盘择优，就如我们在第 6 章中要讲的，然后选定一个整体上最准确的平滑系数。我们可能针对不同类别的产品在不同时段（淡旺季）选择不同的平滑系数。一方面，这是基于 Excel 中做计划，计算能力有限的折中；另一方面，也避免了计划软件、Excel 函数完全基于拟合度的择优。

简单指数平滑法的优劣

简单指数平滑法的一大优点就是**灵敏**，响应度高。这是因为新近需求历史的权重较大。

对于新近发生的，简单指数平滑模型可以更快捡起，反映到下一步的预测中，在快速纠偏上做得更好。比如昨天开始促销了，供应链根本不知道，但简单指数平滑模型已经从昨天的销量探知到了，就驱动今天多补货。如果选择大一点的平滑系数，模型还可更快地响应。

在当今影响需求的手段越来越多，需求变动越发频繁的情况下，简单指数平滑法的这个优点很重要，让我们能够尽可能快速响应。比如门店或渠道在做促销，前置库位的需求突然增加；新产品导入，带动关联产品的需求；气温升降，带动相应产品的需求，都可以通过指数平滑法尽快发现，及时驱动总仓补货。

在备品备件领域，特别是高值慢动的产品，需求很不频繁，但一旦有需求，往往意味着很多：这批设备用到一定年限了，需要更换备件，或者产线在做预防性维修，需要很多备件等。简单指数平滑法能够更好地迅速捡起这一信号，尽快调整预测，驱动供应链尽快响应。我以前在备件计划领域，用的软件是由沃顿商学院的教授和博士们开发的，其中预测模块主要用的就是简单指数平滑法。

从计算上来说，一旦初始化完成后，后续计算相对**简单**。对移动平均法来说，滑动窗口有多大，就得保留多少期的需求历史；但对简单指数平滑法来说，我们只需要保留两个数值：上次实际值、上次预测值。这在计算机应用尚不广泛、人类的计算能力有限的时候，尤其重要。半个多世纪前，研究者们能够找出这么简单而美妙的方法来，真的不得不让人佩服。

简单指数平滑法也有一系列的挑战。

其一是比较复杂。比如初始预测值的确定、最优平滑系数的确定，都不是很直观。在用移动平均法时，我们可以根据对业务的理解，选择一定滑动窗口大小的预测模型，一般企业会有些经验值；但在用简单指数平滑法时，平滑系数的选择并不直观，跟我们的业务并不能简单挂钩，很多企业还没有建立相应的经验值。

其二，简单指数平滑法适合于短期预测，比如预测短期的补货。它跟移动平均法一样，假定未来每期的需求都一样，是一条水平直线，但预测的时间跨度越长，这个假定就越难成立。

其三，跟移动平均法一样，简单指数平滑法是滞后的，一旦需求表现出明显的趋势、季节性，指数平滑法就一直处于"追赶"状态。直接表现就是在择优时，平滑系数很大，甚至等于1。

第 3 章 Demand Forecasting and Inventory Planning

评估预测方法的优劣

准确而且没有系统性偏差的预测，才是个好预测。

到现在为止，我们熟悉了两种常用的预测方法：移动平均法和简单指数平滑法。在本章，我们在这两种方法的基础上，谈一下预测模型的评估。也就是说，如何评判一个预测模型的好坏，并通过评估来推动持续改进，提高预测准确度。

一个好预测具备很多特点，比如简单易懂，容易理解沟通；"强壮"、稳定，适用于不同环境等。但最重要的两点是：①**准确度**高；②没有**系统性偏差**。下面我们就这两个维度来探讨。

预测的准确度

对于预测准确度，我们主要从比较的基准、统计方法和是否要考核来阐述。

准不准，跟谁比

我们都说预测要准，比较的基准是什么？其一，跟**预测**比。你说你要100个，实际上是否要了100个？其二，跟**实际需求**比。客户实际需要100个，我们是不是提前预测到100个，驱动供应链及早响应，有效满足？

跟预测比，主要是为了约束销售端，以更好地照顾供应链的利益。这在销售提需求、重资产运营的企业比较常见。比如我到一家手机厂商，问大家为什么要预测，制造总监的答复是让工厂平稳生产。我能够理解，资产那么重，工厂的设备不能停，工人不能闲着，加急赶工要尽量少，因为这都意味着成本。但公司存在，是不是为了让工厂的日子过得好？

不是。公司的终极存在取决于让**客户满意**。客户满意了，企业才有生意做，工厂才有活路。毕竟，客户来买我们的产品，股东来买我们的股票，不是因为我们的工厂生产平稳，而是因为我们更可能预测到客户想要的，提前准备，从而降低成本，提高服务水平，使客户满意，股东也有得赚。

还有，以预测作为比较基准时，容易引起博弈，造成预测虚高。

比如，实际需求是 80 个，如果预测 100 个，误差是 20 个，绝对百分比误差为 20/100=20%；如果预测是 60 个，误差也是 20 个，绝对百分比误差为 20/60=33.3%。这就是对低估的"惩罚"，诱使预测者高估，通过拔高预测来增大分母，从而"减小"误差。这也部分解释了，为什么家家都放着一堆库存。

而以实际需求为基准，就没有这样的博弈，因为实际值是难以操纵改变的。

我更倾向于以实际值为基准，来统计预测准确度。这就跟在尺码和脚之间，我们当然是选择相信脚一样。用预测值减去实际值，如果误差是正的，表明预测偏高；如果误差是负的，表明预测偏低，这样也更加直观。

不过在学术著作中，我们一般看到的是误差 = 实际值 − 预测值。这更多是数理统计的传统，由"实际值 = 预测值 + 误差"转换而来。[⊖]有些计划软件可能用数理统计的传统来计算误差。在 Excel 中做线性回归，误差就是按照实际值减去预测值来计算的，解读残差时要注意。

作为实践者，用实践者习惯的方式来更直观地表述，比遵循统计学传统更有意义。所以，我会用预测值减去实际值来计算误差。

此外，我也能够理解，为什么有些企业以预测为基准。在这些企业，"需求"主要是由销售创造的。比如有些电商主要靠广告、引流做生意，有些品牌商主要靠渠道压货、促销做生意。那么以预测为比较基准，让销售说到做到，也是有道理的。

这后面常见的就是拿销售目标当需求预测，自上而下地分配任务，自下而上地层层承诺。这也让预测过程更加"政治化"，加剧了预测过程中的组织博弈，在业务快速成长时尚可，因为整体处于短缺状态；一旦市场饱和、经济低迷时，就容易出现灾难性的库存积压、产能过剩。

⊖ 《如何正确评估预测准确率》，肖余庆，微信公众号"数字化供应链管理"。

预测准确度如何计量

预测准确度有多种统计方法,我们这里介绍3种常见的计算方式:平均绝对误差、绝对百分比误差、均方误差。[⊖]下面我们通过一个例子来说明。

如表3-1所示,第4周的预测是77,实际需求是89,那么误差就是77-89=-12,绝对误差 = |-12|=12,绝对百分比误差 = |-12| ÷ 89 = 13%,均方误差 = (-12)² =144。把13周的值平均了,就得到最后一列的值:平均绝对误差是12,平均绝对百分比误差是16%,均方误差是229。

表 3-1 预测误差的计算示例

周	1	2	3	4	5	6	7	8	9	10	11	12	13	平均
需求	71	99	73	89	85	50	73	104	80	66	90	70	74	
预测	77	77	78	77	80	82	79	76	79	80	80	80	79	
误差	6	-22	5	-12	-5	32	6	-28	-1	14	-10	10	5	0
绝对误差	6	22	5	12	5	32	6	28	1	14	10	10	5	12
绝对百分比误差	8%	22%	7%	13%	6%	64%	8%	27%	1%	21%	11%	14%	7%	16%
均方误差	36	484	25	144	25	1 024	36	784	1	196	100	100	25	229

要说明的是,说是准确度,这里计算的其实是误差。有的误差能转换成准确度,比如用1减去绝对百分比误差,就得到准确度;有的则没法简单转换,比如绝对误差和均方误差。但不管怎样,误差越小,意味着准确度越高。

从其计算方式可以看出,这3种预测准确度指标各有优劣。

平均绝对误差的好处是直观,容易理解,易于跨职能沟通。如果损失跟误差成正比的话(比如单价是10元,那么少预测1个,营收就损失10元;少预测2个,营收就损失20元),基于平均绝对误差来选择合适的预测模型,也挺有道理。

但实际上,误差跟损失往往不成正比,特别对于极端误差来说。

就拿预测低估来说,少预测1个,我们可以很容易地用安全库存来应对,运营成本为零,也不会损失营收;但少预测100个的话,就可能得赶工加急,产生很多运营成本,而且可能丧失营收、失去客户,成本远非少预测1个的100倍。预测高估也是同理:多预测1个,没问题,下一期用掉就行;多预测100个,则可能得折价甚至报废处理,单位成本显然更高。

⊖ 在有些文献中,这些经常以英文缩写出现。平均绝对误差的英语为 Mean Absolute Deviation,简写为 MAD。绝对百分比误差也叫"相对误差绝对值",英语为 Mean Absolute Percentage Error(MAPE)。均方误差的英语为 Mean Squared Error,意即误差平方,再平均(均方误差);把均方误差开根号,就得到"均方根误差"(RMSE)。

均方误差通过对误差平方，来放大**极端误差**，加倍"惩罚"那些极端误差。要知道，小的误差没关系，我们可以通过安全库存、供应链执行来轻松应对；害死我们的是大错特错，也就是那些极端误差——预测过于低的话，安全库存很容易被击穿，导致高昂的赶工加急成本；预测过于高的话，则容易造成大量的积压，以及由此而来的呆滞库存。

如图 3-1 所示，6 月、10 月的绝对误差最大，我们通过平方加倍"惩罚"这样的极端误差，最终反映在较高的 12 个月均方误差中。选择预测方法时，要尽量避免产生大错特错、极端误差的预测模型。用均方误差来量化预测准确度，能较好地排除这样的模型，也符合业务逻辑。

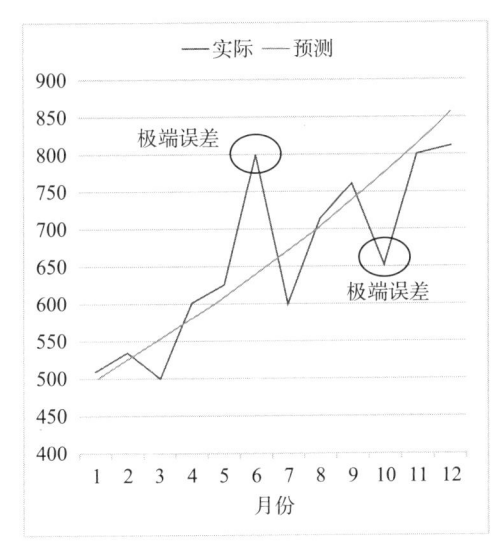

月份	预测	实际	误差	误差的平方
1	500	510	10	100
2	525	535	10	100
3	551	500	−51	2 601
4	578	600	22	484
5	607	625	18	324
6	638	800	162	26 244
7	670	600	−70	4 900
8	703	715	12	144
9	738	760	22	484
10	775	650	−125	15 625
11	814	800	−14	196
12	855	810	−45	2 025
			平均	4 436

图 3-1　均方误差示意

均方误差的一个问题是不够直观。比如在图 3-1 中，均方误差 4 436 究竟意味着什么，谁也说不清。不过"不怕不识货，就怕货比货"，在比较多种方法时，均方误差越小，表明预测模型越准确，这就足够了。还有，**均方误差对极端值很敏感，可能导致过高估计误差**。这也展示了预测模型择优时，清洗极端值的重要性。

让我们再回到平均绝对误差。

平均绝对误差跟需求的大小有关。比如平均需求是 1 000，平均绝对误差是 100 的话，这个预测是相当准确的；但如果平均需求是 10，平均绝对误差还是 100 的话，这个预测就相当糟糕了。所以，需求量显著不同的产品，在平均绝对误差上是没有可比性的，不能基于这一指标来评判哪个产品的预测更准确。均方误差也有同样的问题。

解决方案呢，就是用**绝对百分比误差**，本书有时简称为百分比误差。这其实相当于对误差进行归一化处理，让不同产品之间的预测准确度有了可比性。百分比误差的好处还有直观，跨职能沟通容易，因而被很多企业采用，或许是这一指标应用最广泛的原因。

绝对百分比误差的缺点是分母太小或为零时，百分比就很高甚至没法计算，导致严重失真。对于长尾慢动产品，这个问题就更大了。我们的常见应对方案有二：要么设立上限，比如误差最大不能超过100%；要么采用均方误差、绝对误差。㊀

百分比误差也会有误导：需求是10个，预测了6个，准确度是60%；需求是60个，预测了36个，准确度也是60%。但是，它们对业务的影响不同。第一种情况下，损失了4个的生意；第二种情况下，损失了24个的生意。百分比误差跟绝对误差、均方误差结合使用，可适当弥补这一问题。

到现在为止，我们介绍了常用的3种预测准确度（更严格地讲，预测误差）的统计方式。还有些别的统计方式，我们这里不再赘述。那究竟该用哪种准确度指标呢？没有一刀切的答案。企业里常见的是百分比误差，但学术文章中更常见的是均方误差、均方根误差，尤其在机器学习、人工智能领域。

计划软件一般能输出多个准确度指标。要注意的是用不同指标，择优的结论可能不同。比如用百分比误差，可能模型A更准确；但用均方误差时，模型B可能更准确。准确度指标不同，也可能导致模型的优化结果差异。比如最小化平均绝对误差时，会导致模型预测中位值；最小化均方误差时，会导致模型预测平均值。㊁

在本书中，我们主要以均方误差最小为目标，有时候结合绝对百分比误差，来优化预测模型。

| 实践者问 |

多个产品的预测准确度，如何计算？

㊀ 还有一种做法，就是用"对称平均绝对百分比误差"（sMAPE），分母用实际值与预测值的平均，感兴趣的读者可以搜索相关信息。

㊁ *Forecasting: Principles and Practice* (2nd ed), by Rob J. Hyndman and George Athanasopoulos, 2018, https://otexts.com/fpp2.

刘宝红答

加权，权重可用不同方式来计算。比如需求量——需求越大的产品，所占比例也越大；比如利润率——利润率越高的产品，所占比例也越大；比如关键度——越是关键的产品，占比也越大；比如营收——营收占比越大，在准确度中的比例也越大。不管怎样，都没有完美的权重，但只要方法论一致，不同时段的准确性就有了可比性，我们就可推动持续改善。

比如在后文第6章的案例中，我们就用营收占比来加权。假定只有A和B两个产品，A占总营收的60%，其预测准确度是80%；B占总营收的40%，其预测准确度是50%，那么加权的准确度就是80%×60%+50%×40% = 68%。均方误差、绝对误差的加权算法同理。

案例3-1　某制造商的预测准确度

案例企业是一家制造商，年度营收近百亿，需求预测主要由销售来提。该企业基于**预测值**来计算预测准确度，并按照占总预测数量的比例来加权，计算整体预测准确度。这种做法的副作用呢，是容易导致销售"躺平"，对不确定性高的情况纯粹不予预测。让我们详细道来。

如表3-2所示，我们截取某一类的26个产品为例（数据经过脱敏处理）。比如产品1的预测为1 875，占26个产品预测总量12 026的16%，乘以其准确度96%，就得到该产品对整体准确度的贡献15%。把所有的产品加到一起，就得到49%的整体准确度。

但这种统计方法，容易造成销售钻空子：对不确定性大的需求，预测准确度一般很低，销售就纯粹不预测，让我们拿产品17举例说明。

产品17的预测值是1 250，实际值为5 063，绝对误差为3 813。按照预测值为基准，该产品的预测准确度为（1-3 813÷1 250）×100% = -205%。因为案例企业的计算方法规定，准确度最低不能低于0，那就按0来处理，对整体预测准确度没有一点贡献。但1 250的预测值让预测总量更大，从而分母变得更大，反过来降低了整体准确度，反倒不如纯粹不做预测，让预测值为0。

结果呢，在我看到的所有89个产品中，销售对1/3的产品压根儿就没预测，给供应链执行的挑战就可想而知了。绩效考核改变组织行为，这只不过是又一个例子罢了。

表 3-2 不同标准计算整体预测准确度

产品	预测	实际	偏差绝对值	SKU 权重预测	单品预测准确度	整体准确度	SKU 权重实际	单品预测准确度	整体准确度
产品 1	1 875	1 799	76	16%	96%	15%	8%	96%	7%
产品 2	563	407	156	5%	72%	3%	2%	62%	1%
产品 3	16	292	276	0	0	1%	1%	5%	0
产品 4	156	128	28	1%	82%	9%	1%	78%	2%
产品 5	1 625	1 092	533	14%	67%	9%	5%	51%	2%
产品 6	16	0	16	0	0	0	0	0	0
产品 7	975	753	222	8%	77%	6%	3%	71%	2%
产品 8	0	1	1	0	0	0	0	0	0
产品 9	938	2 008	1 070	8%	0	3%	9%	47%	4%
产品 10	500	392	108	4%	78%	1%	2%	72%	1%
产品 11	94	72	22	1%	77%	0	0	69%	0
产品 12	0	10	10	0	0	0	0	0	0
产品 13	0	834	834	0	0	0	4%	0	0
产品 14	172	30	142	1%	17%	0	0	0	0
产品 15	158	148	10	1%	94%	1%	1%	93%	1%
产品 16	1 249	3 912	2 663	10%	0	0	17%	32%	5%
产品 17	1 250	5 063	3 813	10%	0	0	22%	25%	5%
产品 18	0	1 263	1 263	0	0	0	5%	0	0
产品 19	94	143	49	1%	48%	0	1%	66%	0
产品 20	469	700	231	4%	51%	2%	3%	67%	2%
产品 21	0	1 233	1 233	0	0	0	5%	0	0
产品 22	625	1 460	835	5%	0	0	6%	43%	3%
产品 23	0	125	125	0	0	0	1%	0	0
产品 24	313	604	291	3%	7%	0	3%	52%	1%
产品 25	625	455	170	5%	73%	4%	2%	63%	1%
产品 26	313	257	56	3%	82%	2%	1%	78%	1%
总计	12 026	23 181	14 233	100%		49%	100%		39%

注：表中数据有四舍五入。

【下载】该示例的 Excel 文件可到刘宝红的网站上下载：scm-blog.com/download.html（如果公司网络屏蔽，可换个网络下载）。

选择"躺平"不预测，也间接提高了批量大、预测准确度高的产品在整体准确度中的比例。比如基于预测值来计算准确度，产品 1 和 5 分别占 16% 和 14% 的权重；而基于实际值的时候，它们的权重就下降到 8% 和 5%。这两个产品的批量大，预测准确度也更高，更大的加权比例有助于提高整体预测准确度。

如果以**实际值**为基准，销售选择"躺平"的动力就会更小，因为实际值很难作假。

基于实际值，我们重新统计每个产品的预测准确度，加权后发现这 26 个产品的整体准确度变成 39%。从 49% 到 39% 是很大的变化，"在我们内部的考核标准里，基本是奖励 2 000 块钱和处罚 2 000 块钱的区别"，案例企业的计划经理如是说。

那么多的预测，究竟评估哪个

假定我们每周滚动预测一次，预测未来 26 周（2 个季度）的需求。那意味着对于每周的需求，我们有 26 个版本的预测。用哪个版本来评估准确度，取决于主要执行决策是由哪个版本的预测驱动的。

比如供应商的采购提前期是 8 周，那么 8 周前的那个预测就是评估对象。对于仓库来说，假定一个半月就足够雇人、培训、增加班次，那么 6 周前的那个预测就是基准。但对生产线来说，如果要买设备增加产能，整个提前期需要 2 个季度，那驱动决策的就是 2 个季度前的那个预测。

当然，有人也许会说，你也不是把所有的决策都一下子给做了呀。就拿产线计划来说，假定提前期是 3 个月，需要提前 3 个月的预测，但我 2 个月前、1 个月前的预测也有用啊，比如帮助调整在制库存、安排加班加点等。所以，有些企业也采用加权平均的做法，比如 3 个月、2 个月、1 个月前的预测分别占比 60%、30%、10%（简称六三一）。

这样做有一定的道理，但权重究竟怎么定，有很多主观成分；加权后的准确度如何解释，也不是很直观。不过只要标准一致，就有可比性，通过监控加权准确度的**变化趋势**，也能达到驱动持续改善的目的。

究竟用哪个预测，另一个挑战是**颗粒度**。比如是用产品层面的，还是规格型号包装（SKU）层面的？是汇总到每季、每月，还是每周、每日？是用公司层面的，还是渠道、客户、前置库位、门店层面的预测？这要看预测究竟是用来解决什么问题的。

就整体产能计划来说，我们很少需要 SKU 层面的预测（除非有些 SKU 需要特殊产能），产品甚至产品族层面的预测就够了。比如服装厂要雇多少人，不需要知道这款衣服的大号、小号要多少件，甚至连这个具体的衣服也不需要知道，知道这一类衣服的预测就够了，因为同类衣服的加工差不多，做件大号的跟做件小号的在人工、设备工时上并没多少区别。

同理，仓库的分拣也一般不需要很详细的预测，进销存的总量预测往往就可以指导人手安排了。但是，如果某个具体的产品、具体的型号对货架有特殊要求，比如体积太大、重量太重，需要特制的货架，我们就需要产品、型号层面的预测，来确定要建多少特制货架等。

时间的颗粒度也是同样的道理。制造商的产能用月度甚至季度预测就够了，但新零售、餐饮门店每天送货的话，则必须有每天的预测。总仓整合所有客户、所有门店的需求，用每周的预测，就足够驱动供应商送货；而前置库位呢，则要跟送货频次挂钩，预测要做得更细，细化到每个产品在每个门店和前置库位的层面。

现在你知道，如果有人问你，你们的预测准确度是多少，这个问题该有多么难回答了吧。如果要跟别的公司比较的话，首先要把上面讲的几点厘清，确定预测准确度是如何计算的。你也知道，针对需求预测的标杆研究会是多么的不可靠啊！

预测准确度的行业标杆是个伪命题

经常有人问，预测多准才算准，行业标准怎么样？简单的答案是没有定论：预测准确度的标杆研究很不可靠，因为计量标准在同一家公司都很难统一，不同行业、不同公司之间就更不用提了。

1. 跟预测值，还是实际值比较？
2. 多久前的预测？是驱动生产与采购的预测，还是日常补货的预测？
3. 按日、按周、按月还是按季度的准确度？
4. 产品族、产品还是 SKU 层面？成品还是原材料？总库、配送中心、前置库位还是客户层面？
5. 大批量还是小批量产品？前文的那些预测准确度计量方式，如果放到小批量产品，特别是间歇性需求上，就是一团糟，很少有可参考性。
6. 如果是多个产品加权的话，权重如何分配？多期预测准确度加权呢？

我在一些计划类会议上看到过一些北美的预测准确度标杆调查。参加会议的人本来就少，细分到行业就更少；准确度的计量标准很难确保统一，天知道那些行业标杆有多可信。

不过话又说回来，统计口径很难一致时，不同行业、公司之间鲜有可比性，但同一公司、同一业务在不同时段却有。对企业来说，按照同一标准，以自己在不同时段的预测准确度为标杆，驱动持续改善，却是完全可行的，也应该是预测准确度统计的关键目的之一。

∷ 小贴士　预测准确度的几个规律

1. **需求量**越大，预测准确度一般越高。小批量产品更难预测，就是这个原因。这就是为什么要降低产品复杂度，推动产品的标准化、模块化、平台化，增加批量和规模效益。

2. 需求的**聚合效应**越明显，预测准确度一般越高。这就是为什么产品层面一般要比 SKU 层面的预测准确度高，中心库一般要比前置库位更好预测，月度、季度预测要比周、日预测更准确。颗粒度越小，出现极端值的可能性越大，预测难度也就越大。

3. **短期**预测一般要比中长期预测更准确。越是在细枝末节的地方，中长期预测的准确度就越低。在那些一线销售提需求的公司，让一帮一线销售做中长期预测，一方面需求聚合效应很不明显，另一方面预测的跨度又很长，准确度非常低，这就是原因。

从管理的角度，我也想分享三点。

其一，**一个不准的预测，也比没有预测要强**。没有预测，意味着人人都在做预测，因为无预不立：生产需要预测来备产能，采购需要预测来跟供应商定价，仓库需要预测来雇人……同一需求计划是供应链协同的基础，多重预测是供应链协同的灾难，最终就是一堆堆的库存和产能。

其二，**难以预测，并不意味着没法计划**。预测不一定要多准，才能让我们制订计划来应对。预测可能出现的不同情况，也可以帮助我们制订相应的计划。计划是针对可能出现的不确定性，制订相应的解决方案，以确定性应对不确定性。这也是计划和预测的不同之处。

其三，**预测要做准不容易，但要做得更准却并不难**。太多的企业在需求预测上就如没吃过什么药的"原始人"，只要优化基本的预测模型，加强数据分析，准确度提高一点半点并不困难。不信，你们照着本书做，自己试试。

可以不考核，但不能不统计⊖

没有人买你们的股票，是因为你们的预测准确度高。

考不考核准确度，考核哪个职能，如何考核，历来是需求预测的热点话题。我的观点是预测准确度**可以不考核，但不能不统计**。

不统计预测准确度，是预测"七宗罪"里的又一宗。要统计，因为不统计就不知道，不知道就没法管理和改善。不光是基准预测，修正过的预测也要统计准确度，以判断修正是否增加价值。如果你发现，相当多的调整有系统性偏见，而且不增加价值，我一点儿也不惊奇。

不考核准确度本身呢，是因为预测准确度是个**过程指标**，过程指标好，结果指标不一定好；过程指标不好，结果指标不一定不好，况且考核指标本身要花费巨量的管理资源。

比如说，销售预测了 100 个，需求来了 300 个，我们只能给客户 100 个。如果考核销售提需求（做预测）的准确度，我们看到的是销售提了 100 个的需求，最后发货 100 个，准确度是 100%，但客户还有 2/3 的需求没得到满足，我们也错失了 200 个的生意。

再比如，你原来预测这周的需求是 100 个，但是直到星期五，订单一个都没来，你的预测准确度是 0；不过没关系，下周一来了个订单，把那 100 个产品都卷走了：客户拿到了他想要的东西，你的库存也降下来了，客户、股东皆大欢喜，你当然也高兴。

有句笑话说，有几个人买你的股票，是因为你的预测准确度高？不要说股东，就连销售也对你的预测准确度不理不睬：当你在汇报预测准确度的时候，有几个销售在认真听？他们知道过程好作假，供应链有各种手段，来把预测准确度指标做好看；他们要的是**结果**：客户要的我们没有，我们有的客户不要，却是断难作假的。

这就是为什么我们要聚焦结果，考核需求预测的**结果性指标**，比如客户服务水平、库存周转率、呆滞库存。这也符合绩效考核的基本准则：**关键**考核指标（KPI）要跟客户、股东的**直接**诉求有**直接**关系。按时交付是客户所关注的，库存周转、呆滞库存是股东所关注的，我们可通过考核这些结果性指标，来**倒逼**改善

⊖ 参考了我的《供应链的三道防线：需求预测、库存计划、供应链执行》（第 2 版），机械工业出版社，2022 年，有修改。

预测准确度这样的过程指标。

要知道，企业的过程指标有千千万万个，如果都考核的话，不但要花费很多管理资源，而且容易助长"手术很成功，病人却死了"的现象。比如当年艾伦·穆拉利（Alan Mulally）上任福特汽车的CEO时，福特处于破产的边缘，但在业务绩效汇报上，每个职能的指标都是让人骄傲的绿色。形势当然不是一片大好，而是每个职能都在操纵那些过程指标，却对客户、股东真正关注的结果指标视而不见。

| 实践者问 |

统计预测准确度的最根本目的是什么？

| 刘宝红答 |

持续改善。我到很多企业，大家都在抱怨预测准确度低，但统计准确度的寥寥。企业大了，要解决的问题满地都是。不统计就不知道，不知道的问题是不存在的，当然是没法解决的。

| 实践者问 |

您说要通过业务结果来考核计划，但按时交货率这样的业务结果呢，不光是计划出来的，而且是执行出来的。我怎么知道是计划的功劳，还是执行的功劳？

| 刘宝红答 |

一个好的计划不光是计划出来的，更是执行出来的。作为计划职能，其任务可不光是做计划，而且要驱动供应链执行，确保计划能够落实——计划要对业务结果负责，管理执行职能是其任务的一部分。考核什么，就得到什么：只考核计划的"预测准确度"，容易让其认为自己的任务就是做好计划，做好后就放之任之，就地等死。从考核的角度而言，我们也可参考预测准确率，来适当区分计划和执行各自的功劳，比如预测准确度没变，但业务结果在改善，这表明更多的是执行的功劳；预测准确度在提升，但业务结果却没有改善，这可能是执行在倒退。但不管是执行还是计划问题，计划都得承担责任，这就如作为经理，部下做得好还是不好，你都得负责。

预测的系统性偏差

预测模型的好坏离不开预测准确度,但准确度只是故事的一部分。让我们看个例子。

如图 3-2 所示,预测方法 1 是移动平均法,预测方法 2 是虚拟的。不管是统计绝对误差、百分比误差,还是均方误差,这两种预测方法的准确度都相同。但不难看出,预测方法 1 要比方法 2 更好,因为方法 2 明显每期都比实际需求高,存在**系统性偏差**。这在图 3-2 表格下的残差图中就更加明显。

周	1	2	3	4	5	6	7	8	9	10	11	12	13	平均
需求	71	99	73	89	85	50	73	104	80	66	90	70	74	
预测方法 1	77	77	78	77	80	82	79	76	79	80	80	80	79	
预测方法 2	77	121	78	101	90	82	79	132	81	80	100	80	79	
误差 – 预测方法 1	6	−22	5	−12	−5	32	6	−28	−1	14	−10	5	5	0
误差 – 预测方法 2	6	22	5	12	5	32	6	28	1	14	10	10	5	12
绝对百分比误差	8%	23%	7%	13%	6%	64%	8%	27%	2%	22%	12%	14%	7%	16%
均方误差	35	505	27	140	23	1 024	38	788	2	207	108	102	24	233

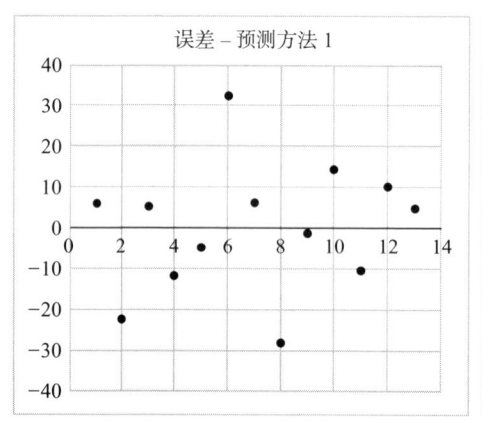

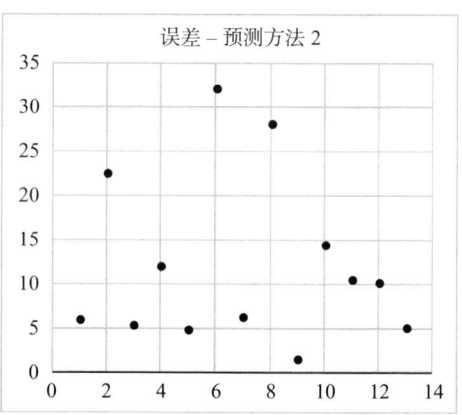

图 3-2 两种预测方法的准确度一样,但预测效果大不相同

注:数据有四舍五入。

这就是说,在判断预测模型的优劣时,光看预测准确度还不够,我们还得评估模型有没有**系统性偏差**。在学术界,关于准确度的研究可以说是汗牛充栋;在工业界,巨量的资源被投入到准确度的提升方面,但系统性偏差呢,不管是在学术界还是工业界,得到的关注就少多了。

在技术角度，系统性偏差跟选择了错误的预测模型有关。比如用移动平均法、简单指数平滑法来预测趋势性需求，会有系统性的滞后；用这两种方法预测季节性需求时，会交替性地出现几期虚高、几期虚低的情况，误差呈现一定的模式。

需求模式改变了，原来的模型不再适用，也可能出现系统性偏差。如图3-3所示，在前16周，趋势相当平缓。基于这样的数据建立趋势模型，来预测17～29周更快的增长趋势，你会发现不管是用哪种模型，都会显著低估，造成系统性偏差（其中的"13周趋势"是用最近13周的需求历史建立趋势模型，"6周趋势"同理）。

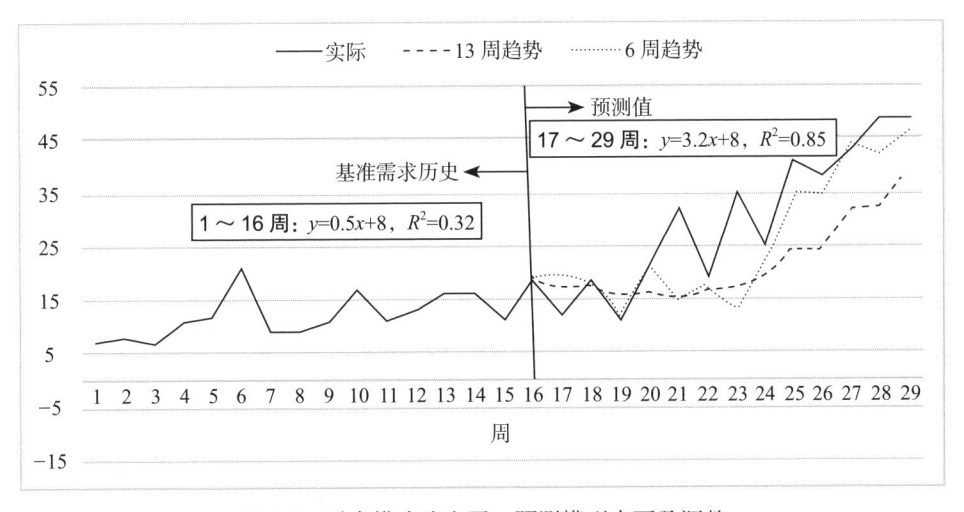

图3-3 需求模式改变了，预测模型来不及调整

出现了极端值，没有经过清洗，也可能导致系统性偏差。如图3-4所示，该产品的需求原来是随机波动的，我们用移动平均法来预测；第9周时出现极端值，显著拔高了预测，经过了10多周才慢慢降下来，期间预测系统性偏高，产生系统性偏差。这也是为什么要清洗极端值。

那么，如何判断有无系统性偏差呢？

一种直观的方法就是看折线图：把预测值和实际值做成折线图，如果预测系统性虚高或虚低，或者呈现某种规律，比如一段时间虚高，一段时间虚低，表明可能有系统性偏差。但一个一个地看折线图有点慢，我们可围绕**累计偏差**来计算一些指标，帮助我们批量监控和识别系统性偏差。

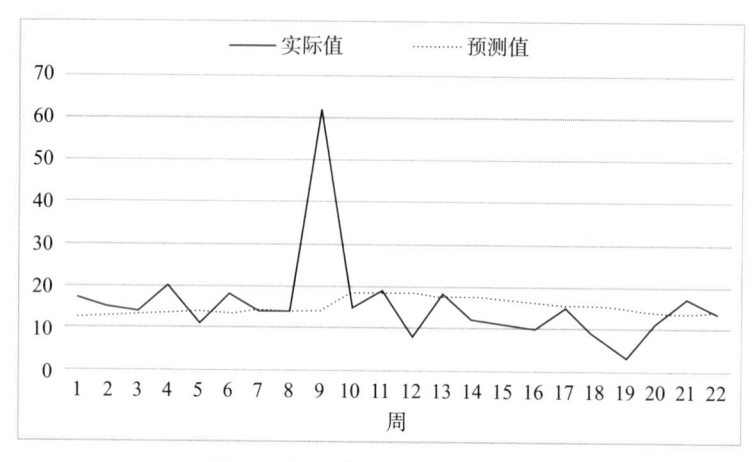

图 3-4　极端值引起的系统性偏差

一个理想的预测模型有时候会偏高，有时候会偏低，但偏高、偏低没有固定的模式，而且一段时间的累计偏差为零（平均偏差也是）。[一]这表明该预测模型没有系统性偏差。如果累计偏差比较大，则表明可能有系统性偏差。但累计偏差本身是缺乏可比性的：批量大的产品偏差一般也大，批量小的一般也小。我们要进行归一化处理，这就是下面要讲的"偏差指数"。

偏差指数的计算方式是累计误差除以平均绝对误差。[二]在这里，误差定义为预测值减去实际值。偏差指数为正，表明预测虚高，比如用移动平均法、简单指数平滑法来预测下降趋势时，就会出现这种情况；偏差指数为负，表明预测虚低，比如用移动平均法、简单指数平滑法来预测上升趋势时，就会出现这种情况。

模型选择合适的话，累计误差最终会为零，或者非常接近零，偏差指数也为零。当然，有时候累计误差不会是零，因为没有预测模型是完美的。但是，偏差指数也不能太大，一旦超出 ±6 的上下限，就提醒我们预测模型有系统性偏差，我们应该选用更合适的模型。

让我们看个偏差指数的计算示例。

[一] 人们经常混用偏差和误差（本书有时候也这样），但严格意义上两者是有区别的。偏差是预测值跟实际值之间的**系统性差异**，反映的是模型和方法的系统性错误；误差是预测值和实际值之间的**差异**，包括随机误差和系统误差。或者说，偏差是误差的一部分，误差不一定全由偏差引起。参考自 DeepSeek 和 ChatGPT。

[二] 《供应链管理》(第 7 版)，苏尼尔·乔普拉，中国人民大学出版社，2021 年，第 195 ～ 197 页。偏差指数是我对英文 Tracking Signal 的意译，也有翻译为"跟踪信号""追踪信号"的。

在表 3-3 中，我们用移动平均法来预测 13 周的需求，再跟实际需求比较，计算每周的误差、绝对误差、截至该周的平均绝对误差和累计误差，最终计算出截至各周的偏差指数。

表 3-3 偏差指数的计算示例

周	1	2	3	4	5	6	7	8	9	10	11	12	13
实际值	130	128	111	95	83	97	69	102	96	79	63	70	74
预测值	122.3	130.9	131.9	130.0	122.8	113.9	105.3	99.8	101.9	97.6	91.5	85.5	82.4
误差	−7.8	2.9	20.9	35.0	39.8	16.9	36.3	−2.3	5.9	18.6	28.5	15.5	8.4
累计误差	−7.8	−4.9	16.0	51.0	90.8	107.6	143.9	141.6	147.5	166.1	194.6	210.1	218.5
绝对误差	7.8	2.9	20.9	35.0	39.8	16.9	36.3	2.3	5.9	18.6	28.5	15.5	8.4
平均绝对误差	8	5	10.5	16.6	21.3	20.5	22.8	20.2	18.6	18.6	19.5	19.2	18.3
偏差指数	−1.0	−0.9	1.5	3.1	4.3	5.2	6.3	7.0	7.9	8.9	10.0	11.0	11.9

注：数据有四舍五入。

【下载】该示例的 Excel 文件可到我的网站上下载：scm-blog.com/download.html（如果公司网络屏蔽，可换个网络下载）。

以第 3 周为例，截至该周的累计误差是（−7.8）+ 2.9 + 20.9 = 16，累计绝对误差 = 7.8 + 2.9 + 20.9 = 31.5，平均绝对误差 = 31.5 ÷ 3 = 10.5。那么，截至第 3 周的偏差指数 = 16 ÷ 10.5 = 1.5。就这样，我们可以计算出每周的偏差指数，来判断是否有系统性偏差。

我们把表 3-3 通过折线图呈现出来，如图 3-5 所示，需求呈现一定的下降趋势，移动平均法的滞后性很明显，预测一直偏高，所以有累计偏差。从第 7 周开始，偏差指数超出上限 6，进一步证明了系统性偏差的存在，移动平均法不合适，我们得用更合适的模型，比如线性回归、霍尔特法等来应对（第 4 章会详细讲到）。

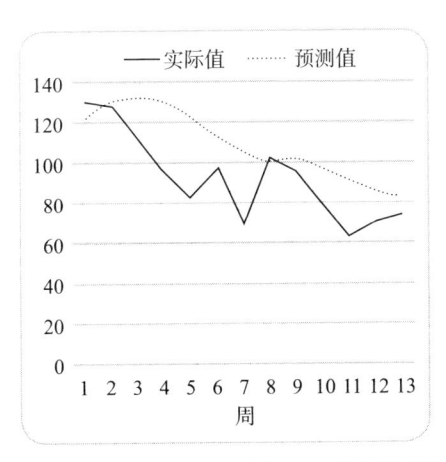

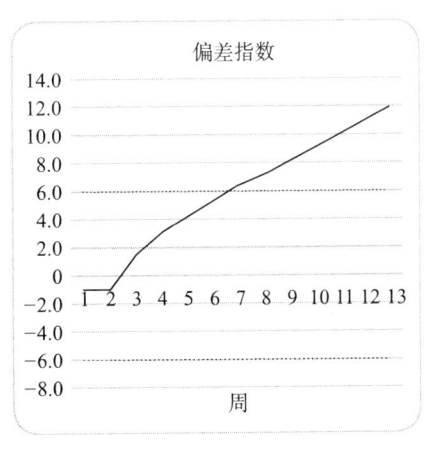

图 3-5 通过偏差指数识别系统性偏差

此外，还可观察残差图。比如就表 3-3 中的例子，如果把误差做成散点图（见图 3-6），你会发现大部分误差是正的，呈现明显的模式。在没有系统性偏差的模型里，残差图会呈现随机分布，正的和负的大概数量相同，也没有明显的模式，比如连续几个误差为正，然后连续几个为负等。

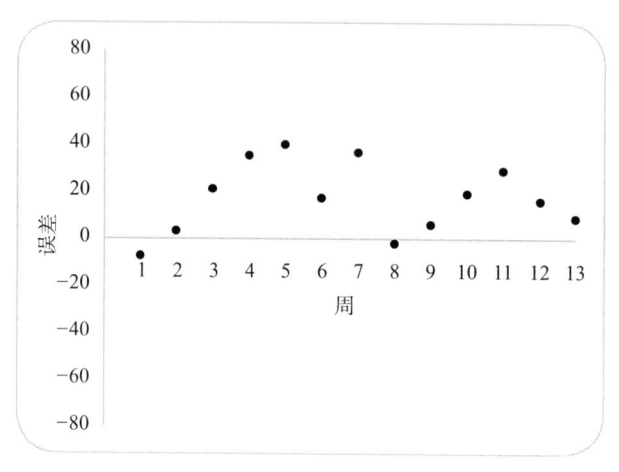

图 3-6　误差的散点图

除了不合适的预测模型外，**组织博弈**也是不可忽视的导致系统性偏差的因素。比如短缺时，从前到后层层放大需求，拔高预测；为了保供，采购在给供应商预测时，也是习惯性地加码。这都加剧了"牛鞭效应"，背后都能看到信息不对称下组织博弈泛滥的影子，我在另一本书中有详细阐述。[⊖]

系统性偏差往往也跟绩效考核、激励机制有关。比如自上而下分解时，在过高的销售目标导引下，销售习惯性地拔高预测；自下而上汇总时，销售更倾向于低估需求，这样好超出基准，以拿到更多奖金。再比如，销售对库存不负责，就习惯性地虚高报需求；销售对库存负责时，便习惯性地藏着掖着，也跟绩效考核不无关系。

统计系统性偏差时，你会发现，销售、产品、高管等做的各种人为调整，经常是系统性偏差的根源。这是因为调整者往往受业务指标的驱动，"使用者偏见"在作祟。[⊜]记录这些调整，跟实际结果比较，是发现系统性偏差、减少未来类似

[⊖]《采购与供应链管理：一个实践者的角度》（第 4 版），第 117～135 页，机械工业出版社，2024 年。

[⊜] 在需求预测上，做预测的人如果也是使用预测的人，其判断就可能难以保持客观，导致系统性偏差。比如市场人员做预测容易虚高，如果其市场经费跟预测量挂钩的话。相反，销售做预测容易虚低，如果其提成基数是需求预测的话。

调整的关键。

实践中，大家都在抱怨预测系统性地虚高、虚低，更多是为了给自己找借口，说这就是为什么库存太多或太少，而对系统性偏差却不予理睬。真正统计系统性偏差，并做点什么的企业并不多。不统计就不知道，不知道就没法管理、改善，这些系统性问题就成了必要之恶。

或许有人会问，选择预测模型时，误差和偏差都不能忽视，但究竟哪个更重要？这要看应用场景。就短期而言，误差对我们的影响更大，人们一般更关注预测准确度；但就长期而言，系统性偏差累计下来，可能导致大错特错，影响更大。

💡 案例 3-2　猪突然不怎么吃玉米了

这是一家养猪企业，经历了爆炸式的成长，一路增长到几百亿元营收的规模。养猪就得喂饲料，玉米是主力。案例企业一直在增长，所以对玉米的需求也呈现增长趋势；猪肉的需求有季节性（冬天吃肉多，夏天吃肉少），体现在养殖业上，就是对玉米的需求呈现季节性。对于这样的需求，我们就用霍尔特-温特模型来预测（模型的详情见第 5 章）。

如图 3-7 中 A 图所示，2020 年 7 月，案例企业的玉米需求量达到顶峰，然后就急剧下降。后面的原因呢，是在全球新冠疫情、中美贸易摩擦、歉收等多种因素影响下，玉米供给显著低于需求，导致价格大涨，猪就吃不起玉米，改吃别的饲料了。需求模式突变，也意味着原来的预测模型不再适用。

作为后台的计划人员，如果我们完全靠需求历史做预测，我们就不知道这样的巨变。这里我想验证的是，如果光靠数据，比如计算偏差指数（见图 3-7 中 B 图），需要多长时间才能识别这问题。

需求巨变是从 2020 年 7 月开始的，直到 11 月偏差指数才超出 ±6 的控制线。这么剧烈的变化，单纯依靠模型都要 4 个月才能反映出来，那么变化较小、渐进的时候，需要的时间就更长，等发现黄花菜都凉了。

其中的问题呢，可能是偏差指数的响应速度不够快。我就换了种统计办法，统计每期的误差与绝对误差的比值（要么 -1，要么 +1），累计值超出 ±4.5 就算失控。㊀问题还是一样的：等数据告诉我们有系统性偏差的时候，好几个月已经过去了，灾难已经酿成了。我改做残差图来判断，还是存在同样的问题。

㊀ 该方法参考自 *A Critical Look at Measuring and Calculating Forecast Bias*, by Sujit Singh, Institute for Business Forecasting & Planning, demand-planning.com。

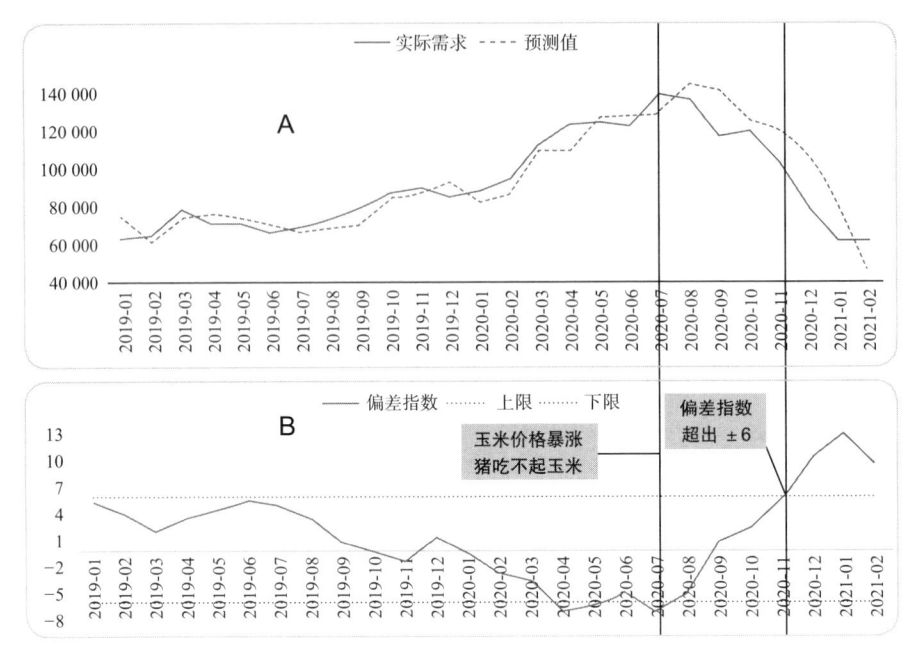

图 3-7　玉米需求的累计预测偏差

注：需求的单位是吨，经过脱敏处理。

这让我意识到，**巨变之下，不能光靠数据，还要靠判断**：作为计划人员，我们要紧贴业务，及时获取业务端的判断，比如显著的价格调整、大客户的导入导出、关键的市场扩展等。要知道，计划是一项数据分析工作，但光盯着计算机是做不好计划的——我们需要跟人打交道，以弥补历史数据的滞后性。

当然，这也不是说不用统计偏差指数。产品那么多，库位那么多，我们还是要有一定的跟踪机制，来批量识别那些可能失控的产品。不管是预测准确度，还是累计偏差，虽然滞后，有比没有要强。不过对于那些要了我们命的问题，组织能动性是必不可少的，要靠销售和运营的紧密配合来解决。

预测模型择优的几点补充

在预测模型择优中，还有几个要注意的地方，比如要避免过度拟合，避免求新求异，减少不增值的预测行为等。

过度拟合是择优之大忌

让我们看一个案例。

案例企业在快时尚行业，产品一般只有几个月的生命周期。该企业以电商业务为主，在导入新产品时，前3周会进行大幅度的上新促销，比如通过微信公众号、平台网站、粉丝群宣传，并打折促销，所以这3周的需求一般较高。

上新促销结束，从第4周进入正常销售后，需求就会回落，有的产品回落幅度很大，有的产品回落幅度较小，但整体趋势是逐步回落，直到消失。图3-8就是一个典型的例子。

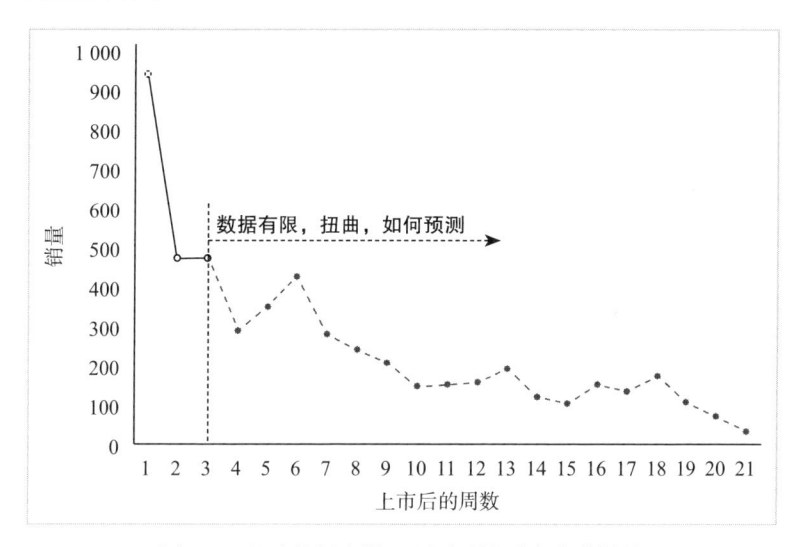

图 3-8　新品数据有限，预测后续需求充满挑战

对案例企业来说，3周的上新促销结束后，首要问题就是：要不要补货，补多少？补货周期是3个月，意味着预测跨度是3个月。其挑战是销售数据非常有限，而且受促销等因素影响，需求历史扭曲严重；为时3周的上新促销后，只有3个数据点，就靠这样的3个数据点来"撬动"（预测）未来那么多数据点（虚线表示），真是难上加难。

案例企业的计划经理是个985院校毕业的高才生。她首先想到的就是分析一些类似的产品，看上新促销和正常销售期间的需求有没有某种关系，以此来预测未来的需求。就拿图3-8中的产品为例，她把21周的实际销量导入SPSS统计软件，让SPSS用各种不同的方程来拟合。

如图3-9所示，SPSS尝试了线性、对数、复合、二次和三次函数等多种方程，拟合度用 R^2 来表示：R^2 越大，表明拟合度越高。看得出，二次、三次、复合方程相当好地拟合了实际需求。但问题是，这些高次方程对未来的预测准确度往往很低——这是过度拟合，初学者常犯的错误。

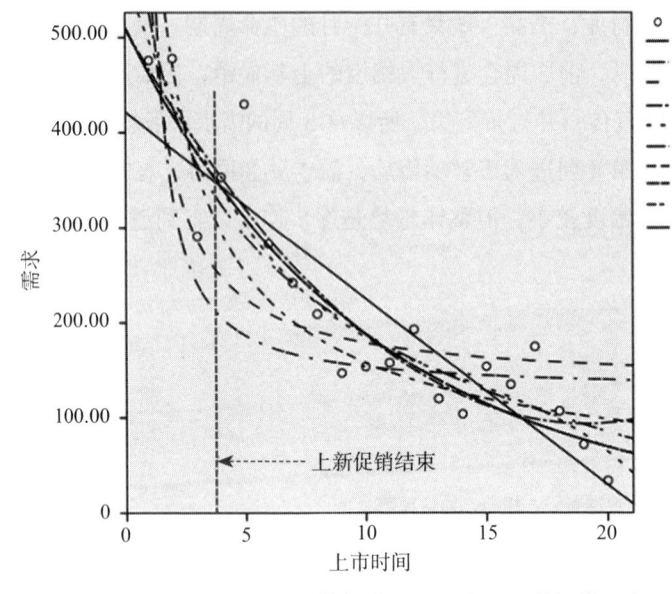

图 3-9　新品数据有限，很难通过数据模型来预测

就这个案例来说，上新阶段和正常销售阶段的需求模式大不相同。前者主要是通过促销实现的，需求是严重扭曲的；后者是更加正常的需求，需求更加自然。两阶段的数据整合到一起，只要用足够高的次数和足够复杂的多项式，统计软件就总能找到拟合度足够高的模型。但拟合度和预测准确度是两回事：拟合度不高的模型，预测准确度一般不会高；拟合度高的模型，预测准确度也不一定高。

所以，模型的择优不能靠拟合度，拟合度指标 R^2 也不能被当作预测准确度的指标。

这就是为什么建模和择优的数据要分开：一部分数据用来**建模**，一般通过最大化拟合度来优化模型，以确定模型的各项参数；另一部分数据用来验证**择优**，判断模型的优劣。上一章简单指数平滑法的"初始组"和"测试组"之分就是基于这一逻辑。

鲜有例外，准确度都要比拟合度低，过度拟合的情况下尤甚。当然，数据有限的时候做不到，我们就把拟合度默认成了准确度。那是在冒着既做裁判，也做球员的风险，不可不察。

:: 小贴士　数据是很好的仆人，却是糟糕的主人

在预测模型的选择上，不能拿着数据找模型，而是要回到业务上，确定我们

究竟想解决什么问题，业务有什么特点，什么样的模型看上去更合适，最后用数据来验证、择优模型。

要知道，数据是同样的数据，但要解决的业务问题不同，模型可能大不一样。

比如你是一家传统零售、新零售或者连锁餐饮企业，如果是为了给门店补货，每日一次，那么数据就得细分到日，你可能得用季节性模型，因为一周里工作日、非工作日的需求量可能明显不同；即便是工作日，特定工作日的需求可能比别的高，呈现季节性。⊖

但如果是为了驱动供应商每周给总仓送货，采购提前期只有两三周，那么数据按周汇总，移动平均法或者简单指数平滑法即可。如果是决定要找个多大的仓库，我们可能得预测未来几季、几年的需求，而且业务在成长的话，数据更可能得按月、按季汇总，并且考虑用趋势模型。

切忌拿着数据找模型，把一堆数据导入软件，单纯通过拟合度来决定哪种模型好。我想再次强调的是，只要复合方程的次数足够高，我们总能找到拟合度很高的模型，但这样的模型往往是没有预测能力的。**数据是很好的仆人，却是糟糕的主人，不能用数据代替批判性思考，不能完全由数据来做决定。**

这点我深有体会：20多年前读商学院时，为了发表论文，就拿着一堆问卷调查的数据，做各种各样的分析，围绕数据分析的结果来写，当然是做了很多无用功，没有得到任何有意义的结论。

∷ 小贴士　预测模型的择优流程

如何找到最优的模型呢？我们可以按照下述步骤来进行。不过说是步骤，也不一定严格按照这个顺序，但主要的事情是要做的。

1. 准备数据，识别和清洗极端值。
2. 根据业务知识来判断可能的模型。比如，感冒药在冬春卖得多，夏秋卖得少，应该用季节性模型；孩子越来越少，宠物越来越多，两者相关的需求可能呈现趋势。
3. 看折线图，做点初步探索，判断需求历史是否大致符合预期的模型。
4. 套用相应的预测模型，通过最大化拟合度/最小化误差来优化模型参数。
5. 理解模型的参数。比如给出任何一堆数据，我们都可以做出个线性回归

⊖ 比如我在研究一家跨境电商的需求时，发现星期二的销量是个峰值。我想，这跟北美周二一般是外出最少的一天，大家更可能窝在家里网购有关。同样的原因，周二一般也是美国餐馆一周里生意最差的一天。

来，但并不是说线性关系就存在——数理统计的结果可帮我们判断，详见第4章的线性回归部分。

6. 使用残差分析，看有没有特定的模式，来判断预测模型是否有系统性偏差；确认有没有极端值，意味着数据清洗可能不完全。残差分析也可帮助判断模型的假设是否满足。

7. 如有可能，用独立的数据来测算预测准确度，验证预测模型，作为最终择优的依据。

8. 统计偏差指数，确认没有系统性偏差。

9. 最后，不要忘了跟幼稚预测比较。[一]幼稚预测就是拿上次的需求当作下次的预测。这是最简单、最省事的预测，任何一种预测方法都应该优于幼稚预测，否则还用得着花那么多功夫做预测吗？这表明我们用了错误的模型。

简单的模型往往比复杂的好

"貌似辉煌宏大的作品很多。它们面具相似，以晦涩复杂，修饰内容的虚浮投机，以主题博大，覆盖思想的贫瘠平庸。"这是多年前，"思维的乐趣"网站的片头语，放在那些复杂的预测模型上也适用。

半个世纪以来，复杂的预测模型越来越多。这些复杂的模型难以理解、难以沟通，各种假设条件更难以满足，在提高预测准确度上的投资回报有限，甚至显著增加了误差。没有一项比较研究表明，复杂模型的准确度会更高。[二]那为什么还会有那么多人趋之若鹜呢？

复杂模型之所以"热门"，有些常见的原因。

在学术界，顶级期刊偏好复杂模型，为了发表文章，学者们也就投其所好，研究复杂模型。而复杂模型呢，除了呈现虚幻的"数学之美"，供象牙塔里的那些人自娱自乐外，在业界往往作用有限。就如一位从学校到学校、没有工业界经历的博士说的，她一直以为业界是在云上飘，缺的是最顶尖、最复杂的模型；直到有一天她发现，我们这帮干活儿的人其实是在地上爬，在Excel中讨生活，连最基本的预测模型往往也不会用。

在工业界，人们求新求异的心态，也助长了复杂模型的泛滥。对弄不懂的预

[一] 英文原文为 Naïve Forecast，也有译作"天真预测""朴素预测""随机漫步法"的。

[二] *Golden Rule of Forecasting: Be Conservative*, by Kesten C. Green, J. Scott Armstrong and Andreas Graefe, International Symposium on Forecasting, Rotterdam, June 30, 2014.

测模型，人们总是先天性地充满敬畏。"楚王好细腰，宫中多饿死"。那"专家"、顾问们就投其所好，开发和高价出售这些模型。对于需求方来说，花了很多钱，找了最"专业"的机构，开发了复杂的模型和软件，如果还解决不了问题的话，那就只能怪自己命苦了。这就如美国的一句谚语，没有人因为用了 IBM 而被开掉——IBM 的东西贵，但也好，如果连 IBM 也解决不了问题，那只能怪这个问题太难了。

预测模型复杂化的趋势，跟科学信仰是背道而驰的：科学应该追求简单。这体现在预测模型上，就是：①方法简单，容易理解；②模型里的各种关系简单，容易理解；③模型、预测和决策之间的关系简单，容易理解。这些都增加了模型的可解释性，以便更容易被接受和推广。

在我看来，这也正是人工智能面临的挑战之一：有好几家公司给我展示，如何用人工智能来解决需求预测问题，但没有一个人能够解释清楚，人工智能究竟是怎么运作的，为啥能更好地预测需求。我在计划领域多少也算个 20 多年的老兵，他们更是人工智能上的专家，我们在一起都没法搞清楚是怎么回事，一般的计划人员怎么能搞清楚呢？不理解就不信任，不信任就不会去用。

真正的计划高手，高就高在用最基本的模型，比如移动平均法和指数平滑法，解决实践中的大多数问题。这就如真正的武林高手不会花拳绣腿，而是用最简单、最直观的招数克敌制胜一样。所以，如果有些人一张口，就搬出一些你没听过的复杂方法，他八成是在以主题博大，掩饰在基本方法论上的贫瘠。

所以，如果有人一上来就给你来一通傅里叶变换、大数据和人工智能，你应该特别警惕才对。我不是说这些不重要或者不好；我是说大多数问题都可以用简单的模型来应对。要知道，大多数时候，我们得的都是感冒之类的，阿司匹林就能很好地应对，尽量不要一上来就上青霉素这样的猛药——**复杂的模型往往不如简单的，你不懂的模型往往不如你懂的好。**

| 实践者说 |

计划员不能信任算法的原因一方面是算法的可解释性不足，理解模型为什么做出一个预测需要一定的技术能力，而且预测还需要计划员向业务部门解释清楚双方才能达成一致。就这一点，传统的统计模型已经对大部分计划员从业是个挑战，更别提机器学习和深度学习算法了。

另一方面就像自动驾驶，有一个责任认定的问题，实践中不管是否采纳模型的预测，责任都是计划员背，而不是系统提供方来背。对于这个问题，需要在系统和流程的设计方面考虑更合理的人机合作方式，避免增加计划员需求管理的复杂度，毕竟供应链的要务还在于确保销售业绩达成。

此外，能让算法发挥作用，还要有前期和持续的数据清理来避免垃圾进垃圾出的问题，这个实际执行也是很有挑战性的。——薛索迪，"供应链管理实践者"微信公众号读者

:: 小贴士　最基本的方法也是最重要的

一提到预测，人们想到的往往是最难的问题，以为找到了困难问题的解决方案，简单问题就迎刃而解了。其实正好相反，你必须得先解决那些基本问题，那是你吃饱前垫底的 4 只包子，而不能直奔第 5 只包子去，虽然你最终是吃第 5 只包子吃饱的。

这个基本问题体现在需求预测上就是常见的随机波动、趋势和季节性变动，以及它们的组合。用常见的移动平均法、指数平滑法，就可相当不错地解决。这些基本问题解决了，我们就可更好地集中力量来应对促销、节假日，以及其他管理行为导致的需求变动。

这就是为什么我们会花相当长的篇幅，介绍最根本的 3 类预测方法——移动平均法、指数平滑法和线性回归法，以及如何优化它们的基本参数，迭代改进。这 3 种基本的方法论后面，有 N 种变化，纷繁复杂，帮助我们从无序中找到有序，发现需求变化中的模式。

寻找更优而非最优的解决方案

有一家几千亿元营收的企业，开设了专门的事业部，雇了一帮博士、硕士开发计划软件，也给别的企业提供咨询服务。但他们自己的计划人员呢，还是按照老经验，拍脑袋，在 Excel 中手工做计划。

这后面反映的呢，是典型的**系统和组织两层皮**：一帮博士、硕士、数学家们皓首穷经，奔着**最优化**的目标去，开发了很完善，当然也很复杂的软件系统（"完善"在很多时候就是复杂的代名词）；一帮计划人员呢，还是我行我素，继续操着土枪土炮讨生活。

一方面，这群博士们懂数理统计，但不懂计划业务，导致软件系统本身不一定实用（做到极端，我见过一些公司，纯粹由一帮 IT 人员在开发预测模型、设置

安全库存）；另一方面，信息系统严重超前，超越组织的现有能力两个阶段，也会导致两层皮的问题。

啥叫超越两个阶段？打个比方。一群原始人在赤手空拳与野兽搏杀，你给根棒子，这是超越组织能力一个阶段，他们试后觉得不错，用的可能性很大；但如果给辆坦克，这是超越现有能力两个阶段，他们根本没有能力操控，况且丛林中连路都没有，当然也就不会用了。

那些复杂、"完善"的模型就如精密仪器，对周边条件要求也更高：数据质量要高，操作人员的能力要强，各种各样的假设更苛刻。在那些管理粗放的企业里，数据质量乏善可陈，计划人员缺乏基本的专业训练，有些假设条件显然是不成立的，但计划人员也没有能力判断。结果呢，这些模型和软件根本就用不起来。

商业问题的本质是寻求更好，而不是最好的方案。就如 NBA 里"独行侠"的前老板马克·库班（Mark Cuban）所言，商业上追求完美是件糟糕的事，因为有个投入产出比的问题。[⊖] 完美的解决方案需要更长的时间、更多的资源投入，也容易出现超越现有能力两个阶段的问题。寻找渐进式的改良方案，更好而非最好，然后持续改善，不失为一种选择。

这就是本书的案例中，为什么我们要用 Excel 来优化预测方法——绝大多数公司都没有专业的计划软件，有的话也很难运行起来。我们在 Excel 中做不到最优，但可以做到更优，而且更容易落地，比现有的方法有实质性的改善，何乐而不为呢？

| 实践者问 |

我是做供应链系统的，公司让我主导供应链计划改进项目。我怎么做预测部分的需求呢？毕竟信息化的从业人员很少有供应链体系的从业经历，我的问题比较尴尬。

| 刘宝红答 |

需求定义首先是计划人员的责任，他们得搞清楚需求预测怎么做，库存水位如何设。定义好需求后，IT 团队可以帮助自动化。有趣的是，另一家公司的 IT 也有类似问题：他们给供应链设计了一整套的预测、计划模型，整体思路很好，但根本没法落地。反过来想想看，如果让一个计划经理设计一套 IT 解决方案，其可行性会有多高？

⊖ *Mark Cuban: Why Perfection in Business is a Bad Thing*, Youtube.com.

这也反映了有些公司对计划的误解，认为计划就是分析数据，而 IT 似乎是数据的对口部门。跟任何职能一样，计划的能力要从组织、流程、信息系统三个方面来改进，IT 可以改进信息系统，但信息系统要围绕组织的目标和做事的流程来开发，那些都需要计划职能来定义。

预测：增值还是添乱

企业在需求预测上投入巨量资源，但很多预测行为其实不增加价值。预测是否增值的话题，大致在 2015 年前后，开始有了相当高的热度，[⊖]话题主要有二。

其一，由于业务本身的变动挑战，预测准确度再没法提高，或者说花在预测上的投资得不到相应的回报，我们应该停止在计划上熬灯油，比如投入更多的钱上新系统，采用更复杂的预测模型等。要知道，模型优化到一定地步，增值会非常有限。功夫在诗外，我们得从数据质量着手，更好地管理需求，并且提高供应链的执行能力，用执行来弥补。

其二，需求预测是组织博弈的焦点，[⊜]很多职能都在染指，目标不一致，信息不对称下就有各种博弈，结果是很多预测行为不但没有增加准确度，反而会带来系统性偏差。销售提需求，不考核库存时系统性地虚高，考核库存时便系统性地虚低，就是典型的例子。

很多对预测的调整，也是不增加价值的。比如，基于需求历史，我们选择合适的预测模型，预测误差是 32%。经过销售调整，误差反倒增加到 36%，表明销售在这里并不增值。不管是计划员的调整，还是销售、产品、高管的调整，如果降低了预测准确度的话，我一点也不惊奇。这些都可以通过复盘来证实。

组织博弈下，种种人为调整带来的系统性偏差很难应对，这也是为什么它在预测"七宗罪"中名列第三。简单的解决方案就是不要让那些职能做预测，比如避免一线销售层层提需求，制订中长期计划来驱动生产、供应商。

当然，实践中很多一线人员做预测，也是跨职能之间长期博弈的结果：一线销售最能承担预测失败的风险，他们可以很容易地归咎于客户端，比如市场、客户需求变了，竞争对手又在作孽，但谁又能把市场、客户、竞争对手怎么样呢？

⊖ 大致在 2015 年前后，有一些专业文章在讨论预测的价值，发表在一些专业杂志和专业机构的网站上，比如 Institute for Business Forecasting & Planning（IBF）。

⊜ 对于这点，我在《供应链的三道防线：需求预测、库存计划、供应链执行》（第 2 版）的第 5～8 页有详细阐述。长期博弈的结果是，供应链上是弱势一方在承担预测风险，公司内部是强势职能在做预测。

另一个好处就是让一线销售"自己做饭自己吃，不好吃也怪不着别人"，从绩效考核的角度冤有头债有主，免得到时候抱怨计划团队"客户要的你们没备，你们备的客户不要"，这就是为什么我没有完成今年的销售指标……

这些博弈的结果呢，就是很多企业的销售继续耗费巨量的资源，在颗粒度很小的地方，围绕客户、渠道做中长期预测，很多时候不但不增加价值，而且会制造更多的问题。

| 实践者问 |

客户提供预测，但准确度低。怎么办？

| 刘宝红答 |

针对客户预测，统计预测准确度和系统性偏差；复盘自己做预测，统计预测准确度和系统性偏差，就能判断客户预测的价值。如果客户的预测准确度更低，有系统性偏差（比如虚高），表明客户的预测不增值；如果客户也不对其预测负责（比如处理呆滞库存），那么应该考虑自己做预测。

:: 小贴士　预测模型的边际效益

在需求预测上，我们的焦点一般是寻找更合适、更优化，往往也更复杂的预测模型。但改进到一定地步，模型本身的边际回报很快会非常有限。这主要是由一系列原因造成的：

- 数据本身的问题。比如连极端值都缺乏基本的清洗。
- 预测跨度的问题。预测的跨度越大，准确度就越低，出现系统性偏差的可能性也越大。
- 时间、地点、产品的颗粒度问题。颗粒度越小，预测准确度越低。越是细分的需求，需求的聚合效应越不明显，越是难以预测。

这也是软件提供商的绝望所在——预测模型其实就那些，用啥模型也没法解决上述根本问题。有些企业投入巨量的资源，上了各种计划系统，却很快发现准确度提升到一定地步，就很难进一步提升，也是同样的原因。

解决方案呢，就是通过：①改善数据质量；②加强供应链执行来弥补。人们总是寄希望于预测模型,其实模型能做的就那点儿。就像在后面第 6 章的案例里,我尝试了多个模型,发现模型之间的差距远没想象的那么大,模型能解决的问题也非常有限。即便我再花几天时间来优化,我不认为我能把准确度再提高多少。

拳假功夫真。模型本身就如拳,数据、流程、供应链的执行能力就如功夫。所以,我们不能把所有的希望都寄托在预测模型和计划软件上——你能用的模型别人也能用,你能上的软件别人也能上;终极的差异化优势来自高质量的数据、销售与运营之间的流畅沟通,还有一流的供应链执行能力。

预测能力的评估

在这本经典的关于计划的书中,[一]作者们在评估一家企业的需求预测能力上,共列举了 16 项判断标准,这里摘录了 11 项,第一行是原文,下面附上我的理解与解释。这是 20 世纪 80 年代的总结,放到今天还是条条都适用,不由得令人感慨:技术和手段在进步,但人类并没有变得更聪明,还是继续在老地方摔倒。当然,如果不在同样的地方摔倒,这世上还不圣贤满地走了。

1. 高层不参与预测。

高层参与越深,导入的偏见就越多。就如一家手机大厂的计划经理所言,老总不介入低端手机的预测,所以低端手机预测准确度最高;高端手机承载了老总太多的期望,老总也深度介入其需求预测,所以预测准确度最低,灾难频发。

2. 预测用客观的方法。

这是用来应对拍脑袋,指标分解,销售目标驱动、销售提需求等主观做法。

3. 用结构化的方法来获取判断。

需求预测不是精准的科学,但也绝不是门艺术,靠灵感就能做好。非结构化的方法缺乏可重复性,结构化的方法才能确保一致性,每次都做得尽可能一样好。

4. 用多于一种的预测方法。

这就跟投资一样:投资组合要尽可能包括表现不同的投资对象,避免单一投

[一] *Forecasting: Methods and Applications*, by Spyros Makridakis, Steven C. Wheelwright and Rob J. Hyndman, John Wiley & Sons Inc., 第 3 版, 2018 年重印。

资对象带来的风险。多种预测方法让我们更有能力应对复杂多变的业务环境。操作起来，主要有两种做法。

其一，采取**互补**的预测方法，比如方法 A 的优势是预测需求变动大的产品，方法 B 的优势是预测需求变动较小的产品，产品的需求模式可能随着时间而改变，可从两种方法中动态择优。在第 6 章的案例中，我们就是基于这种思路来择优的。

其二，用多种方法预测，求其平均值作为最终的预测。这样做可以提高预测的准确度，也是学术界多次证明了的。这有点集思广益的意思，跟"三个臭皮匠，能顶一个诸葛亮"一样。针对具体的案例，我们可以通过复盘的方式，来验证这样做的效果。

5. 用户懂得预测方法。

用户不懂的方法很难获取用户的信任，预测结果更可能被弃用或随意修改。

6. 预测不被随意修改。

这是为了避免管理者随意修改，人为导入偏见。原文用了"Judgemental"一词，在英语中是缺乏理性地评判，比如拿意见当论据、拿假设当结论、对情况不了解就下结论等。

7. 需求预测和需求计划用了不同的文档。

严格意义上，需求预测和需求计划不是一回事，虽然很多时候我们把两者等同、混用。很多人可能对此有点费解，让我们打个比方来说明。

需求预测相当于"我们认为客户想吃 5 碗饭"，需求计划呢，则相当于"鉴于供应能力有限，我们这次给客户 3 碗，下次给 2 碗"，或者"为了工厂的开工率，我们一下子做 8 碗，多出部分先给客户预备着"。

也就是说，需求预测不带任何约束，是对市场需求的客观评判。如果一开始就考虑各种约束条件，冲着需求计划去的话，则可能因为导入太多变量影响我们判断。所以，需求预测和需求计划应该是不同的文档，以便清清楚楚地管理。

8. 集中的数据库。

各自为政，拥有多个数据库不但增加了成本，而且增加了"鸡同鸭讲"的风险。有多少次，大家因为不同来源的数据而争得面红耳赤？统一的数据库是沟通的基础。

9. 预测提供上下限。

从数理统计的角度看，预测不是一个点，而是个区间。上下限有助于更好地评估极好、极坏的可能性，从而更好地理解和管理不确定性。

10. 统计预测准确度。

可以不考核，但不能不统计预测准确度。因为不统计就不知道，不知道就没法管理。

11. 列出预测的反面意见。

任何预测都是基于一定假设的。如果假设不成立怎么办？列出反面意见，理解可能发生的负面事件，有助于我们更周全地准备。这就如第二次世界大战期间，美国一位将军总是要求预测战役期间的天气一样：他当然知道预测几十天后下雨还是刮风，跟投硬币无异，但理解各种可能出现的情况，却可以督促团队更好地做计划。

资　源

更多计划与供应链管理的文章、案例、培训

- 我的供应链管理专栏网站（www.scm-blog.com）。
  - 这是我的个人专栏，写了快 20 年了，上面有 700 多篇文章
- 我的系列供应链专著，填补学者与实践者之间的空白。
  - 《供应链的三道防线：需求预测、库存计划、供应链执行》(第 2 版)
  - 《供应链管理：高成本、高库存、重资产的解决方案》(第 2 版)
  - 《采购与供应链管理：一个实践者的角度》(第 4 版)
- 我的微信公众号"供应链管理实践者"，更新、更快，定期发布新文章。

Demand Forecasting and
Inventory Planning 第4章

趋势的预测

我们在第 2 章讲了使用移动平均法和简单指数平滑法来预测随机波动，但没有明显趋势、季节性的需求。这一章我们将探讨趋势，下一章将探讨季节性需求的预测。

这里我们将介绍两种预测趋势的方法：其一是线性回归，其二是霍尔特法。

用线性回归来预测趋势

简单地讲，线性回归指的是变量之间有相关性，并且能够以一条直线来近似描述（这也是"线性"的来历）。比如工人越多，产出也越多；行驶时间越长，走的路也越多；房子面积越大，售价也越高等。

只有一个自变量的叫**简单线性回归**，很多时候简称为"线性回归"：$Y=aX+b$，其中 X 叫自变量，Y 叫因变量，a 是 X 和 Y 之间的倍数，b 是常数，也叫截距，即 $X=0$ 的时候，直线与纵轴 Y 交叉的值。放在需求历史的时间序列上，时间就是自变量，销量就是因变量。

当有多个自变量的时候，我们就叫**多元线性回归**。多元和一元线性回归的基本原理差不多，都是描述因变量与自变量之间的线性关系，并从数理统计的角度来判断这种关系的强弱。

直观地讲，线性回归分析就是找到这么一条直线，能最好地贴近或者说模拟样本中的实际情况。这里的"最好地贴近"，就是让预测的误差最小，我们一般用均方误差[一]最小来衡量（也叫"最小二乘法"）：针对每个样本，利用线性回归模型计算预测值，与实际值的差异就是误差；把误差取平方，然后叠加起来，让所有样本的均方误差总和最小的那条直线，就是最合适的直线，也是我们要找的线性回归模型。

这看上去需要很多计算，不过不用担心，比尔·盖茨他们早都已经替我们打点好了——Excel 可以帮我们轻松搞定，计算出线性回归的各种参数，以及相应的种种数理统计指标。我们稍后会详细介绍在 Excel 中如何做线性回归，以及如何解释其数理统计输出。

举个例子。如图 4-1 所示，这个产品的需求呈现增长趋势。我们以 1～20 周的需求历史为基础，做线性回归，得到拟合度最高的模型：$Y = 3.8X + 21.5$。这里的 X 是周数。比如第 21 周的预测为 $3.8 \times 21 + 21.5 = 101$，第 22 周的预测为 $3.8 \times 22 + 21.5 = 105$（四舍五入到个位），依次类推。

周	需求	预测
1	16	25
2	38	29
3	35	33
4	49	37
5	39	41
6	17	44
7	46	48
8	51	52
9	68	56
10	63	60
11	78	63
12	63	67
13	74	71
14	60	75
15	82	79
16	81	82
17	79	86
18	96	90
19	86	94
20	103	98
21		101
22		105
23		109
24		113

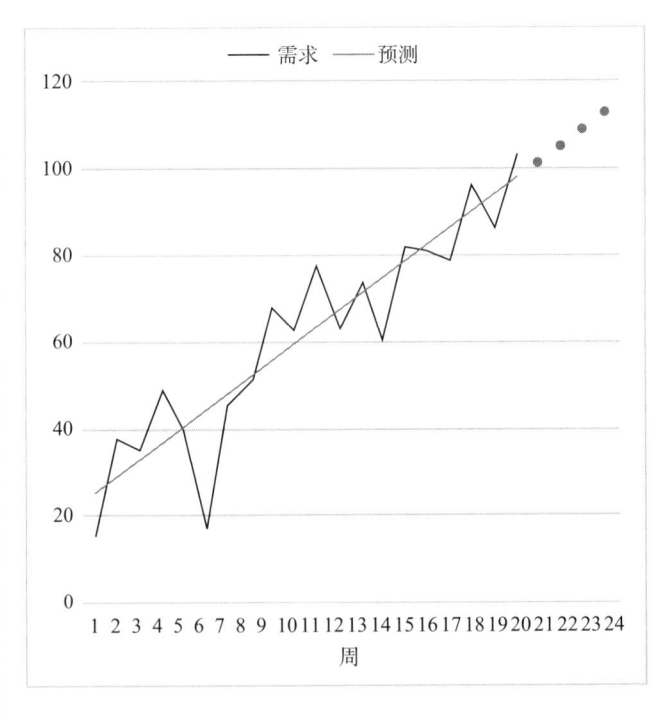

图 4-1 线性回归例子

[一] 是的，这个均方误差就是预测准确度部分讲到的那个"均方误差"。

线性回归背后，有一系列的数理统计内容，有点技术含量，需要正确解读才是。我在 20 世纪 90 年代读大学时就初步学过，2000 年后读商学院时又深度学了一遍，这几年在实践中又多次应用，有些细节还是弄不懂。对于刚接触的读者来说，如果不能一下子完全理解的话，也不要对自己太苛刻：大概了解有这么回事即可，以后一边用一边学。

我还想说的是，**数理统计思维很重要，让我们从不确定性中提炼确定性**。而计划天生就跟不确定性打交道——确定的东西是不用计划的，掌握基本的数理统计可以让我们更上一层楼。

在下面的小贴士中，我们将展示如何在 Excel 中做线性回归，以及如何解释其数理统计输出。

∷ 小贴士　Excel 表格中运行线性回归

首先，在 Excel 中安装"分析工具库"插件。百度 AI 智能回答的安装说明如下：

1. 打开 Excel 软件，点击左上角的"文件"菜单，选择"选项"。这个步骤非常重要，因为它将引导你进入 Excel 的设置界面，你可以在这里进行各种配置和管理加载项。

2. 在弹出的 Excel 选项窗口中，选择"加载项"。在加载项窗口的底部，有一个"管理"下拉菜单，选择"Excel 加载项"，然后点击"转到"。

3. 在新的加载项窗口中，勾选"分析工具库"并点击"确定"。这将安装并启用数据分析工具，通常只需要几秒钟时间。

4. 完成安装后，你可以在 Excel 的"数据"选项卡上看到新增的"数据分析"功能。

在"数据分析"下，选择"回归"，就看到线性回归的主界面，如图 4-2 所示。我们以图 4-1 中的数据为例来说明。

Y 是因变量，在这里是"需求"。"Y 值输入区域"就是已知的需求历史。

X 是自变量，在这里是"周"。"X 值输入区域"就是需求历史对应的周数。

两个输入区域的数据点个数要一样。如果包括了字段名，比如"周"和"需求"，我们要勾选下面的"标志（L）"。如果要把截距定义为 0，可勾选"常数为零（Z）"。

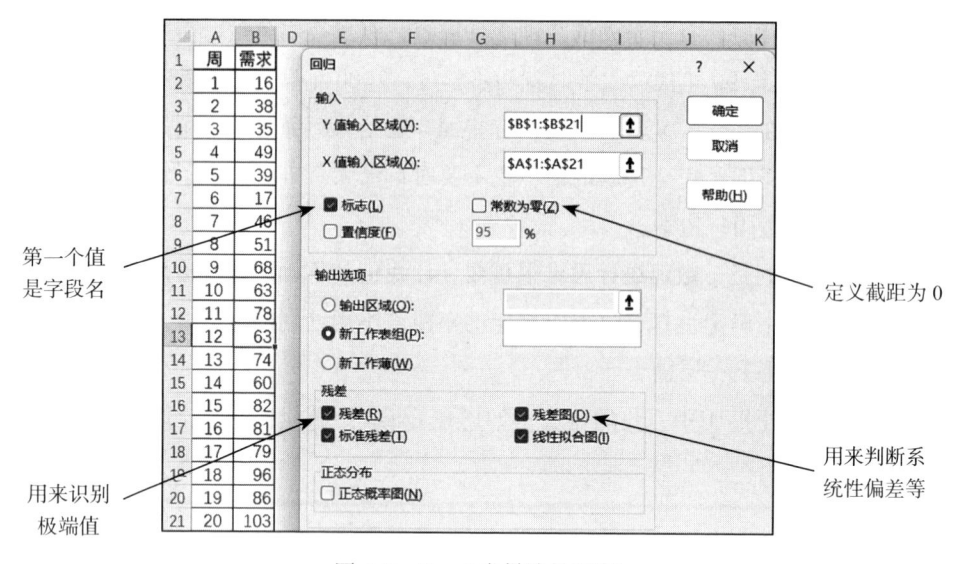

图 4-2 Excel 中做线性回归

"置信度（F）"默认的是 95%，如果要修改的话，可勾选调整。

残差是实际值与拟合值的差值，蕴含很多信息，比如线性回归的假设是否满足，有没有极端值等。在"残差"部分，我们可以勾选相应的选项。这里参照 ChatGPT，简要说明一下各选项。

"残差（R）"是具体的残差值；"标准残差（T）"是残差与其标准差的比值，也就是我们先前说过的 Z 值，通常介于 -3 和 $+3$ 之间，超出的话则视为异常值（极端值）。

"残差图（D）"可帮助判断残差是否随机分布在零附近（如果不是的话，表明模型可能遗漏了非线性关系），是否有系统性偏差。

"线性拟合图（I）"展示实际值和拟合值的关系，以直观地评估拟合效果，识别可能的问题。比如实际值大部分在拟合直线的同一侧，表明可能存在系统性偏差，模型可能遗漏了某些变量或交互关系等。

"正态概率图（N）"可用来评估是否符合正态分布。理想情况下，数据点沿着对角线分布，无显著偏离，表明数据与正态分布高度吻合，满足正态性要求。

顺便提及，Excel 中还有更加简单的方法，来求得线性回归方程：点击折线，按鼠标的快捷键，点击"添加趋势线"，勾选"线性"，在选项中还可勾选"显示公式""显示 R 平方值"，以及"设置截距"等。不过要想得到详细的数理统计输出，我们还是得在"数据分析"下运行"回归"。

:: **小贴士　如何解读线性回归**

按照图 4-2 运行线性回归，得到如下的线性回归方程，以及一系列的数理统计结果：

$$Y = 3.8\,X + 21.5$$

式中，Y 是需求，X 是周数。

这就是说，这个产品的基准需求是每周 21.5 个，然后随着时间的推移，每周增加 3.8 个。3.8 是个平均值，有时候会多，有时候会少，增长率究竟有多靠谱，我们还得参考线性回归的数理统计。

首先要看的是**回归统计表**。

如图 4-3 所示，相关系数（Multiple R）衡量实际值和预测值的相关性。该系数介于 0 和 1 之间，越大表明相关性越强。相关系数是 0.91，表明实际值和预测值之间高度相关。相关系数取平方，就得到拟合优度指数 R^2。R^2 为 0.83，表明线性回归模型可以解释实际值变异的 83%。

线性回归分析		
相关系数	0.91	自变量与因变量之间关系强度
R^2	0.83	拟合优度，亦即相关系数的平方
调整过的 R^2	0.83	需求可由模型解释的百分比
标准误差	10	预测误差的标准差
样本数	20	

图 4-3　线性回归的拟合度统计

理论上，我们可以通过增加自变量的个数，让 R^2 变得更大。但这可能造成过度拟合问题。所以，我们针对自变量的个数来调整 R^2，得到"调整过的 R^2"。当新增变量没有显著提高模型的拟合优度时，调整过的 R^2 会降低。

标准误差呢，就是用线性回归得到的预测的标准差，其值越大，表明线性回归模型预测的数据越离散，拟合度越差，相应的准确度也越低。

作为计划人员，我们希望相关系数和两个 R^2 越大越好，表明模型跟样本数据的拟合度越高，也是我们判断预测模型好坏的**最初依据**。不过这并不意味着预测模型就一定越好——一个模型可以很好地拟合历史数据，但并不等于预测准确度就高，这就是第 3 章讲的过度拟合问题。

或许有人会问，究竟 R^2 多大算好？这跟研究对象有关。参考 ChatGPT，不同行业的常见标准如下：

- 社会科学和商业领域：0.2～0.5 就可以说不错了，因为不确定因素很多。
- 工程和自然科学领域：通常要求 0.7～0.9，因为变量间的关系更加明确。
- 财务和供应链预测：在 0.4～0.7 通常可以接受，但更高的当然更理想。

一个模型的优劣，最终将取决于实际案例的测试，而不是拟合度。比如建模的时候，一部分样本用来建立模型，另一部分样本用来测试准确度。复盘预测出这些样本，跟实际值相比，来验证预测模型的优劣，我们在后面还会讲到。

讲完了回归统计表，让我们来看**方差分析**，如图 4-4 所示。

方差分析

	自由度	误差平方和	均方差	F	F 显著度
线性回归	1	9 527	9 527	91	0.00
残差	18	1 886	105		
总计	19	11 413			

（F 显著度上方箭头标注：线性关系不存在的概率）

图 4-4　线性回归的方差分析表

这是从数理统计的角度出发，判断线性回归模型的可靠性。具体来说，F 值越大，表明线性回归越显著，也就是说模型越能解释因变量的变化。"线性回归"的均方差是模型可以解释的，"残差"的均方差是模型没法解释的（随机的），F 值是前者与后者的比值（F = 9 527/105 = 91，有四舍五入）。我们希望 F 值越大越好。

F 值对应的 F 显著性水平，可理解为线性回归不成立的概率。F 显著性水平几乎接近 0，表明需求和周数的线性关系非常明显，亦即趋势很明显，线性关系不成立的概率几乎为 0。当这个参数大于 0.05，也就是说有 5% 以上的可能时，我们一般会认为线性回归模型不成立。

最后我们看一下**回归参数表**，即我们使用线性回归模型时需要的参数。

如图 4-5 所示，"截距"对应的"系数"就是 $Y=aX+b$ 中的常数 b，也就是直线与 Y 轴交叉的值。放在本案例中，就是模型刚开始（第 0 周）时的需求。"周数"对应的"系数"就是 $Y=aX+b$ 中的 a，也是趋势的斜率（增长或下降速度）。

	系数	标准差	t 统计	P 值	95% 的下限	95% 的上限
截距	21.46	4.76	4.51	0.00	11.47	31.45
周数	3.8	0.40	9.5	0.00	3.0	4.6

（P 值下方箭头标注：这一系数为 0 的概率）

图 4-5　线性回归的参数表

"周数"对应的系数 3.8，意味着每周的需求会增加 3.8 个。当然，在数理统计世界，我们预测的不是一个点，而是个区间，这就有了"置信区间"的说法。在这个案例里，可以这样来解释：平均而言，每周需求增加 3.8 个，但有时候会多，有时候会少，在 95% 的情况下，需求增长会介于 3.0～4.6，这就是"95% 的下限"和"95% 的上限"。置信区间越小越好，表明模型的拟合度也越高。

回归参数表中的**标准差**用以衡量系数的变动性，其值当然是越小越好。t 统计是系数与标准差的比值，越大越好。在本案例中，3.8 除以 0.4，就得到 9.5。这个值对应的是 P 值，P 值越小，表明该系数为 0 的概率越小。图 4-5 的两个 P 值几乎为 0，表明需求与周数的线性关系非常强，截距也是的确存在的。如果 P 值大于 0.05，我们一般会认为相应的系数为 0（线性关系不存在，截距不存在）。

到现在为止，我们基本介绍了线性回归的各项统计数据。需要说明的是，这只是非常简单的介绍。还有很多细节，比如相关系数为什么要平方、调整，自由度、置信度、显著性水平如何诠释，感兴趣的读者可以在网上搜索一下，这里不想多讲，以免伤了我们太多的脑细胞。此外，有些名词是我从英语中翻译过来的，不一定准确；我只是从实践者的角度，以通俗易懂的方式来诠释，不够准确之处是难免的，还请见谅。

| 实践者问 |

线性回归最少需要多少个数据点？

| 刘宝红答 |

拟合出一条直线并不需要多少个数据点，最少两个点就够了。但如果想让线性回归的结果具备数理统计上的严谨性，有个简单法则，就是每个自变量至少要有 10 个数据点。但这也跟数据质量有关：数据变化幅度越大，需要的数据点一般也越多，比如有些文献说 25～30 个。

也并不是说，数据点越多越好。数据点过多，覆盖的需求历史太长，需求模式可能已经改变了，导致预测模型不再合适。这在业务变动越来越快的情况下尤其是个问题。

:: **小贴士　用函数 TREND 来预测趋势**

在 Excel 中，用"分析工具库"中的"回归"功能只能一次做一个线性回归。如果有多个产品，需要批量处理怎么办？函数 TREND 应运而生。它基于需求历史，拟合线性回归 $Y=aX+b$，其原理跟"回归"一样，我们简单介绍一下这个函数的各项参数。

如图 4-6 所示，TREND 函数有四项内容需要填入。第一项是已知的因变量，在这里就是 B2～B14 的 13 期需求历史。接下来，我们要输入已知的自变量，在这里是 A2～A14 的期数。自变量也可以是日期，比如从 2025 年 1 月 1 日到 2025 年 1 月 13 日。这两项的数据是用来建立线性回归模型的。

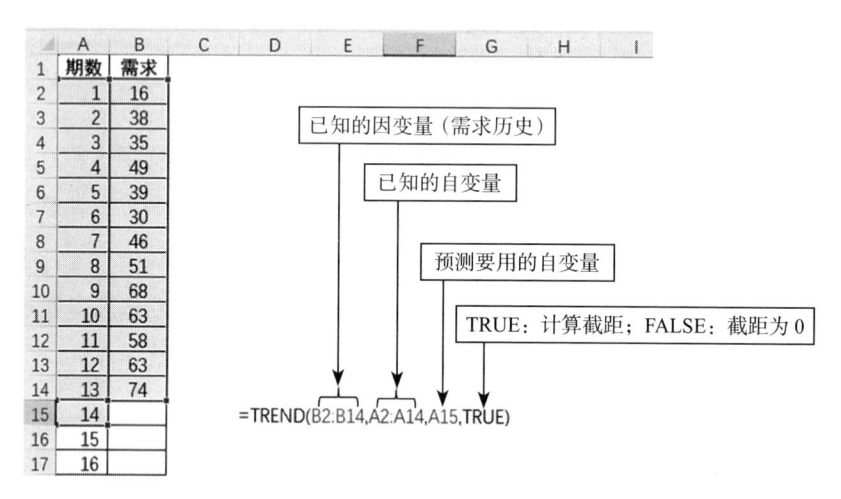

期数	需求
1	16
2	38
3	35
4	49
5	39
6	30
7	46
8	51
9	68
10	63
11	58
12	63
13	74
14	
15	
16	

已知的因变量（需求历史）
已知的自变量
预测要用的自变量
TRUE：计算截距；FALSE：截距为 0

=TREND(B2:B14,A2:A14,A15,TRUE)

图 4-6　用函数 TREND 来预测趋势

第三项是指定预测哪一期的需求，在这里是预测第 14 期。我们也可预测多期，比如输入 A15:A17 的话，函数会输出第 14、15、16 三期的预测。我们也可以预测未来任何一期的需求，比如输入 A17，就得到第 16 期的预测。最后一项是关于截距的，选择 TRUE 会计算截距，选择 FALSE 会把截距设为 0。

理论上，TREND 函数只要有两个数据点就可以拟合出一条直线，做线性回归分析。但数据点太少，数理统计的可靠性就不足。对于线性回归来说，有个简单法则，就是每个自变量至少要有 10 个数据点；数据变动性小的时候，也可适当减少到 8 个。

TREND 函数有个择优问题，跟移动平均法的滑动窗口的择优一个道理。我们可以通过复盘的方式来进行。在后文的案例 6-2 中，这样择优的结果是 10 周的需求历史准确度最高。那么在应用时，TREND 函数会用最近的 10 期需求历史，一旦滑动纳入一期最新的需求，就会淘汰一期最老的历史需求。

TREND 函数也能做多元线性回归——我们把自变量放到一起，填入函数的第二项即可。

相比 Excel 中的线性回归分析，TREND 函数简单，可以批量处理，但对用户来说是个"黑匣子"：我们看不到各项数理统计的输出，来判断线性回归是否的确成立。这也是 Excel 中众多函数的普遍问题：我们得到了便利，但失去了控制。

| 实践者问 |

Excel 中有个函数 FORECAST.LINEAR 也能预测趋势，跟 TREND 啥区别？

| 刘宝红答 |

两个函数都是基于最小二乘法来拟合预测趋势。不同的是，FORECAST.LINEAR 仅支持一元线性回归，没法设定截距，而且只能预测一期；TREND 还可以支持多元线性回归，可以设定截距为零，而且可以预测多期。

:: 小贴士 正确解读残差图

残差是模型拟合的预测值与实际值的差值，包含着丰富的信息，比如我们可以通过分析残差来判断模型是否合适，是否有系统性偏差，以及模型的假设是否成立等。对于线性回归来说，残差需要符合下述四点——这四点对别的预测模型也有参考意义，特别是前两点。

第一，残差的平均值应该是零，否则的话，意味着预测模型可能有系统性偏差。一个好的预测模型有时候会偏高，有时候会偏低，但偏差的总计应该是 0，或者非常接近 0。比如图 4-7 中的这个产品，残差正负相间，残差的平均值为 0。

第二，残差不应该是自相关的，或者有明显的模式，否则表明数据中还有可预测的成分，我们应该寻求更合适的预测模型。比如有个产品既有趋势（三年来销量逐年下跌），也有季节性（每年第一季度的需求最大）。如果用线性回归来只预测趋势部分的话，残差部分就呈现明显的模式，如图 4-8 所示。这证明有系统性偏差，我们应该用趋势加季节性模型来预测。

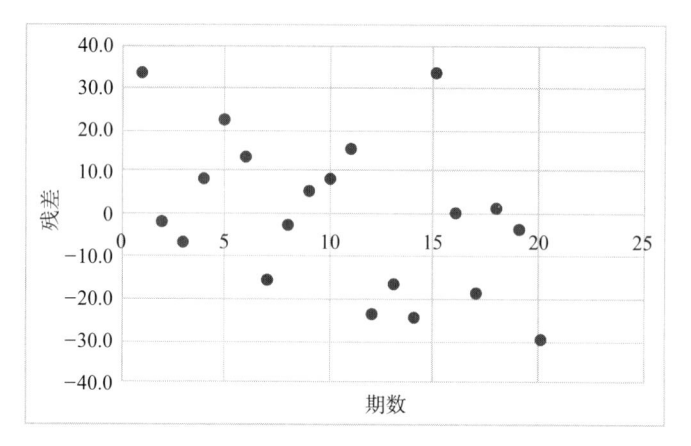

图 4-7　残差的平均值为 0

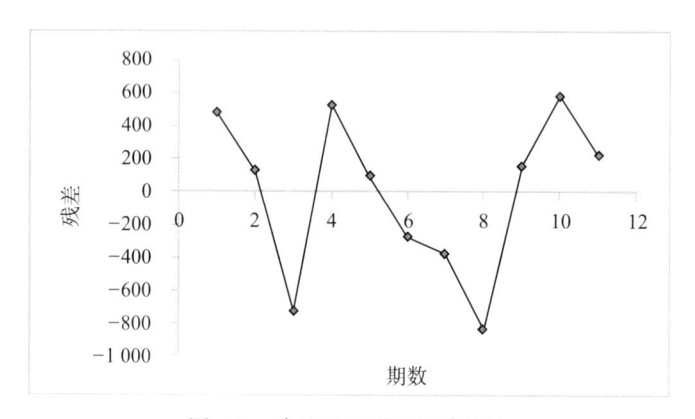

图 4-8　残差呈现明显的季节性

再比如当需求有明显的趋势时，如果我们用移动平均法或者简单指数平滑法，会一直处于"追赶"状态，表现在残差图上，就是残差呈现一边倒的模式（见后文中的图 4-10）：大部分的残差要么为正，要么为负。这都表明有系统性偏差：移动平均法、简单指数平滑法不是预测趋势的合适模型。

残差平均值不为 0，或者呈现明显的模式，都表明预测模型还有可改进之处。比如把残差的平均值加到预测中（上面第一点），或者在模型中加入季节性因子（上面第二点）。㊀但是，符合上面两点的，并不意味着就是好模型。

相比之下，下面的第三、第四点对于置信区间和显著性检验很重要，但一个好的预测模型不一定能够满足这两点。比如有极端值的时候，残差的变动性就不一定相同，残差也不一定符合正态分布。这往往是由数据本身造成的，很难通过

㊀ *Forecasting: Principles and Practice*, by Rob J. Hyndman and George Athanasopoulos, Texts Online Open-Access Textbooks, 2nd Edition.

修正预测模型来解决。

第三，残差的变动性相同。也就是说，残差的方差相同。对于线性回归来说，如果数据呈现乘积型季节性，残差的变动性就不相同，会影响置信区间和各项显著性检验（F 检验和 t 检验）。

第四，残差符合正态分布。当残差不符合正态分布时，不会影响线性回归模型的各项系数及预测能力，但会显著影响置信区间和各项显著性检验（F 检验和 t 检验）——置信区间、参数的标准差的计算都是基于正态分布这一假设。

第三和第四点对大多数人来说比较抽象，在处理上可通过数学变换来应对，比如取平方根、取对数等，这里只是点到为止，更详细的内容，建议大家阅读数理统计方面的书。

残差图还可帮助我们识别极端值——在识别极端值上，残差图比拟合曲线更直观。在运行线性回归时，我们可同时输出标准化了的残差（标准化就是残差除以其标准差），超出一定范围，比如 ±2 或 ±3 即可视作极端值（可根据具体业务定义）。

💡 案例 4-1 线性回归中，极端值的处理

极端值会显著影响线性回归的统计参数，降低模型的预测准确度，需要严肃对待。让我们看个具体的例子，来简单介绍极端值的处理。

案例公司是个跨境电商，在导入新产品前，一般先在官网等处预售，通过预售来验证市场需求后，再大规模驱动供应链，在亚马逊上大范围推出。

预售持续 6 周，第 7 周开始正常销售。直觉告诉我们，预售期间卖得好的产品，正常销售一般也卖得好。由于供应周期较长，案例公司在预售进行了 2 周时，就得预测预售结束后的需求，以便及时驱动供应链来响应。这里我们首先要验证的是，2 周的预售销量和正常销售期的需求之间，是否也存在线性比例关系。

我们选择了 37 个样本产品，都是最近 1 年内上市的，先做散点图，来粗略判断预售与正常销量是否有线性关系。如图 4-9 所示，横轴是预售 2 周的总销量，纵轴是预售结束转入正常销售后首月的销量（第 7～10 周）。两者之间看上去确实有线性关系。不过有几个值看上去影响挺大，我们得仔细研究一下。

先说产品 1。这个产品一经推出预售，反响就非常好，供应链各节点的库存很快就消耗完了，第 5 周起就开始短缺，一直持续到正常销售期间，导致正常销量也偏低。对于这个产品，有两种做法：①基于没有短缺时的销量，来修正第 7～10 周的正常销量；②如果没法修正的话，可考虑剔除这个产品。

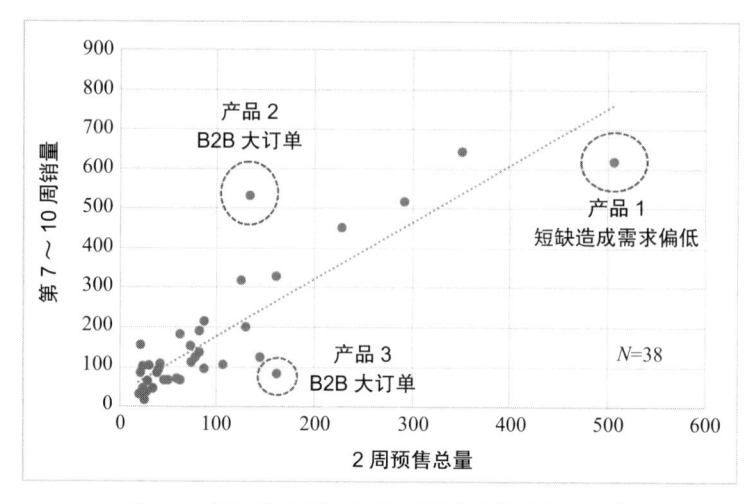

图 4-9 通过散点图来初步判断线性关系和极端值

剔除产品 1 的另一个考量是，在预售 2 周时，绝大多数产品销量在 350 个以内，而产品 1 则在 500 以上，落在正常区间之外，容易成为"大影响"值，显著影响预测模型的参数，对预测大部分产品反倒不利。

比如剔除产品 1 后运行线性回归，第 7～10 周的销量等于前 2 周预售销量的 1.8 倍；如果包括产品 1 的话，这一倍数关系就成了 1.6。可不要小看这 0.2，那可是 11% 的差异。这也是为什么在统计学上，此类样本被称作"大影响"样本——它们能够显著改变预测模型，就如给跷跷板放上个大胖子一样。

当然，把这样的"大影响"值剔除，也缩小了线性回归模型的**适用范围**，从 20～500 变成 20～350。㊀不过这样做往往是对的。对于这点，我们这些普通人深有体会：在各种统计中，我们屡屡拖后腿，就是因为那些平均值中包括了少数极有钱的人（"大影响"值）。

相比产品 1，图 4-9 中的产品 2 和产品 3 就更难抉择。从一开始做分析，我就忍不住，一再想剔除这两个极端值，这样数据会变得更加紧凑，模型拟合度更高，模型看上去也更完美。不过且慢，**我们的目标不是完美的模型，而是能够更加真实反映实际情况的模型**——我们得真正理解这些极端值是偶然的，还是有可能重复。如果纯属偶然，比如数据输入错误，或者特殊的客户行为等，不期望会

㊀ 对于线性回归的适用范围，我们打个比方来说明。假定我们统计工薪阶层（每月收入在 5 000～15 000 ），发现大多数人把工资的 10% 用来吃饭。如果一个人的工资是 8 000 元，我们可以比较安全地估计他大概花了 800 元吃饭；"钢铁侠"马斯克有一个月赚了 46 亿美元，你当然不能估计他也花了 10% 的钱吃饭。

重复发生，那可以剔除；否则，作为正常的业务行为，我们得保留或者修正模型以更好地应对。

仔细看产品 2 和 3 的需求历史，发现需求异动都是由 B2B 大客户行为造成的。比如对于产品 2，预售结束后，B2B 客户的接受度挺高，有个大客户多次下订单；对于产品 3，预售期间有个 B2B 客户下了大订单，但预售结束后，折扣没了，需求就更理性，该客户的需求大幅下降。

案例公司原来主要是 B2C 业务，对接的是一个个消费者，需求的聚合效应相对明显，东边不亮西边亮，变动相对平缓；最近进入 B2B 业务，对接的是企业，有的规模还很大，比如年营业额达到 8 亿美元，这些大 B 客户的需求大，需求集中度高了，需求的变动性也增大了。

对于这样的极端值，也可能意味着模型漏掉了一些变量。比如在该案例中，B2C 和 B2B 或许是需求的影响因素之一，我们可以在模型中增加变量来反映，或者把 B2C 和 B2B 需求分开建模。不管哪种情况，大 B 客户的这些行为还会继续，所以对于产品 2 和 3 这样的极端值，虽然不喜欢，我们还是要保留下来。

此外，对于极端值，在 Excel 中运行线性回归时，可勾选"标准残差"来识别。比如对这个案例，我们认为标准残差大于 2，或者小于 −2 的时候，这个数据点就是极端值（这里的标准残差就是前文讲的 Z 值）。要注意的是，如果剔除这些"极端值"，再运行线性回归，往往会出现新的"极端值"。

顺便讲一下"大影响"值和极端值的关系。⊖ "大影响"值也可能是极端值，会显著改变线性回归的**斜率**和**截距**，也就是说改变线性回归模型本身；极端值一般不会显著改变斜率和截距，不过却会显著增加其**标准差**，从而增大置信区间，让预测更不准。

比如就本案例来说，如果剔除产品 2 和 3 这两个极端值，第 7～10 周需求的标准差就变为 50；如果包含在样本内，标准差则成了 77，增加了一半还不止，表现为预测更不准确。反映到业务中，为了对付更不准的预测，就得要么多放安全库存，要么降低服务水平。

⊖ 对于"大影响"值和极端值，YouTube 上有个很好的片段，解释得很到位，有条件的读者可以看看：*Leverage and Influential Points in Simple Linear Regression*, by Jeremy Balka, Youtube.com。

霍尔特法

霍尔特法又称霍尔特指数平滑法，是预测趋势的另一个模型，得名于查尔斯·霍尔特（Charles Holt），最早发表于1957年。㊀简单地说，霍尔特法就是在简单指数平滑系数α的基础上，增加了一个趋势的平滑系数β，所以也叫"双指数平滑法"。

当需求呈现明显的趋势时，简单指数平滑法没法有效应对，并且会产生**系统性偏差**。表现在对平滑系数择优时，你会发现最优的α变得很大，甚至变成了1，意味着简单指数平滑法彻底失灵，只能拿上次的实际值作为下次的预测，其实就是"幼稚预测"。

让我们看个例子。

如图4-10所示，该产品的需求呈现增长趋势，这里用简单指数平滑法来尝试预测。我们拿前9期的数据作为初始组，把前6期的平均值作为初始预测，围绕第10～25期优化简单指数平滑法（目标是均方误差最小），得到最优的平滑系数α=0.42。而拟合的预测值呢，大部分时间低于实际需求，处于"追赶"状态，充分展现了简单指数平滑法的滞后性。

这在残差图上表现得很明显。当一个预测模型没有系统性偏差时，预测误差会随机分布为正负值。在这个案例中，绝大多数误差为负，产生**系统性偏差**。这是需求呈现趋势时，简单指数平滑法的根本问题。作为应对方案，霍尔特法应运而生。

在霍尔特法中，预测由两部分构成；**水平部分**是在上期水平部分的基础上，用简单指数平滑法来更新；**趋势部分**是在上期趋势部分的基础上平滑调整，也用简单指数平滑法来更新；两者相加，就得到下期的预测。㊁

㊀ 这篇经典文章是 *Forecasting seasonals and trends by exponentially weighted moving averages*, by Charles Holt, ONR Research Memorandum No 52, Carnegie Institute of Technology, 1957。该研究是由美国海军资助的。在美国，运筹学、运营管理的很多早期研究是由军方资助的，为以后的供应链管理打下了坚实的理论基础。

㊁ 对于"水平""趋势"这些术语，我查了不少中文文献，也没看到更形象的翻译：那些文献要么用公式中的字母代替，这多出现在学术文章中；要么就采用英语原名，这多出现在外资背景的职业人写的文章中。这表明中国国内企业还没有普遍应用这些模型，通俗、贴切的中文名称的出现尚需时日。

	平滑系数	0.42		
	期数	需求	预测	误差
初始组	1	16	35	
	2	38	27	
	3	35	31	
	4	49	33	
	5	39	40	
	6	30	39	
	7	46	35	
	8	51	40	
	9	68	45	
测试组	10	63	54	−9
	11	58	58	0
	12	63	58	−5
	13	74	60	−14
	14	60	66	6
	15	50	63	13
	16	81	58	−23
	17	79	67	−12
	18	96	72	−24
	19	80	82	2
	20	70	81	11
	21	93	77	−16
	22	109	83	−26
	23	120	94	−26
	24	69	105	36
	25	115	90	−25

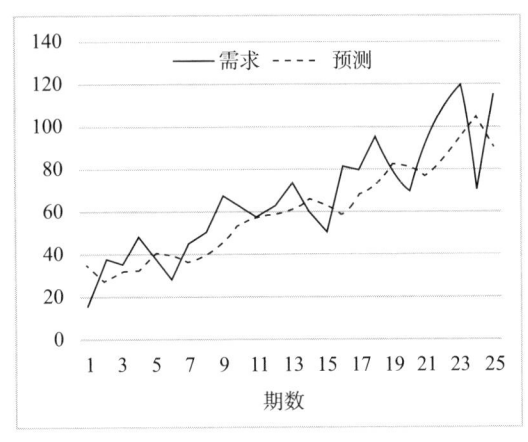

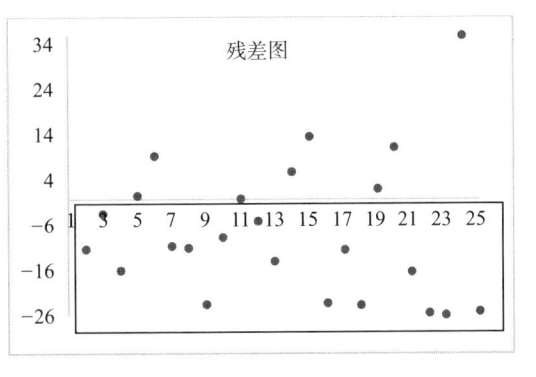

图 4-10 需求呈现趋势时，简单指数平滑法滞后明显，产生系统性偏差

注：数据四舍五入到个位。

霍尔特法不但持续调整水平部分，而且持续调整趋势部分，在横向和纵向两维调整预测，所以能更好地应对趋势的变化。基本公式分为如下三部分：[⊖]

水平：$L_t = \alpha Y_t + (1-\alpha)(L_{t-1}+b_{t-1})$ （4-1）

趋势：$b_t = \beta(L_t - L_{t-1}) + (1-\beta)b_{t-1}$ （4-2）

预测：$F_{t+m} = L_t + b_t m$ （4-3）

式中，L 代表水平部分，b 代表趋势部分，Y 代表实际需求，F_{t+m} 代表 m 期后的预测。

平滑系数 α 和 β 都介于 0 和 1 之间，前者用来调整水平部分，后者用来调整趋势部分。与简单指数平滑法一样，这两个平滑系数越大，预测模型就越响应，也就是说最新发生的对下一步的预测影响越大，风险是有可能过度反应；平滑系

⊖ 这些公式参考自 *Forecasting: Methods and Applications*, by Spyros Makridakis, Steven C. Wheelwright and Rob J. Hyndman, John Wiley & Sons Inc., 第 3 版, 2018 年重印。

数越小，预测模型就越平稳，也就把最新发生的更多地当成"杂音"给过滤掉，风险是可能没法及时响应需求变动。

这些公式只是让大家更深入地理解霍尔特法。建议初学者重点了解方法论，而不是具体计算。在实际应用中，我们一般会借助计划软件，或者 Excel 中的函数 FORECAST.ETS（稍后会介绍），而不是手工计算。

让我们继续图 4-10 中的例子，用霍尔特法来预测。

这是个打印机耗材，新品导入后需求一直呈现上升趋势。如图 4-11 所示，假定平滑系数为 $\alpha = 0.09$，$\beta = 0.32$；假定水平的初始值为 24.7，趋势的初始值为 4.2（稍后我们会解释平滑系数、初始值都是怎么来的）。

	期数	需求	水平	趋势	预测	误差
初始组	1	16	24.7	4.2		
	2	38	29.7	4.5	29	
	3	35	34.2	4.5	34	
	4	49	39.6	4.8	39	
	5	39	43.9	4.6	44	
	6	30	46.9	4.1	49	
	7	46	50.5	4.0	51	
	8	51	54.2	3.9	55	
	9	68	58.9	4.1	58	
测试组	10	63	63.1	4.1	63	0
	11	58	66.4	3.9	67	9
	12	63	69.6	3.7	70	7
	13	74	73.4	3.7	73	−1
	14	60	75.6	3.2	77	17
	15	50	76.2	2.4	79	29
	16	81	78.9	2.5	79	−2
	17	79	81.1	2.4	81	2
	18	96	84.6	2.8	84	−12
	19	80	86.7	2.6	87	7
	20	70	87.6	2.0	89	19
	21	93	89.9	2.1	90	−3
	22	109	93.5	2.6	92	−17
	23	120	98.2	3.3	96	−24
	24	69	98.6	2.3	101	32
	25	115	102.2	2.7	101	−14
预测	26				105	
	27				108	
	28				110	
	29				113	

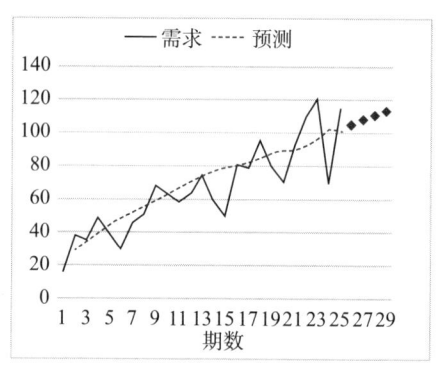

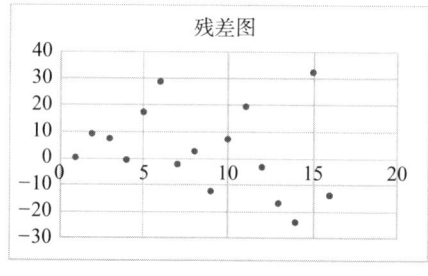

图 4-11 霍尔特法示例

注：预测值四舍五入到个位。

【下载】该示例的 Excel 文件可到我的网站上下载：scm-blog.com/download.html（如果公司网络屏蔽，可换个网络下载）。

$L_2 = 38 \times 0.09 + (24.7+4.2) \times (1-0.09) = 29.7$

$b_2 = (29.7-24.7) \times 0.32 + 4.2 \times (1-0.32) = 4.5$

$F_3 = 29.7 + 4.5 = 34$（四舍五入到个位）

计算好第 3 期的预测后，我们再分别计算其水平、趋势部分，来预测第 4 期的需求：

$L_3 = 35 \times 0.09 + (29.7+4.5) \times (1-0.09) = 34.2$

$b_3 = (34.2-29.7) \times 0.32 + 4.5 \times (1-0.32) = 4.5$

于是，第 4 期的预测 $F_4 = 34.2 + 4.5 = 39$（四舍五入到个位）。

如此等等，我们复盘出第 5～25 期的预测。

相比简单指数平滑法，霍尔特法对该产品历史需求的预测准确度更高。比如就测试组而言（第 10～25 期），简单指数平滑法的均方误差为 337，绝对百分比误差为 19%；霍尔特法的均方误差为 249，绝对百分比误差为 17%，都有显著改善。偏差也更小，由简单指数平滑法的预测平均每期虚低 7 个（9%），变为霍尔特法的平均每期虚高 3 个（4%）。

当然，最理想的是没有偏差。但世界是不完美的，霍尔特法也没法完美地预测该产品。这可能是由初始化、平滑系数择优没做到位，以及数据点太少等因素造成的。在增长趋势下，如果要有系统性偏差的话，预测虚高一点更符合业务诉求。可以说，对于这个产品来说，霍尔特法更好地解决了计划不能及时调整，应对业务增长的问题。

因为有趋势，所以霍尔特法可以预测多期的值：未来第 n 期的预测等于本期水平部分加上 n 倍的趋势部分。在图 4-11 的例子中，第 26～29 期的预测计算如下（四舍五入到个位）：

第 26 期的预测 = 102.2 + 1 × 2.7 = 105

第 27 期的预测 = 102.2 + 2 × 2.7 = 108

第 28 期的预测 = 102.2 + 3 × 2.7 = 110

第 29 期的预测 = 102.2 + 4 × 2.7 = 113

∷ 小贴士　指数平滑法的一点小历史

指数平滑法在 20 世纪 50 年代发展成熟，在实践中应用很广。百度百科上甚至说，"所有预测方法中，指数平滑是用得最多的一种"。[⊖] 说是一种，其实是

⊖ 百度百科，"指数平滑法"词条。

"一族"，共12个变种，本书讲的是最主要的3种。当然，这里说的预测是广义的，凡是推测未来的都属预测，不管是预测经济增长，还是预测谁当选总统。

而指数平滑法的背后，离不开卡内基梅隆大学的HMMS研究团队。

这个团队的名称来自4位研究者姓氏的第一个字母（Holt、Modigliani、Muth和Simon），20世纪50年代他们都在卡内基工学院，㊀旨在寻找更好的决策机制，以帮助工业界更好地应对种种库存、生产和计划问题。这些问题在微观层面让企业经常处于危机状态，库存和产能利用不足；在宏观层面导致经济危机，过剩和短缺交替。

4人里的Holt就是这里讲的霍尔特，他是这个经济学家团队的领袖。他开发的预测随机波动的简单指数平滑法、预测趋势的霍尔特法，以及预测季节性和趋势的霍尔特-温特模型，都成为业界广泛应用的预测模型。你去看任何一个专业计划软件，其核心模型都离不开指数平滑法；而指数平滑法最常用的这3种模型呢，都离不开霍尔特。

其余3位研究者中，Modigliani和Simon后来获得了诺贝尔经济学奖，而Muth的理性预期模型呢，又成为经济学家卢卡斯获得诺贝尔奖的基石——卡内基梅隆大学真是人才辈出啊。也许你已经看出端倪了：需求预测方面，最具奠基意义的一些方法，其实是一帮经济学家研究出来的——他们通过开发更好的预测模型，来应对计划不善带来的经济问题。

初始化和平滑系数择优

与简单指数平滑法一样，霍尔特法也需要初始化。

我们这里用3种不同的方法，给图4-11中的例子初始化，看看效果如何。跟简单指数平滑法类似，我们这里把前9期的数据用来初始化，尽量减小初始值的影响；10～25期的数据用来择优，确定两个平滑系数 α 和 β，并将结果汇总在表4-1中。

表4-1 霍尔特法的初始化及平滑系数择优

	方法A	方法B	方法C
初始值——水平	24.7	16	29.7
初始值——趋势	4.2	0	11
α 择优	0.09	0.13	0.13
β 择优	0.32	0.21	0.95

㊀ 该学院由钢铁巨头卡内基创建，后来与梅隆学院合并，成为今天蜚声海内外的卡内基梅隆大学。

方法 A：我们用初始组的 9 个数据点做线性回归，得到线性回归方程：需求 = 4.17 × 期数 + 20.50，水平的初始值 = 4.17 × 1 + 20.50 = 24.7，趋势的初始值 = 斜率 = 4.17 ≈ 4.2。围绕测试组（第 10 ~ 25 期）用 Excel 中的 Solver 择优，均方误差最小为目标，得到平滑系数 α = 0.09，β = 0.32。

方法 B：把趋势部分的初始值设为 0（这是假定刚开始的时候没有趋势），水平部分的初始值采用第 1 期的实际需求。用 Solver 优化，均方误差最小为目标，最优平滑系数变为 α = 0.13，β = 0.21。

方法 C：水平的初始值用前 3 期实际需求的平均值（16+38+35）/3=29.7，趋势的初始值用第 4 与第 1 期之间的斜率（49−16）/3=11，那么用 Solver 优化，均方误差最小为目标，最优平滑系数成了 α = 0.13，β = 0.95。

跟简单指数平滑法的情况类似，经过一段时间的初始化后，模型会自动纠偏，初始值的影响变得有限，直至微乎其微。平滑系数越大，权重衰减越快，初始值的影响也减小得越快。但是，如果平滑系数很小，初始化时间序列很短的话，初始值的影响可能会非常显著。

当我们用 Solver 或者计划软件来择优平滑系数时，初始值的影响就更大了。从表 4-1 中可以看出，初始值不同，对两个平滑系数的影响很大，得到的模型也大不相同，特别体现在 β 上。我在 Excel 中用 Solver 择优，发现择优过程非常敏感，微小的数据变化都可能造成平滑系数的显著变化。初始组的数据点越少，测试组样本越有限，这个问题就越大。

所以，选择合适的初始值很重要。所谓的"合适"，其实就是更准确。比如上面方法 C 中，趋势的实际值在 3 左右，作为 11 的初始值差得太远，就得有个很大的 β 来纠正；而平滑系数一旦很大，就会失去平滑的意义。相对而言，方法 A 用的是线性回归，给出的初始值更准确，不过该方法要做线性回归，也更费周折。

查阅文献，发现 Hyndman 等学者推荐的也是方法 A。所不同的呢，就是他们建议用最初的 10 个实际需求来构建线性回归模型（或许是基于线性回归至少应该有 10 个数据点）。[⊖] 这里我用了 9 个，目的是正好跟初始组的数据保持一致。

除了用 Solver 来择优外，我们还可用**网格搜索法**：根据对业务的判断，列出

⊖ *Forecasting with Exponential Smoothing: the State Space Approach*, by Rob J. Hyndman, Anne B. Koehler, J. Keith Ord, and Ralph D. Snyder, Springer, 2008.

α和β的一系列可能组合，逐个复盘比较，看哪个组合的预测准确度最高。不过不管用哪种方法，初始化和平滑系数的择优相当复杂，超出很多初学者的能力范围。没关系，先了解一下，好在 Excel 中有个函数，可以帮我们应对初始化和平滑系数的优化，运行霍尔特法。

∷ 小贴士　用 FORECAST.ETS 来运行霍尔特法

Excel 中有个函数 FORECAST.ETS，本来是用来运行霍尔特 – 温特模型，预测趋势加季节性。当我们把季节性设置为 0 的时候，就变成了霍尔特法，可以用来预测趋势。这里举个例子，介绍其基本用法。

如图 4-12 所示，组织数据的时候，自变量是日期，因变量是需求。公式中的第一项是指定预测何日的需求（在这里是 2023 年 1 月 15 日）。也可以是一系列日期，比如从 1 月 15 日～1 月 20 日（A16:A21），函数会给出多日的预测。

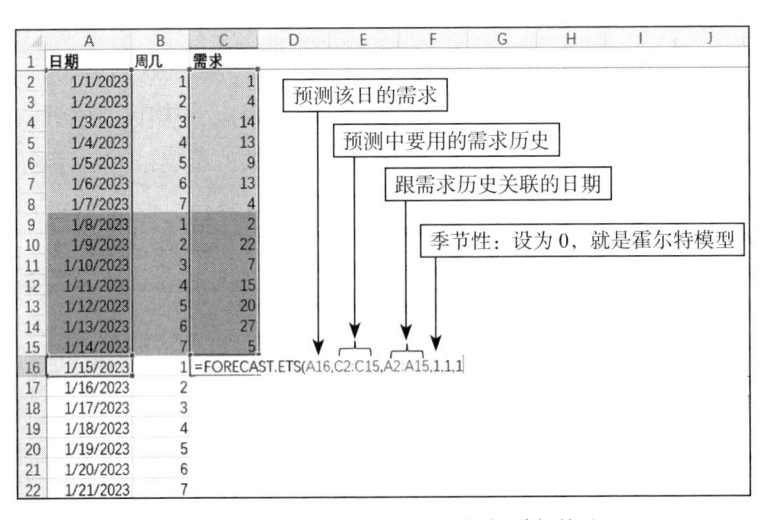

图 4-12　用 FORECAST.ETS 运行霍尔特法

第二项要输入的是预测用的历史数据，在这里是 C2～C15 的需求历史。第三项是与需求历史对应的日期，在这里是 A2～A15（2023 年 1 月 1 日～14 日）。第四项是季节性，我们可以通过将其设为 0，告诉函数我们要运行的是霍尔特法，只有趋势，没有季节性（如果是 1 的话，就是两者都有）。

其他的参数呢，我们在后文会解释，这里暂且都按照默认值处理。

对用户来说，函数 FORECAST.ETS 是个黑盒子，Excel 帮我们打理了一切，我们也没法调整平滑系数。这就跟照相用的"傻瓜机"一样，方便是足够方便，但也让我们失去了控制。

这个函数是如何初始化和择优平滑系数的，我没看到详细的说明。我的假定是跟我们前面谈的逻辑差不多。也就是说，我们前面遇到的问题，在这个函数中也会有。这点很重要：这个函数只是给我们工具，我们要确保输入值的质量，比如有足够的历史数据来初始化和平滑系数择优。

参考 ChatGPT，在用该函数预测趋势时，我们至少要有 6 ~ 12 个数据点的历史需求，最好有 20 ~ 30 个数据点。我认为 6 ~ 12 个数据点有点太少：平滑系数较小时，我们需要八九个数据点来尽量消除初始预测的影响，再加上择优至少需要的 10 多个数据点，就得 20 ~ 30 个数据点。

也不是历史数据越多越好，因为需求模式可能改变了。我们可以通过复盘的方式，来确认多长的需求历史下，预测准确度最高。我们在后文的案例 5-3 中，就采用了这种方式。确定了最佳的需求历史时段，FORECAST.ETS 就有点像移动平均法，这时需求历史就成了滑动窗口，滑动时不断增加新数据，淘汰老数据。

霍尔特法和线性回归法的优劣

有实践者问，对于趋势，我们可用霍尔特法，也可用线性回归法来预测。这两种方法有什么区别？让我们举个例子来说明。

如图 4-13 所示，这个产品的需求呈现下降趋势。用线性回归法预测趋势时，我们是用一条直线来拟合，直线的斜率是固定的，比较"僵硬"，可优化之处很少，响应度、准确度也相对更低。用霍尔特法时，斜率是变动的，我们在用一条折线来拟合，而且可调整两个平滑参数来优化模型。

这就是说，霍尔特法的自适应性更好，可以通过两个平滑系数一路调整。而线性回归法呢，一旦截距和斜率确定了，模型就不会改变。上述论断同样适用于霍尔特 – 温特模型：在预测趋势和季节性时，霍尔特 – 温特模型要比我们常用的季节性模型灵活（这些模型我们在第 5 章会讲到）。

参考 ChatGPT，我们在表 4-2 中更详细地总结了这两种方法的优劣。

线性回归法的优点是简单，易于理解；适合于长期趋势的预测，尤其是当数据表现出稳定的趋势时；可以扩展为多元回归，考虑多种因素。其缺点也很明显：对异常值比较敏感，极端值可能导致模型显著偏离整体趋势；假定关系是线性的，对非线性趋势的数据表现较差，无法很好地捕捉非线性变化；自适应性弱，对于显著变化的需求，反应较慢，不如霍尔特法。

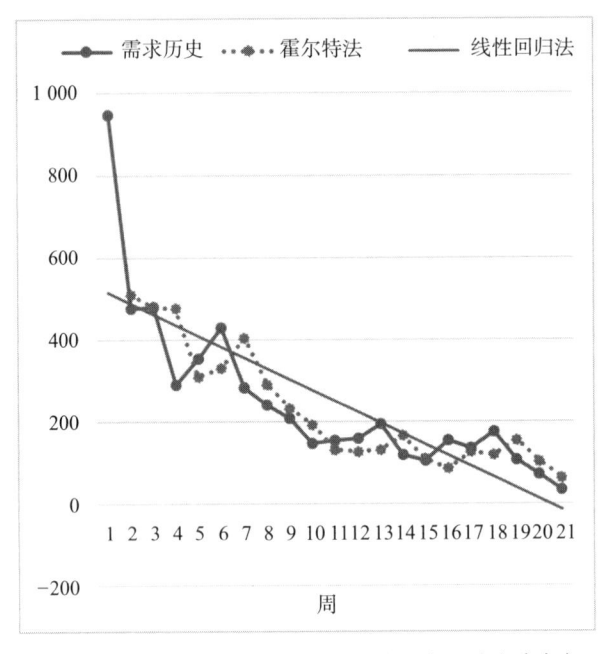

图 4-13 霍尔特法比线性回归法更灵活、更及时响应

表 4-2 霍尔特法和线性回归法的比较

	霍尔特法	线性回归法
适用场景	短期趋势	稳定的长期趋势
适应性	灵敏度高，能适应近期趋势变化	整体拟合，不适应短期变化
季节性	不适合（要用霍尔特－温特法）	可以在多元回归中引入季节性因素
复杂度	平滑系数择优比较复杂	简单易理解，计算量小
Excel 实现	FORECAST.ETS 函数；预测工作表	TREND 函数；线性回归分析

霍尔特法能动态调整水平、趋势，更好地适应短期波动。其缺点是更适合于短期预测，特别是近期趋势影响较大时；只能用于单变量的时间序列。还有，霍尔特法比线性回归法更难掌握，更不直观，计算量也更大，其初始化、平滑系数择优也更复杂。

好处是，两种模型都可以在 Excel 中实现，而且有多个函数、功能来实现。

那么，两者中哪个更准确呢？这没有明确的答案，要看应用环境和数据特点。整体而言，长期预测、趋势相对明确的情况下，线性回归法一般更好；短期预测、需求变动大、趋势可能随时间而变化时，霍尔特法一般更好。

也就是说，预测未来一年、两年、三年的产能需求，线性回归法可能更好；但预测未来几天、几周的补货，霍尔特法可能是更好的选择。

案例 4-2 究竟该用什么模型

一位实践者说，他们在多品种、小批量行业，现在尝试优化产品的预测方法。一个产品的需求历史如图 4-14 所示，看上去有一定的趋势。他尝试了三周移动平均法、简单指数平滑法、霍尔特法，发现霍尔特法下的均方误差最小，是不是该用霍尔特法？

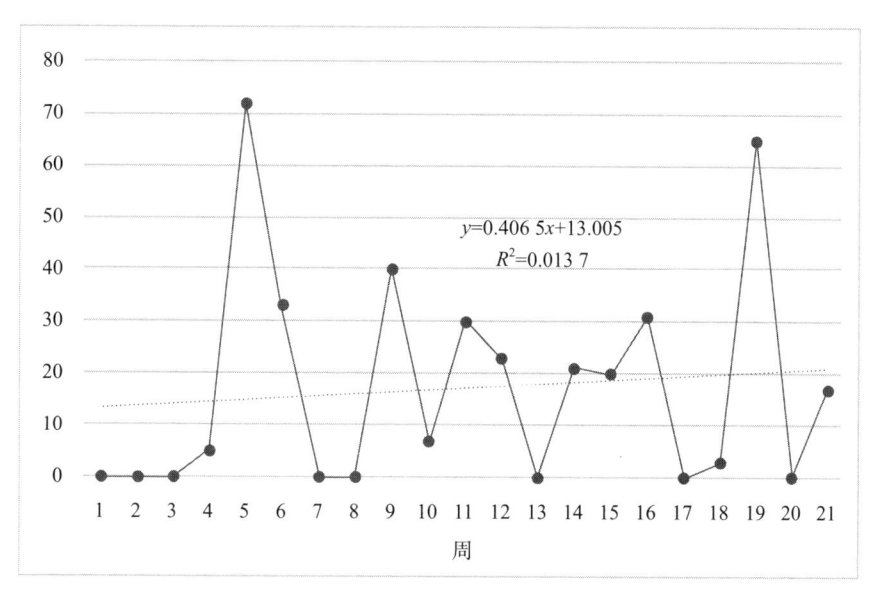

图 4-14 案例产品的需求历史折线图

短平快的答案是：不一定。

先看折线图，大致判断需求历史的模式，是种挺好的做法。但是，对于其中的趋势（Excel 可以帮助加上），要特别留神，不要因为看上去有条"趋势"线，就意味着有趋势——不管什么样的数据，Excel 总能画出条趋势线，但是否真正存在趋势，我们要看线性回归分析参数。

在图 4-14 中 Excel 展示的趋势线上，R^2 非常小，只有 0.013 7（用 Excel 添加趋势线时，可以让其展示线性回归方程及 R^2）。通俗地说，这里的趋势只解释了 1.37% 的需求变化，表明趋势非常微弱，近乎不存在（R^2 介于 0 和 1 之间，越大表明趋势越明显）。

让我们以需求历史做因变量，时间做自变量，用 Excel 做完整的线性回归分析，来进一步研究那些数理统计指标。

如图 4-15 所示，第 2 行的 R^2 非常小，只有 0.01；第 3 行调整过的 R^2 也很小,甚至是负数。这些都表明,需求和时间之间的线性关系近乎无。再看第 7 行,F 显著性水平大于 0.05,表明从数理统计的角度看,线性回归关系(趋势)不成立。第 11、12 行的 P 值都大于 0.05,同样说明,从数理统计角度看,截距和斜率都为 0,再次说明线性回归不成立。

行数	线性回归分析				
1	Multiple R	0.12			
2	R^2	0.01			
3	调整过的 R^2	−0.04			
4	标准误差	22			
5	样本数	21			

方差分析（线性关系不存在的概率 ↓）

		自由度	误差平方和	均方差	F	F 显著度
6						
7	线性回归	1.00	127.23	127.23	0.26	0.61
8	残差	19.00	9 160.01	482.11		
9	总计	20.00	9 287.24			

		系数	标准差	t 统计	P 值	95% 下限	95% 上限
10							
11	截距	13.00	9.94	1.31	0.21	−7.79	33.80
12	周	0.41	0.79	0.51	0.61	−1.25	2.06

↑ 这一系数为 0 的概率

图 4-15 趋势的线性回归分析

所以,所有的统计参数都表明,这个产品的需求没有趋势。

我们再看霍尔特法。不管有没有趋势,数据总可以拟合出霍尔特模型。比如用 Excel 中的 Solver 来优化两个参数,你发现水平平滑系数 α 为 0.05,趋势平滑系数 β 为 0.07,这并不意味着霍尔特法就是合适的预测方法,即便该模型的误差最小。⊖

那怎么办？

首先,数据清洗。我们得仔细探究第 5、19 期的两个峰值,看是否跟促销等活动或其他显著改变需求的事件有关,或者纯粹是偶然性的极端值,需要清洗。这些峰值可能显著改变预测模型,需要在尝试任何数据模型前完成清洗工作。

⊖ 这对别的模型也适用。所以,我们要非常小心,不能把一堆数据填进去,让计划软件根据预测误差最小来选择合适的模型,那可能造成过度拟合的问题,而模型的预测效果往往不好。

根据折线图，需求历史有很大的随机性，但没有趋势、季节性，我们可尝试两种解决方案：

其一，更长期数的移动平均法，比如6周、8周、13周甚至更长，来有效平滑需求波动。这位实践者用3周移动平均，预测模型有点太过灵敏，没法过滤足够多的需求异动。

其二，用简单指数平滑法，平滑系数从0.05开始，尝试0.1、0.15、0.2等，每次增加0.05，复盘看哪个的误差最小，就用哪种预测方法。

其实，在需求没什么规律、上蹿下跳时，移动平均法、简单指数平滑法往往是最有效的选择。这也有点快刀斩乱麻，以简单对复杂的意味。切忌完全基于数据，让计划软件推荐模型，那样的结果往往是过度拟合，成了数字游戏。

∷ 小贴士　介绍一个专业网站

经常有人问我要预测模型，有一个网站能够完美解决这个问题：凡是你能想到的预测模型，都能在这个网站上找到Excel模板（www.real-statistics.com/time-series-analysis），比如：

- 简单移动平均法；
- 加权移动平均法；
- 简单指数平滑法；
- 霍尔特法；
- 霍尔特–温特法；
- 更复杂的模型，比如ARIMA、季节性ARIMA等。

网站是英文的，我用谷歌翻译为中文，完全可以读通。相信中国国内也有类似的网站翻译工具。Excel中的内容大多是数字和公式，是世界通用的"语言"，就更不在话下了。

此外，该网站还有很多数理统计的东西——这位"大神"是普渡大学的数学博士，你能想象到的数理统计的知识，在这个网站上都能看到。

网站的开发者是Charles Zaiontz博士。他以前在美国的大学任教，后来在工业界担任高管，现在居住在意大利。大概退休了没事干，他就开发了这么好的一个网站。这人堪称极客般的存在，能把复杂的数理统计解释得非常清楚。世界上有知识的人很多，但能解释清楚的不多。[1]而愿意花费那么多的精力，开发这样一个全面的网站，分享各种 Excel 模板的人就更少了。

善分享者，为高尚之人。

| 实践者问 |

当 β 为 1 时，是不是意味着霍尔特法不如简单指数平滑法？

| 刘宝红答 |

β 为 1，只是表明完全用最近一期的趋势作为下期的趋势预测。直观的表现就是这期比上期增加或减少多少，就预测下期比这期增加或减少多少。

我知道在几种情况下，β 的最优解可能是 1。比如需求上下波动频繁，霍尔特模型"疲于应付"，看不出什么趋势，就可能给出 β 等于 1 的最优解。再比如用霍尔特法模拟一条直线（不管是斜线还是水平的线），择优的结果都是 β 等于 1。

简单指数平滑法也类似。比如股价变动是没有规律的——凡是有炒股软件说能找到规律的话，那都是在骗你，果真如此的话，软件公司还不自己炒股票去，把这世上所有的钱都给赚了？所以用简单指数平滑法预测股价时，模型择优的结果是平滑系数会成为 1。

β 为 1 并不表明霍尔特法比简单指数平滑法好还是坏。至少，霍尔特法比简单指数平滑法更可能避免系统性偏差，比如系统性虚低或虚高。不过平滑系数等于 1 或 0，或者非常接近这两个值的时候，我都会感觉到很不安，因为模型没有起到应有的平滑作用，或许有更好的方法我们没找到。

要注意的是，补货周期越长，我们用的需求历史一般也越长，其间需求模式就越可能改变，越可能有促销、上新等显著改变需求的事情，我们要跟销售端紧密对接，尽早预判，尽快调整。这就回到需求管理和"从数据开始，由判断结束"的计划逻辑（详情参考我的《供应链的三道防线：需求预测、库存计划、供应链执行》第 2 版）。

---

[1] 我以前读 MBA 时，教统计学的那位教授就是这样的人。他让我真正体会到统计学反映出的简单美（惭愧的是，20 多年过去了，我连他的名字都忘了，只记得他短小精悍、干脆利落，是个很厚道但又不怎么典型的美国人）。这也让我意识到，绝大多数人对数理统计了解不多，我们要以最简单的方式来解释。

实践者问

我的专业是工业工程，目前感兴趣的工作有两方面，一个是计划，另一个跟供应链稍微有些偏差，是数据分析。我本身学的专业跟供应链很相关，而且对于生产计划这样与数据打交道的工作也很感兴趣，但是专业课上学到的无外乎移动平均法、指数平滑法、霍尔特法这些，感觉一个外行人用点心，一天就能熟练掌握几种预测方法，我想知道计划这个行业的职业发展道路是怎样的？

刘宝红答

这些基本模型看上去简单，其实不简单，不然为什么还要把人名冠上去？像霍尔特这种专家，都是跟诺贝尔奖获得者相提并论的人。这些方法凝聚着众多研究者多年的心血，远远没有看上去那么简单——如果我们认为简单，那八成是因为我们不理解。

比如移动平均法是简单，但滑动窗口究竟该多大就不简单，这要求我们懂得如何去评估预测模型的好坏。这又涉及绝对误差、均方误差等预测准确度的统计方法——均方误差又让我们意识到，预测的一大关键是避免大错特错：小的误差容易对付，可以通过安全库存、供应链执行来解决；害死我们的是大错特错。

那大错特错又是怎么发生的？选择了不合适的预测模型，用了不合适的参数是一个原因，但基础数据也是一大问题源，比如数据没有清洗，我们把以前一次性促销的数据包括在内，后续需求预测自然显著偏高。这是针对已经发生了的促销，那没有发生的呢？这又涉及跟销售端的对接——需求预测是"从数据开始，由判断结束"，数据代表已经发生的、可重复的；判断代表还没有发生的、不可重复的，这就又牵扯到销售跟运营协调流程——企业的主要流程之一。

所以，不要低估这些基本的模型。运用得当，这些模型能解决大部分的需求预测问题。不要求新求异。如果有人一上来就跟你大谈卡尔曼滤波，或者灰色预测法等专业名词，你应该敬而远之——我不是说这些不重要，而是说这些更多的是龙肝凤胆；我们得回归计划的基本面，先把我们的大米饭做得更好更合口再说。

这就如练武，不管你学什么武术，基本的招数也就那些。要经过一遍又一遍的练习，熟能生巧，达到出神入化的时候，才能真正掌握。要知道，高手的高，并不在于他们知道的招数比别人多，而是在那些最基本也最重要的招数里，他们得到的比别人更多。真正的战场厮杀，都是程咬金的三板斧，一招致命。

后来我看到达克效应，如图4-16所示，用来解释这位读者的情形也很贴切。

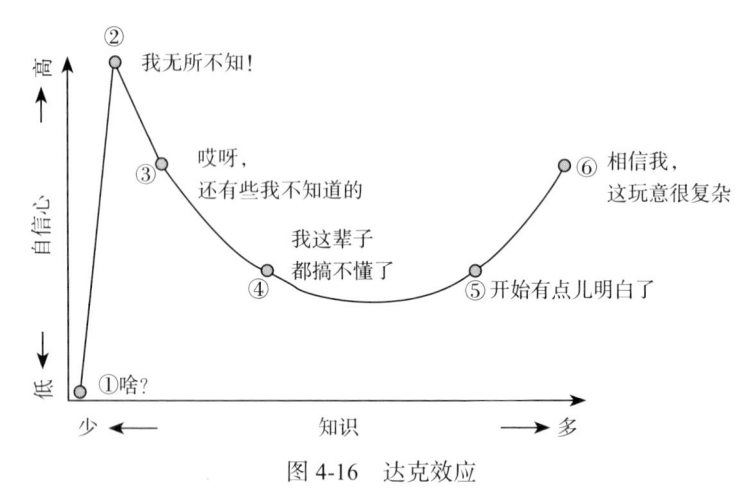

图 4-16 达克效应

注：这是达克效应的一个变种，我在"@流水白菜"的博客上偶然看到。六阶段是我加上的。

刚开始学习的时候，我们一无所知，既没知识，也没信心，这是阶段①。很快，我们学到了一点，在一知半解的时候，自认为把自己知道的都学完了，就信心暴涨（阶段②）——这多像当年小学五年级的我，学了整数、小数、分数，实在想不到数学还有什么没学过的。显然，学习工业工程的这位读者就处于这个阶段。

然后就进入实践，或者继续学习。已知的越多，未知的也就越多，发现还有些自己不知道的（阶段③）。

这时候信心开始动摇，于是就进一步研究。越是深究，越是发现更多的未知。绝望就开始如潮水般涌来，甚至到了无以为继的地步，觉得这辈子都搞不懂了（阶段④）。

熬上一段时间后，突然"柳暗花明又一村"，发现自己又开始有点儿明白了，这就到了阶段⑤。慢慢地，知识和经验继续积累，信心继续在恢复，你会认识到，看上去都是些很简单的问题，并没有你所期待的简单答案，因为相信我，这玩意很复杂（阶段⑥）。

而让我焦灼的呢，就是微信里不时蹦出个读者的问题，就那么随意的几个字，一看就是处于阶段①。我知道没有简单的答案，如果硬是给他个简单的答案，我敢肯定不会解决他的问题，甚至会误导他，因为他不可能理解那简单答案后的各种假设和背景信息……

当然，最可恨的是那些一知半解者，有些人甚至在成建制的企业待过，大致见过事儿该怎么做，算是吃过猪肉，见过猪跑，但不知道猪为什么要那样跑（阶段②）。一看这讲的东西，没有一个名词是自己没听过的，就习惯性地吹毛求疵，给你差评。这些人长期处于"我无所不知"阶段，属于 knowing just enough to be dangerous：一知半解，足以惹祸，难堪大任，最为危险。

第 5 章 Demand Forecasting and Inventory Planning

季节性需求的预测

到现在为止,我们谈过了随机波动、趋势,这一章我们将谈季节性需求的预测。

我们先看一下季节性跟周期性的关系。周期性是时间序列呈现出波浪形起伏,一般由商业和经济活动引起。它不同于趋势,不是朝着单一方向的持续运动,而是涨落相间的交替波动;它也不同于季节性,季节性变动有固定的规律,而周期性的循环则无固定规律。㊀

比如说,宏观经济会起伏变动,几年好几年差,不过我们没法有效预测经济什么时候会增长,什么时候会衰退,这是周期性。但是,每年的春运从大年初一前 15 天开始,后 25 天结束,每年如此,可预见性强,这就是季节性。

季节性需求的驱动因素有很多。最直观的就是气候,比如一年有四季,会对服装、食品、用电量等带来季节性的需求变动。冬季天气冷,流感多,病人就多,对医药的需求高;夏季是生长茂盛季,虫害多,对农药的需求量就大,这都是季节性需求。

不过季节性不一定非得要一年,一天、一周、一个月,甚至一个小时、一分钟,都可能呈现"季节性"。比如你开了一家餐馆,中午生意少,晚上生意多,这是一天的季节性。在美国,餐馆周五、周六晚上生意一般最忙,而周二的晚上

㊀ 百度百科,"周期性"词条。

一般最闲（这也是很多餐馆周二有特价的原因），这是一周的季节性。

有些电商也有类似的"季节性"，不过跟餐馆的周期性正好相反。我在分析一家跨境电商在北美的业务时，发现这样的模式：周末的时候，大家更可能出去逛街吃饭，没多少人在网购；周二的时候，更多人窝在家里不出去，你会发现网购的量会更高。

除了自然原因外，还有很多人为制造的季节性。比如每年的秋季开学，会给文具、校服、书包等带来季节性需求；每年的春节、圣诞节、感恩节，会给交通、零售等行业带来季节性需求。至于电商的6·18、双十一，更是人为制造的季节性"大餐"，显著加剧了需求的波动性。

季节性需求带来的营收变化，对供应链的产能、库存、成本造成周期性变动，是供应链的一大挑战，我们要尽可能准确地预测，尽快来纠偏，以驱动供应链有序响应。

当需求呈现季节性，而我们用移动平均法、简单指数平滑法等方法预测时，会出现系统性的偏差。这表明还有规律性的部分没有被预测到，我们得探究更合适的预测方法。

传统的季节性模型

之所以用"传统"，是为了与后文的霍尔特-温特模型相对照。常用的季节性预测模型分两类：有季节性，没趋势；季节性、趋势并存。让我们一一来看。

有季节性，没趋势

如果是单纯的季节性，季度与季度之间没有趋势的话，我们可以把每个季节跟平均值比较，计算季节指数，用来预测下一年各季的需求。比如在下面的例子中，上年四个季度的平均值已知（2 500个），根据每个季度的需求，就可求出每个季度对应的季节指数。

季度	实际需求	季节指数
春季	2 000	2 000/2 500 = 0.8
夏季	3 500	3 500/2 500 = 1.4
秋季	3 000	3 000/2 500 = 1.2
冬季	1 500	1 500/2 500 = 0.6

假定下一年这个产品的需求增长30%，那么总预测就是13 000，季度平均为13 000/4=3 250。参照季节指数，我们预测每个季度的需求如下：

季度	预测
春季	3 250 × 0.8 = 2 600
夏季	3 250 × 1.4 = 4 550
秋季	3 250 × 1.2 = 3 900
冬季	3 250 × 0.6 = 1 950

注意，因为需求的聚合效应，预测下一年的需求要比分别预测4个季度或12个月的更准确。所以，企业一般会基于一定的假设，制定下年的整体销售目标，预测下年的全年需求，然后参考季节指数分解到季度，再由季度分解到月等。

这其实也不难。有趣的是，英特尔前CEO安迪·格鲁夫（Andy Grove）的书中提到，照相机用的胶卷就是这样的季节性产品，即便在每年需求量变化不大的情况下，在匈牙利的计划经济时代，那些国有企业还是没法生产出合适的量来（格鲁夫是匈牙利裔）。计划经济之"计划"性，可见一斑。

| 实践者问 |

如何判断需求有季节性？

| 刘宝红答 |

最简单也最直观的，就是做个折线图，看需求历史有没有季节性。把需求历史分解为趋势、季节性、残差，也可以单独观察季节性（接下来要讲的表5-2就是这样的例子）。还有些数理统计的方法，对我们实践者来说有点太专业，这里暂且不谈。

我想补充的是，跟业务人员谈，从业务常识的角度判断季节性，往往是最可靠的做法。这是因为需求历史可能是扭曲的。比如，旺季备货太多，旺季后促销的结果反倒掩盖了淡季的低迷；或者由于短缺，旺季该有的生意没能做成。没有人比销售端更熟悉这些，因为他们在直接承担后果。

季节性、趋势并存

对于既有季节性，又有趋势的需求，预测相对复杂点，让我们通过一个具体

例子来说明，基本思路是分解时间序列，结合线性回归和季节指数来预测。[注]

如图 5-1 所示，这个产品的销量具有季节性，每 4 期是一个周期；同时，需求也呈现出趋势，整体在增长。我们的任务是预测第 13～16 期的需求。这里的"期"可以理解为季、月、周、天等任何时间单元（案例中其实是季度）。

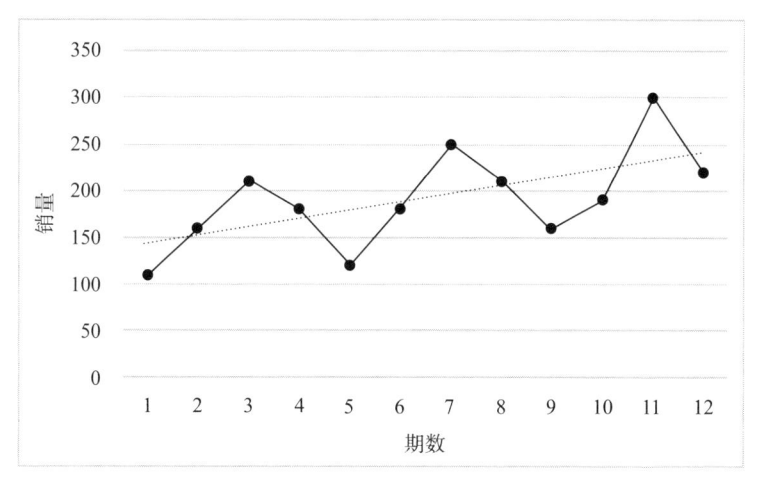

图 5-1　季节性和趋势并存的时间序列

我们先求每一期的**季节指数**。

如表 5-1 所示，鉴于季节性每 4 期循环一次，我们把 12 期的数据分为 3 轮，求出每期的 3 轮平均值。每期的平均值与 12 期的总平均值相比，就得到该期的季节指数。比如第 2 期的平均值为 176.7，3 轮 12 期的总平均值为 190.8，两者相除，得到第 2 期的季节指数为 0.93，意味着第 2 期是平均需求的 93%（低于 100% 的话，可以理解为淡季；高于 100%，可以理解为旺季）。

表 5-1　季节指数的计算

	第 1 轮	第 2 轮	第 3 轮	平均	季节指数
第 1 期	110	120	160	130.0	0.68
第 2 期	160	180	190	176.7	0.93
第 3 期	210	250	300	253.3	1.33
第 4 期	180	210	220	203.3	1.07
总平均值				190.8	

接着我们求**趋势**。在求趋势前，我们得先去季节化，也就是每期的需求除以季节指数。如表 5-2 所示，第④列就是去季节化后的需求。

[注] 这个例子参考自内华达大学雷诺分校的 Ron Lembke 博士的文章 *Forecasting with Seasonality*，载于 business.unr.edu。

表 5-2 预测趋势和季节性并存的情况

期数 ①	销量 ②	季节指数 ③	去季节化 ④ = ② ÷ ③	线性预测 ⑤	季节性调整 ⑥ = ③ × ⑤	预测误差 ⑦
1	110	0.68	161	158	108	2
2	160	0.93	173	164	152	8
3	210	1.33	158	170	226	16
4	180	1.07	169	176	188	8
5	120	0.68	176	182	124	4
6	180	0.93	194	188	174	6
7	250	1.33	188	194	257	7
8	210	1.07	197	200	213	3
9	160	0.68	235	206	140	20
10	190	0.93	205	212	196	6
11	300	1.33	226	217	289	11
12	220	1.07	206	223	238	18
13		0.68		229	156	
14		0.93		235	218	
15		1.33		241	320	
16		1.07		247	263	

注：数据有四舍五入。

【下载】该示例的 Excel 文件可到我的网站上下载：scm-blog.com/download.html（如果公司网络屏蔽，可换个网络下载）。

围绕第①和第④列的数据，我们来运行线性回归，得出线性回归方程：需求预测 =152.44+5.91× 期数。这里的 5.91 是斜率，也是我们说的"趋势"，即每期比上期增长 5.91 个。这样，我们就能够求出不包含季节性的线性预测，见第⑤列。

比如，第 13 期的线性预测等于 152.44 + 5.91 × 13 = 229.27，四舍五入为 229；第 14 期为 152.44 + 5.91 × 14 = 235.17，四舍五入为 235；如此等等。

最后一步呢，就是把季节指数反算进去，求得季节性调整后的预测，亦即我们最终需要的预测。这是拿线性预测（第⑤列）跟季节指数（第②列）相乘。比如第 14 期的最终预测就是 235 × 0.93 = 218。

第②列的实际值和第⑥列的预测值相减，就得到第⑦列的预测误差。围绕该误差，我们可以设置一定的安全库存，来应对预测的不准确，亦即需求的不确定性。

注意，这里第⑦列的"预测误差"其实是拟合度，而非严格意义上的准确度。最好的方式是用专门的测试组数据，计算相应的误差。但季节性模型中，数据样本往往太少，没法把数据切分成建模组和测试组，就只能把拟合度当作准确度，实际的准确度一般要低于拟合度。

此外，这个案例中的趋势和季节性是独立的，两者叠加，是"加法模型"，或者叫"可加季节模型"。与此对应的是"乘法模型"，或者叫"可乘季节模型"，趋势和季节性不是独立的，比如趋势也会影响季节性。本书讲的季节性模型，包括后文的霍尔特 – 温特模型，都是针对可加季节模型。这些模型都有相应的"可乘"版，应用范围相对较小，感兴趣的读者可在网上搜索。

:: 小贴士　季节性需求的安全库存设置

在表 5-2 中，我们复盘了过去 12 期的预测，与每一期的实际值相比，得到 12 期的预测误差。假定补货周期是 2 期，期望的服务水平是 92%，我们可以这么计算该产品的安全库存（详细的方法见后文第 9 章）：

安全系数 Z 值 = NORMSINV（92%）= 1.41

σ_d = 11.1（用 Excel 中的函数 STDEV.S，围绕第⑦列的误差计算标准差）

安全库存 = $Z \times \sqrt{L} \times \sigma$ = 1.41 × $\sqrt{2}$ × 11.1 = 22

这意味着，对于这个既有趋势，又有季节性的产品，我们按照前面的方法来预测每一期的需求，同时设置 22 个的安全库存，以期达到 92% 的服务水平。当然，这里假定供应没有不确定性，否则，要么根据经验，适当增加一点安全库存；要么按照第 9 章的方法，量化供应的不确定性，来计算安全库存。

按道理，安全库存的设置和预测模型的验证一样，应该用独立的样本，围绕其误差来设置安全库存。但产品的生命周期越来越短，可用的数据有限，我们往往不得不用建模的数据来计算安全库存，可能导致低估预测误差，因而安全库存可能偏低，我们在实际操作中可适当增加。

还有，在计算标准差时，12 个数据点有点太少，但限于数据有限，也就只能将就了。

案例 5-1　季节指数的计算

案例企业是一家汽车制造商，表 5-3 是某款卡车 7 年来的产量（数据经过脱敏处理）。7 年来，平均每个月的产量是 9 657 辆，3 月份的平均产量是 15 347 辆，3 月份的季节指数 = 15 347/9 657 = 1.6。

表 5-3 某车型的产量

	2012 年	2013 年	2014 年	2015 年	2016 年	2017 年	2018 年	月平均产量	季节指数
全年产量	118 306	133 426	116 246	116 175	122 834	108 963	95 263	9 657	
3 月份产量	14 113	13 755	18 790	15 246	15 873	16 859	12 980	15 374	1.6

这个车型过去 3 年（2016～2018 年）来，每年的产量都下降 13 000 辆左右。假定这一趋势不变，那么 2019 年的预测就是 82 263 辆，相应地，3 月份的产量就是 82 263/12×1.6 = 10 968 辆。用同样的方法，我们可以预测其余每个月的产量，用来指导产线的产能和库存准备。

案例 5-2 季节性需求预测的纠偏

案例产品是灯具，有两年的需求历史，呈现出明显的季节性：如图 5-2 所示，第一、四季度是旺季——天气冷的时候，大家没法出去，就缩在家里，读书的就多了，对灯具的需求量也就大了（数据经过脱敏处理）。

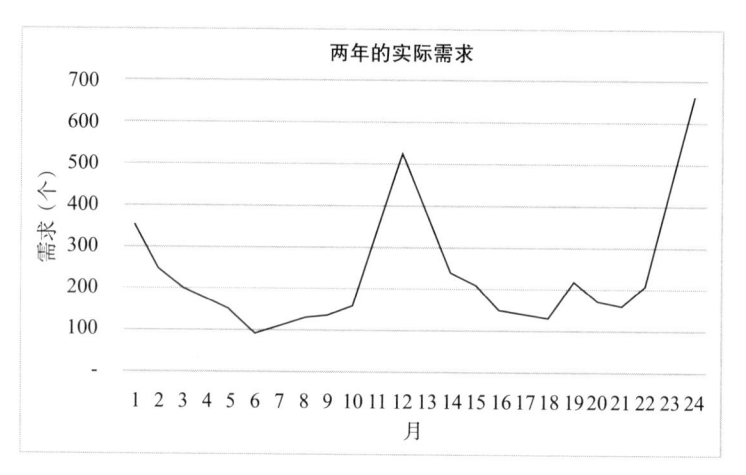

图 5-2 案例产品呈现明显的季节性

该产品的供应商需要 6 周多来生产，海运需要 6 周多来发货，合起来就是 3 个月。漫长的供应周期，再加上组织博弈下的信息不对称，以及第四季度密集的节假日和促销，都导致预测的准确度太低，大错特错频发，库存积压严重。

这种情况下，我们一般会把账算在销售头上。这里我想展示的是，即便完全基于需求历史做计划，没有任何销售端的输入，如果我们及时纠偏，还是可以避免大错特错的。我们通过复盘第 2 年每个月的需求预测，来证明这点。

首先，我们根据第 1 年的需求历史，计算每个月所占的比例（跟季节指数类

似），作为第 2 年各月的比例。我们理解，这种做法准确度应该不是很高，但数据有限，也只能将就了。⊖

计算好每个月所占比例后，我们计算累计百分比，如表 5-4 所示。比如，3 月的累计占比是 1 月、2 月、3 月之和：13.4% + 9.2% + 7.6% = 30.3%。我们在这张表里也记录每个月的实际需求，并计算累计需求，供调整第 2 年的全年总预测之用。

表 5-4 第 2 年各月的比例和实际需求

第 2 年月份	占全年总需求比例	累计百分比	实际值	实际值累计
1	13.4%	13.4%	381	381
2	9.2%	22.6%	237	618
3	7.6%	30.3%	212	830
4	6.7%	37.0%	152	982
5	5.7%	42.6%	140	1 122
6	3.6%	46.2%	132	1 254
7	4.2%	50.4%	222	1 476
8	5.0%	55.5%	170	1 646
9	5.3%	60.8%	162	1 808
10	6.1%	66.9%	212	2 020
11	13.2%	80.1%	444	2 464
12	19.9%	100%	662	3 126

假定第 2 年开始前，我们没有任何信息，完全拿第 1 年的实际销量当作第 2 年的预测——这是幼稚预测。于是得到第 2 年的初始预测 2 629（预测 0），跟第 2 年实际需求 3 126 相比，准确度是 84%，如图 5-3 所示。

	第 2 年总量预测	总量预测准确度
预测 0	2 629	84%
预测 1	2 837	91%
预测 2	2 729	87%
预测 3	2 741	88%
预测 4	2 657	85%
预测 5	2 631	84%
预测 6	2 714	87%
预测 7	2 926	94%
预测 8	2 966	95%
预测 9	2 974	95%
预测 10	3 019	97%
预测 11	3 077	98%

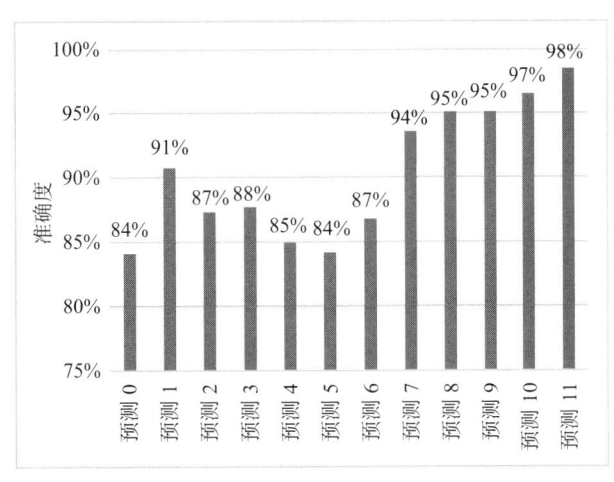

图 5-3 逐月修正后的总量预测准确度

⊖ 还有一种做法，就是参考更多可比性产品的比例，跟该产品第 1 年的比例平均或加权平均，或许会更准确。不过由于没有类似产品的数据，我们没有尝试。

等到第 2 年 1 月的实际需求出来后，除以 1 月占全年的比例，得到修正的全年预测：381/13.4% = 2 837（预测 1），准确度为 91%。等到 2 月的实际需求出来后，我们求得前两月的累计需求，除以前两月累计占比，得到修正的全年预测：618/22.6% = 2 729（预测 2）。依次类推，每增加一个月的实际需求，就更新一次全年总量预测，计算相应的预测准确度，如图 5-3 所示。

前半年的数据相对有限，修正后的全年预测准确度参差不齐，但最低也有 84%。等有了完整的前半年数据后，修正的预测准确度就提升到 87%。其后进入旺季，每次修正的预测准确度都在 90% 以上。这对避免大错特错，也就是说严重的短缺和过剩来说，已经足够了。

当然，年度总量预测准确度高，并不意味着分解到每个月的就准确。我们继续复盘一下每月的预测，看看准确度如何。

供应商的 6 周多，加上海运的 6 周多，总的供应周期是 3 个月，那意味着第 2 年 1、2、3 月的预测要在上一年做，我们这里没有数据。4 月的预测可以在预测 0 的基础上，乘以其在全年的比例：2 629×6.7% = 176；5 月的预测在预测 1 的基础上，乘以其占全年的比例：2 837×5.7% = 161。如此等等，我们得到其余每个月的预测，如图 5-4 所示。

月份	4月	5月	6月	7月	8月	9月	10月	11月	12月
预测	176	161	97	116	134	140	166	385	591
实际	152	140	132	222	170	162	212	444	662
准确度	84%	85%	74%	52%	79%	86%	78%	87%	89%

图 5-4　月度预测及准确度

分解到月时，虽然预测准确度更低了，但 4～12 月平均后，还是达到了 79%，再加上一些安全库存，应该足以避免大错特错了。6 月、7 月的预测显著虚低，这跟淡季促销活动增多有关。如果适当加以销售端的判断，这 2 个月的准确度应该更高。这个产品 1/3 的需求集中在 11 月和 12 月，而驱动这 2 个月补货的预测准确度分别是 87% 和 89%，应该说是相当不错了。

我想通过这个案例阐述的是，**初始预测往往准确度有限，但只要有一点儿实际需求，调整预测，准确度即可显著提高**。再配以销售端的判断，准确度可以做得更高。这也是需求预测的小步快走，尽快纠偏，即便是只基于数据做预测，避免灾难性的大错特错也并不难。㊀遗憾的是，太多的企业严重依赖一线销售提需求，计划职能的数据分析相当薄弱，导致大错特错频发。

霍尔特 – 温特指数平滑

用传统模型来预测季节性、趋势，优点是简单，缺点是模型比较"僵硬"，比如趋势和季节指数都没法调整，自适应性差。在需求模式渐进改变的情况下，预测准确度就低。

解决方案是采用霍尔特 – 温特模型。相比霍尔特模型的双参数，霍尔特 – 温特模型增加了季节性参数，也叫三重指数平滑模型：水平部分对应 α 平滑系数，趋势部分对应 β 平滑系数，季节性部分对应 γ 平滑系数。

在这 3 个平滑系数的作用下，3 部分都在调整。比如今天的趋势跟 3 个月前可能不同，明年的季节指数跟今年的可能不同。这带来很大的灵活性，让霍尔特 – 温特模型具备更好的自适应功能。

我们可以通过调整平滑系数，决定把多大比例的"随机"变动当成规律性的变动——平滑系数越大，我们认为最新变动中的规律性成分就越高，从而被整合进后续预测中了，相应地，模型更敏捷，当然也意味着更不平稳；平滑系数越小，最新变动中的更大比例就被视作随机成分，因而被平滑掉了，模型就越稳定、越平滑。

霍尔特 – 温特模型的基本公式分 3 部分：㊁

㊀ 在我的《供应链的三道防线：需求预测、库存计划、供应链执行》（第 2 版）一书中，第 178 ～ 188 页详细谈到这些，包括一家快时尚服装电商的案例。

㊁ 这些公式参考自 *Forecasting: Methods and Application*s, by Spyros Makridakis, Steven C. Wheelwright and Rob J. Hyndman, John Wiley & Sons Inc.，第 3 版，2018 年重印。

水平: $L_t = \alpha \dfrac{Y_t}{S_{t-s}} + (1-\alpha)(L_{t-1} + b_{t-1})$

趋势: $b_t = \beta(L_t - L_{t-1}) + (1-\beta) b_{t-1}$

季节指数: $S_t = \gamma \dfrac{Y_t}{L_t} + (1-\gamma) S_{t-s}$

预测: $F_{t+m} = (L_t + b_t m) S_{(t-s+m)}$

式中，L 代表水平部分；b 代表趋势部分；大写的 S 是季节指数；小写的 s 有点独特，代表一个周期里的季节数，比如季节性展现在每年四季，那么 s 就等于 4，而如果季节性展现在一周的七天，那么 s 就等于 7；Y 是实际需求；F_{t+m} 代表的是 m 期后的预测。

让我们用一个例子来解释这些公式。

如图 5-5 所示，这是一家养猪公司对玉米饲料的需求（数据经过脱敏处理）。该企业连年增长，所以对玉米饲料的需求呈现增长趋势；养猪存栏量有季节性变化（因为猪肉需求的季节性），所以对玉米的消耗量也呈现季节性。3 个平滑系数也如图 5-5 所示。我们已经知道过去 12 个季度的需求，这里用霍尔特 – 温特模型来预测下一年 4 个季度的需求。

α	β	γ
0.49	0	1

季度	需求	水平 L	趋势 b	季节指数 S	预测 F
1	301			0.82	
2	350			0.95	
3	363			0.99	
4	453	366.8	44.4	1.24	
5	532	528.1	44.4	1.01	337
6	515	556.3	44.4	0.93	546
7	520	563.6	44.4	0.92	595
8	611	552.1	44.4	1.11	751
9	554	573.6	44.4	0.97	601
10	559	611.0	44.4	0.91	572
11	592	648.6	44.4	0.91	605
12	702	664.1	44.4	1.06	767
13					684
14					689
15					728
16					890

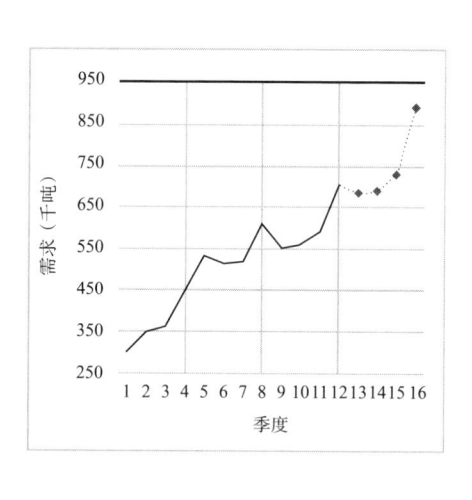

图 5-5　霍尔特 – 温特模型示例

注：预测值四舍五入到个位。

【下载】该示例的 Excel 文件可到我的网站上下载：scm-blog.com/download.html（如果公司网络屏蔽，可换个网络下载）。

水平：$L_{12} = \alpha \dfrac{Y_{12}}{S_8} + (1-\alpha)(L_{11}+b_{11}) = 0.49 \times \dfrac{702}{1.11} + (1-0.49)(648.6+44.4) = 664.1$

趋势：$b_{12} = \beta(L_{12}-L_{11}) + (1-\beta)b_{11} = 0 \times (664.1-648.6) + (1-0) \times 44.4 = 44.4$

季节指数：$S_{12} = \gamma \dfrac{Y_{12}}{L_{12}} + (1-\gamma)S_8 = 1 \times \dfrac{702}{664.1} + (1-1) \times 1.19 = 1.06$

预测：$F_{13} = (L_{12}+b_{12} \times 1)S_{(12-4+1)} = (664.1+44.4 \times 1) \times 0.97 = 684$

$F_{14} = (L_{12}+b_{12} \times 2)S_{(12-4+2)} = (664.1+44.4 \times 2) \times 0.91 = 689$

$F_{15} = (L_{12}+b_{12} \times 3)S_{(12-4+3)} = (664.1+44.4 \times 3) \times 0.91 = 728$

$F_{16} = (L_{12}+b_{12} \times 3)S_{(12-4+4)} = (664.1+44.4 \times 4) \times 1.06 = 890$

当然，有人会问，这个示例中的3个平滑系数，还有水平、趋势、季节指数的初始值都是怎么来的？跟简单指数平滑法、霍尔特法一样，霍尔特-温特模型也需要初始化，以及对平滑系数的择优。我们参考斯拜罗·马瑞达克斯等人的著作，简单介绍模型的初始化和平滑系数的择优。[⊖]

初始化

霍尔特-温特模型要对3类数据进行初始化：水平和趋势分别需要定义一个初始值，而季节指数要定义一组初始值，有多少季，就要多少个初始季节指数。

假定一个周期有 s 个季节，水平值的初始化从第一个周期的最后一季开始，也就是第 s 季。水平值 L_s 可用一个周期内的实际需求的平均值。放到图5-5的案例中，$s=4$，$L_4 = \dfrac{1}{4}(301+350+363+453) = 366.8$。

趋势等于两个周期内环比两季趋势的平均值，也是从第一个周期的最后一季，亦即第 s 季开始计算。在上面案例中，$b_4 = \dfrac{1}{4}\left(\dfrac{532-301}{4} + \dfrac{515-350}{4} + \dfrac{520-363}{4} + \dfrac{611-453}{4}\right) = 44.4$。

季节指数的初始值：用第一周期每季的实际值，除以第一周期各季的平均值。在图5-5的案例中，第一周期的各季平均值为 $\dfrac{1}{4}(301+350+363+453) = 366.8$。

⊖ 参考自 *Forecasting: Methods and Applications*, by Spyros Makridakis, Steven C. Wheelwright and Rob J. Hyndman, John Wiley & Sons Inc.，第3版，2018年重印。

$S_1 = \dfrac{301}{366.8} = 0.82$，$S_2 = \dfrac{350}{366.8} = 0.95$，$S_3 = \dfrac{363}{366.8} = 0.99$，$S_4 = \dfrac{453}{366.8} = 1.24$。

当然，还有别的初始值设定方法。比如在 Zaiontz 博士的 Excel 模板中，他把趋势的初始值设为 0，假定没有趋势，⊖不过这可能要增加初始化需要的数据量，来尽量消除初始值的影响。

再比如，Hyndman 等人把前 10 个值去季节化，做线性回归，用截距来初始化水平值，用（$1+\dfrac{斜率}{截距}$）来初始化趋势，以及用一套季节指数初始化。⊖这些看上去更准确，可以帮助更快降低初始值的影响，不过计算起来较复杂，感兴趣的读者可以搜索他们的书来读（该书在线出版，有 PDF 文件可读）。

要注意的是，初始值很大程度上影响平滑系数的择优，尤其是数据点较少的时候。初始值选择不合适，就得通过更多的数据来初始化。而季节性模型的一大挑战就是数据有限：产品生命周期越来越短，本来就没有多少数据；竞争环境变化迅速，几年前的数据可参考性也大幅下降。所以，把初始预测设置得尽量准确，意义很大。

平滑系数择优

在图 5-5 的案例中，我用 Excel 中的 Solver 插件来择优，目标是第 5～12 季度的均方误差最小化，得到最优化的 α 为 0.49，β 为 0，γ 为 1。但 Solver 的问题呢，就是对数据变动太敏感，数据稍有不同，都可能造成平滑系数的显著改变；Solver 优化的模型经常显得太激进，表现为平滑系数很接近 1——这更可能是过度拟合的结果，并不一定符合业务情况。平滑系数要小，比如 0.1、0.2，这样的预测系统响应比较慢，但容错度更高，更加具备长期稳定性。⊜

所以，我对 Solver 的择优结果向来充满疑虑，而更加倾向于用"网格搜索"的方式来复盘择优。不过挑战是，3 个平滑系数的组合很多，计算量较大。好在比尔·盖茨的老部下们已经替我们打点好了，在 2016 年版以后的 Excel 中有个函数 FORECAST.ETS 和"预测工作表"，可以帮我们建模、计算，我们将在下面的

⊖ Real-Statistics.com 网站，开发者为 Charles Zaiontz 博士。

⊖ *Forecasting with Exponential Smoothing: the State Space Approach*, Rob J. Hyndman, Anne B. Koehler, J. Keith Ord and Ralph D. Snyder, Springer, 2008.

⊜ *Forecasting: Methods and Applications*, by Spyros Makridakis, Steven C. Wheelwright and Rob J. Hyndman, John Wiley & Sons Inc.，第 177 页，第 3 版，2018 年重印。

"小贴士"中详细介绍。

| 实践者说 |

我发现 Minitab 可以计算霍尔特 – 温特模型，但只能一个个试 3 个参数的组合，才能找出最佳参数。在尝试应用这个软件的过程中，我也发现当"平均绝对百分比误差"和"均方误差"冲突的时候，采用"平均绝对百分比误差"最低的数更贴近实际。Minitab 帮助文件中也写了，如果没有"平均绝对百分比误差""平均绝对误差""均方误差"3 个值都是最小的情况，优先采用"平均绝对百分比误差"。

——张永利，本书第 1 版读者

:: 小贴士　用 Excel 函数做霍尔特 – 温特指数平滑

在 Excel 里优化、运行霍尔特 – 温特模型相当麻烦。函数 FORECAST.ETS 可以帮助我们从手工计算中解放出来。[⊖]

如图 5-6 所示，我们通过一个具体的例子来介绍一下该函数的各项参数和用法。案例产品的需求在一周内呈现季节性，周末和周一需求低，周三、周四是高峰期。我们已经知道两周的需求历史，希望预测第三个周一的需求。在 FORECAST.ETS 的公式中，我们需要确定每一项参数。

1. target_date（必填）：预测哪些天的需求。

在图 5-6 中，我们想预测的是 2023 年 1 月 15 日的需求，就把其所在的 Excel 表格位置 A16 填入公式。如果要预测一段时间的，比如 1 月 15 ～ 21 日的需求，那就填入 A16:A22。

2. values（必填）：时间序列数据，也是我们在预测中要用的需求历史。

在图 5-6 中，我们用的是 B2 ～ B15 的 14 天需求历史，就填入 B2:B15。

3. timeline（必填）：与 values 相对应的时间点。

在图 5-6 中，这些取值对应的是 A2 ～ A15 的这 14 天，就填入 A2:A15。

⊖ ETS 是 Exponential Tripple Smoothing 的缩写，直译过来是"三重指数平滑"，指的就是霍尔特 – 温特模型。有些文章把这三者称为随机误差、趋势、季节性（Error, Trend, Seasonality）。微软自称 ETS 用的是"先进的机器学习逻辑"（support.microsoft.com）。当然，一旦是"机器学习"，就好像很神秘，也意味着你找不到背后的逻辑。我想 FORECAST.ETS 应该没多少"大数据""机器学习"的成分，而是把霍尔特 – 温特指数平滑给自动化了，基本逻辑就是我们这里谈的这些。

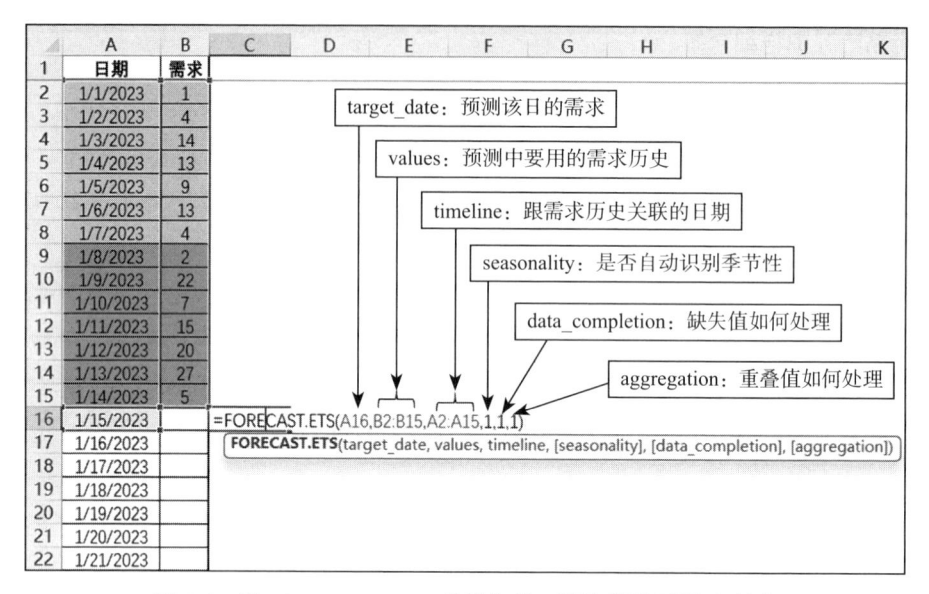

图 5-6　用 FORECAST.ETS 做霍尔特 – 温特指数平滑（示例）

4. seasonality（可选）：是否自动识别季节性。

- 默认值 = 1（自动检测季节性）。
- 如果为 0，则表示需求没有季节性，预测的是趋势（就成了霍尔特法）。
- 如果为正整数，则指定季节的长度，也就是说季节性在多长的数据里呈现一次。有时候历史数据太少，季节性模式不一定清晰时，建议直接指定季节性长度。比如在图 5-6 中，季节性呈现在一周内，我们可以指定为 7。
- 也可以用函数 FORECAST.ETS.SEASONALITY 来检查季节性模式的长度。

5. data_completion（可选）：缺失值如何处理。

- 默认值 = 1（使用线性插值填补缺失值）。
- 如果为 0，则将缺失值视为 0。

6. aggregation（可选）：如果数据有重复时间点时，如何进行聚合。

- 默认值 = 1（求重叠值的平均数）。假定在图 5-6 中，1 月 8 日的需求出现 2 次，一次是 2，另一次是 13，那么函数用的就是两者的平均值 7.5。
- 其他选项：0（求和）、2（计数）、3（最大值）、4（最小值）、5（中位数）。

不过优点也是缺点：函数 FORECAST.ETS 让我们免去了烦琐的计算，但也让我们失去对初始化和平滑系数的控制。我们把命运完全托付给 Excel，而 Excel 呢，大概率是通过数据拟合来优化模型。这当然让我很不放心。所以，我们对其输出要特别小心，特别是需求历史比较有限时。

那么 FORECAST.ETS 该用多少需求历史数据呢？ChatGPT 给的建议如表 5-5 所示。需求历史足够长时，我们可通过复盘的方式来确定最佳的滑动窗口大小，以便让预测准确度最高。比如，我们在稍后的案例 5-3 中会发现，对于每周 7 天的季节性，13 周的需求历史准确度最高。

表 5-5　FORECAST.ETS 需要的需求历史

季节性	建议最少历史期数	建议最佳历史期数
无季节性（趋势型数据）	6～12	20～30
季节性周期 12（一年 12 月）	12～24（1～2 个周期）	36～48（3～4 个周期）
季节性周期 4（一年 4 季）	8～12（2～3 个周期）	16～20（4～5 个周期）
季节性周期 7（一周 7 天）	14～21（2～3 个周期）	28～35（4～5 个周期）

资料来源：ChatGPT。

如果想了解函数 FORECAST.ETS 背后的更多细节，比如误差、平滑系数、置信区间等，我们可参考一系列相关函数 FORECAST.ETS.STAT、FORECAST.ETS.CONFINT。它们跟 FORECAST.ETS 是一个家族，配合起来使用，功能更强大。

∷ 小贴士　用 Excel 中的"预测工作表"做霍尔特 – 温特指数平滑

FORECAST.ETS 函数有个更形象的表现形式，那就是 Excel 菜单栏"数据"下的"预测工作表"，让我们能以更直观的方式来做霍尔特 – 温特指数平滑。两者的关系跟函数 TREND 与 Excel 中的回归分析类似，前者可以按批处理，但不会输出详细的数理统计值；后者一次只处理一个，不过能输出详细的数理统计值。

如图 5-7 所示，我们基于过去两周的需求历史，采用霍尔特 – 温特模型来预测第三周（1 月 15～21 日）每天的需求。所有要填的数据跟 FORECAST.ETS 函数一样。不过在"季节性"部分，由于我们只用两周的数据，每周的季节性也不一定清晰，Excel 不一定能正确地自动识别，所以我们选择"手动设置"7 天为一个周期，而不是勾选"自动检测"。

"预测工作表"还有两个很有帮助的功能：

其一，它可以自动计算出预测的上下限。比如在图 5-7 中，我们设定置信度为 95%，在预测值中，我们就看到置信区间的上下限。我们也可以通过函数 FORECAST.ETS.CONFINT 在 Excel 中来计算上下限。

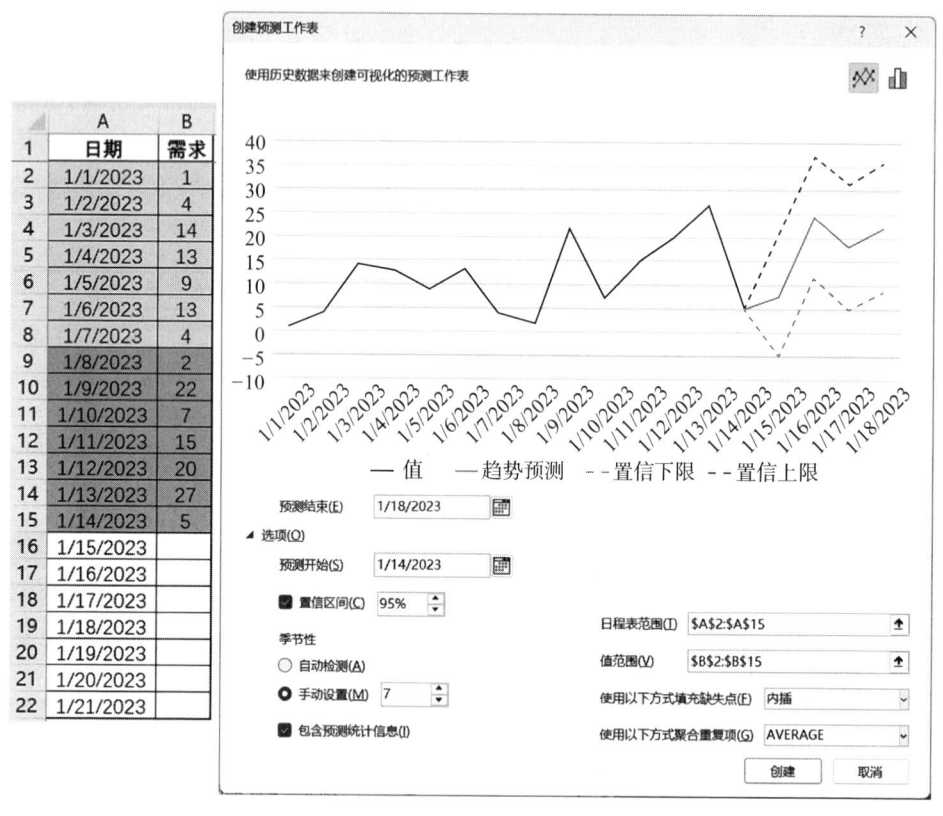

图 5-7　用"预测工作表"来运行霍尔特－温特模型（示例）

其二，它可以输出数理统计的结果。我们可勾选"包含预测统计信息"，就会得到单独的 Excel 报表，上面有一系列统计数据，比如霍尔特－温特模型的三个平滑系数、误差的统计，如图 5-8 所示。这些参数也可通过函数 FORECAST.ETS.STAT 来计算。

比如在这个示例中，平滑系数 $\alpha = 0.25$，$\beta = 0.001$，$\gamma = 0.25$，均方根误差（RMSE）为 5.84（就是均方误差开根号）。这些参数可以帮助我们更好地理解霍尔特－温特模型，不过它们完全是由 Excel 确定的，用户没法调整，是"预测工作表"的一大不灵活处。

日期	需求	预测	下限	上限
1/1/2023	1			
1/2/2023	4			
1/3/2023	14			
1/4/2023	13			
1/5/2023	9			
1/6/2023	13			
1/7/2023	4			
1/8/2023	2			
1/9/2023	22			
1/10/2023	7			
1/11/2023	15			
1/12/2023	20			
1/13/2023	27			
1/14/2023	5	5	5	5
1/15/2023		7.6	−4.8	20.0
1/16/2023		24.4	11.6	37.2
1/17/2023		18.2	5.0	31.4
1/18/2023		22.1	8.6	35.7
1/19/2023		23.2	9.3	37.1
1/20/2023		28.4	14.2	42.7
1/21/2023		13.8	−0.8	28.5

统计信息	数值
Alpha	0.25
Beta	0.001
Gamma	0.25
MASE	0.78
SMAPE	0.41
MAE	5.18
RMSE	5.84

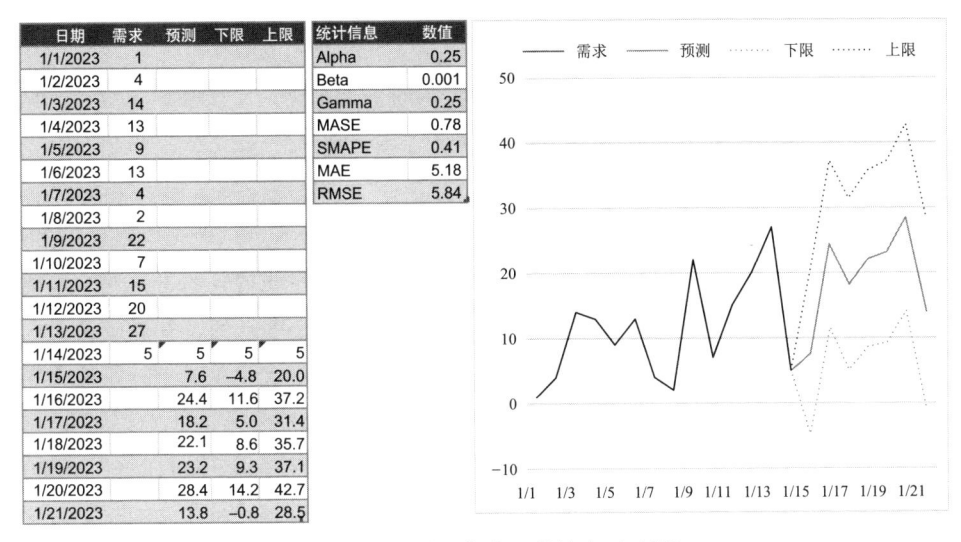

图 5-8 "预测工作表"的输出（示例）

:: 小贴士　不要寄厚望于霍尔特 – 温特模型

霍尔特 – 温特模型看上去很全面、很精致，不过优点也是缺点：公式相对复杂，优化起来很困难，大多数人缺乏足够的能力来熟练驾驭。

霍尔特 – 温特模型有三个平滑系数，三者如何运作，一点也不直观。参数越多，模型就越可能出错。这就如一根"三节棍"，太灵活了，玩不好容易伤着自己一样。对大多数人来说，尤其是初学者，还是找一根简单的"棍子"，比如传统的季节性模型，虽然效果可能差点，但更可靠。

要知道，一个模型的参数越多，建模需要的数据点也就越多。霍尔特 – 温特模型有 3 个平滑参数，如果季节性体现在 4 个季度，则至少要有 9 个数据点；如果体现在 12 个月，则至少要有 17 个数据点。[一]而季节性需求的一大挑战就是数据点太少（太老的数据可能缺乏代表性），不管用什么方式来择优，结果究竟有多"优"，天知道。

人的天性是求新求异，越是"新颖"、复杂的模型越容易引人注意。不过我还是想浇点冷水：不要对霍尔特 – 温特这样的模型寄予太多的希望，特别是初学者不要花太多的精力在这样的模型上，以免盲人骑瞎马，掉到坑里还不知道是怎么掉进去的。

[一] *Minimum Sample Size Requirements For Seasonal Forecasting Models*, by Rob J. Hyndman and Andrey V. Kostenko, FORESIGHT Issue 6 Spring 2007.

就如有个电商,一上来就用最为复杂的霍尔特-温特模型,既预测趋势,也预测季节性。但问题是,趋势参数的优化值为零,表明该产品的需求没有趋势;季节性在月份上表现得相当模糊,应该考虑按季度汇总;促销等活动带来的极端值未经任何处理……

对于大多数企业来说,清洗数据,提高数据质量;用好那些基本的预测模型,要远比追求复杂、精致的模型重要。要记住,你预测不好季节性需求,并不是因为你不会用霍尔特-温特这样的模型。就如我打不了 NBA 一样,看上去是因为我没有百步穿杨投三分球的神技,实际上是因为我根本就投不了球——即便把我放空上篮,我还是投不进去几个。

那些更简单的模型呢,一般也更容错,用好了照样能做很好的计划。毕竟,很多企业的现状是连最基本的模型也不用,完全依赖一帮一线销售、平台或门店提需求。借助简单的模型,配以一定的组织、流程措施,消除信息不对称,整合销售和运营的最佳智慧,比寄希望于任何复杂的预测模型都靠谱。

案例 5-3 三种不同方式来预测季节性需求

案例企业的业务有多重季节性。我们选取一个 SKU,会清晰地看到旺季是第四季度,淡季是第三季度(见图 5-9);每一周里,工作日的需求高,周末的需求低,其中周三、周四为峰值(见图 5-10)。

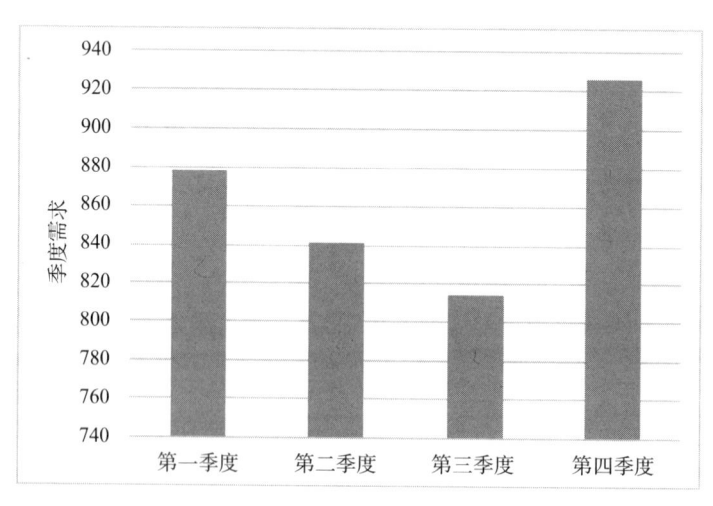

图 5-9 一年四季的需求,呈现明显的季节性

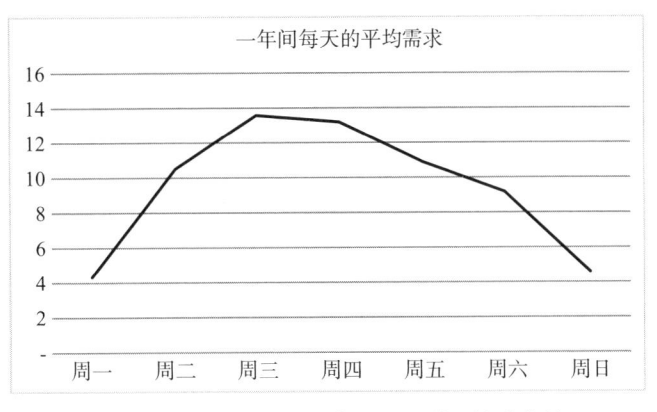

图 5-10　一周 7 天的需求，呈现明显的季节性

针对这个 SKU，假定案例企业每天都补货，我们需要预测每天的需求。这在零售、新零售、餐饮等行业较为普遍：这些地方一般都在闹市区，寸土寸金，仓储面积有限，甚至没有仓库而将货物直接放在货架上，客观上要求增加补货频次，每日甚至每半日补货以降低库存。

这里我们选择周三为例（其他各日也是同理），采取三种不同的方式来预测该日的需求。这也是因为周三的需求量最大，可以帮助我们确定所需要的库容等。我们截取一整年的需求历史，通过复盘的方式来确定最佳的预测方法。

在开始预测之前，我们首先需要清洗数据。

案例企业一直通过各种方式引流。日常的引流动作较小，而且频繁地进行，所以就整合到正常的需求历史中了，不予清洗。要清洗的是大的促销活动。我们把超出年度日均 2 个标准差的值归为极端值，用前 7 天的平均需求来清洗，共清洗了 7 个这样的数据点，不到总数据点的 2%。这些一般是大型节假日及其他活动的促销，需要销售与运营紧密配合，一次性备货来应对。

完成极端值的清洗后，下面我们用三种方式来择优模型，以周三为例，分别预测一周中每天的需求。

方法 1：霍尔特 – 温特模型

由于每周体现季节性，我们首先想到的就是霍尔特 – 温特模型。鉴于该模型的 3 个平滑系数择优相当复杂，我们就把计算任务交给 Excel 中的 FORECAST.ETS 函数，但我们自己还得决定让模型用多长的需求历史来预测，这跟决定移动平滑法的滑动窗口大小一个道理。我们分 6 种情况来模拟。

前5种分别用4周、8周、13周、17周、21周，分别对应的是1～5个月的需求历史。

比如，当用8周需求历史来预测2023年5月28日周日的需求时，模型中用的是4月2日～5月27日的需求历史（8周）；预测8月10日星期四的需求时，模型中用的是6月15日～8月9日的需求历史（8周）。跟移动平均法类似，FORECAST.ETS模型在这里是滑动的，每纳入一期的最新数据，就会淘汰最老的一期历史数据。

第6种情况有点不同，用的是年初到预测日的所有需求历史，简称"年初至今"。比如预测5月28日周日的需求时，我们用的是1月1日～5月27日的需求历史；预测12月31日的需求时，我们用的是1月1日～12月30日的需求历史。我们尽可能多地用需求历史，看预测效果如何。

对于这6种模型，我们拿22～52周来复盘测试预测准确度（前面的21周都用来初始化）。我们先是预测这段时间每天的需求，然后截取周三的，围绕周三的31个预测值，跟其实际值比较，计算均方误差，作为整体准确度，如图5-11所示。

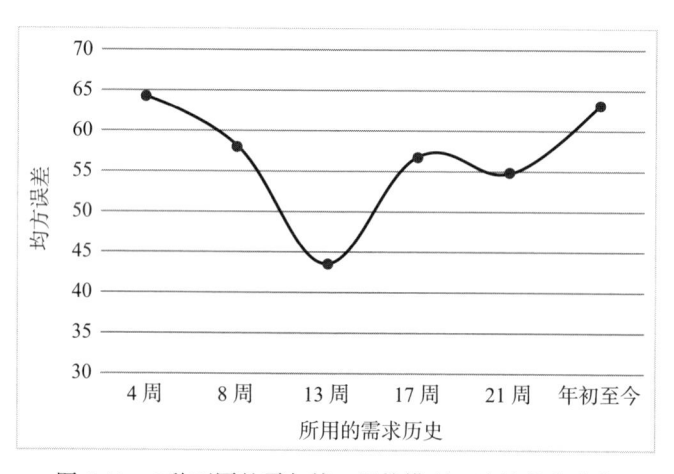

图5-11　6种不同的霍尔特–温特模型，比较其准确度

【下载】该示例的Excel文件可到我的网站上下载：scm-blog.com/download.html（如果公司网络屏蔽，可换个网络下载）。

从图5-11中可以看出，用4周的需求历史时，预测准确度较低，可能是因为需求历史太少，并不具备代表性；随着所用需求历史的增加，均方误差在降低，准确度在提升，使用13周需求历史时，预测最准确。然后，随着所用需求历史的增加，那些太老的需求历史可能失去了代表性，导致预测准确度下降。"年初至今"的准确度更低,再次说明对预测模型来说,并不是数据越多越好。

13周的需求历史更有代表性,可能跟每年四季需求呈现季节性有关(见图 5-9)。当然,有没有可能 12 周或者 15 周什么的更准确?当然可能。不过因为我们在 Excel 中择优,计算量太大,没法穷举所有的可能性。

方法 2:传统的季节性模型

对于这个案例,传统的季节性模型首先是预测每周的需求,然后按照季节指数分解到每天。

对于案例产品,虽然每年四季的需求呈现季节性,但一旦分解成 52 周,其实并没有明显的模式:既没有趋势,也看不出季节性(见图 5-12)。所以,我们考虑用移动平均法、简单指数平滑法来预测其周需求,然后按照一周里的季节指数,分解到每天。

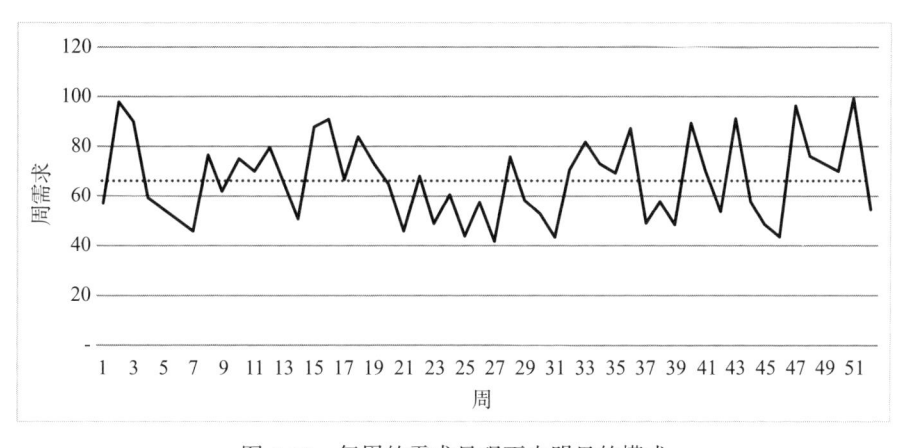

图 5-12 每周的需求呈现不出明显的模式

对于移动平均法,我们用 4 周、8 周、13 周、17 周、21 周等 5 个模型,分别对应 1~5 个月的需求历史。对于简单指数平滑法,我们选择平滑系数从 0.05 开始,按照步长 0.05 增加到 0.3,共 6 个模型。在简单指数平滑法中,我们用年初的前 6 个实际值的平均值作为初始预测值。我们用前 21 期的需求历史来初始化,以尽量降低初始预测的影响。

我们用上述 11 个模型,分别复盘预测 22~52 周的每周需求,跟实际值比较,求每种预测方式的均方误差。从图 5-13 中可以看出,8 周移动平均和简单指数平滑($\alpha=0.05$)最为准确。由于移动平均更简单、直观,计算也更方便,所以我们就用 8 周移动平均来预测周需求。

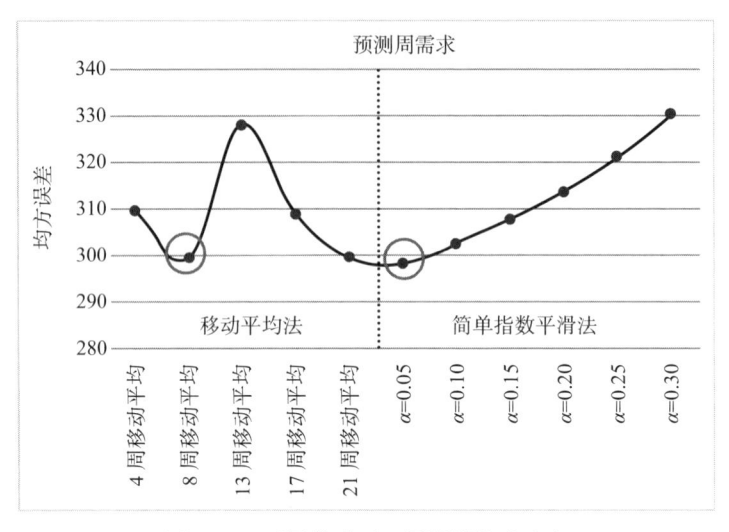

图 5-13　不同模型下，周预测的准确度

周需求预测出来，要按照季节指数分解到每天，但季节指数本身并不固定。就拿周三来说，虽然平均值在 20% 左右（即占每周总需求的 20% 左右），但在百分之几到百分之四十几之间波动，如图 5-14 所示。我们也得预测每一周的季节指数。

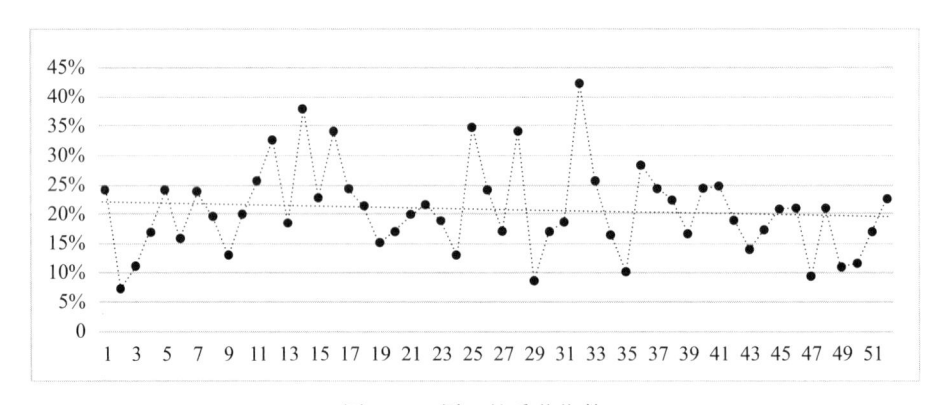

图 5-14　周三的季节指数

我们继续以周三为例。如图 5-14 所示，鉴于其季节指数没有明显的趋势、季节性，我们就用移动平均法、简单指数平滑法来预测，择优的结果是 13 周移动平均最为准确——整个择优过程跟预测每周的需求完全相同。

到现在为止，我们得到 2 组预测：用 8 周移动平均来预测每周的需求，用 13 周移动平均来预测周三的季节指数，两者相乘，就得到周三的需求预测。跟实际值比较，就可计算其预测准确度。

方法3：把周三当作独立的时间序列来预测

这个方法是把周三的需求当作独立的时间序列来预测。鉴于周三的需求没有明显的趋势、季节性（见图5-15），我们还是用移动平均法、简单指数平滑法来预测。

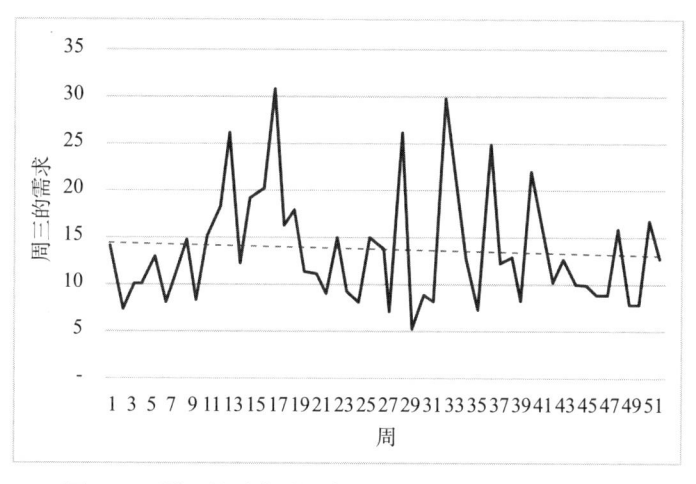

图5-15　周三的需求时间序列没有明显的趋势、季节性

我们用4周、8周、13周移动平均，外加6个简单指数平滑法（平滑系数分别为0.05、0.1、0.15、0.2、0.25、0.3）。其中对于简单指数平滑法，我们用年初的前6期需求平均，作为预测的初始值。我们复盘预测第22～52周的周三的需求，计算每种方法的均方误差，并将其汇总到图5-16中。

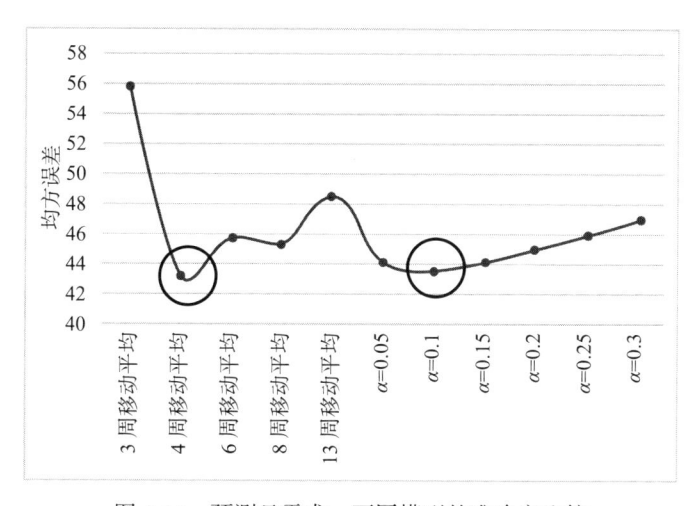

图5-16　预测日需求，不同模型的准确度比较

从图 5-16 中我们可以看出，4 周移动平均和简单指数平滑（α=0.1）的预测准确度最高。那究竟该选择哪个呢？从图 5-17 中可以看出，两种方法的准确度差不多，但预测的平滑度显著不同。如果计算第 14～52 周预测的标准差，4 周移动平均的标准差为 3.4，简单指数平滑（α=0.1）的标准差只有 1。从供应链执行的角度看，预测越是平滑，执行成本越低。所以，我会选择简单指数平滑（α=0.1）。

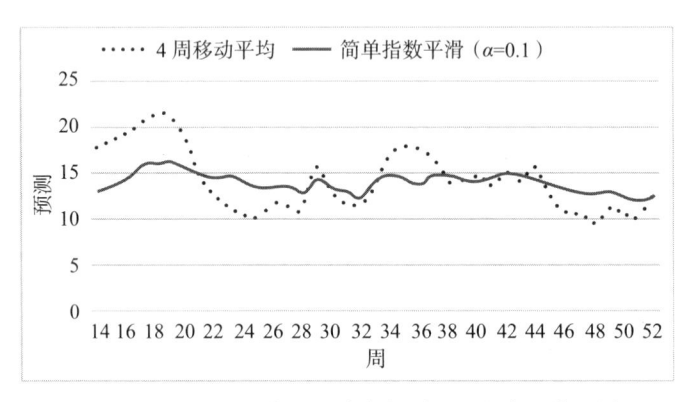

图 5-17　两种预测方法准确度相同，平滑度显著不同

当然，如果单纯从简单的角度出发，选择 4 周移动平均也可以。但需要注意的是，4 周移动平均用的需求历史较短，容易受极端值的影响，预测波动也会相较简单指数平滑（α=0.1）更大。不过在需求变动更加频繁的情况下，4 周移动平均因其更灵敏，可以更快速地响应。

最优的预测方法

到现在为止，我们用三种不同的方法分别预测了周三的需求。如果你所在的企业为一家新零售、连锁餐饮、连锁超市，要求每天甚至更频繁地补货，并且你已经掌握了基本的预测方法，那么，这三种方法中，究竟哪一种最好？我们来进行进一步的分析比较。

在图 5-18 中，我们用这三种优化了的方法，分别复盘预测第 22～52 周的需求，计算各自的预测准确度。方法 2 的计算量最大，预测准确度最低，所以首先被淘汰。

方法 1 在准确度上居第二位，霍尔特–温特模型比较复杂，没有专业的软件，也不熟悉 FORECAST.ETS 函数的话，计算起来比较困难，所以对本案例来说也不予采取。

均方误差

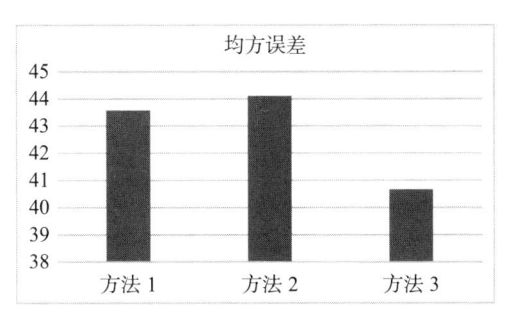

编号	方法	细节	均方误差	预测标准差
方法 1	霍尔特－温特模型	基于 13 周需求历史	43.6	2.9
方法 2	传统季节性模型	8 周移动平均预测周需求 13 周移动平均计算季节指数	44.1	1.6
方法 3	日需求作为时间序列	简单指数平滑（$\alpha=0.1$）	40.6	0.8

图 5-18　把日需求作为独立的时间序列，预测效果最佳

方法 3 把单日的需求当作独立的时间序列来预测，相对直观、简单，而且均方误差最小，所以是本案例的优选方法。该方法的平滑效果也最好，体现在预测的标准差显著小于别的方法。这不管是对物流配送，还是所占仓储面积，都很有意义。

值得注意的是，方法 1 和方法 3 在准确度上相差不大，但在预测的标准差上相差悬殊。这主要是由两类方法决定的：方法 1 中，霍尔特－温特模型有 3 个平滑参数，随时基于最大拟合度而择优，对数据变化比较敏感，预测值的波动性也大；方法 3 中，平滑系数挺小，简单指数平滑的平滑效果很好，预测值的波动也就小多了。

实际上，业界也习惯于用方法 3 来预测。比如你问一个厨师长，周末各种食材要备多少，他自然想到的是上周末、上上周末的用量；你问平台经理，今年双十一该如何备货，他首先考虑的是去年、前年的双十一销售情况，而不是 10 月、9 月的销量，因为跟双十一根本没有可比性。

有人或许会说，上周三的需求对本周三有很大参考性，但本周二、本周一的也应该有影响啊。比如上一周天晴，这一周每天都在下雨，这可能显著影响美团买菜这样的新零售——下雨天，大家更可能窝在家里，通过 app 给新零售下订单。这就会让周二、周一的需求更有参考性。

方法 1 用的是霍尔特－温特模型，整合了前几天的信息。那好，我们把它跟方法 3 平均，岂不是更好？学者们的研究表明，多种方法的预测结果平均，是提高预测准确度的一种好方法。我在这个案例中的确尝试这么做了，不过预测准确度还是不如方法 3。

究其原因，可能是因为这是一家电商，产品有点像工业品，客户的地域分布非常广，周期内各日的需求相当独立，相互之间并没什么关系。如果产品是雨伞或者海鲜，在线下门店出售，周期内各日的需求关系就可能更大，结论就可能不同：方法 1 或者方法 1 和方法 3 的平均可能更准确。

对于案例产品来说，我们还是维持原来的结论，建议把一周里每天的需求当作独立的时间序列来预测（方法 3）。

预测准确度这么低，怎么办

到现在为止，我们找到了最佳的预测方法，但折合成百分比误差，准确度还是只有 61.1%。预测到日，时间的颗粒度很小；前置库位，需求的聚合效应也不明显，准确度自然很难提高。那怎么办？

一般人大概就听天由命，多放些安全库存了事：需求总是有高有低，特别是在前置库位聚合效应较低的地方。优秀的计划人员会进一步分析，看为什么不准确。

那好，我们把第 22～52 周的数据拿出来。如图 5-19 所示，我们把周三的需求历史做成折线图，发现有 4 个值超出平均值一两个标准差，这 4 个周三占总误差的 53%。这些"异常值"对应的是第 28、32、36、40 周，也就是说每 4 周发生一次，是不是有点规律性？

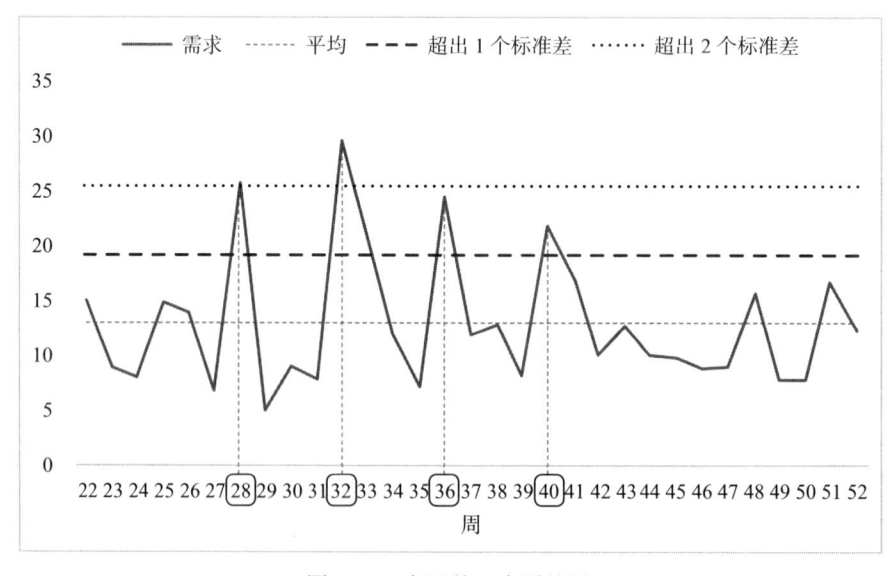

图 5-19 主要的 4 个误差源

再细看这些周,发现对应的是7月、8月、9月,还有10月初,这不就是淡季嘛。想必现在清楚了,这应该是淡季期间的促销活动。因为在淡季,即便促销,跟那些大型节假日的需求相比还是比较低,所以在清洗全年的极端值时,这4个数据点就成了"漏网之鱼"。

我们进一步分析,把这4个周三的需求平均后,发现是全年周三的平均值的2倍:正常销量是13个,淡季促销时的平均值是26个,如图5-20所示。在一周的季节性中,周三的需求最高。显然,案例企业也利用这点,在需求最高的那天做淡季的促销,每月一次。

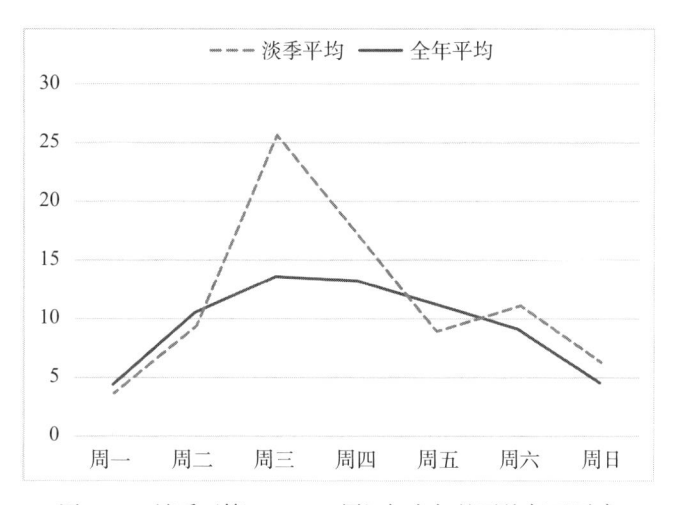

图 5-20 淡季(第28~40周)与全年的平均每天需求

在分析数据之前,我们可能默认促销是没有规律的。想想看,资源有限,销售端能毫无规律地花钱引流吗?他们能漫无目标地随意找些产品,毫无计划地促销吗?同样,资源有限,销售能够显著影响的产品是有限的,影响方式也是有限的,这些都是有章可循的。如果我们觉得满地鸡毛,随时都处于被乱棍打死的状态,我们很可能是没有深入地分析数据,发现规律性的东西。

没有人知道得比数据还多。计划职能必须在数据分析上有所作为。

识别了这些"异常值"后,应对方案其实很简单:跟销售端密切配合,针对促销日提前多配送一点货,比如一刀切地多送一天的量(13个)。让我们看一下对预测的影响。

如图5-21所示,修正了的预测显然避免了大错特错,让均方误差从41下降到21,下降了49%。这样做的前提是销售与运营协调:销售在显著改变需求的时候,要提前给计划讲,比如什么时候做,促销幅度有多大,希望带来多少营收等。销售不说,计划也要问。这是管理需求。稍微有所作为,就可能大幅减少大错特错,实质性地提高预测准确度。

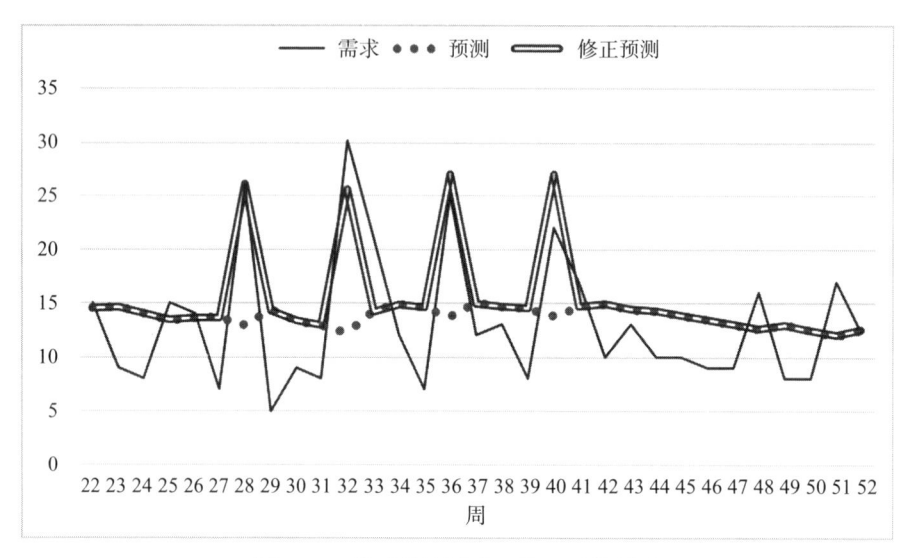

图 5-21 针对促销活动,修正了的预测

预测不准确,供应链的第一反应就是放安全库存来应对。下面我们继续看,如果要设置安全库存的话,需要放多少库存。

如表 5-6 所示,我们的分析还是围绕周三展开,把第 22~52 周每个周三的预测、修正预测、实际值列出来,分别计算误差,以及误差的标准差。假定是提前一天,今天订后天的货,补货周期是 2 天。这就跟有些连锁餐饮的做法一样。假定期望的服务水平是 95%,假定供应没有不确定性。

表 5-6 调整前后的预测及误差(周三)

周	需求	预测	误差	修正预测	修正后误差
22	15	14.5	(0.5)	14.5	(0.5)
23	9	14.6	5.6	14.6	5.6
24	8	14.0	6.0	14.0	6.0
25	15	13.4	(1.6)	13.4	(1.6)
26	14	13.6	(0.4)	13.6	(0.4)
27	7	13.6	6.6	13.6	6.6
28	26	13.0	(13.0)	26.0	0.0
29	5	14.3	9.3	14.3	9.3
30	9	13.3	4.3	13.3	4.3
31	8	12.9	4.9	12.9	4.9
32	30	12.4	(17.6)	25.5	(4.5)

(续)

周	需求	预测	误差	修正预测	修正后误差
33	21	14.2	(6.8)	14.2	(6.8)
34	12	14.9	2.9	14.9	2.9
35	7	14.6	7.6	14.6	7.6
36	25	13.8	(11.2)	26.9	1.9
37	12	14.9	2.9	14.9	2.9
38	13	14.6	1.6	14.6	1.6
39	8	14.5	6.5	14.5	6.5
40	22	13.8	(8.2)	26.9	4.9
41	17	14.6	(2.4)	14.6	(2.4)
42	10	14.9	4.9	14.9	4.9
43	13	14.4	1.4	14.4	1.4
44	10	14.3	4.3	14.3	4.3
45	10	13.8	3.8	13.8	3.8
46	9	13.4	4.4	13.4	4.4
47	9	13.0	4.0	13.0	4.0
48	16	12.6	(3.4)	12.6	(3.4)
49	8	12.9	4.9	12.9	4.9
50	8	12.4	4.4	12.4	4.4
51	17	12.0	(5.0)	12.0	(5.0)
52	12.4	12.5	0.1	12.5	0.1
标准差			6.45		3.94

对于周三的补货，安全库存计算如下（详细的解释见第9章）：

安全系数 Z 值 = NORMSINV (95%) = 1.64（Excel 中有相应的函数）

σ_d = 6.45（用函数 STDEV.S，围绕第 22～52 周的误差值求标准差）

$\sigma = \sqrt{L} \times \sigma_d = \sqrt{2} \times 6.45 = 9.12$（这是计算补货周期内需求的不确定性）

安全库存 = $Z \times \sigma$ = 1.64 × 9.12 = 15（四舍五入到个位）

这就是说，对于周三的备货，要多放一天多的平均销量作为安全库存（周三的平均需求是 13 个），以应对需求的不确定性，不管是自然发生的，还是人为制造的（比如促销）。

让我们继续看，如果每次促销前计划得到消息，提前一次性多备 1 天的货（13 个），我们就得到修正的预测（见图 5-21）。为了达到同样的服务水平，所需的安全库存就从 15 下降到 9，降低了 40%。具体计算如下：

安全系数 Z 值 = NORMSINV（95%）= 1.64

σ_d = 3.94（用函数 STDEV.S，围绕表 5-6 中修正后误差值求标准差）

$$\sigma = \sqrt{L} \times \sigma_d = \sqrt{2} \times 3.94 = 5.6$$

安全库存 $= Z \times \sigma = 1.64 \times 5.6 = 9$（四舍五入到个位）

这也是"拿信息换库存"的威力：信息不对称时，计划不知道什么时候做促销，就得任何时候都备更多的安全库存，来应对可能出现的促销活动。这不但占用空间、积压资金，而且可能造成库存过期等各种问题。销售和运营协调下，信息对称了，安全库存就低多了，整体库存也是。

:: 小贴士　季节该如何切分

对于季节的切分，初学者的常见误区就是切分太细。

比如，我曾遇到一个实践者，把每年的需求切分成 52 周，也就是 52 "季"。想想看，把去年的 52 周跟前年、大前年甚至更久的 52 周一一对齐，计算每周的"季节指数"；有些年是 52 周，有些年是 53 周，最后一周不满，这复杂度可够大。

切分越细，"杂音"的成分就越多，越可能出现极端值，显著影响模型的优化和预测准确度。切分太细时，本来存在的季节性可能反倒看不出来了。

就拿案例 5-3 中的产品来说，如果按照季度切分，一年四季很明显（见图 5-9）；一旦按周切分，就看不出任何季节性了（见图 5-12）；一旦按日切分，每周的季节性很明显（见图 5-10），但每年的大季节性却更加看不出来了。

那究竟该切分到什么颗粒度呢，这跟需求预测要解决的问题有关。

如果你在新零售行业，每天要给门店补货；或者你在餐饮企业，每天要做后天的门店要货计划，我们就得切分到日。的确，在很多行业，一周内每天的需求高低不同，往往呈现季节性。

如果是工业品领域，要做中长期的产能规划，决定要不要建新工厂，按照季度来切分大概就够了。但如果是快消品、季节性强的行业，要计划短期的产能，则更可能需要按月、按周来切分。对于月末冲量、季末冲量的企业，每月、每季会呈现一定的"季节性"，那么我们可能得切分到周来对付月末冲量，切分到月来应对季末冲量。

还有很多细节，比如每周从周一还是周日开始；每周只算工作日，还是周末也算上，都要统一。按月切分，每个月的天数、工作天数可能不同——31 天的月份销量一般要比 29 天的高，有 5 个周五的月份，餐馆的营收可能更高。有些节

假日今年落入第 46 周，去年落入第 45 周，都可能显著影响需求。这些情况下，需求都可能要做归一化处理。⊖

:: 小贴士　究竟参照什么日历

在季节性分析中，我们一般用的是阳历。但很多活动跟农历有关。比如春节、端午节、中秋节等传统节日，每年都可能分布到不同的阳历月份。如果需求的季节性是由这些农历节日驱动的话，我们的日历应该围绕农历来构建。

就拿表 5-3 中的商用车来说，其销量受春节影响较大——过年后，大家一般都是信心满满，买辆新车大干一场。这种季节性应该围绕春节来划分，而每年春节的具体日期不同，落在不同的阳历月。比如 2012 年的春节是 1 月 23 日，2015 年的是 2 月 18 日。案例企业默认春节在 2 月，3 月是春节后的第一个月，也是生产线最忙的月份，显然是错误的假设。

这对农业相关的业务更是如此。比如你是个农药制造商，主打产品是除草剂、杀虫剂，而害虫和杂草跟着气候走。围绕农历的二十四节气来划分日历，计算相应的季节指数，显然要比围绕阳历更靠谱。

对跨境电商来说，如果产品是针对伊斯兰教、印度教、犹太教等信徒，那么就得考虑开斋节、排灯节、犹太教新年等节日的影响。这些节日跟春节类似，在阳历日历上每年的日期、月份可能不同，可能显著影响需求预测。

⊖ 举个简单的归一化例子。假定 1 月有 21 个工作日，2 月有 18 个工作日，两个月的需求都是 100。标准的 1 个月有 20 个工作日。那么归一化处理的结果是：1 月需求 = 20 ×（100/21）= 95，2 月需求 = 20 ×（100/18）= 111（四舍五入）。那么我们预测的时候，用的是归一化的月度需求历史，预测的也是归一化的月度需求，如果要预测的月份工作日数量不是 20，那么最后要"逆运算"，算出该日历月的预测。

第6章 Demand Forecasting and Inventory Planning

一家电商的预测方法优化

> 改善不是寻找最佳方案，而是寻求更好方案，不断迭代改进。

到现在为止，我们介绍了常见的几种预测模型。在本章，我们会尝试应用这些基本模型，应用场景是跨境电商供应链的两个环节：中心仓（对接生产和供应商）和前置仓（对接客户和消费者），通过基本的预测方法择优，来实质性地提高预测准确度。

之所以是跨境电商，是因为前段时间正好帮助一家电商优化过其计划体系。显然，整个逻辑不光适用于电商。比如你是一家品牌商，有成品的总仓和分仓；或者你是一家工业品公司，有售后备件的总仓和前置库位；或者说你是一家新零售，有总仓和前置库，这里讨论的方法论都适用。

需要说明的是，这里的案例只是"实践"而绝非"最佳实践"。案例企业尚处于粗放经营阶段，连 ERP 都没有，长期以来凭经验做计划，属于没吃过什么药的"原始人"。我只是把自己的经历分享出来，包括走过的弯路和出过的错，供后来者借鉴。

我想展示的是，在这样薄弱的基础上，用 Excel 做些预测模型的择优，找到**更好而非最好**的解决方案，也能实质性提高预测准确度。

案例企业背景

在供应链网络上,轮辐结构是常用的方式,即由一个中心仓支持多个地区仓,每个地区仓支持多个前置仓,每个前置仓给特定的店铺、客户供货(行业、企业不同,这些仓位的名称也可能不同)。这种轮辐结构是综合平衡服务水平、运营成本和库存成本的最佳形式。

当然,企业大了,可能出现多个"中心仓",对应多个轮辐结构,比如京东的配送网络体系;企业小了,轮辐结构的环节会少点,就如这里的案例企业只有中心仓和前置仓。

案例企业是一家跨境电商,由中国国内的中心仓供应北美洲、欧洲、日本、澳大利亚等各地的前置仓(见图6-1),再由前置仓直接支持当地的亚马逊网店(也叫店铺);店铺与前置仓是一对一的关系,店铺计划和前置仓的计划等同。在有些大点的国家,比如美国,案例企业会设置多个店铺,对应多个前置仓就近送货。对于新近发展的B2B业务,他们也

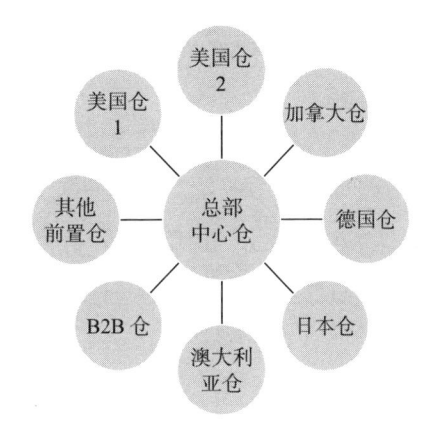

图 6-1 中心仓和前置仓的轮辐结构

设立了专门的仓位来支持,性质与其他前置仓类似。

对应中心仓的是案例企业自己的生产线,但该生产线只负责简单的组装——关键零部件都是供应商生产,由几个主要的供应商组装成半成品,发送到案例企业的生产线,做最后的组装和包装,然后通过中心仓发送到各前置仓,以及支持B2B业务的专门仓位。设置自己的生产组装线,主要原因是自我保护,以防某些供应商掌握了全部的生产、组装后,成为自己的竞争对手。

在案例企业,长期以来是销售兼职做计划。我们这里的任务是导入专业化的计划职能,并帮助他们优化基本的预测方法。下面我们就中心仓和前置仓分别展开论述。

案例 6-1 中心仓的预测方法择优

在案例企业,中心仓扮演着多个关键角色:①制定整体需求预测,驱动生产

线和供应商；②支持前置仓、直发客户和官网的补货需求；③平滑需求，提高生产和供应商的产能利用率，控制生产运营成本。而这关键中的关键，就是制定准确度更高的需求预测。

需求预测的现状

长期以来，案例企业的需求预测采取分散汇总的方式：在各个前置仓，销售经理（店长）每月提交需求，跨度覆盖未来 3 个月；由生产计划与物料控制（production and materials control，PMC）主管汇总后，成为总预测，驱动生产、采购和供应商（见图 6-2）。

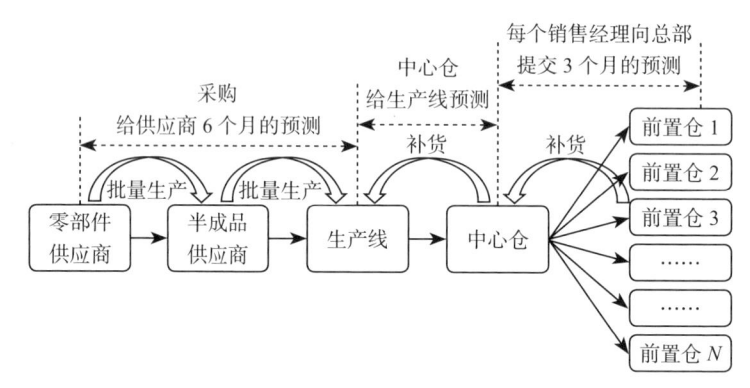

图 6-2 现状：销售、PMC、采购多重预测，集成度低

严格地讲，案例企业没有专门的需求计划职能——PMC 会兼顾一部分需求计划责任，但 PMC 属于供应，只有生产、物控经验，不熟悉销售端的业务。多位销售经理（店长）提需求呢，预测的颗粒度太小，预测的准确度注定不高；销售与供应链之间经常博弈，比如一旦短缺或者担心短缺，销售经理们就会系统拔高预测，进一步降低了预测准确度，带来系统性偏差。

案例企业还存在明显的多重需求计划情形：销售在前置仓位做 3 个月预测来驱动 PMC；PMC 汇总、调整后，在中心仓做 3 个月的预测来驱动生产；而为了获取规模效益，采购独立做 6 个月的预测，下达给供应商。3 套计划并存，3 套数字各不相同，相互脱节，需求和供应没法有效匹配，供应链协同成了一句空话。

多重计划的结果是，中心仓的成品有 1 个月的库存，生产线有 1.5 个月的半成品库存，供应商大致放着 3～6 个月的库存，供案例企业每周调用。从供应商到生产线到中心仓，再到前置仓，总共有 6 个月左右的库存。考虑到供应商的正常交期是4周,生产线组装、中心仓发货用2周,空运和入库验收需要2周左右,6个月的整体库存实在太多,资金积压严重。

我的首要建议是需求预测由中心仓统一做,基于需求历史,预测所有前置仓、B2B客户和官网的需求——毕竟,需求计划是个集中行为,中心仓的计划尤甚。销售经理们不再提交3个月的需求预测,但得管理需求变化,预判促销等活动及客户端的显著变化,尽早与中心仓沟通。

这样,需求预测的职责划分如下:中心仓的计划人员"从数据开始",前置仓/店铺的销售人员"由判断结束",数据分析结合职业判断,得到准确度最高的"错误的预测"——所有的预测都是错的,但整合运营端的数据分析和销售端的职业判断的预测错得最少。

需要指出的是,这并不意味着前置仓位从此就跟预测无关:前置仓不做预测,是指不做跨度3个月的中长期预测来驱动整个供应链;前置仓还是要预测那些一次性的需求,比如促销、店庆等,那是"由判断结束"的关键。此外,前置仓还要做要货计划,不过要货计划的时间跨度短多了。所以,即便预测错了,补救也相对容易,我们在案例6-2中会专门谈到。

如图6-3所示,我们的目标是基于成品的需求计划,拉动生产制订半成品的计划;基于半成品的计划,拉动采购制订物料采购计划;基于采购计划,拉动供应商供货。最终,由中心仓集中做预测,拉动整个供应链供应到中心仓;各前置仓做要货计划,驱动库存分配到前置库位。

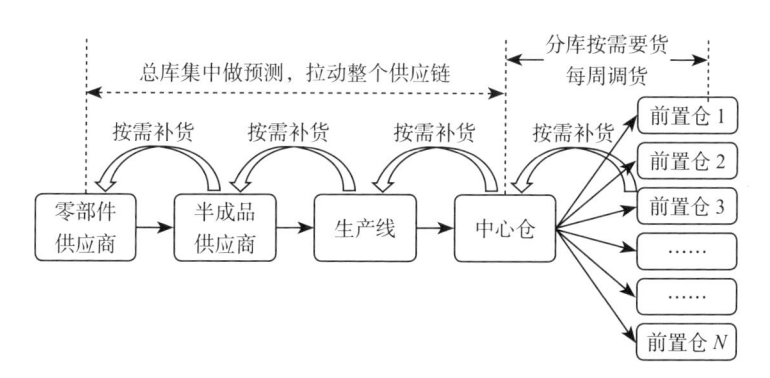

图6-3 目标:中心仓集中预测,建立需求拉动的供应链

需求预测的集中化

案例企业以B2C业务为主,最终用户是消费者,但其产品的表现却有点像

工业品，除了新品预售期外，促销等活动都比较少，对中心仓的需求相对平稳。其需求历史具备相当大的可参考性，为集中做预测提供了客观条件。这后面是聚合效应：**预测的颗粒度越大，预测的准确度一般越高**。

为了帮助案例企业理解这点，我们除掉新产品和即将下市的老产品，挑选了558个量产阶段的产品做分析。这些产品中，每个平均在3～4个前置仓销售，在前置仓共有1 885个库存点需要计划。也就是说在前置仓层面预测的话，销售经理们每月要对付1 885个预测对象；但如果汇总到中心仓，统一做预测的话，预测对象则只有558个。

我们截取1个季度（13周）的需求历史，针对每个产品、每个库位统计2个指标：13周频次和离散系数。前者是我自己设计的指标，[一]后者是个标准的数理统计指标，都用来帮助量化产品的"可预测性"。

13周频次是在过去13周里，一个产品有需求的周数。在特定周，如果有需求就算作1，没需求就算作0，累计起来，13周频次的取值在0和13之间。比如在过去13周里，如果8周有需求，那么13周频次就是8。同一个产品，在某个前置仓的13周频次是7，到了中心仓则可能成为12：中心仓的需求频次一般会更高，是因为聚合了多处前置仓的需求。

13周频次越高，表明该产品的需求越频繁，越像"短尾"；越是"短尾"，需求预测一般越好做，准确度也会越高。如图6-4所示，如果在前置仓层面分散预测，预测的颗粒度小，需求更分散，更多的产品就表现为"长尾"，只有24%的产品13周频次为13；当整合各分仓的需求，在中心仓集中预测时，预测的颗粒度大，有超过一半的产品13周频次为13。

离散系数是需求的标准差和平均值的比值。比如在过去13周，某产品的周平均需求是6.5个，每周需求的标准差是2.8，那么该产品的离散系数就是0.43（2.8除以6.5）。离散系数越大，表明需求变动越大，一般也越难预测，预测准确度越低；反之亦然。所以，从预测的角度，我们希望降低预测对象的离散系数，在更大的颗粒度做预测有利于实现这点。

同一个产品在前置仓位，其离散系数一般比中心仓要更大，因为中心仓的

[一] 13周频次的思路来自"12月峰值"：我以前在硅谷的小批量、多品种工业品行业从业时，老东家用一个产品在过去12个月里有需求的月份数，来评估其整体需求频繁度。这里之所以用13周，是因为很多产品是快消品，生命周期可能只有几个月，13周是一个季度，也更加符合这些企业的实际情况。我发现有些中国国内企业用订单数来描述产品的需求频繁度，订单的个数可以从0到N，导致分类太多，不同产品之间的可比性就很差。

需求聚合效应更明显。如图 6-5 所示，当销售经理们在前置仓层面做预测时，需求的离散程度相对更高，平均离散系数接近 1.4；如果在公司中心仓层面做预测，在聚合效应下，需求的变动性降低，平均离散系数就大幅降低到 1。离散系数越小，表明需求相对越稳定，也越容易预测。

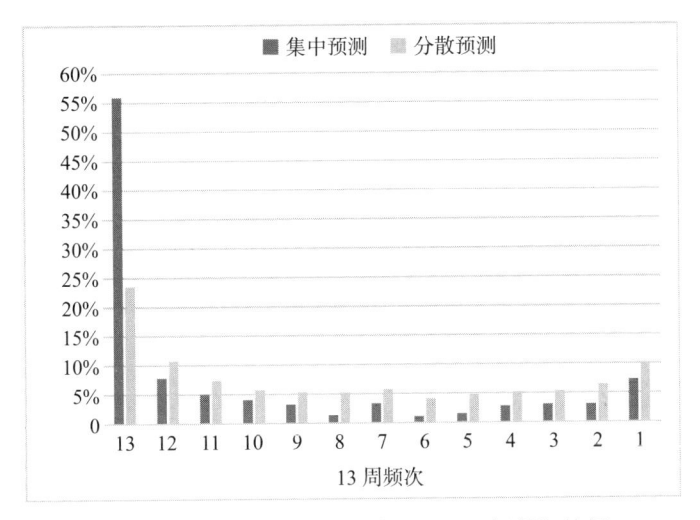

图 6-4 集中预测时，更多产品呈现"短尾"特征

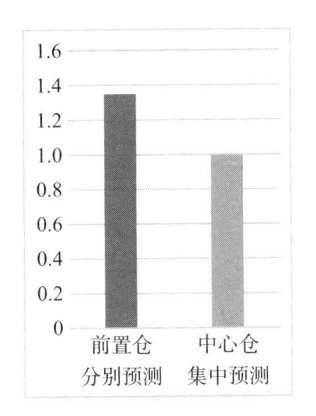

图 6-5 集中预测降低了需求的离散度

对于需求预测的集中化，道理讲清楚了，销售经理们没意见，计划人员也同意。但是，计划的资源不够，要增加；员工的计划能力不足，要加强。

需求预测的集中化，也是计划职能专业化的一部分。企业规模小的时候，专业化程度较低，销售是最早发展起来的职能，所以销售人员在兼职完成需求计划的很多任务。企业规模扩大了，计划的专业化就被提上了议事日程。案例企业这几年营收连年翻倍，从 3 000 万元做到 8 000 万元，再到 2 亿多元；业务从 B2C 延伸到 B2B，复杂度越来越高，客观上也要求需求计划更加专业化。

中心仓原来只有一位 PMC 主管带着两个计划员，负责几百个产品的需求计划、生产计划和物料计划，人手明显不足。作为计划职能的专业化措施，他们招了一位高级经理，增加了一位生产计划经理，还有数名计划专员，大大壮大了计划团队的力量。

人手配齐了，但计划团队经验不足，缺乏专业性。比如他们一刀切地用 8 周移动平均，并按业务增长目标加以调整，来制定中心仓每个产品的预测。但问题是，移动平均法是不是最合适，8 周移动是不是最准确，都是未知数。

下面要讲的预测方法的择优，用以回答上述问题，并帮助计划团队提高专业能力。

预测方法择优：整体思路

在这个案例中，我们聚焦最常用也是最基本的两种方法——移动平均法和简单指数平滑法，来优化预测方法。之所以用这两种方法，是因为案例企业的业务相对较平稳。如图 6-6 所示，我们摘取两个季度的需求历史（第 9 ~ 35 周），把要研究的所有产品每周的营收、销量叠加起来，不难发现两者逐周有波动，但整体持平，没有明显的趋势，也没有明显的周期性。

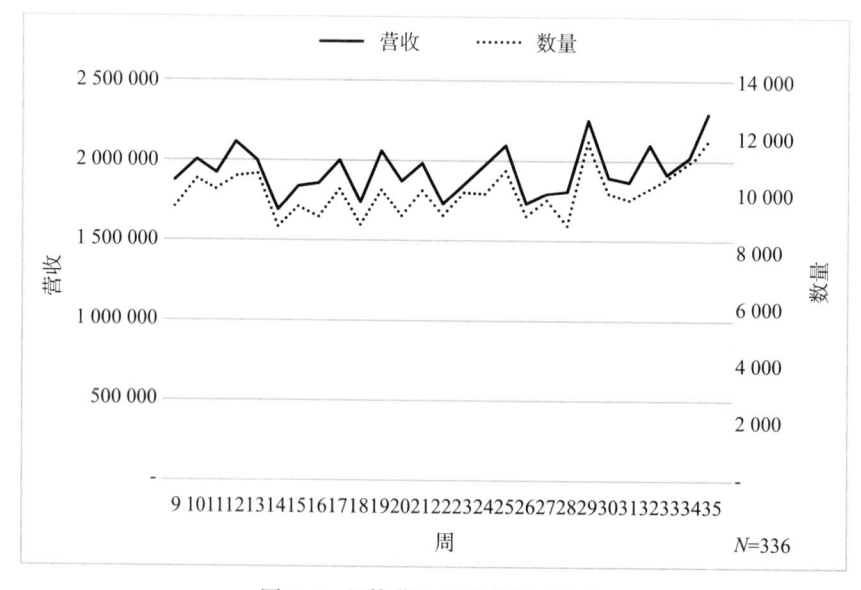

图 6-6　整体营收和需求相对稳定

当然，整体持平并不是说所有的产品都持平。我们在后续的分析中，也的确发现有些产品的需求呈现趋势，需要用趋势模型来预测。

我们先看复盘样本的选择。

剔除新产品、即将下市的老产品和需求历史不够长的产品，我们选择了 336 个产品为样本，占案例企业销售总额的 80%（见图 6-7），作为我们的分析对象。我们截取第 9～35 周共 27 周的数据，之所以用这段时间来复盘，是因为其间节假日、促销等较少，需求数据真实度高，希望不用做清洗即可采用（我们的确没有做任何数据清洗）。我们把 27 周数据切分成两部分，其中第 9～22 周的数据用于构建模型，第 23～35 周的数据用来测试模型，计算预测准确度，以选择最优模型。

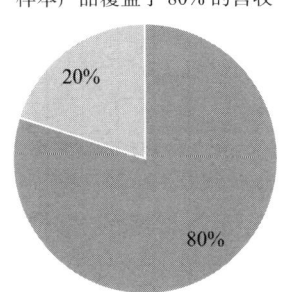

样本产品覆盖了 80% 的营收

图 6-7　样本产品占了营收的 80%，有一定的代表性

我们这里举个例子，解释一下预测方法的择优。如表 6-1 所示，对于示例产品，假定我们用 2 种移动平均，基于更老的需求历史（表中没有显示），来复盘预测最近 13 周的需求，并跟实际的需求比较，计算每种方法的预测误差，平方、平均后得到均方误差。

用 8 周移动平均时，均方误差是 101；用 13 周移动平均时，均方误差是 137。不难发现，8 周移动平均的均方误差最小。这是不是说，我们已经找到了最好的方法？没有。我们还得跟**幼稚预测**比较。

幼稚预测就是把上次的实际值当作下次的预测，比如上次卖掉几个，这次就补货几个。这是所有预测方法中最简单的一种，不需要任何技巧和分析。任何一种预测方法都应该比幼稚预测准确，否则耗费那么多灯油干什么。

比较的结果是，8 周移动平均的确比幼稚预测更准确。现在是否可以决定，8 周移动平均就是最好的预测方法？不行，我们还要做最后一道检验：8 周移动平均有没有**系统性偏差**——一个好的预测不但要准确，而且不能有系统性偏差。

· 164 · 需求预测和库存计划：一个实践者的角度

表 6-1 预测方法的择优示例

		第1周	第2周	第3周	第4周	第5周	第6周	第7周	第8周	第9周	第10周	第11周	第12周	第13周	均方误差
	实际值	31	29	47	52	58	40	29	39	39	51	52	32	55	
8周移动平均	预测	46	46	47	50	49	44	44	44	47	45	42	41	42	
	误差	15	17	0	−2	−10	4	15	5	8	−6	−10	9	−13	
	误差平方	221	281	0	5	90	13	236	29	56	35	93	74	179	101
13周移动平均	预测	51	51	51	49	46	45	44	45	47	47	44	44	43	
	误差	20	22	4	−3	−12	5	15	6	8	−4	−8	12	−12	
	误差平方	382	498	14	10	140	23	237	40	70	14	60	146	142	137
幼稚预测	预测	41	51	51	53	31	29	47	52	58	40	29	39	39	
	误差	10	22	4	1	−27	−11	18	13	19	−11	−23	7	−16	
	误差平方	100	484	16	1	729	121	324	169	361	121	529	49	256	251

注：四舍五入到个位。

系统性偏差可以通过偏差指数来确认，也可以通过残差图来直观判断。如图 6-8 所示，8 周移动平均的误差有时为正，有时为负，随机、均匀地分布在正负两边，也没有特定的模式，表明该预测方法没有系统性偏差。

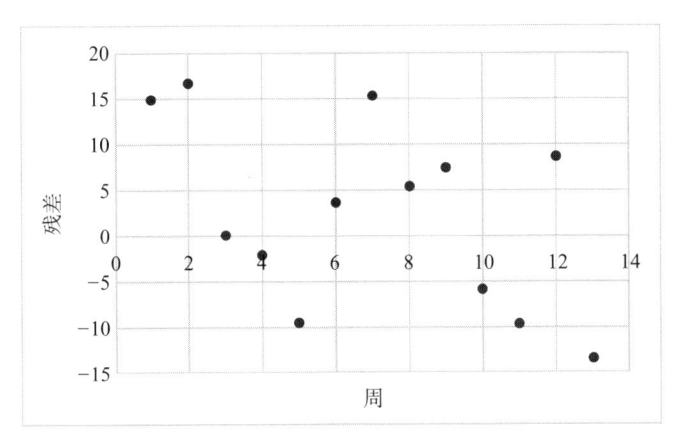

图 6-8　8 周移动平均的残差图

现在，我们方可决定，8 周移动平均是这两种预测方法中的最优选择。

相信大家已经看出，几百个产品，每个产品用多种预测方法，每种预测方法都要计算 13 个预测值、13 个误差，再平方、平均求得均方误差，还要计算偏差指数，几十个数据点在 Excel 中就意味着几十列，数据量之大可想而知。好在 Excel 足够大，有一万多列可用，不过各种公式复制、粘贴的过程中，很容易出现错误，要非常小心才对。

顺便提及：为了避免错误，我在 Excel 中操作大批量数据时，一般会用**三点抽样**的做法来确保公式在复制过程中不走样。

比如在复盘预测多个产品过去 13 周的需求时，我会检查第一个产品的第 1 周、第 13 周的公式。这是因为公式从第 1 周横拖到第 13 周（假定每周占一列），有可能走样。然后我会找到最后一个产品，随机选择一个数据点，确认公式没问题。这是因为从第一个产品下拉到最后一个产品（假定每个产品占一行），公式也可能走样。

供应链执行能力限制了计划

计划是供应链的引擎，决定了执行的效率，但同时也必须考虑执行能力，否则计划本身会失去意义。有趣的是，项目一开始，我们首先应对的就是供应链的执行问题，主要体现在两个方面。

其一，端对端的需求信号传递延迟严重，让周度滚动预测失去了意义。 案例企业有针对门店的信息系统，但没有串联计划、生产和采购的 ERP 系统，一切都在 Excel 表格上做。从需求计划开始，几百个产品，几千个原材料、半成品，一步步把 BOM 打开，算好净需求，排好生产计划；生产计划导出物料计划，物料计划导出采购计划，再到供应商排定生产日程，整个过程要 1 周多。案例企业原来本着"尽快纠偏"的宗旨，每周都在更新需求预测，但很快发现后端没法及时跟进，于是不得不调整为每两周更新一次预测。

其二，供应商的大批量生产，与小批量的需求不匹配。 案例企业以中小批量的需求为主，而主要的供应商是大批量生产。从计划的角度看，我们想尽快调整预测，比如每周更新预测，那意味着每次有 1 周的需求进入采购提前期，给供应商新增 1 周的订单；从供应商的角度看正好相反，他们最想看到的是半年的订单，以便有更好的规模效益（刚开始时，有些供应商还真的是按照半年的量来生产）。但要给半年的订单，就意味着我们得提前半年做预测，预测准确度低，库存风险高。

小批量的需求、大批量的供应，需求与供应不匹配，这是众多行业的共同挑战。

一种解决方案就是让供应商小批量化。这往往意味着产线升级，需要一定的投入，导致单位成本上升，要求最终产品的差异化优势足够明显，有足够高的毛利来覆盖。案例企业的毛利虽然不错，但主要还是靠性价比竞争，对供应商的价格相当敏感。所以，就中短期而言，改变供应的可行性微乎其微。

另一种解决方案呢，也是这里采用的方法，就是适当延长计划锁定的时段、降低滚动的频次，为供应商创造更好的批量环境。但风险是拉长了预测提前期，预测的准确度更低，整体库存就会更高。好在案例企业的产品生命周期较长，库存的呆滞风险相对可控，但资金积压的问题还在，特别是在快速成长阶段。

最后的妥协是 4 周计划锁定（冻结），每 2 周滚动更新一次预测，每次给供应商 2 周的量，预测的是第 5 周及以后的需求。详细做法见下面的"小贴士"。

:: 小贴士　**4 周锁定，2 周滚动**

如表 6-2 所示，假定现在是第 0 周，我们做未来 13 周的预测。因为前 4 周已经进入供应商的冻结期，所以不能变动，我们就沿袭以前的预测值 a；从第 5

周开始,我们可以调整预测,假定预测值是 b。因为我们用的移动平均法、简单指数平滑法都假定未来的需求是一条直线,所以第 5～13 周,预测值都是 b。

表 6-2 4 周锁定,每 2 周滚动预测 13 周需求

0	1	2	3	4	5	6	7	8	9	10	11	12	13	14	15	16	17	18	19
第 1 期预测	a	a	a	a	b	b	b	b	b	b	b	b	b						
2 周后更新			a	a	b	b	c	c	c	c	c	c	c	c	c				
4 周后更新					b	b	c	c	d	d	d	d	d	d	d	d	d		
6 周后更新							c	c	d	d	e	e	e	e	e	e	e	e	e

图例:
- 已经进入 4 周的交期,不能变动
- 第 5、6 周,下次更新时不能调整
- 7 周及以上,可以调整

2 周后,我们滚动更新预测时,第 1、2 周已经成为历史,第 3～6 周进入 4 周冻结期,沿用上期的预测 a、a、b、b,不能调整;从第 7 周开始我们可以真正更新预测,假定更新了的预测值为 c;后续 8～15 周沿用第 7 周的预测,预测值都是 c。

4 周后,我们再次更新 13 周滚动预测。这时第 5～8 周进入冻结期,沿用上期的预测,而 9～17 周可以更新为 d。6 周后依次类推。就这样,第 5～12 周,锁定的预测分别为 b、b、c、c、d、d、e、e,这也是计算准确度时用的预测。

移动平均法,几周最准

案例企业原来用的是 8 周移动平均,预测第 5、6 周的需求。这是他们的经验值:2 个月的需求历史更有代表性。我们首先要验证的是,这经验是否靠谱。

我们选择了 6 周、13 周移动平均来跟 8 周移动平均做比较。之所以选择这 2 个,是因为它们用 1.5 个月和 3 个月的需求历史,大家更容易理解。会不会 7 周或者 9 周更准确?当然可能,但因为在 Excel 中操作,群举的工作量太大,我们没有一一验证,不过要验证的话方法是一样的。

我们先对所有的 336 个产品,分别用 8 周、6 周、13 周移动平均,复盘预测最近 13 周的需求,计算每个产品的均方误差,然后再把 336 个产品的均方误差平均,来衡量整体预测准确度。如图 6-9 所示,8 周移动平均的均方误差最小。如果参考一般的计划类书籍,我们就会得出结论,8 周移动平均最优。

这是基于平均值的判断,往往缺乏数理统计上的严谨性。我们可以用配对 t 检验,来更严格地判断。我们针对这 336 个样本,做配对 t 检验。有趣的是,检验结果是 8 周移动平均和 6 周移动平均没区别(显著性水平为 0.05),详细数理统

计见后文"小贴士"中的表 6-3。

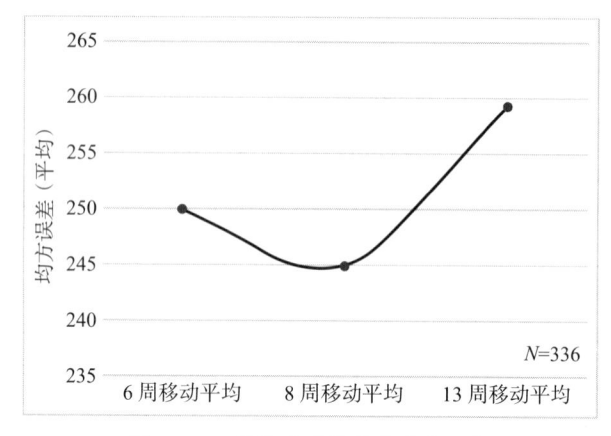

图 6-9　3 种移动平均的准确度比较

我们接着比较 8 周和 13 周移动平均，发现 8 周移动平均的确更准确（显著性水平为 0.05）。这就是说，2 个月的需求历史相比 3 个月更具代表性，案例企业的经验值还是有一定的道理。如后文表 6-4 所示，就均方误差的平均值而言，8 周移动平均是 245，比 13 周移动平均的 259 降低了 6%。

最后，我们比较 6 周跟 13 周移动平均，发现当显著性水平为 0.10 时，6 周比 13 周更准确（见后文表 6-5），但没有 8 周相对 13 周更明显，因为后者的显著性水平是 0.05[①]。可能的原因是，6 周和 13 周移动平均区别较大，有些产品用 6 周移动平均更准，有些用 13 周更准，从数理统计的角度看，6 周的整体优势没那么明显。

作为案例企业，如果为了简单而继续用移动平均法的话，究竟该用几周移动平均呢？

我的建议是，前半年是淡季，继续用 8 周移动平均（这里用的测试数据就是淡季的）；到了后半年旺季时，可考虑改用 6 周移动平均（旺季的需求波动会更频繁，6 周的需求历史应该比 8 周更具代表性）。这应该比始终都用 8 周移动平均更好。

当然，最好是用旺季的实际数据来复盘检验，可惜我手头没有这样的数据。

:: 小贴士　配对 t 检验

作为实践者，我们一般基于平均值来判断两种方法的好坏。不过有些偶然因素会导致平均值截然不同，但两种方法的效果其实没区别。比如在图 6-10 中，变

[①] 显著性水平越低，表明误判的可能性越小，判断也越严格。

量1和变量2的每一个数值几乎都一样，只第三个数值截然不同。这导致变量2的平均值（857）远大于变量1（529）。如果我们做严格的配对t检验，会发现P值为0.16，超过显著性水平0.05，表明这两组值并没有显著不同。

变量1	变量2
247	247
56	56
1 798	10 000
449	449
440	440
47	47
1 211	1 211
114	114
47	47
557	557
9	9
22	22
369	369
2 665	2 665
1 998	1 998
18	18
36	36
950	950
425	425
50	50
117	117
10	10
43	43
1 528	1 528
24	24
529	857	平均

t检验：成对双样本均值分析

	变量1	变量2
平均	529	857
方差	548 033	4 106 290
观测值	25.00	25.00
泊松相关系数	0.65	
假设平均差	—	
df	24.00	
t Stat	(1.00)	
$P(T\leq t)$ 单尾	0.16	
t 单尾临界	1.71	
$P(T\leq t)$ 双尾	0.33	
t 双尾临界	2.06	

图6-10 平均值截然不同，但两个变量其实没区别

那么，什么是配对t检验呢？

配对t检验也叫成对t检验，用来比较同一组对象在两种不同条件下的平均差异，帮助我们判断这两种条件下的结果是否显著不同。㊀

假如你想知道某种降压药是否有效，那你就需要测量一群病人在服药前后的血压。这里的每个人有两个测量值，配对t检验就是比较这些"成对的"数值，看在服药前后，病人的平均血压是否有显著差异，从而判断药的疗效。

㊀ 对配对t检验的介绍，参考了ChatGPT。

配对 t 检验有以下几个关键点。

- 同一组对象：数据来自同一批实验对象，只是条件不同（比如服药前与服药后）。
- 比较差异：检验的是条件 A（比如服药前）和条件 B（比如服药后）之间的差异。
- 判断显著性：配对 t 检验能告诉我们，这种差异是否足够大，超出了随机的可能。

在这里，我们针对案例企业的每个产品先用 6 周移动平均，再用 8 周移动平均、13 周移动平均来预测，看预测误差有没有显著区别。比较对象是 336 个产品、每种预测方法的均方误差。在图 6-11 中，我们把 3 种预测方法的均方误差列为 3 列，进行两两比较。

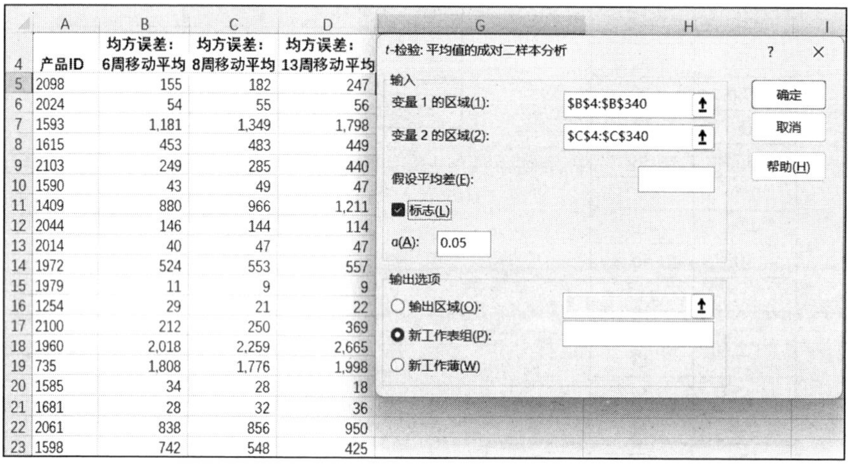

图 6-11　配对 t 检验

我们在 Excel 的"数据"选项卡上点击"数据分析"（要事先安装"分析工具库"插件），选择"t-检验：平均值的成对二样本分析"。如图 6-11 所示，"变量 1 的区域"是 6 周移动平均的均方误差，从 B4 到 B340，包括字段名，所以也要勾选下面的"标志（L）"，表明第一个值是字段名。变量 2 是 8 周移动平均的均方误差。2 个变量的数据要匹配，比如都包括（或不包括）字段名，都有 336 个数据点等。

配对 t 检验默认的是两组值没有区别（这叫"原假设"）。在图 6-11 中，我们的原假设就是这两种预测方法的均方误差没差异,数理统计的输出结果如表 6-3 所示。

表 6-3　配对样本 t 检验的结果输出:6 周与 8 周移动平均比较

	6 周移动平均	8 周移动平均
平均值	249.93	244.90
方差	932 343.88	848 702.63
样本数	336	336
皮尔森相关系数	1	
假设平均差值	—	
自由度	335	
t 统计量	1.11	
$P(T \leqslant t)$ 单尾	0.13	
t 关键值,单尾	1.65	
$P(T \leqslant t)$ 双尾	0.27	
t 关键值,双尾	1.97	

直观地解释,P 值就是错误地推翻原假设的概率。P 值是 0.13,表明我们推翻原假设的话,错误的概率是 13%,高于我们能接受的错误概率 5%(显著性水平 0.05),所以不能推翻原假设。也就是说,8 周和 6 周移动平均在预测准确度(均方误差)上并没有显著不同。

显著性水平是可接受的错误地拒绝原假设的概率。显著性水平 0.05,意味着我们愿意接受 5% 的概率犯错,也就是在原假设成立时,错误地拒绝原假设。常见的显著性水平有 0.01、0.05、0.10,越小表明越严格、严谨,得出错误结论的概率越小。在需求预测和库存计划领域,我们一般会用 0.05 的显著性水平。在某些宽松的分析场景,比如预测模型的初步筛选中,也可使用较高的显著性水平 0.10。

我理解,这对大家的脑细胞伤害很大,为此我深感内疚。不过数理统计实在有点抽象,这也让这种强大的武器变成阳春白雪,除非有个聪明的统计学家能大发慈悲,找到个更直观、更形象的方式解释给我们这帮可怜的实践者。当然,你也不要奢望读一遍就能把这些弄清楚——懂得怎样解读结果就行了,想要进一步理解的话可网上搜索。

当我们比较 8 周移动平均和 13 周移动平均时,如表 6-4 所示,P 值为 0.000 2,远小于显著性水平 0.05。这表明我们只有 0.02% 的概率错误地推翻原假设。既然犯错的概率这么低,我们就应该推翻原假设。这也意味着 8 周和 13 周移动平均的预测误差有显著的差异。

表 6-4　配对样本 t 检验的结果输出：8 周与 13 周移动平均比较

	13 周移动平均	8 周移动平均
平均值	259.38	244.90
方差	924 563.32	848 702.63
样本数	336	336
皮尔森相关系数	1	
假设平均差值	—	
自由度	335	
t 统计量	3.55	
$P(T\leq t)$ 单尾	0.000 2	
t 关键值，单尾	1.65	
$P(T\leq t)$ 双尾	0.00	
t 关键值，双尾	1.97	

那么，究竟哪种方法更准确呢？这就要看两种方法的平均差值：259−245=14，表明 13 周移动平均的误差更大，也意味着 8 周移动平均更准确。

当显著性水平为 0.05 时，6 周和 13 周移动平均在均方误差上没有显著差异，如表 6-5 所示。但如果把显著性水平提升到 0.10 时，6 周移动平均就比 13 周移动平均更准确。

表 6-5　配对样本 t 检验的结果输出：6 周与 13 周移动平均比较

	6 周移动平均	13 周移动平均
平均值	249.93	259.38
方差	923 343.88	924 563.32
样本数	336	336
皮尔森相关系数	1	
假设平均差值	—	
自由度	335	
t 统计量	−1.56	
$P(T\leq t)$ 单尾	0.06	
t 关键值，单尾	1.65	
$P(T\leq t)$ 双尾	0.12	
t 关键值，双尾	1.97	

综合这 3 个配对 t 检验，我们不难得出 8 周移动平均最准确的结论。

简单指数平滑法，是否更准

在第 2 章中我们了解到，简单指数平滑法本质上是一种加权移动平均法，越新的需求历史在预测中占比越大，这也更符合实际情况。所以能用移动平均法的地方，我们应该尝试简单指数平滑法，后者的预测效果可能更好。

我想把这一方法论导入案例企业，丰富它的预测方法。这里我们要做的是用简单指数平滑法复盘预测这 336 个样本产品，跟案例企业的现行预测方法比较，希望能够实质性地提高预测准确度，从而增加案例企业对简单指数平滑法的信心。

简单指数平滑法只有一个参数，那就是平滑系数。我们从 0.1 开始，每次增加 0.1，最大到 0.5，在 Excel 中共模拟 5 次，来选择最合适的平滑系数。当然，我们也可以把步长设为 0.05，也就是说每次增加 0.05，这样模拟可以做得更细，不过数据分析的工作量就更大。

在这里，平滑系数的上限之所以设为 0.5，是因为一旦超过 0.5，就意味着预测主要由最近两三期的需求历史决定，案例企业的业务变动没有那么快，特别是在需求聚合效应明显的中心仓。

平滑系数之外，简单指数平滑法还有初始化的问题：第一个预测值从何而来？用多少期的需求历史来初始化，以尽量消除初始预测值的影响？

如图 6-12 所示，我们用前 6 周需求的平均值作为初始预测，并用 9 周的数据来初始化。因为我们是预测 4 期以外的需求（第 5、6 期），所以 $T-9$ 周的预测要用 $T-14$ 周的实际值、预测值来加权平均。对于每个平滑系数，我们复盘预测所有样本产品最近 13 周的需求，计算每周的误差，把误差平方后平均，得到 13 周的均方误差，按照均方误差最小的原则确定最优的平滑系数。

$T-14$	$T-13$	$T-12$	$T-11$	$T-10$	$T-9$	$T-8$	$T-7$	$T-6$	$T-5$	$T-4$	$T-3$	$T-2$	$T-1$	T	$T+1$	$T+2$	...	...	$T+12$

初始预测值：$T-9$ 到 $T-14$ 的 6 期平均

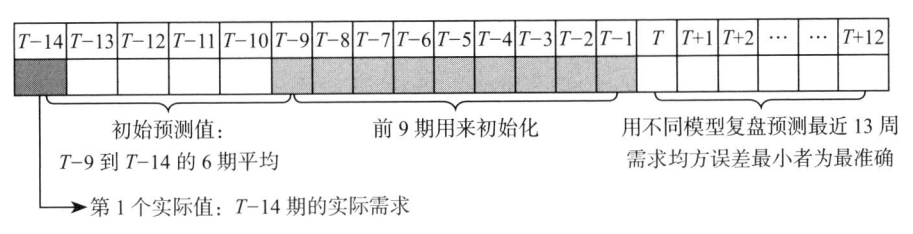

前 9 期用来初始化

用不同模型复盘预测最近 13 周需求均方误差最小者为最准确

第 1 个实际值：$T-14$ 期的实际需求

图 6-12　简单指数平滑法复盘设计

:: 小贴士　初始预测值的影响

我们在第 2 章讲过，用前 n 期实际值平均作为初始预测值，一般要比用第一个实际值更准确。我们按照图 6-12 的逻辑，用案例企业的数据，在这里验证一下。

我们用从 0.1 到 0.5 的 5 个不同平滑系数（对应 5 个简单指数平滑法模型），

分别来复盘预测336个产品的最近13周需求，求每个产品的均方误差；然后，我们把每个产品的均方误差汇总起来，从而量化总体误差，如图6-13所示。

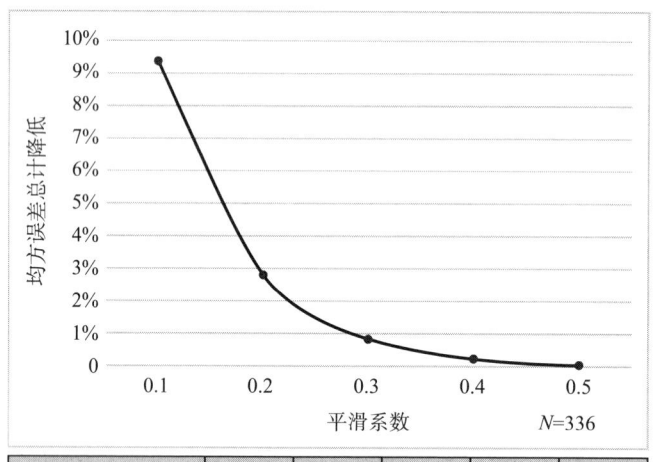

	0.1	0.2	0.3	0.4	0.5
初始预测=实际值	99 975	87 126	85 062	87 298	91 934
初始预测=6周平均	90 599	84 667	84 369	87 093	91 873
均方误差总计降低	9.4%	2.8%	0.8%	0.2%	0.1%

图6-13 用前6周的平均值来初始化预测，误差有实质性降低

当平滑系数为0.1时，用第一个实际值来初始化预测值的话（"初始预测=实际值"），总体均方误差加起来是99 975；用前6期的平均值来初始化预测值（"初始预测=6周平均"），总体均方误差就降到90 599，降低了9.4%。

当平滑系数是0.2时，总体均方误差降低2.8%。但当平滑系数是0.4、0.5的时候，总体均方误差的降低就微不足道了。这是因为平滑系数越大，权重衰减得越快，初始值的影响也衰减得越快，经过9期的初始化后，已经所剩无几。

这些跟我们以前的结论一致：平滑系数越小，初始化的影响则越大。

有人或许会说，把336个产品的均方误差叠加起来，衡量预测方法的整体准确度有问题，因为产品的平均需求越大，其均方误差就越大，可能掩盖那些批量小的产品。所以，上述结论不一定成立。那好，我们可以用配对t检验来更加严格地验证。

我们还是以平滑系数0.1为例，对这两种初始化方法做配对t检验，发现初始预测为6周平均，均方误差要显著地低（显著性水平为0.01），平均低9.4个百分点（这跟叠加所有的均方误差的结果一致）。

解决了初始化问题，我们就开始复盘预测，对这 336 个产品中的每一个都找到最优的平滑系数。

从图 6-14 中可以看出，46% 的产品的最优平滑系数为 0.1，占季度总营收的 35%。而对于较大的平滑系数（0.4 和 0.5），虽然只占产品数量的 28%，却占季度总营收的 39%。我想，这可能跟业务有关：占营收金额比例大的产品，往往更可能成为销售关注的对象，所以业务变动较大，最优的平滑系数也更大。而对于占营收比例较小的那些产品呢，人为导入的变动相对较小，其需求则更加自然、平稳，最优的平滑系数因而也较小。

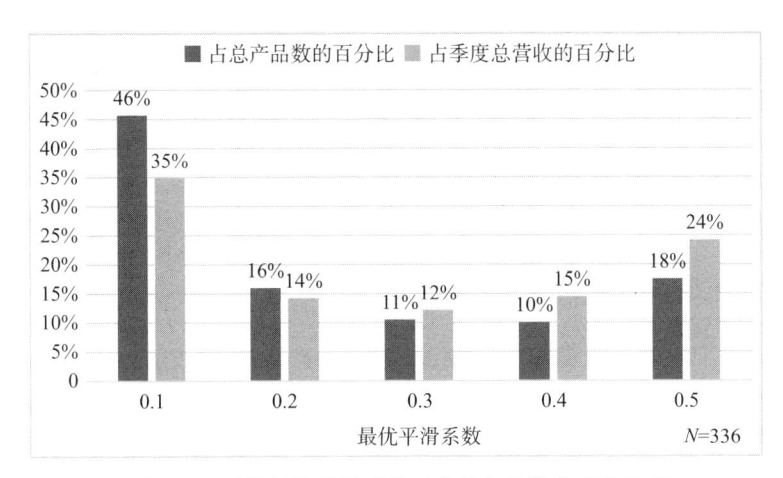

图 6-14　不同最优平滑系数对应的产品数和营收比例

或许大家真正感兴趣的是，简单指数平滑法是否提高了预测准确度？

跟现有的 8 周移动平均相比，我们通过配对样本 t 检验，发现简单指数平滑法要更优，均方误差平均降低 4.8%（显著性水平为 0.05）。那么，简单指数平滑法是不是我们要用的？还不是，我们还有更多的分析要做。

系统性偏差

到现在为止，我们关注的都是预测准确度，做的也是一般计划人员要做的：套上公式，哪种预测方法的误差最小就选哪种，批量操作，几十、几百个产品一下子做完。完了？没有。还有**系统性偏差**。

要知道，没有系统性偏差时，时间长了误差会互相抵消；而有了系统性偏差时，误差呈现一定的模式，累积下来容易造成灾难性的短缺和过剩。好的预测不光要准确，而且要没有系统性偏差，我们必须正视系统性偏差。

我们在第 3 章讲过，系统性偏差可用残差图直观地识别，也可通过计算"偏差指数"来判断：一旦超出 ±6 的范围，就可认定该预测方法有系统性偏差。我们这里就用偏差指数。

在这个案例中，当我们预测 4 周以外的需求时，发现系统性偏差是个大问题：不管是用简单指数平滑法（每个产品都找到最优的平滑系数），还是一刀切地用 6 周、8 周、13 周移动平均法来预测，都有超过 1/3 的产品存在系统性偏差，如图 6-15 所示。

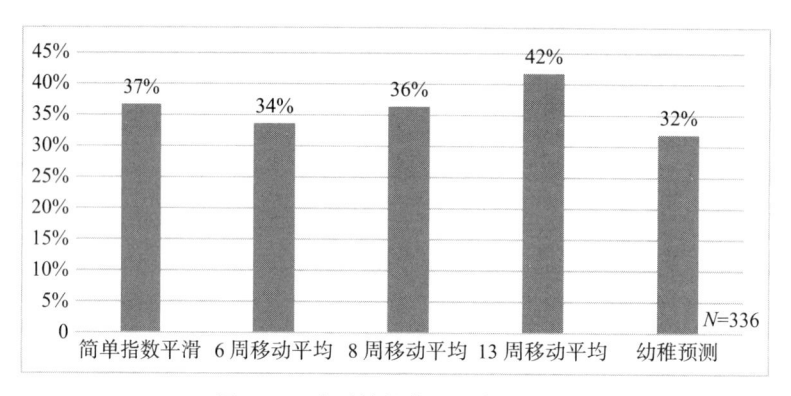

图 6-15 有系统性偏差的产品比例

这么普遍的系统性偏差是个大问题，我们必须深究。我们按偏差指数大小排序，逐个看过几十个偏差指数较大的产品，发现系统性偏差的产生有几个主要原因。

1. 极端值。在平滑系数较小的情况下，极端值带来的影响可能需要很多期才能消除，其间导致系统性偏差。

2. 模型不合适。比如这里用的是简单指数平滑法、移动平均法，但时间长了，有些产品的需求呈现一定的趋势，导致这两类模型失灵。

3. 预测的跨度太大，增加了系统性偏差。预测得越远，准确度越低，系统性偏差也就越大。

接下来，我们逐个分析这三个方面的原因。

对于**极端值**的影响，让我们先看个例子。

为了陈述的方便，我们假定用简单指数平滑法（$\alpha=0.1$），预测下一期需求。如图 6-16 所示，该产品的需求相对平稳并有轻微下行趋势（简单指数平滑可以较好地应对），但第 9 周的极端值显著拔高了后续的预测（从 14 上升到 19）。由于平滑系数较小，该极端值的影响经过 10 余周才慢慢消除，其间预测明显超出实际值，形成系统性偏差。

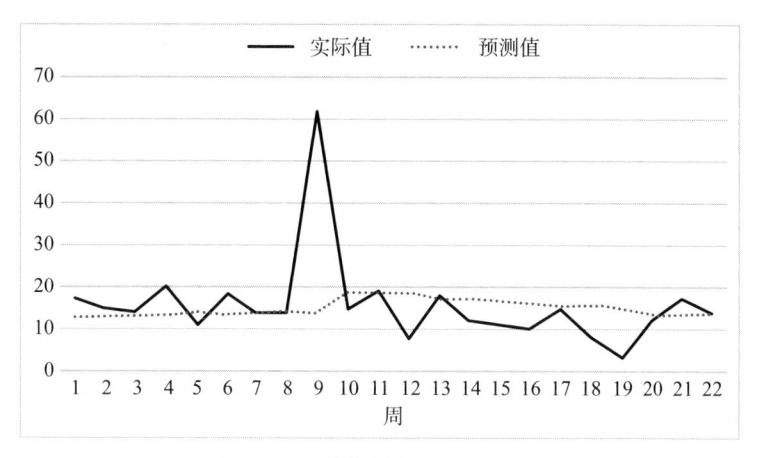

图 6-16　极端值带来的系统性偏差

极端值不但降低了预测准确度，而且增加了系统性偏差的风险。如果是一次性需求，我们应该清洗这样的极端值。数据清洗得好，用简单的模型也能做出相当不错的预测；数据质量差，用多好的模型也很难做出好的预测。这也是为什么说**数据质量是模型的天花板**。

接下来，我们看**趋势**的影响。

如前图 6-12 所示，在预测方法择优的时候，测试组用 13 周的数据，初始化用 9 周的数据，再加上预测第 5 周的需求，总共就是 27 周，都两个多季度了。这么长的时间里，有些产品的需求会呈现趋势，就如图 6-17 中的例子。对于这个产品，我们用简单指数平滑法来预测，尽管平滑系数取值已经较大（0.5），以便让模型更加灵敏，尽快赶上趋势变化，但还是明显滞后，显著低于实际值，导致系统性偏差。

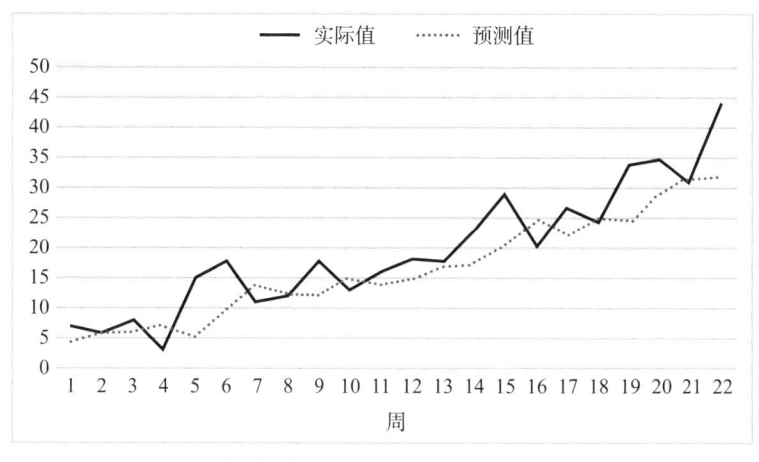

图 6-17　用简单指数平滑法预测趋势，带来系统性偏差

那我们的挑战是，在没有计划软件的情况下，如何识别时间序列有趋势呢？最简单的方法就是做折线图，但产品多了，一个一个地做折线图太慢。我尝试用 Excel 中的函数 SLOPE 来计算需求历史的斜率。对于斜率较大的那些产品，我们要进一步探究是否有趋势。

斜率之外，我们还要参考 R^2（可用 Excel 中的函数 RSQ 来计算）。R^2 是从数理统计的角度，判断趋势的显著性。如果斜率大，R^2 也大，需求呈现趋势的可能性也就大。⊖

要注意的是，在计算这两个参数时，对简单指数平滑法来说，应该包括初始化和测试组数据；对移动平均法来说，应该包括预测第一个值的滑动窗口所对应的需求历史。

对于有趋势的产品，我们要用趋势模型来预测，可用 Excel 中的函数 TREND。这个函数其实是在做线性回归，更多的细节我们在后面案例 6-2 部分还会谈到。当然，霍尔特法也是个选择，比如用 Excel 中的函数 FORECAST.ETS，特别是针对短期、变化的趋势，应该是个不错的选择。

接下来我们要讲的是，**预测跨度**越大，出现系统性偏差的可能性也越大。

在这个中心仓的案例中，供应商的产线有 4 周的冻结期，案例企业每两周滚动一次预测，每次预测的其实是第 5、第 6 周的需求。预测跨度这么大，准确度、系统性偏差总会受影响。我在想，如果供应能力是无限的，我们就预测下一期会怎么样呢？

我们还是复盘最近 13 周的预测，用简单指数平滑法，均方误差最小的为最优，最大平滑系数为 0.5。我们给每个产品都找到最优的平滑系数，模拟的结果是，336 个样本中只有 44 个有系统性偏差，比预测第 5、第 6 周减少了六七成。

这就是说，在这个案例中，造成系统性偏差的最主要原因是**预测跨度大**。

预测的跨度问题很难对付，因为跟供应链的响应能力有关：响应能力越弱，响应周期越长，我们就得越早做预测；预测做得越早，准确度和系统性偏差的问

⊖ 最终判断线性回归（趋势）是否成立，不能光靠 R^2，还得看 P 值和 F 检验等，就如我们在第 4 章中讲到的。R^2 介于 0～1，越大表明模型的拟合度越高，但究竟多大才算大，更多是基于经验。ChatGPT 上说，在社会科学领域，R^2 在 0.1～0.3 就算相当显著，因为社会科学经常受复杂因素影响，难以完全解释；在自然科学和工程领域，R^2 一般要求 0.6～0.8 甚至更高，才能说明模型具备足够的解释力。需求预测算什么？介于两者之间？我在这个案例中以 0.5 为界，一旦超过 0.5 就会认为趋势的可能性大（当然这纯粹是个人、案例经验），大家要根据自己的业务情况来确定自己的经验值。

题就越大。这再次印证了**长期预测更难做**，预测模型本身的作为有限。计划的先天不足，要靠执行来弥补：最终的解决方案得从缩短交期，提高供应的响应能力来着手。

∷ 小贴士　**极端值的识别和处理**

作为实践者，我们可以通过折线图，直观地识别极端值。不过对于几十、几百个产品，逐个地这样识别显然不现实；缺乏客观标准，光靠肉眼的主观判断，一致性也会有问题。

在这个案例中，我们计算需求峰值的 **Z 值**来识别极端值：针对 13 周的需求历史，先在 Excel 中求最大值（用函数 MAX），减去平均需求，再除以标准差，就得到 Z 值。[⊖] 简单地说，就是这个最大值超出平均值多少个标准差（假定需求历史符合正态分布）。

结合折线图，我们发现对案例企业来说，当 Z 值超过 2.5 时，出现极端值的可能性就很大。从数理统计的角度看，这意味着该值大于 99.4% 的值。当然，2.5 的门槛只是本案例的经验值，企业要视具体业务来设定自己的标准。

比如，在中心仓这样需求聚合效应明显的地方，导致极端值的因素更可能被掩盖，所以门槛可设置得低一些；而前置库位这样需求聚合度低的地方，需求波动一般也更大，门槛可设置得高一些。平均需求量较大时，门槛可设置得低一些；长尾特性较明显时，门槛可设置得高一些。

如表 6-6 所示，对案例企业来说，共 71 个产品出现 Z 值超过 2.5 的情况，可能有极端值，占总产品数的 19%；其中 25 个产品在用移动平均法、简单指数平滑法预测时，出现过系统性偏差，比例超过 1/3。

表 6-6　需求峰值的 Z 值

标准残差	产品个数	产品比例
3 及以上	15	4%
2.5 ~ 3	56	15%
1.5 ~ 2.5	229	70%
< 1.5	36	11%
总计	336	100%

对这 71 个产品，我们要进一步处理。不过这么多的极端值，逐个进行人工

⊖　后来我意识到，我们也应该包括初始化的数据，因为它们也可能显著影响预测。对简单指数平滑法来说，就是初始化的那些期数据；对于移动平均法来说，就是预测第一个值的滑动窗口。

清洗是个挑战。

一种做法是按照 Z 值的大小排序，比如优先探究那些超过 3 的产品。优先级也可按照占营收比例来定，从高到低逐个排列。如图 6-18 所示，把有极端值的 71 个产品作为总体来分析，前 12 个占营收的 60%，后 34 个只占 10%，显然我们应该首先清洗前者。

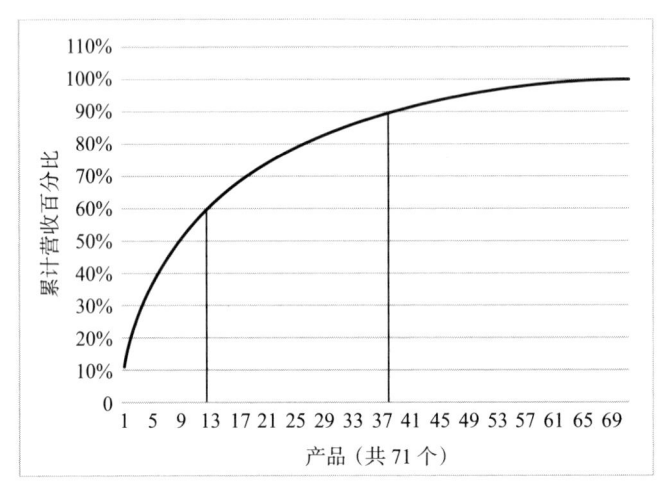

图 6-18　有极端需求的产品，对营收的累计贡献

当然，我们还可以根据业务关键度、客户集中度等来识别重点清洗对象。比如对越关键、客户集中度越高的产品，我们越要关注。

对重要的产品，我们可以考虑逐个进行人工处理；对次要的产品，我们可参考一定的算法来清洗。对微不足道的产品，比如每周只卖掉三两个，只有几百元营收的，从计划资源的投入回报出发，不予清洗也是一种选择——这些其实已经是长尾产品，极端值可能就是正常需求，本来就不应该清洗。

需要强调的是，数据清洗要**先于**模型选择。遗憾的是，几年前做这个案例时忽略了这点，而是根据案例企业的经验，认为销售改变需求的事情有限，默认极端值不是个问题。几年后我再次回顾这一案例，才意识到即便没有显著的促销及其他活动等人为影响需求的事，也可能产生极端值。

这让我再一次认识到，**信任但要确认**。销售端对整体业务的判断，比如有没有趋势、有没有淡旺季、有没有显著改变需求的行为，都可以也应该用历史数据来验证。毕竟，没有人知道得比数据更多。计划人员要发挥背靠数据的优势，做好数据分析，而不是简单地道听途说，甚至以讹传讹。

预测方法择优建议

到现在为止，336 个样本产品中，123 个对其中至少一种方法有系统性偏差，剔除后剩下 213 个产品，我们围绕这 213 个产品进行预测方法的进一步择优。

对于这 213 个产品，每个产品我们都找到了最优的平滑系数，从 0.1 到 0.5。这是基于均方误差最小，拟合择优的结果。但只有 13 个数据点，需求的微小变化，都可能得到完全不同的择优结果。这是我以前多次分析时的感受。因为这个案例有大量的数据，我就正好验证一下。

于是我就这 213 个产品，紧接着图 6-12 中的 T+12，再找了 13 周（从 T+13 到 T+25），来复盘预测每周的需求。然后根据 13 周均方误差最小的原则，来确定准确度最高的平滑系数（简称"二次择优"）。结果是原来最优平滑系数为 0.4、0.5 的 46 个产品中，在二次择优中没有一个的最优平滑系数保持不变。

这可真是让人震惊。不过想想看，就拿平滑系数 0.5 来说，这意味着在预测中，最近两期需求历史分别占 50% 和 25% 的权重，加上倒数第 3 期的 13%，预测值的 86% 要来自这 3 期需求历史。这 3 期的需求历史真的有那么高的含金量吗，也就是说基本决定了后续需求？

这显然不符合案例企业的业务状况。

案例企业的产品有点像工业品，需求变动没有一般的快消品那么快；亚马逊上的需求相对稳定，改变需求的行为也没那么频繁。而且这是中心仓，汇集了全球的需求，聚合效应比较明显，相应的变动也应该更小。

这就是说，之所以选择 0.4、0.5 这样的大平滑系数，更多是拟合择优的结果，虽然拟合度最大让均方误差最小，但因为数据点太少，择优的结果可靠度不够；任何微小的数据变化，都可能显著改变择优结论。但如果选择更多的数据点，比如 30 个以上，我们又面临其间需求模式改变、需求历史失去代表性等问题。

我参考过多本预测方面的书，基本都是按照上述方式来择优的，结果就出现平滑系数很大的情况，甚至动不动就是 1。我知道的一些计划软件、Excel 中的 FORECAST.ETS 和 Solver 插件也都是按照这种逻辑来择优的，有同样的问题。这样做显然值得商榷。解决方案有二。

其一，限制平滑系数不得超过特定值，比如 0.5 甚至 0.3。先辈们看来很早就注意到了这些，在有些英文文献中，特别是一些老文献中，提到平滑系数不超过

0.3，我认为这很有意义。⊖ 经手的案例越多，做过的分析越多，我越倾向于设定上限为0.3。

注意，这些限定是针对简单指数平滑法的。对于霍尔特法、霍尔特-温特模型等复杂的指数平滑模型，由于涉及两个、三个平滑系数，择优就更加复杂，我没有看到这样的简单法则。

其二，围绕整体业务的变动性，找到一个整体最准确的平滑系数，亦即能代表整体业务的平滑系数来。这也是我们这里要用的方法。

如图6-19所示，我们用平滑系数为0.1、0.2、0.3、0.4和0.5的简单指数平滑法，分别预测213个产品中的每一个，把相应的均方误差按照营收比例来加权，合计得到总的均方误差，作为整体预测准确度的评判标准（加权的具体做法可参考前文案例3-1）。

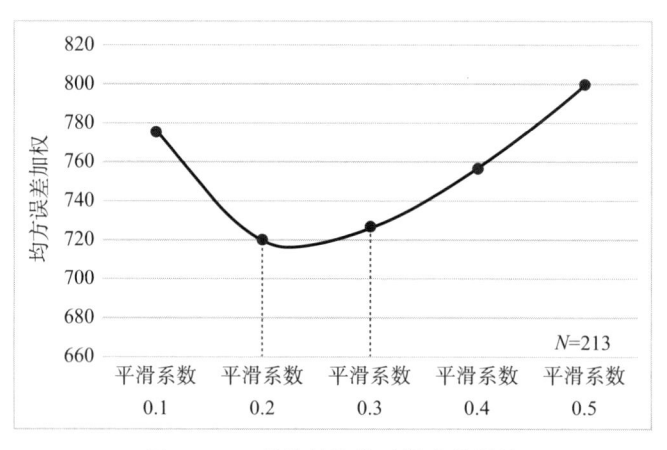

图6-19　5种简单指数平滑法的误差

当平滑系数为0.1的时候，平滑效果最好，但实际业务的变动性要更大，两者不匹配，整体预测误差就大。相反，平滑系数为0.4、0.5的时候，简单指数平滑法更灵敏，但业务变动没那么快，预测误差也大。平滑系数0.2、0.3看上去跟业务变动最相匹配，因而误差最小。

但究竟哪种方法更好，我们不能靠眼睛——我们得借助数理统计。于是我们围绕这213个样本产品，做了一系列的配对 t 检验，发现平滑系数为0.2、0.3的时候，整体预测准确度的确要比其他3个平滑系数更高，但平滑系数0.2和0.3

⊖ 在计算能力还不强的20世纪七八十年代，先辈们计算得很慢，反倒更贴近数据和问题的本质。如今，计算能力超常的今天，不管是实践者还是研究者，这些计算都是眨眼即现，反倒让我们更容易忽视数据和本质问题的关联，完全依赖数据，过度拟合的问题就更普遍。

在准确度上并没显著区别,虽然图6-19中一个看上去比另一个稍微准确一点。

整体准确度上没有显著区别,并不是说两者没有强弱项:对于最优平滑系数为0.1的那102个产品,平滑系数为0.2的预测效果要比0.3好;对于最优平滑系数为0.4或0.5的那46个产品,用平滑系数为0.3来预测准确度更高,这些都是通过配对 t 检验验证了的。

对企业来说,制造麻烦更多的,一般是那些变动更大,也就是最优平滑系数为0.4、0.5的产品。这是因为这些产品所占的营收比例更高,对业务的影响一般也更大。所以,我建议选择平滑系数0.3,以尽可能灵敏地应对那些产品。

我们接下来看,如何结合8周移动平均(前面验证过的,移动平均中整体最为准确的方法),进一步给每个产品找到更优的预测方法。

在具体做法上,我们用两种方法,一种是简单指数平滑法($\alpha=0.3$),另一种是8周移动平均,复盘预测最近13周的需求,看哪种方法的误差小,就选哪种。最终有51%的产品选择了8周移动平均,49%的产品选择了简单指数平滑法($\alpha=0.3$)。整体择优的结果是,加权均方误差比光用简单指数平滑法降低4.2%,比光用8周移动平均降低3.7%,如图6-20所示。

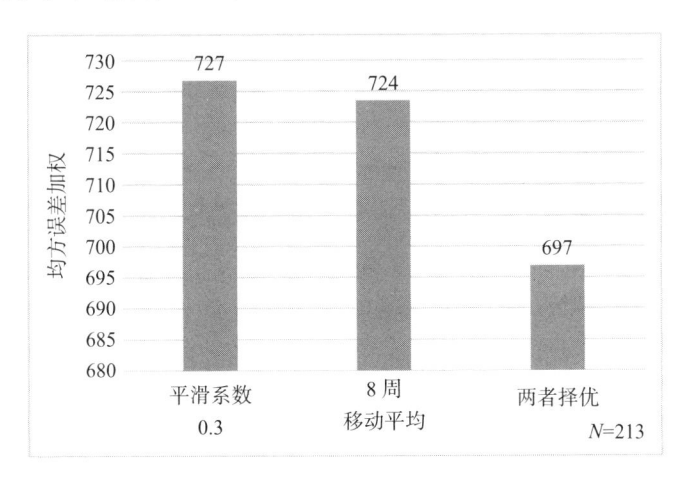

图6-20 最终的方案是在两种模型中择优

让你最优秀的计划经理花上几天时间做些基本的择优,就能把这么多产品的均方误差降低3.7个百分点,在我看来也是很值得的,也算得上实质性的改善。

在具体应用中,我们会在Excel表格中同时维护这两种预测方法,每次滚动预测的时候,计算每种方法最近13周的预测准确度,动态择优。说是"动态",是因为对于同一个产品,以前是8周移动平均最准,一段时间后,简单指数平滑法（$\alpha=0.3$）可能成为最优；反之亦然。

这两种方法有一定的互补性：如图 6-21 所示，简单指数平滑法（$\alpha=0.3$）主要依赖过去四五周的需求历史，相对更加灵敏，可更好地应对需求波动较大的产品；8 周移动平均呢，则可更好地应对需求相对平稳的产品。前者的权重依次递减，后者的权重都一样，特性不一样，更加多元，让整个预测方法论更加稳健。

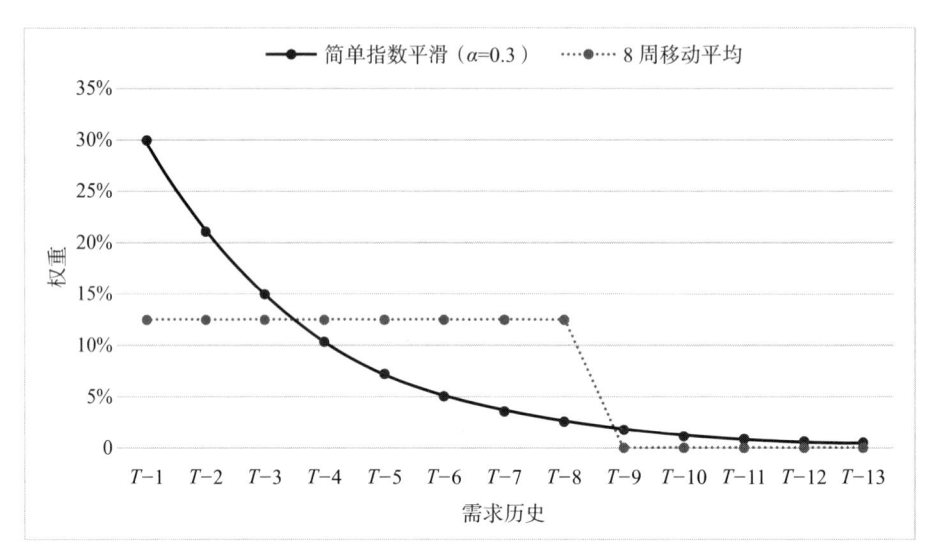

图 6-21　两种方法对需求历史的权重分布

这也符合第 3 章中谈到的，预测能力强的一个表现是用多样化的预测方法。

此外，案例企业新近进入 B2B 业务，业务变动较快；它在开拓中国国内市场，也加剧了业务变动。所以，在原来 8 周移动平均的基础上，导入更加灵敏的简单指数平滑法（$\alpha=0.3$）有其实际意义。

或许有人会说，做了这么多分析，最后导入的改变就这么点，似乎有点小题大做。我想说明的是，改变的目的不是多，而是精准：在原有做法基础上导入少而精准的改变，获取实质性的改善，那是最好不过的了。

此外，我们的推荐方案只包括两种选择，还因为案例企业是在 Excel 中做计划，使用的方法越多、公式越多，出错的可能性也就越大。当然，如果对 Excel 的驾驭能力强，我们也可以多选几种方法，进一步择优。

顺便提及，在多产品的择优过程中，我们有时候用均方误差的总和，有时候用其平均值，有时候用加权平均，并没看出三者对最终的结论有什么影响。不过这只是一个案例，并不一定具备广泛的意义。

小结：中心仓的预测

我们开始时，研究样本是 336 个。后来由于系统性偏差，排除掉 123 个。围绕剩下的 213 个产品，我们在原有 8 周移动平均法的基础上，增加一种简单指数平滑法（$α=0.3$），让两者动态择优，构成案例企业在中心仓的预测方法主干。

那 123 个有系统性偏差的产品呢？一小部分是由极端值引起的，清洗极端值后，可以用两种主干方法来预测。而大部分呢，应该是有趋势的——模型用的需求历史长，预测跨度又大，其间需求模式改变了，我们应该用趋势模型来预测（在接下来的案例 6-2 中，我们会介绍如何做）。

研究样本之外的那些产品呢，要么是新上市的产品，要么是很快要下市的产品，我们得继续依赖计划人员的经验，手工处理。

案例 6-2　店铺的预测和库存计划

> 只要你拷问得足够久，数据总会招供的
>
> ——科斯，经济学诺贝尔奖得主

谈完了中心仓，我们接着谈案例电商的前置库位计划。

单列前置库的计划，并不是说前置库有什么特殊性，非得跟中心仓分开谈，而是因为这两个项目在不同时段完成，案例企业参与的人不同，有些细节和经验总结也有不同。我也希望多一次机会，来帮助大家掌握那些基本的预测模型、择优和计划理念。

在案例企业，前置仓跟店铺是一对一关系，一个前置仓只支持一个店铺。前置仓和店铺的计划是一回事，都是指每周一次的要货计划，长期以来是由销售（店长）兼职制订。

多个销售人员兼职制订前置仓的库存计划，水平良莠不齐，从他们的计划结果就可见一斑。如图 6-22 所示，我们选了两个店铺做对比，发现亚马逊 A 有 8.6 周的在库和在途库存，向中心仓要求补 4.8 周的货；亚马逊 B 有 4.5 周的在库与在途库存，要求中心仓的补货量为 1.6 周。

两个店铺的补货频次一样，补货周期一样，消费者行为也差不多，为什么库存计划的结果如此不同？究竟哪个店铺的库存计划更合理，我们待会儿评价；但可以肯定的是，两个店铺不会都是最佳实践，肯定一个计划得好，一个计划得差呗。

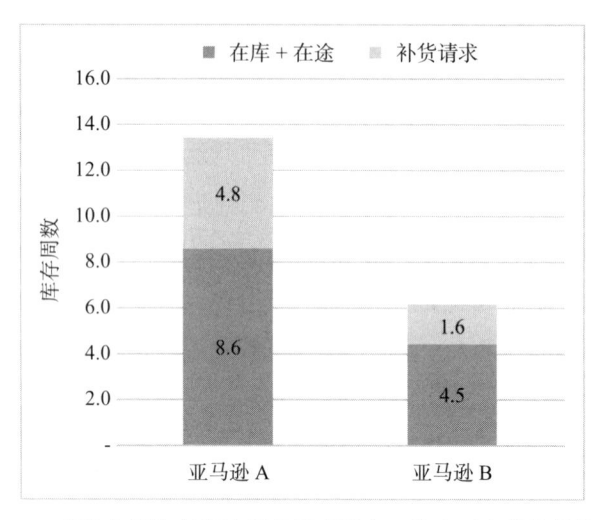

图 6-22　店铺之间的库存计划差异度很大，注定不会都是最佳实践

注：为了确保可比性，所有产品都是在售状态，剔除了下架、即将下架和新近上架的。亚马逊 A 有 70 个产品，亚马逊 B 有 72 个产品。需求历史用最近 4 周的。库存都折算成金额。

那么多的库存从何而来

在案例企业，亚马逊上的各店铺是每周订货，默认的是每周、每个产品都向总部订货。在这种情况下，从需求产生到发出补货指令，等待时间最多是 1 周；中心仓接到指令，每周发货，等待时间最多是 1 周；物流运输、清关、入库验收加起来 1 周（案例企业用空运），所以总的补货周期是 3 周左右。

这也意味着，周转库存在 3 周左右，再加上一两周的安全库存，表明在库、在途需要四五周的库存；因为每周要补货，所以平均每次让中心仓补的也是 1 周的货，但由于最小起订量等原因，每次补 1.6 周的货看上去也没什么大错特错。所以，亚马逊 B 的库存计划是相对靠谱的。

亚马逊 A 放那么多的库存，显然是个问题。不管什么问题，根源总能归结到两个，而且只有两个：**意愿**和**能力**。

先说意愿。销售兼职做计划，没有 ERP，一切都是在 Excel 中手工做，每次都把 N 张表格对齐，更新在库、在途库存，做预测，计算净需求，几百个产品都来一遍，那种痛苦程度，你没干过这活儿也不难想象。销售们为了尽量减少痛苦，就进行批量处理，而且一下子订几周的货（就如亚马逊 A 的做法），解决几周的问题——典型的懒人做法：花的是老板的钱，省的是员工的事。

再说能力。在案例企业，有一个销售的计划做得很好，是个计划经理的好苗子（我曾想说服她到计划这边，但因为计划职位报酬低而未能成功）。其余销售的计划能力就难以恭维：这也无可厚非，因为他们的专长是做生意，不是做计划。像亚马逊 A 的销售，你根本就不知道他是按照什么逻辑做计划的，估计也没什么逻辑。这不，结果就整出一堆库存来。⊖

解决方案呢，就是由**专业的计划人员**来负责前置库位的补货计划。一方面，专人负责，补货成为工作的显著构成，可以增加门店补货的频次，降低整体库存；另一方面，希望专业计划人员能把补货计划做得更好，安全库存设得更准确。

案例企业接受了这个建议，让以前的 PMC 主管专职负责店铺的计划。

但问题是，专职的计划人员以前是做生产和物料计划的，也不知道如何预测需求、设置安全库存。他们看了我的书，参加了我的培训，还是觉得需要帮助。于是我就做了这个短平快的项目，帮助他们优化店铺的预测方法，算是扶上马，送一程。

预测方法的设计

案例企业起初也是用 8 周移动平均法，一刀切地做店铺的补货计划。我们的择优任务呢，就是看有没有更好的预测方法。

在所有的亚马逊店铺中，我们选择 1 107 个产品—库位作为研究对象（为了陈述方便，同一产品在不同库位被视作不同"产品"），占亚马逊季度销售额的 71%；这些产品的需求历史较长，需求模式相对定型，基于需求历史就可以很好地预测需求。其余的产品要么需求历史太短，比如是新上市产品，要么是即将要下架、下市的产品，需要依靠判断来进行手工计划。

在这个案例中，我们采用 26 周的历史数据，以前 13 周为基准，滚动复盘预测后 13 周的每周需求，然后计算 13 周的均方误差，来判断预测方法的优劣。这 26 周包括上年第 4 季度和下年第 1 季度。对于案例企业来说，这 2 个季度有众多的节假日，促销活动多，需求波动相对大，对需求预测和库存计划的挑战也相对

⊖ 亚马逊 A 的这种大批量补货，还容易加剧局部的供需不平衡：中心仓备货，基于各店铺每周补货，每次大致补一周的量；现在亚马逊 A 一补货，就补四五周的货，很容易抢了别的店铺的货；别的店铺一看到"短缺"，自然反应就是加大订货量，结果加剧了本来不存在的"短缺"；中心仓赶工加急，"短缺"情况逐渐改善；各店铺的订货逐渐理性化，最后发现大家都坐在一堆库存上，又一出小微版的"所有的短缺，最后总以过剩收尾"。对于"所有的短缺，最后总以过剩收尾"，可以参阅我的《供应链的三道防线：需求预测、库存计划、供应链执行》（第 2 版），第 295～299 页。

更大。

因为补货周期是 3 周，所以我们预测的是 3 周外的需求，即第 4 周。如图 6-23 所示，让我们以 6 周移动平均为例，解释门店的补货预测机制。

更新时刻	$T-7$	$T-6$	$T-5$	$T-4$	$T-3$	$T-2$	$T-1$	T	$T+1$	$T+2$	$T+3$	$T+4$	$T+5$	$T+6$	$T+7$	$T+8$	$T+9$
T									x	y	z	a					
$T+1$										y	z	a	b				
$T+2$											z	a	b	c			
$T+3$												a	b	c	d		

滑动窗口
用前 6 期的需求

预测 3 期外的需求

图 6-23　门店的补货预测机制示意（以 6 周移动平均为例）

假定我们现在是在 T 周，用 6 周移动平均来预测，那么滑动窗口就是 $T-1$ 到 $T-6$ 周。因为 T、$T+1$、$T+2$ 这 3 周已经在补货周期内，总库已按照先前的预测 x、y、z 补货，做不了调整，我们预测的是 $T+3$ 周的需求 a，这也成为计算准确度用的预测。相应地，$T+4$ 周的预测是 b，$T+5$ 周的是 c，如此等等，在图 6-23 中涂成阴影以示识别。

3 周的补货周期比较短，店铺的需求一般没有趋势和季节性，移动平均法、简单指数平滑法往往是不错的解决方案。⊖ 我们就从这两种常用的预测方法开始，复盘下述 10 个预测模型：

1. 简单指数平滑法 5 种，平滑系数处于 0.1～0.5。
2. 移动平均法 5 种，滑动窗口分别为 2 周、4 周、6 周、8 周、13 周。

对于移动平均法，之所以复盘 2 周、4 周这么短的移动平均法，是因为这是前置库位，店铺的需求聚合效应更不明显，有些产品的需求变动可能更快，用更短的需求历史，让预测模型更加灵敏，看看效果如何。

简单指数平滑法的设计如图 6-24 所示。我们用前 6 周的平均需求作为初始预测值，用前 9 周的数据来初始化，以尽可能消除初始值的影响。注意，我们这里是预测 3 周外的需求（因为补货周期为 3 周），所以第一个实际值、第一个预测值要回溯到 $T-13$ 周，用来预测 $T-9$ 周的需求。这其实是拉长了初始化用的需求历史，由 9 周变为 13 周。

⊖ 后来我发现这一假设并不完全成立，因为有些产品的确有趋势。另外，用的需求历史越长，其间需求模式改变的可能性也就越大，会导致出现系统性偏差。

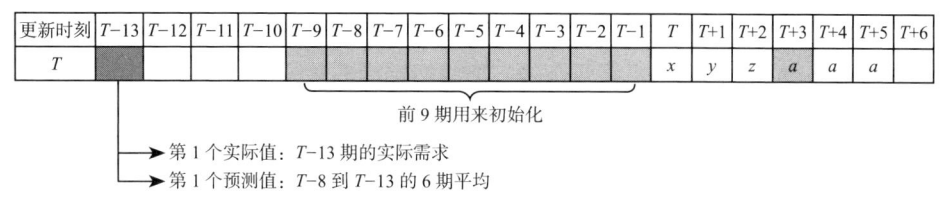

更新时刻	$T-13$	$T-12$	$T-11$	$T-10$	$T-9$	$T-8$	$T-7$	$T-6$	$T-5$	$T-4$	$T-3$	$T-2$	$T-1$	T	$T+1$	$T+2$	$T+3$	$T+4$	$T+5$	$T+6$
T														x	y	z	a	a	a	

前 9 期用来初始化

→ 第 1 个实际值：$T-13$ 期的实际需求
→ 第 1 个预测值：$T-8$ 到 $T-13$ 的 6 期平均

图 6-24　简单指数平滑法的设计

预测方法的择优

对于这 1 107 个产品，我们用上述 10 种方法来复盘预测最近 13 周的需求，然后基于均方误差最小的原则，确定每个产品的最优预测方法。按照每种方法最准确的产品数量，我们对这 10 种预测方法排序，如图 6-25 所示。

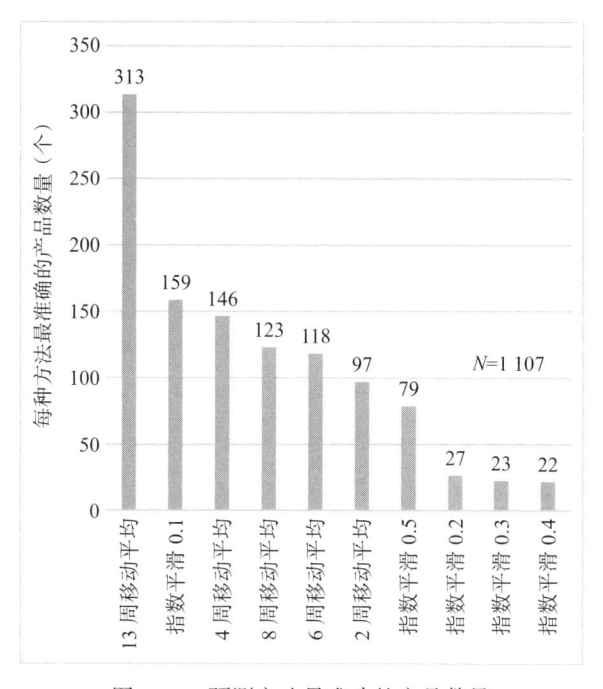

图 6-25　预测方法最准确的产品数量

名列榜首的是 13 周移动平均，它是 313 个产品的最优预测方法；案例企业原来在用的 8 周移动平均，只是 123 个产品的最优预测方法。有点意外的是，简单指数平滑法在整体上并没有移动平均法准确——简单指数平滑法是加权的移动平均法，越新的需求历史权重越大，更符合实际情况，理应更准才对。或许这跟案例企业显著改变需求的活动较少，在亚马逊上的业务较为平稳有关。

显然，在 Excel 中要同时维护 10 种预测方法的话，公式太多容易出错。即便是只用 3 种方法，也是足够复杂的。那我们选择两种方法，比原来用的一种方法稍微复杂一点，看效果如何。

那该用哪两种方法呢？13 周移动平均应该是其中一种。另一种呢？我不建议选用简单指数平滑法（$\alpha = 0.1$），虽然它在最优"排行榜"上名列第二。这是因为这种方法用的需求历史较长，跟 13 周移动平均同质化严重（详情可参考稍后的小贴士"移动平均法和简单指数平滑法的比较"），一旦需求模式改变了，两者可能没法快速应对。

剩下的备选就是 4 周、6 周、8 周移动平均，我们这里选择 4 周移动平均。一方面，4 周移动平均最准确的产品数是三者中最多的；另一方面，它跟 13 周移动平均的互补性较强：对于需求相对平稳的产品，我们用 13 周移动平均（基于 3 个月的需求历史）；对于需求变动较大的产品，我们用 4 周移动平均（基于 1 个月的需求历史）。

在操作中，我们会在 Excel 中同时用这两种方法复盘预测最近 13 周的需求，哪种方法的预测准确度最高，就用哪种方法来预测下一次的需求。这意味着对具体产品来说，随着需求模式的改变，以前 13 周移动平均最准确的，以后 4 周移动平均可能更准确，反之则反是。

当然，如果要选择 6 周、8 周移动平均，我认为也可以。它们都比 13 周移动平均用的需求历史更短，在动态择优中给我们提供了更多的选择，要比原来一刀切地只用 8 周移动平均更准确。

上述择优的目标是让尽可能多的产品有最准确的预测方法。当然也可以是别的标准。比如销售可能说，让多少个产品预测准确不重要，重要的是准确预测占营收 80% 的那些头部产品。那好，我们可以用营收、毛利、产品的关键度等指标来择优。要注意的是，择优的目标不同了，择优的结果也可能不同。

对于 13 周和 4 周移动平均的组合，预测效果究竟如何，让我们用加权的均方误差来衡量。[一]如图 6-26 所示，相比 8 周移动平均，这一组合把加权均方误差降低了 15.6%，可以说是实质性的改善。

[一] 这里是基于营收来加权。比如某产品的均方误差是 80，占所有产品 13 周营收的比例为 0.2%，那么该产品就贡献了 80 × 0.2% = 0.16 的总误差；所有的产品都加起来，就是总的加权误差。

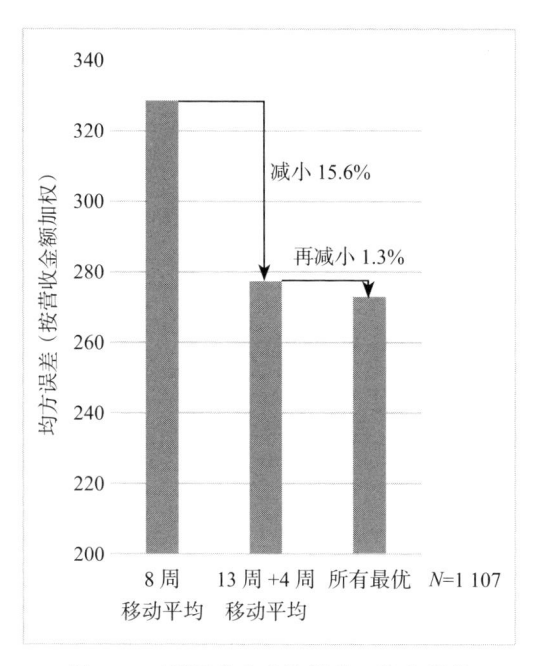

图 6-26　预测准确度的提升：均方误差

当然，如果每个产品都用 10 种预测方法中最准确的方法（"所有最优"），加权均方误差还可以再降低 1.3 个百分点。不过案例企业没有专业的计划软件，要在 Excel 中同时维护这么多的方法，跟出错的风险相比，边际回报有限。所以，我们就用两种方法的组合，适当牺牲一点儿准确度，却大大降低了操作上的复杂度，还是值得的。

鉴于均方误差不够直观，让我们来计算绝对百分比误差，如图 6-27 所示。8 周移动平均的准确度为 61.6%，13 周和 4 周移动平均的组合上升到 63.1%，可不要小看这 1.5 个百分点的提升，这可能实质性地改善盈利——要知道，预测准确度的大部分是用来覆盖各种成本的，只有那最后几个百分点才是利润。让你最优秀的计划经理花上几天时间来优化预测方法，不需要任何额外投入，就能得到这样的改善，也是很值得了。⊖

⊖ 预测准确度对成本、利润的影响，历来是很多人感兴趣的，但要精准量化很困难。参考 DeepSeek，1% 的预测准确度提升，可能减少 1%～2% 的库存成本，增加 0.5%～1% 的销售额（零售业），减少 1%～3% 的原材料浪费或生产成本（制造业）。

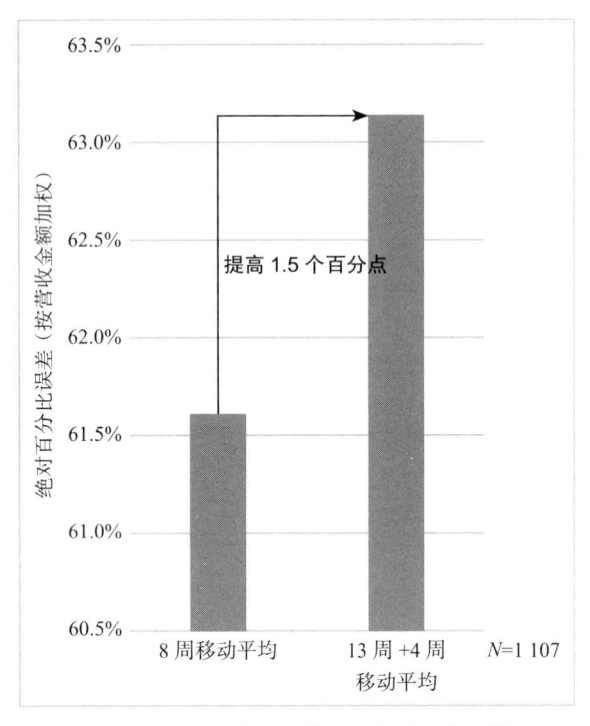

图 6-27　预测准确度的提升：绝对百分比误差

系统性偏差

到现在为止，我们完全是基于预测准确度来择优。你知道，这不完整，我们还得考虑系统性偏差。不看不知道，一看吓一跳。2 类方法的 10 种预测中，每种都有 200～500 个产品有系统性偏差（13 周预测的偏差指数超出了 ±6）。

我们做了点初步分析，就发现系统性偏差的数量跟所用**需求历史的长短**关系密切。

如图 6-28 所示，从 13 周到 8 周、6 周、4 周和 2 周移动平均，滑动窗口越来越小，用的需求历史越来越少，模型的灵敏度逐步提高，产生系统性偏差的产品数也逐步下降；幼稚预测其实是 1 期移动平均，所用的需求历史最短，灵敏度最高，有系统性偏差的产品也最少。

这一现象也体现在简单指数平滑法上。如图 6-29 所示，从平滑系数 0.1、0.2 直到 0.5，平滑系数越大，预测模型所主要依赖的需求历史越短，模型越灵敏，产生系统性偏差的产品数量也越少；幼稚预测是最灵敏的简单指数平滑法（平滑系数 =1），产生系统性偏差的产品数也最少。

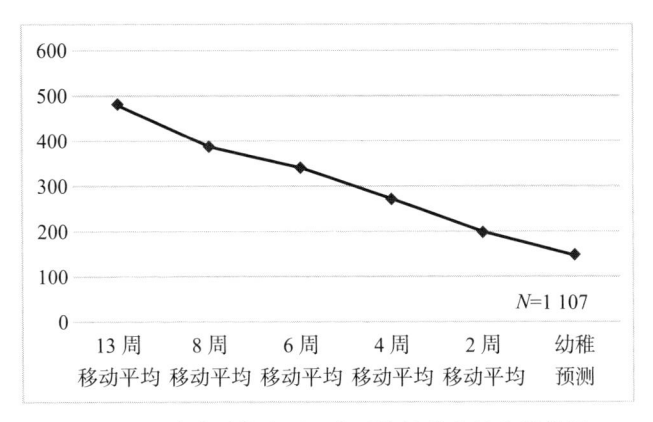

图 6-28 移动平均法下，有系统性偏差的产品数量

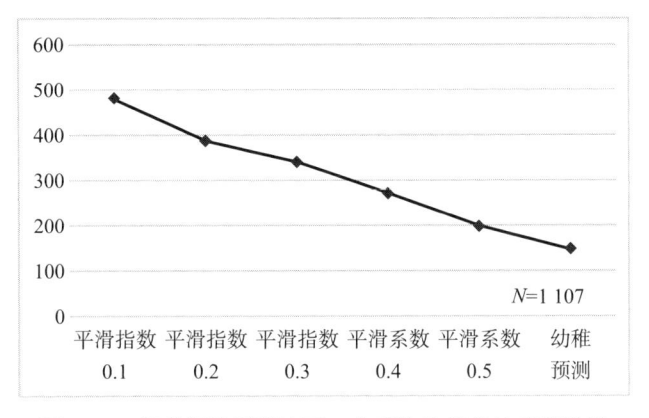

图 6-29 简单指数平滑法下，有系统性偏差的产品数量

这是因为同类模型下，用的需求历史越长，预测模型就越不灵敏，越难适应**需求模式**的变化；而需求历史越长，其间需求模式改变的可能性也就越大，就越可能出现系统性偏差。**极端值**也是同理：用的需求历史越长，越可能出现极端值；用的需求历史越长，预测模型越不灵敏，极端值带来的影响就需要越长时间来缓解，累计偏差也就越大。

那问题来了：幼稚预测只用 1 期需求历史，为什么还有 100 多个产品有系统性偏差呢？这应该归咎于**趋势**：当需求呈现增长或下降趋势时，幼稚预测会长期虚低或虚高，出现系统性偏差。我们复盘的是第四和第一季度，都是案例企业的旺季，出现趋势的可能性也大。

对于趋势，我们待会儿来专门探讨。这里要接着谈的是**极端值**，它不但会降低预测准确度，而且是系统性偏差的一大根源。

针对这 1 107 个产品，我们先识别每个产品最近 13 周里的最大值，然后计算其 Z 值，超过 2.5 的定义为极端值（当然这只是针对案例企业的经验值），总共发现有 137 个这样的产品，占总产品数的 12%。这些极端值需要清洗后方可择优选取预测方法。但因为缺少案例企业的输入，我们没法完成清洗工作，所以对这些极端值的产品没有进一步处理。

:: 小贴士　移动平均法和简单指数平滑法的比较

移动平均法和简单指数平滑法的应用范围差不多，都是针对没有明显趋势、季节性、周期性的需求。对于移动平均法，大家一般有比较直观的理解，但对简单指数平滑法则没有。这里就案例电商的店铺计划，我们来简单对比两者，帮助大家更直观地认识这两种方法。需要强调的是，这只是基于本案例的一些观察，不一定具备普适性。

如表 6-7 所示，简单指数平滑（$\alpha=0.1$）的预测准确度跟 13 周移动平均接近。针对 1 107 个样本产品，我们把其均方误差按照营业额的比例加权，得到总的均方误差，两种方法的差距只有 3%。我们做配对 t 检验，发现两者在数理统计上没有明显不同（显著性水平为 0.05）。这就是说，对于案例企业的店铺计划，简单指数平滑（$\alpha=0.1$）不比 13 周移动平均更准，也不比它更不准。

表 6-7　两类方法在预测准确度上的比较

简单指数平滑	平滑系数 0.1	平滑系数 0.2	平滑系数 0.3	平滑系数 0.4	平滑系数 0.5
加权均方误差	314	320	335	349	361
差值	3%	-3%	-1%	0	-7%
加权均方误差	303	329	340	350	387
移动平均法	13 周移动平均	8 周移动平均	6 周移动平均	4 周移动平均	2 周移动平均

相应地，简单指数平滑（$\alpha=0.2$）的预测准确度跟 8 周移动平均接近；平滑系数为 0.3、0.4 时，简单指数平滑跟 6 周、4 周移动平均接近。这主要是因为它们用的需求历史差不多。比如平滑系数为 0.4 时，预测值中的 87% 是由最近 4 期的需求历史决定的，所以其预测效果跟 4 周移动平均接近。

现在你就知道，为什么平滑系数 0.5 的预测效果不一定好了：预测的 88% 是由近 3 期的需求历史决定的，其中 1、2 期竟然决定了预测值的 50%、25%，跟 2 周移动平均都有点接近了。除非是需求变动异常迅速，否则你是不大会用 2 周或 3 周移动平均的吧？

或许有人会问，既然这样，那为什么不用一种方式完全替代另一种呢？移动平均法存在，因为其简单，这在众多计划能力薄弱的企业尤为重要。简单指数平滑法呢，通过分配不同的权重，准确度可能更高，但其初始化又比较复杂，平滑系数也不直观，对计划人员的能力要求更高。

特别要强调的是，简单指数平滑法更加灵敏，因为最新需求历史在预测中占比更大。比如 4 周移动平均下，最新一期的需求历史占 25% 的权重；简单指数平滑（α=0.4）呢，其最新的需求历史则占比高达 40%。这在新零售、电商、快时尚、餐饮等前置库位补货周期较短的环境中，效果很明显。比如门店没告诉供应链就突然开始促销，简单指数平滑法一发现昨天的销量上升，就会更大幅度地增加今天的补货量，从而降低前置库位断货的风险。

预测有趋势的产品

基于需求历史，预测补货周期外的需求，整个时间跨度越长，其间出现需求模式变化的可能性也就越大，常见的就是需求出现**趋势**。

趋势可直观地从折线图上看出，也可从数据分析中识别。我们围绕要复盘预测的 13 周需求历史，计算每个产品的斜率（用 Excel 中的函数 SLOPE）和 R^2（函数 RSQ）。R^2 超过 0.5 时，趋势看上去就比较明显，这样识别出 67 个产品，占总产品数的 6%。⊖

简单指数平滑法、移动平均法都不是预测趋势的合适方法。我们用 Excel 中的函数 TREND 来尝试预测。该函数其实就是线性回归 $Y=aX+b$，其中 Y 是需求（因变量），X 是期数（自变量）。

在图 6-30 的示例中，我们用的是 8 周趋势模型，就是基于 $T-1$ 到 $T-8$ 的 8 周需求历史来建立线性回归模型。在案例企业里，T、$T+1$ 和 $T+2$ 周的预测已经锁定，因为补货周期是 3 周；我们要预测的是第 $T+3$ 周的需求，并围绕 $T+3$ 的预测统计准确度，选择合适的预测模型。

更新时刻	$T-8$	$T-7$	$T-6$	$T-5$	$T-4$	$T-3$	$T-2$	$T-1$	T	$T+1$	$T+2$	$T+3$	$T+4$	$T+5$
T									x	y	z	a		

8 期趋势
用 8 周需求历史来建模

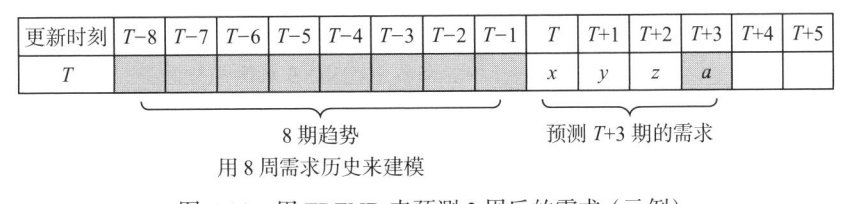

预测 $T+3$ 期的需求

图 6-30 用 TREND 来预测 3 周后的需求（示例）

⊖ 以 R^2 等于 0.5 作为门槛，纯属针对案例企业的经验值；参照折线图，添加趋势线，看是否明显。这个标准并没有普适性。读者要参照自己的产品来制定自己的标准。

预测趋势时，我们也是采取每周滚动预测的机制，把最新的需求历史纳入模型，更新线性回归模型。比如到 $T+1$ 周时，我们会基于 T 到 $T-7$ 周的 8 周需求历史，用函数 TREND 来建线性回归模型，预测第 $T+4$ 周的需求；到 $T+2$ 周时，我们会基于 $T+1$ 到 $T-6$ 周的 8 周需求历史，预测第 $T+5$ 周的需求。如此等等。

为了陈述的简单，我们用滑动窗口（需求历史）的期数来命名趋势预测。比如 10 周趋势是在 10 周、8 周趋势是在 8 周的需求历史基础上，用函数 TREND 建立线性回归模型。

跟移动平均法、简单指数平滑法类似，趋势模型 TREND 用的需求历史越短，模型就越灵敏，但预测值的波动性也就越大；用的需求历史越长，预测模型就越不灵敏，但预测值也就越平稳。

如图 6-31 所示，我们摘取案例企业的一个产品，来复盘预测 17～29 周的需求。不用计算就看得出，8 周趋势的预测更加波动，13 周趋势的预测更加平稳。正因为更平稳，13 周趋势模型就更加"赶不上"需求的剧烈变化（比如第 18 周的谷值、20 周的峰值），系统性偏差也更加明显。

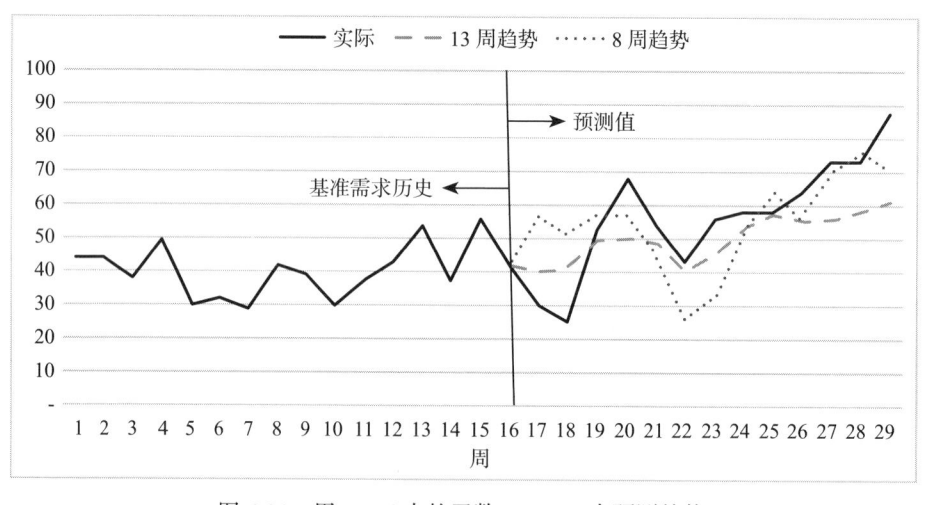

图 6-31　用 Excel 中的函数 TREND 来预测趋势

【下载】该示例的 Excel 文件可到我的网站上下载：scm-blog.com/download.html（如果公司网络屏蔽，可换个网络下载）。

预测的稳定性也体现在离散度上。针对图 6-31 中的产品，我们围绕 17～29 周的预测值求离散度（标准差/平均值），从图 6-32 中可以看出，13 周趋势预测最平稳，预测值的离散度最小；4 周趋势预测最不平稳，预测值的离散度最大。

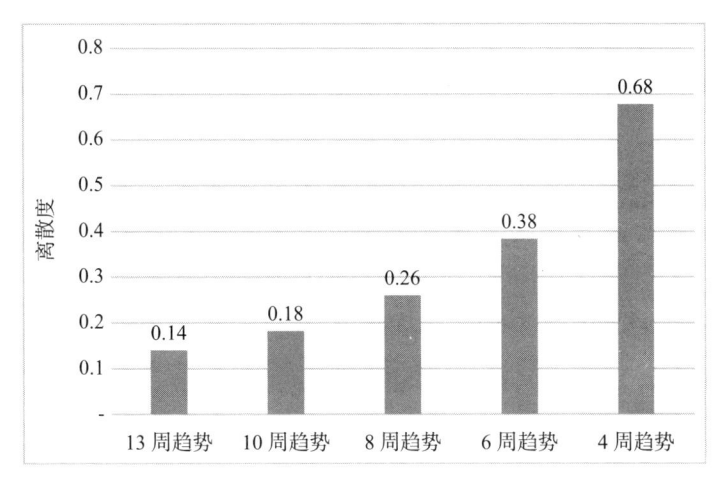

图 6-32　TREND 用的需求历史越短，预测值的离散度越大

对于案例企业，我们的择优对象是 13 周趋势、10 周趋势、8 周趋势。我们也会运行 6 周趋势、4 周趋势，但主要是为了演示和比较，因为我们一般需要 10 个数据点来运行一元线性回归。当然，有可能是 11 周、9 周趋势预测更加准确，但因为我们是在 Excel 中择优，计算量太大，没法群举所有的可能。

就拿图 6-31 中的产品来说，13 周趋势预测过于平缓，没法有效响应需求的变动，预测值持续低于实际值，产生系统性偏差，虽然准确度相当高，但不是优选的预测方法；10 周趋势的准确度最高，且没有系统性偏差，因而是该产品的优选方法。

就案例企业的 67 个有趋势的产品来说，即便用趋势模型来预测，系统性偏差的问题仍然存在（偏差指数超出 ±6）。如图 6-33 所示，13 周趋势模型下，有系统性偏差的产品数最多；4 周趋势模型下，有系统性偏差的产品数最少。这是因为用的需求历史越长，模型的灵敏性越低，越赶不上产品需求的变动，误差累积到一定地步，就会产生系统性偏差。

我们复盘的是案例企业的旺季业务，但 TREND 用的需求历史中，相当部分是淡季

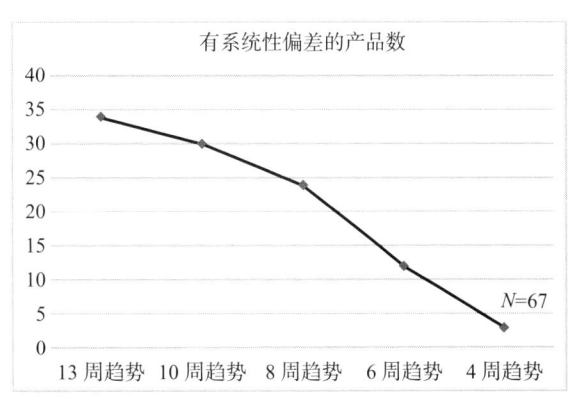

图 6-33　用线性回归预测趋势时，出现系统性偏差的产品数

的，业务并不一定在增长，甚至短暂下降。这显著减小了线性回归模型的斜率，当产品需求转入旺季显著增长状态的时候，就没法有效适应，容易出现系统性偏差。

让我们看个例子。

如图 6-34 所示，该产品前期的需求相当平稳，体现在斜率只有 0.5 上，这意味着下一周需求只比上一周增加 0.5 个，对于一个每周平均需求是 12 个的产品来说，这样的增长微不足道。而且，这样的增长也不稳定，这体现在 R^2 上：0.32 则表明线性关系相当微弱（R^2 越靠近 1，线性关系越强）。这其实就是水平波动，从折线图上也可看得出。

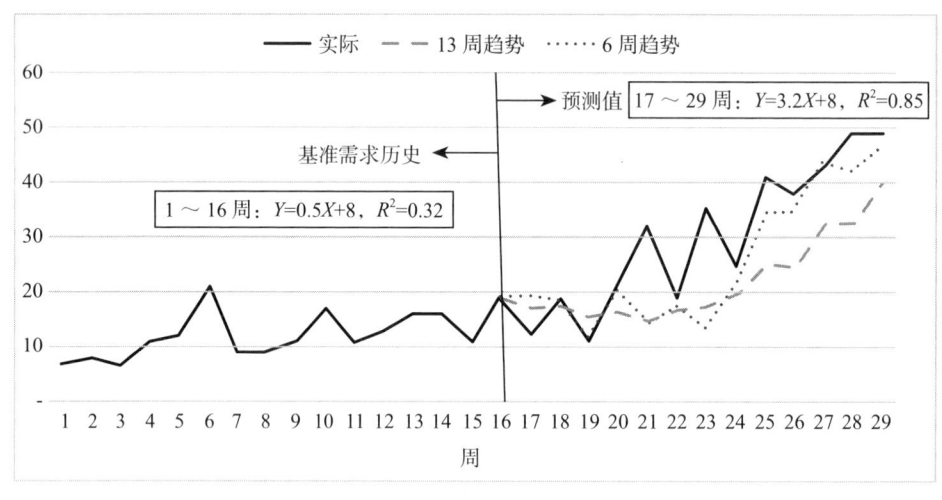

图 6-34　需求模式转换阶段，容易出现系统性偏差

但是，从 17～29 周，趋势就变得更加明显，表现为斜率增大到 3.2；线性关系更加明显，表现为 R^2 值增加到 0.85。这表明需求模式发生了**显著**变化，从原来的水平波动（1～16 周），变为现在的增长趋势。基于需求历史的模型呢，都有一定的**滞后性**，不光是平缓的 13 周趋势，就连灵敏度高得多的 6 周趋势，也产生了系统性偏差。

我们的解决方案呢，就是更多要靠组织力量，比如计划和销售要紧密配合，及早探知可能发生的改变需求的计划，及早手工调整预测。这就是需求管理的重要性。

节假日、促销前后的波峰、波谷，也可能让趋势模型出现系统性偏差。

比如在案例企业，感恩节、圣诞节过后，1 月的业务一般比较低迷，有些产品的需求显著下降，然后到 1 月底、2 月初恢复。比如在图 6-35 中，10 周趋势的预测准确度最高，但要从第 16 ~ 21 周的这个"大坑"里爬出来需要时间，结果就是长时间虚低，产生系统性偏差。

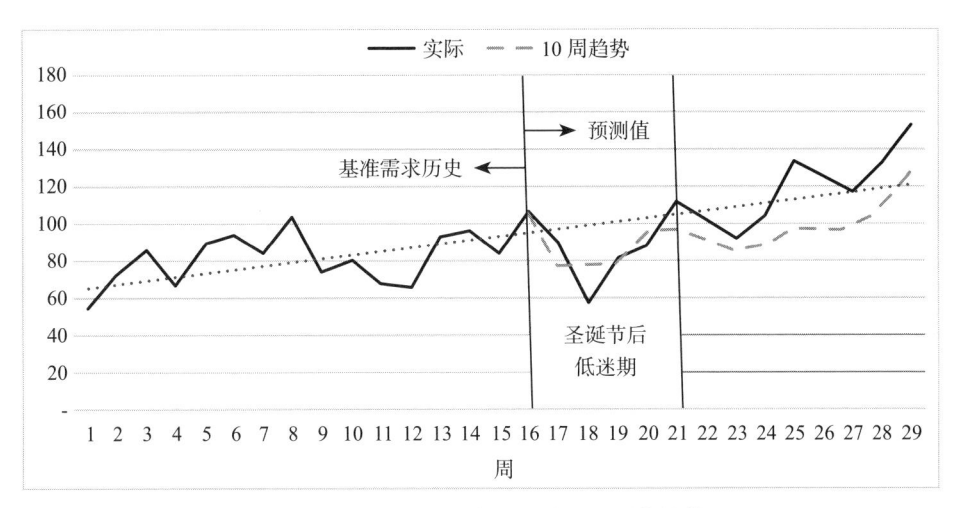

图 6-35 节日后的业务低迷，助长了系统性偏差

解决方案呢，就是我们可以适当"削峰填谷"，清洗数据。放在更长时间范围内，或许也可以用季节性模型，参照去年、前年同期的销量来预测。当然，用一些简单的预测方法，比如案例企业现用的 8 周移动平均，再基于对业务的了解做些适当调整，也是一种解决方案。

趋势预测的择优逻辑和移动平均法、简单指数平滑法类似：一方面，**预测准确度要高**；另一方面，**要避免系统性偏差**。

我们针对 67 个产品，识别准确度最高的趋势模型，并判断是否有系统性偏差，结果汇总在表 6-8 中。比如，共有 17 个产品用 10 周趋势预测最准确（均方误差最小），其中 9 个没有、8 个有系统性偏差。看得出，即便用趋势模型来预测这些产品，系统性偏差仍旧是个大问题，这应该主要是由需求模式的改变造成的。

表 6-8 准确度和系统性偏差汇总

		系统性偏差		
		无	有	小计
准确度最高	6 周趋势	5	3	8
	8 周趋势	1	12	13
	10 周趋势	9	8	17
	13 周趋势	20	9	29
	小计	35	32	67

从准确度的角度，10 周趋势、13 周趋势看上去是最准确的两个。我们做了一系列配对 t 检验，这两种方法的确比 8 周趋势、6 周趋势更准确（显著性水平为 0.05）。那么从数理统计的角度看，10 周趋势、13 周趋势两者之间是否有优劣区别？

针对所有 67 个样本，我们用配对 t 检验，发现 10 周趋势、13 周趋势在准确度上并没有显著区别（显著性水平为 0.05）。针对 13 周趋势最准确的那 29 个产品，配对 t 检验的结果也是跟 10 周趋势没有显著区别（显著性水平为 0.05）。但是，对于 10 周趋势最准确的那 17 个产品，配对 t 检验表明 10 周趋势比 13 周趋势更准确。

综合这些，我建议用 10 周趋势来预测这些有趋势的产品。

这里之所以只建议一种方法，是因为有趋势的产品相对较少。比如就这里研究的 1 107 个产品来说，67 个呈现趋势，占总量的 6%，平均到十几个前置仓，每个仓也就是那么几个。如果业务大幅增长或衰退，更多产品的需求呈现趋势，我们也可参照前面的优化逻辑，找两个甚至多个趋势模型来更好地择优。

除了线性回归，我们还可尝试用霍尔特模型来预测这些有趋势的产品。鉴于霍尔特模型相对更复杂，平滑系数的择优更难，对计划人员的要求也更高，我们在案例里就没有尝试。如果我们用函数 FORECAST.ETS 来运行霍尔特模型的话，或许会更加容易点。

小结：店铺预测

到现在为止，我们零零碎碎谈了店铺/前置库位的计划，主要是分享我们在这个项目里的经验教训。魔鬼藏在细节中。优秀的计划人员计划做得好，关键在于细节问题的处理，并不是用了别人不知道的公式——预测模型就那些，没什么我知道而你不知道的。

正因为零散，我们这里总结一下建议的店铺补货计划：

1. 识别需求历史中的极端值，清洗极端值。

2. 识别有趋势的产品，用 10 周趋势模型来预测（函数 TREND，滑动窗口为 10 周）。监控系统性偏差，识别出来，人工处理，寻找更合适的方法。

3. 对没有极端值、没有趋势的产品，在 13 周和 4 周移动平均之间择优，也就是说，复盘预测最近 13 周的需求，用准确度更高的那种方法。如果有系统性偏差，识别出来，人工处理，寻找更合适的方法。

4. 围绕 2 和 3 的预测误差，设置安全库存，应对预测的不准确（具体做法在后面第 9 章中会详细讲到）。

当然，对于那些新近上市、即将下市的产品，我们还是得延用老办法，主要靠经验判断，更好地管理需求来应对。

:: 小贴士　前置仓的计划人员做什么

在案例企业，店铺设立了专职的计划人员，负责制订前置仓的计划。计划人员把需求预测和库存计划的公式建到 Excel 表格中，每周更新需求预测和安全库存、再订货点，然后计算净需求，驱动中心仓补货。一旦设置好了，这活儿并不需要多少时间。那剩下的时间干什么？

要知道，计划是个"三分数据，七分管理"的职能。越是接近需求端，比如店铺、前置仓，计划人员的"七分管理"责任就越重。就拿案例企业来说，前置仓计划大概花 30% 的时间做数据分析，将剩下 70% 的时间用来管理需求变化，比如促销、店庆等活动，做好中心仓的"耳目"，把潜在的变化及早与中心仓沟通，以便调整总体需求预测，尽早驱动供应链来响应。

如果说总部计划是供应链的**中枢神经**的话，前置仓计划就是供应链的**神经末梢**，及早探知尚没发生但可能发生的显著变化。这就需要更多地跟人打交道。对那些习惯于跟数据打交道的计划人员来说，这是个挑战。在案例企业，负责店铺计划的主管原来是工厂的 PMC，习惯于跟数据打交道。初到店铺计划部门，她该怎么更多地跟销售经理们打交道呢？

很简单，即便销售经理们不说，前置仓计划人员也要去问。

我经常听计划人员说，需求变了，销售没有及时通知。销售没说，该打销售的板子，但我们问了没有？我们没问，同样罪在不赦。要知道，销售整天在忙业务端的事，什么时候会给后端的计划打电话？八成是要么着火了，要么冒烟的时候，计划和供应链已经来不及应对了。所以，作为计划人员，我们不能等着销售说，我们得主动去问，不管是通过定期的会议，还是随时随地的沟通。

店铺计划人员问销售，不是问数据，而是问数据后面的**假设**、**故事**。数据已经在系统里了，计划人员要提前分析好，比如做好基准预测，让销售来补充促销、产品切换计划等，这些以判断为主。有些销售不愿跟计划人员谈，因为计划人员一张口，就问那些具体的数字，要销售做计划，而自己只做个传声筒。那样的话，计划人员就做不好本职工作，不增加价值，不承担风险，成了边缘职能，越发难以管理销售端。

最后，顺便说说店铺计划专业化后，可能出现的"绩效"问题。

我敢肯定，专业计划人员要比一帮销售更靠谱；我也敢保证，专业计划人员也会有做砸的时候，你会听到更多的抱怨甚至投诉。这并不一定是库存计划问题更多了，而是专业化后，这些问题暴露出来了：以前是销售做计划，自己做饭自己吃，再难吃也不会到老板那里告他自己；现在是计划人员烧饭销售吃，稍不合口就去告。

我说这些，并不是说对销售的反馈置之不理，而是说管理层要切忌过度反应，又返回到销售兼职做库存计划的老路。当然，案例企业的一位销售可不这么认为：自己做饭自己吃，虽然不好吃，但可以吃饱；别人做饭，可能吃不饱。自己做，感觉到一切尽在掌控之中，其实不过是虚幻的控制感罢了；自己做饭有的吃，吃饱的代价却是放一大堆库存，花老板的钱省员工的事罢了。

经验教训

当初我做这两个案例时，断断续续花了几周时间：我在硅谷，早晨分析数据，傍晚（中国国内的早晨）分享给案例企业的计划人员，这是我做，他们看。然后是我们一起做，再然后是他们做，我看。三个阶段结束后，这些计划人员掌握了最基本也是最重要的预测方法和择优方法。

几年后，主导该项目的一位经理离职时微信上给我留言，说在这家跨境电商工作的几年，我们一起做的这个优化项目是她最大的收获。案例企业处于快速成长阶段，这个阶段的企业并不是卓越运营的典范，作为供应链从业人士，学不到多少专业知识也就不奇怪了。㊀

到了新的公司，这位经理人就把这套方法论用上，很快就在预测准确度上取得实质性的改善。毕竟，**要做好不容易，要做得更好却并不难**。在计划领域，很多企业就如从没吃过药的"原始人"，只要给片阿司匹林，就能看到明显的效果。

在写本书第 2 版的时候，我把案例企业的数据又仔细分析了一遍，查漏补缺，发现更多的改进之处，总结了一些经验教训，这里分享给大家，以免重新试错。

1. 系统性偏差。光从准确度来择优是片面的。长期而言，一个更"准确"但

㊀ 学习怎么做事还是要到那些建制完善、运营水平高的大企业。我有本书——《供应链管理：实践者的专家之路》，专门谈职业发展。

有系统性偏差的模型，比一个不那么准确但也没有系统性偏差的模型更糟糕：后者的偏差会互相抵消，有一定的自我纠偏能力；前者的偏差是单向的，累计下来则容易酿成大错特错。

系统性偏差需要持续监控，以指导我们更好地选择预测模型，特别是需求模式发生显著改变时。这点我们在初次做项目时还没在意，本书的第 1 版也没有讲到多少。在第 2 版中，我们更详细地探讨这些，比如介绍了"偏差指数"这样的工具。

2. **极端值**。极端值显著降低了预测准确度，也可能带来系统性偏差，导致预测模型失败。认识到这些并不难，但问题是如何有效识别和应对极端值。在运用预测模型前，需要通过计算 Z 值等，识别极端值，并清洗。

3. 判断模型优劣时，要用配对 t **检验**这样的数理统计工具，以增加结论的可靠性。就如这个案例中发现的，平均值这样的数字很容易误导我们：有些从平均值上看更准确的模型，经过严格的数理统计验证，发现其实并不真正更准确。

对经验丰富的职业人，数理统计可助力一个人从形而下上升到形而上，真正成为系统改善的专家。精益制造、六西格玛、全面质量管理等改善利器，都离不开成套的数理统计工具。

4. **幼稚预测**。不管是数据原因，还是模型选择不当，对有些产品来说，即便是优选的预测模型也可能斗不过幼稚预测。这是个强烈的信号，我们要深究根源，并采取措施。

5. **模型组合**比单一模型更好，就如投资组合能提高回报率、降低风险一样。用两种互补的模型，就跟我们案例中选的一个平稳的简单指数平滑，一个灵敏的移动平均，往往要比用任一单一模型更强大，更能容错，更能覆盖不同的业务模式、应对需求模式的变化。

6. **数据拟合**只是预测模型择优的一部分。我们的择优，不管是以什么方式，都离不开数据拟合，但不能光靠数据拟合——我们必须结合业务知识，从更高层面指导择优工作，避免一叶障目不见森林，从而犯方向性的错误。这是另一种"从**数据**开始，由**判断**结束"。

数据是很好的仆人，却是很糟糕的主人——数据分析必须在职业判断的指导下做。

7. **趋势、季节性**。即便整体业务没有，特定的产品也可能有趋势或季节性，特别是在预测跨度大、所用需求历史长的情况下。

8. 预测跨度。预测跨度越大，准确度越低。这是常识，在这个案例中，我才意识到影响竟然有那么大。预测跨度大不光降低准确度，而且可能显著增加系统性偏差。供应链的**执行能力**必须是预测准确度提升的关键一环，这就是原因。

资　源

更多计划与供应链管理的文章、案例、培训

- 我的供应链管理专栏网站（www.scm-blog.com）。
  - 这是我的个人专栏，写了快 20 年，上面有 700 多篇文章
- 我的系列供应链专著，填补学者与实践者之间的空白。
  - 《供应链的三道防线：需求预测、库存计划、供应链执行》(第 2 版)
  - 《供应链管理：高成本、高库存、重资产的解决方案》(第 2 版)
  - 《采购与供应链管理：一个实践者的角度》(第 4 版)
- 我的微信公众号"供应链管理实践者"，更新、更快，定期发布新文章。

Demand Forecasting and
Inventory Planning 第 7 章

高度不确定性下，如何预测

> 追求精益求精靠电脑，避免大错特错靠人脑。

需求预测要应对的典型问题可分两类，其挑战不同，解决方案也有差异，如图 7-1 所示。

不确定性大靠人脑
群策群力，避免大错特错

可重复性高靠电脑
精打细算，力争精益求精

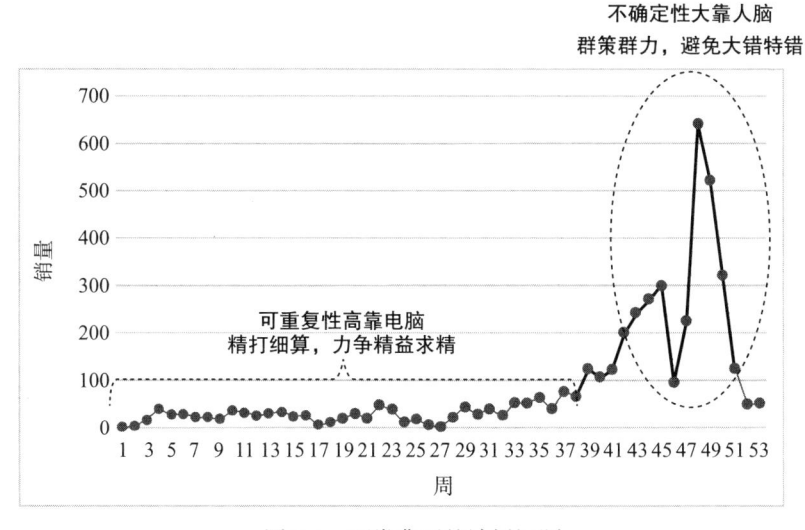

图 7-1　两类典型的计划问题

其一，需求的可重复性高，可参考的历史数据多时，我们要靠**电脑**，通过选择合适的预测模型，精打细算，精益求精，力争库存最低、服务水平最高。这是定量分析，也是前几章的重点。

其二，不确定性非常高，比如新品导入，双十一、6·18 等开展的大型促销活动，可参考的历史数据非常有限时，我们要靠**人脑**，群策群力，尽量避免大错特错。这是定性分析，也是本章的重点。

在追求精益求精上，人脑斗不过电脑（软件和模型）；但在避免大错特错上，电脑却斗不过人脑，因为计算机知道它知道的（反映在历史数据中的），不知道它不知道的（没发生过但可能发生的）。我们需要的是群策群力，尽可能地让信息变对称，以避免极端错误。

让我们先通过一个案例，看看不确定性非常大时，人们是如何做预测的。

案例企业是一家快时尚服装电商，有着强大的粉丝团体，为了最大化粉丝收益，不断推出新品，基本上每周都上新。该企业走的是中高端、差异化路线，批量小，首批推出一般也就几百到几千件。快时尚、多种少量让预测更难做，要么过剩，要么短缺，就成了家常便饭。

这不，有一款漂亮衣服在 4 月推出，几天就卖出了三四千件，紧赶慢赶地返单，等第二批到货时，都已经 6 月了，爆款带来的"热气"也快消失殆尽。有爆款，自然就有滞销。有个产品为了走量降成本，首批进货几千件，结果只卖掉几百件，投入巨量的资源促销也不管用。

作为电商，在社交媒体泛滥的情况下，改变需求的方式无穷无尽，更增加了需求的不确定性。需求不确定性很大，首批订货风险大，需求预测的压力就很大；预测风险高，没人敢承担，最终就只能是老板拍板。

老板做预测，表面上是因为他最有经验，实际上是因为他最有权威，最能承担预测失败的后果。但是，随着业务连续翻番，新产品越来越多，老板越来越忙，离消费者和一线运营越来越远，能花在需求预测上的时间越来越少，很多时候就只能靠拍脑袋，其弊端也就越来越明显。

他们的供应链总监找到我，要我跟老板说，让老板不要做预测——准确度低，员工们也不好意思说。我说老板做预测，是他喜欢吗？当然不是——没人喜欢面对高度不确定性做决策。但问题是，当我们缺乏有效的机制，没法有效整合跨职能的智慧和信息，员工们没法有效决策的时候，老板不靠自己拍脑袋，还能靠什么？

所以，**这里的问题不是改变老板的行为，而是找到更好的方法论提高预测准确度**。这样的话，员工能做好预测，老板自然就不用拍脑袋了。

作为解决方案，我就帮他们导入**德尔菲法**，提高全新产品上市前的预测准确度。在正式介绍这一方法之前，让我们先看个游戏。

游戏：瓶子里有多少颗糖

有一次，我在旧金山参加高科技预测与计划峰会。一家赞助商在展台上放了一大瓶巧克力豆，瓶子是透明的，让与会人员竞猜瓶子里有多少颗糖。那么大的一个瓶子，有几百颗巧克力豆，光看一眼，谁能猜得准呢？但令人吃惊的是，几十个与会者猜下来，平均值跟真实值的误差竟然连1%都不到。

这个游戏有多种版本，我在美国的好几个活动中都见到过，里面放的东西可能不同，数量不同，参与者也不同，但结果都一样：大家看上去都是在瞎猜，但平均值都惊人地接近真实值。

后来，我在培训中多次重复这个游戏，不过把巧克力改为糖（巧克力容易融化，不好带）。如图 7-2 所示，在上海的一次培训中，有 101 位职业人参与竞猜。我让他们看着装满糖的瓶子，然后扫描二维码，填入各自猜的值。我还让一位学员现场清点，确认瓶子里实际装了多少颗糖，以示我没有作假。

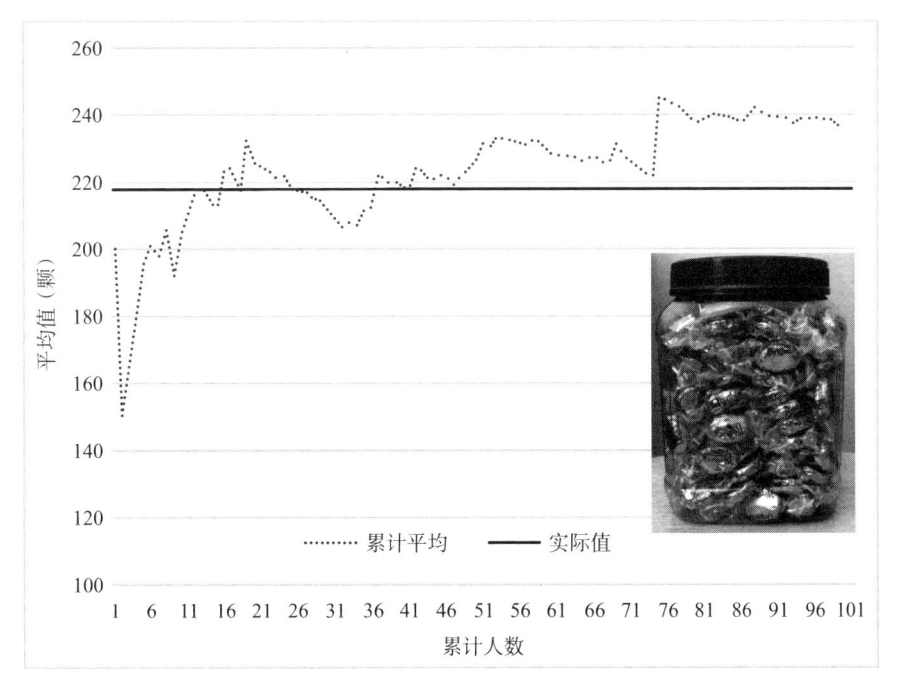

图 7-2　瓶子里有多少颗糖

按照学员填写答案的先后次序，我们求出累计答案的平均值。比如横坐标是 5，纵坐标是 196，意味着前 5 个人的平均值是 196，与实际值 218 的误差是 -10%；横坐标是 30，纵坐标是 211，意味着前 30 个人的平均值为 211，与实际值 218 的误差是 -3%。

看得出，刚开始时，人数比较少，平均值的误差相对比较大；5 个人以后，平均值的误差已经降到 10% 以下；随着人数的增加，误差进一步降低，最后 101 个人的平均值准确度为 92%。

在过去几年里，这个游戏在上海、深圳、杭州、西安、青岛、东莞等多地重复，每次竞猜的人数在 24 ~ 145 人，有的是公开课，有的是公司内训。这里我汇总了连续 26 次的结果。如图 7-3 所示，最准确的能达到 99.5%，超过一半的准确度超过 90%，近九成的准确度超过 80%。

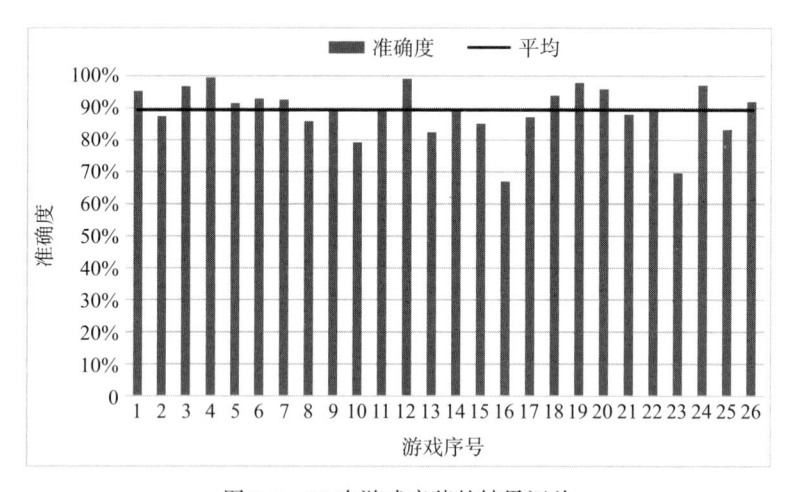

图 7-3　26 次游戏竞猜的结果汇总

我接触过很多企业，发现即便是成熟产品，70% 的预测准确度也似乎是个门槛，很少有企业能够突破。80%、90% 的准确度就更不用奢谈了。规格、型号（SKU）层面的预测呢，准确度动不动就只有百分之二三十。老产品如此，那充满不确定性的新产品就更不用说了。

那么大的一个瓶子、那么多的糖，就那么远远地看上几眼，信息是如此不对称，不确定性是那么高，大家却能猜得这么准确，你不得不佩服集体的智慧和概率世界的奇妙：有人猜得少，就有人猜得多；很多人猜得少，那就来一个猜得很多的抵消。

在概率论上，这背后的原理叫"大数定律"，即样本数量越大，平均值会越接近真实值。

这样的例子比比皆是。比如身高，上辈人个头儿矮点，下辈人一般会高点；老子比较弱，经常受欺负的，儿子往往强，变成欺负人的人——老子英雄儿好汉往往不靠谱，王侯将相宁有种乎却是真的。这都是大数定律在起作用。

三个臭皮匠，胜过一个诸葛亮。智慧在民间。公司里的小道消息远远比你想象的要准——大家都在八卦的，基本上都是真的。小时候上学，大家都在说某某跟某某好上了，基本上也是一说一个准。这都是大数定律和群众智慧的表现。

再讲个我老东家的故事。

以前老东家年度营收二三十亿美元的时候，主打产品只有一类。那么大的上市企业，产品如此单一，万一升级换代跟不上，公司也就完了。华尔街的大股东们坐卧不安，就逼着老东家开发新产品。但每每开发到一定阶段，人人都知道这个产品会失败。为什么？中午吃饭的时候，餐厅里人人都在说这个产品会失败。毫无例外，那些新产品都失败了。㊀

要知道，很多问题尽管看上去摸不着头脑，但大家或多或少总是有些经验，知道某一方面的知识、细节。这些细节知识整合起来，准确度就很高。放在专家预测上，有的人高估，有的人低估，**多人预测降低了偏差，往往比单个人拍脑袋更准确**。这就是德尔菲法的底层逻辑。

德尔菲法

德尔菲法是一种定性预测法，由兰德公司开发，成型于 20 世纪 50 年代，最初用来评判科技对战争的影响。比如召集多位军事专家，让他们判断苏联攻击的可能性、攻击强度㊁，以及预测使用核武器的可能后果等㊂。

这些情形的共性是可参考信息有限，不确定性非常大，人们主要是依靠权威来做判断，导致决策质量低下。兰德公司开发德尔菲法，就是为了避免集体讨论

㊀ 后来，老东家走上有机成长与并购相结合之路，并购了一个 20 亿美元左右的同行，跨入更多的产品线。伴随着这十几年来半导体行业的快速发展，营收一路爆炸式成长到 170 亿美元（2023 年），股票一路涨到 1 100 多美元（2024 年），市值一路上升到 1 100 多亿美元。

㊁ *Use of Delphi in Health Sciences Research: A Narrative Review*, by Zhida Shang, Medicine (Baltimore). 2023 Feb 17, 102(7): e32829.

㊂ *Delphi Panels: Research Design, Procedures, Advantages, and Challenges*, by Jay R. Avella, International Journal of Doctoral Studies, 2016 (11): 305-321.

中盲从权威、盲从多数的问题，通过群策群力来提高决策质量。

如图7-4所示，德尔菲法的流程一般如下。

图 7-4 德尔菲法示意图

资料来源：Delphi Method, Dr. Phil Davidson, University of Phoenix, research.phoenix.edu.

首先是由组织者来组建专家团队，提供项目背景信息，告诉专家们决策的目标。然后让专家们背靠背、独立做判断，并简单附上判断依据。接下来组织者会整理汇总，以匿名的方式反馈给全体专家，让信息变对称，成为下一轮判断的基础。

在最新信息的基础上，专家调整自己的判断；组织者再汇总、整合，以匿名方式提供给每个专家；专家再次调整，如此再三，最终达成一定程度的共识，比如在需求预测上，就是以平均值或者中位数作为最终的预测。⊖

德尔菲法有多个变种，但关键做法都差不多：**专家、匿名、多轮反馈和修正**，直到最后达成共识，或者达到预先设定的门槛，比如重复了多少轮。这种**结构化**的方法，对消除信息不对称，通过群策群力来提高决策质量至关重要。当然，也有多轮后达不成共识的，意味着德尔菲法不是合适的决策工具。

或许有人会说，我们平日开会不也是群策群力，多人智慧胜一人吗？不，德尔菲法与开会可大不一样。

⊖ 之所以用中位数，是为了避免极端值对平均值的影响。比如我跟盖茨的平均财富是490亿美元，但你知道那都是盖茨的钱。这也是为减少博弈，比如某个职能有意虚高或虚低——那样做能显著改变平均值，但对中位数的影响甚微。

:: 小贴士　德尔菲法与开会大不一样

不确定性高时,我们习惯于召集跨职能团队,开会集体讨论。但开会有一系列的问题。

其一,开会时,老板坐在那里,不管在多民主的企业,大家都会自觉不自觉地跟着老板的思路走;强势职能的员工在场,他们的胳膊最粗,拳头最大,八成也是他们说了算。有经验的人影响没经验的人,老员工影响新员工,个性强的影响个性弱的,都是普遍现象。

其二,大家坐在一起开会,看上去是各抒己见,畅所欲言,其实时刻都在博弈:每个人讲什么样的话,做什么样的判断,很大程度上取决于别的职能、别的人在说什么,采取什么立场。大家都习惯性地藏着掖着,比如不愿意首先发言——谁先亮牌,谁就在博弈中处于被动。

其三,集体开会讨论还有个问题,就是群体决策,可能变得更激进、冒险。就如古斯塔夫·勒庞（Gustave Le Bon）在《乌合之众》一书中所言,"人一到群体中,智商就严重降低",变得盲目、狂热、轻信,以集体的力量做出灾难性的决策来——听过聚众造反吗？人多了,胆就更肥了,连杀头造反的事都敢干了。

可以说,会议是辩论,最终结果往往是让**最强的人**赢;德尔菲法是让信息变对称,让**最好的点子**赢。

这得益于德尔菲法背靠背、独立做判断,减轻了种种博弈,让大家更可能以专家身份做出客观判断。整个过程中都是匿名,专家们互相不知道,避免了权威、头衔、职位、个性、名声等的影响,也避免了强势职能、强势人物的影响。信息汇总、反馈给专家团队时,也是采取匿名的方式,让大家没了后顾之忧,客观上促进大家畅所欲言,放心、独立地做出各自的判断。多轮反馈更是让信息变得更对称。这些都为群策群力,提高决策质量提供了客观条件。

| 实践者问 |

德尔菲法里的"德尔菲"是怎么来的？

| 刘宝红答 |

德尔菲是古希腊地名,那里有座阿婆罗神庙,是古代预卜未来的神谕之地。[一]

[一] 百度百科的"德尔菲法"词条。

在一些偏远地区，当不确定性很大时，大家还有问神的习惯。通俗点讲，德尔菲法就如问神，专家就是"神"；不光是问一个"神"，而且要问多个，交互验证。

案例 7-1 快时尚电商的新品预测

让我们回到篇首的快时尚电商。我们的解决方案是通过试点项目，导入德尔菲法，以期把老板从新品预测中解放出来。

我们首先是找试点产品。他们正好在开发一个全新产品，可参照的产品非常有限，需求充满不确定性。试点产品正好处于开发后期，需要确定首批订货量。该产品也是案例企业的重点开发对象，能够得到专家们（跨职能团队）的重视。

找好了试点产品，我们围绕这个产品，确定了该新品预测的专家团队。

组建专家团队

在案例企业，他们认为以下岗位对试点产品的需求有判断能力。

- **产品经理**：案例企业采取集成产品开发（IPD），由产品经理担任项目经理，对产品全权负责，在新品开发中扮演关键角色，包括新品的需求预测。
- **设计师**：具体负责该产品的设计，熟悉产品的定位，比如是基础款，还是流行款，以及特定设计对需求的潜在影响，比如颜色、辅料的选择等。
- **店铺经理**：负责主要网店的销售，熟悉消费者的需求模式，有能力对不同产品做出横向比较，也熟悉上新期间的促销计划等。
- **数据工程师**：负责数据化，熟悉各种产品的需求历史，能在历史数据的基础上帮助做需求预测，是实际上的计划经理。她也是德尔菲法项目的**组织者**（我来协助她设计和实施）。
- **研发负责人**：特别熟悉产品，了解用户。她在微信群、QQ等社区小组里非常活跃，熟悉用户需求，对用户认知挺多。
- **销售负责人**：虽然直接参与新产品开发较少，但经验丰富，熟悉客服团队的反馈，能帮助做多个产品的横向比较。
- **供应链负责人**：熟悉产品的成本、最小起订量、供应商的阶梯报价等，也熟悉关键原材料的共用性和货期，能够从供应端帮助做需求预测。
- **总经理**：本来就在做新品预测。

确定了试点产品和专家团队后，组织者就把专家团队召集到一起，培训德尔菲法，展示产品的样品，启动专家团队来做全新产品的预测。当然，在严格的德尔菲法中，专家们互相不知道，就没有这样的集体培训。不过在企业环境，专家其实大都是各个职能的骨干，很难严格做到匿名。

要专家判断什么

首先，**我们究竟要专家团队预测什么**？我在一个微信群看到一张图片，医生们在街上罢工游行，但举起的牌子上却歪歪扭扭地写着处方一样的字，谁也看不清楚他们的诉求是什么（见图7-5）。你知道，这是在戏谑那些开处方如同天书的医生们。⊖放在新品导入的专家决策中，我们知道究竟要这些专家预测什么吗？

一些医生走上街头罢工游行
但他们的诉求不太清楚

图 7-5 诉求不清，是又一种垃圾进、垃圾出

案例企业说，产品上新，不就是要预测首批订单量，也就是说，首批向供应商的进货量呗。这里说得不清楚，有两个问题。

其一，预测包括**数量**和**时间**两个维度，缺一不可。首批订单量只有数量，没有时间——这首批制造的产品，究竟预计在多少天内售完？如果我们把时间的口子开着，每个专家成员就得做出自己的假定；对时间的假定不同，预测的数量就会不同；缺乏一致性，就没有可比性，专家判断就成了垃圾进、垃圾出。

其二，"首批订单量"问的是供应，即给供应商下多少订单。虽说供应主要是由需求决定的，但两者并不是一回事。作为供应，首批订单究竟生产多少，还受产能、采购周期、规模效益等影响。比如最小起订量越大，首批订单量就可能

⊖ 我在英国的《每日电讯报》（*The Telegraphs*）上看到相关的医生罢工，以及这位愤怒的医生举牌子的另一幅照片，上面倒是写得很清楚，所以微信群里的这幅图是 PS 过的。原文：*Doctors' strike: the NHS exists to serve patients, not keep doctors happy*, by James Kirkup, www.telegraph.co.uk。

越大；补货周期越长，首批订单量就越大；产能有限，可能得降低订单量等。

我们首先要预测的是"无约束"需求，也就是说，基于这样的产品和价格定位，我们认为究竟能卖掉多少。至于能不能生产那么多，那是下一步要解决的。然后基于供应端的约束条件，我们制定"约束性"预测，转换为给供应商的订单量。如果一上来就奔着"约束性"预测去，要考虑的因素太多，要做的假设、判断也就多，而变量太多则直接影响决策质量。

跟案例企业讨论以后，我们决定问专家团队两个问题：①上新30天内，你认为需求可能是多少？②除此之外，你认为还可备多少主要面料（长周期物料），这样一旦需要补单的话，我们可以快速反单？我们特别提醒，希望这些原材料备货能在3～6个月内消耗完毕，以期控制原材料的呆滞风险（这也是给专家团队框定预测的"时间"维度）。

专家判断不是拍脑袋

确定了要问的具体问题，下一步是确定**哪些信息是已知的，可以统一提供给专家团队**，以缩短学习曲线和提高决策质量。要知道，**专家判断并不是拍脑袋，他们是在以往经验的基础上做判断**。而以往的经验呢，其实很多已经凝聚在数据里，比如销量，我们可以汇总这样的数据，统一给专家团队。

试点产品是个全新品，但并不是说就没有一点可对比的产品——可参考的产品还是有的，无非是可参考性非常有限罢了。如图7-6所示，我们汇总了**类似产品信息**：去年上新了6种有一定可比性的产品，分别是什么时候上市的（这影响季节性产品的销量），首批生产了多少件，上架30天卖掉多少件，3个月、6个月累计卖掉多少件，供专家们参考。

比如第一种产品是京东店的活动款，那意味着如果试点产品不是京东店的活动款，销量就需要在该产品的基础上适当打折。再比如第三种产品卖到第2个月时就断码了，那意味着以后的销量虚低，我们要在其基础上加码。

注意，上面6种产品是去年一年内上新的。组织者原来还准备提供前年的产品信息，但有两个问题：①时间较久了，上新期间的销售数据不全；②两年的产品太多了，容易造成信息过载，反倒影响专家成员的判断。组织者也想提供每个产品的四象限分类（产量的高低与销量的高低），以及退货率等，同样有信息过载的可能，就一并拿掉了。

在图7-6的左下角，我们汇总了试点产品的一些定性信息。比如，产品定位是高价位、中价位还是基础走量款？试点产品跟别的产品是独立、互补，还是蚕食关系？后续有没有更多的产品上市？这些都可能影响试点产品的销量。

历史销量——可参照的产品

	上新日期	首批生产数量	上架30天销量	上架30天售罄率	前3个月累计销量	前6个月累计销量	销售说明
去年上新的6种同类产品	4/26	1 535	594	39%	710	1 154	作为京东店活动款
	8/21	4 000	1 436	36%	2 191	3 701	
	9/10	2 000	1 338	67%	2 768	3 919	第2个月断码，前3个月、6个月销量低于实际。第6个月还未满月
	8/21	4 000	584	15%	998	1 573	
	6/15	5 000	2 490	50%	4 116	6 447	
	12/12	2 000	1 162	58%	1 817		3个月还没满，销量低于实际

定位	产品是偏向基础走量的，对标告白系列，多一些色彩设计感
定价	该产品的定价策略
成本	该产品与以往产品相比，成本上有何差异
商品计划	更多产品的上市计划

主要材料：最小起订量和阶梯报价			
最小起订量及阶梯订量	3 000	6 000	10 000
不同订量的阶梯报价（元）	12	9.8	9.2
主物料成本差异（元）	36 000	58 800	92 000
约可做成品件数（件）	5 830	11 661	19 435

图7-6　可参照产品的历史销量

注：已对案例企业的敏感信息进行处理。

此外，组织者还给专家们提供了采购相关的数据，包括主面料的最小起订量，供应商的阶梯报价，有无特殊工艺（比如染色、表面处理等），以及相应的附加费用（跟最小起订量有关），如图7-6右下角所示。

项目结束后反思，采购相关的信息，比如供应商的阶梯报价、最小起订量等，与需求预测其实并不相干——这些因素会影响**供应**，但不会影响**需求**。需求就相当于消费者们的"饭量"有多大，至于我们能不能做出这些饭，其实并不影响消费者们有多饿，想吃多少碗饭。

当然有人或许会说，这会影响成本，而成本会影响价格、价格会影响需求。不过想想看，一件物料成本100元的漂亮衣服，卖到消费者手中就成了六七百元甚至更高。现在面料上便宜几元钱，究竟能影响多少需求呢？能算清这笔账的人大概没几个。况且，案例企业定价，更多是参考市场价和供需关系，跟面料成本关系不大。

给专家团队太多不相关的信息，反倒容易造成信息过载，影响决策。比如这里的最小起订量3 000，就在后面多次出现，成了好几个专家的"预测"。

组织者把关键的背景信息准备好，编辑成一页 A4 纸文件，发给每一位专家。如果组织者不整理这些数据，专家们八成是不会自己去找的。因为有些专家，比如设计师，根本就不知道这些数据在哪里。即便那些跟数据打交道的人，也可能嫌麻烦，不会去找历史数据。于是德尔菲法就可能完全成了拍脑袋。

有了基本的数据和信息后，组织者就召集专家会议（严格的德尔菲法采取匿名做法，不会有这样的专家会议，不过在公司环境，专家们往往相互熟悉），再一次介绍了德尔菲法的方法论，展示了产品样品，开始案例新品的专家判断法。

第一轮，每一位专家回到自己的办公室，分析已有的数据，搜集更多的信息，**独立**、**背靠背地做出判断**，扫描二维码，在线填写信息（见图 7-7）。

```
* 1. 上新 30 天内，我估计 ××× 产品能卖掉_____件。
* 我的主要判断依据如下：
  [                                    ]

*2. 除此之外，我认为可以额外备_____件的原料，以便快速补单。
* 我的根据如下：
  [                                    ]

* 3. 我理解我们在导入专家决策法，群策群力，把我们的新品预测做得更准。为了让这种方法更
   健全，我希望以后有如下改进（比如给专家组提供额外的信息，或者专家组漏掉关键人员等）：
  [                                    ]

* 4. 上述信息会以匿名的方式汇总。请留下姓名，好让组织者知道谁没有填写。
```

图 7-7　首轮判断的问卷设计

在问卷最后，我们要求每位专家留下自己的姓名。这一方面是为了督促专家们认真完成任务，另一方面也帮助组织者跟踪各个专家的判断结果，以期后续复盘改进。在这里，组织者明确说明，填写的结果会以**匿名**的方式反馈给专家团队，以便让专家们没有后顾之忧，做出最好的判断。

组织者汇总第一轮的结果，比如 8 个跨职能专家中，每个人做的预测分别是多少，主要依据是什么，做了匿名处理后，汇总分发给专家团队，问他们有没有要修改的，进入第二轮。

第二轮的方法论与第一轮一样，由每个专家成员**独立**、**背靠背**地决定，是

否修改自己在上一轮的预测结果，并注明修改依据——任何人都可以填写一个数字，真正重要的是数字背后的原因，专家们的**判断依据**更重要。研究表明，提供判断依据，更可能提高预测准确度。㊀

专家判断的结果分析

两轮判断后，7位专家的结果明显趋同（原来有8位专家，其中一位专家中途休假，只做了第一轮，就被剔除了）。表现在标准差和离散度上，就是这两个数值明显降低——标准差从837降为182（见图7-8），离散系数从0.75降为0.22（离散系数=标准差/平均值）。

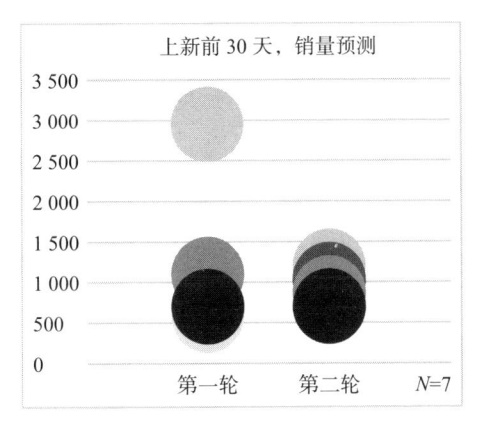

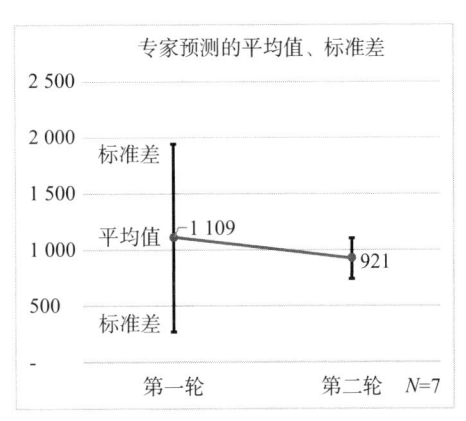

图 7-8　两轮判断后，专家的预测值更加趋同

但是，对于额外备料的预测，两轮专家判断后，预测的离散度却依旧很大。

如图7-9a所示，虽然看上去更加"趋同"了，但这有误导：第一轮的预测是从0到3 000的很多值，第二轮则主要集中在1 000和3 000上——3位专家预测1 000，另3位预测3 000（还记得3 000吗？主面料的最小起订量！）。这在图7-9b中就可看得更清楚了。

这不应该是巧合。项目后反思，应该是我们作为组织者问错了问题：专家团队不是额外备料的合适判断者。

对于专家成员中的产品经理、设计师、研发负责人来说，他们的关注度集中在上新前后，新产品都忙不完呢，至于上新结束后，补单该补多少，他们根本没时间去关注，经验有限，自然就做不出高质量的判断。但因为组织者要求填写一

㊀ *Expert Opinions in Forecasting: The Role of the Delphi Technique*, by Gene Rowe and George Wright, International Series in Operations Research and Management Science. 10.1007/978-0-306-47630-3_7.

个数字,那就只好随意填一个,然后等着看别人都是怎么填的,以便进行第二轮修改。

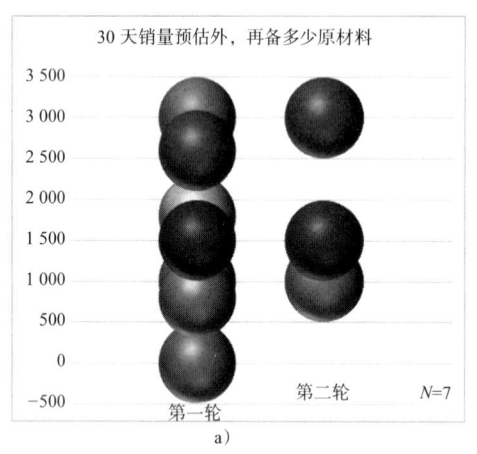

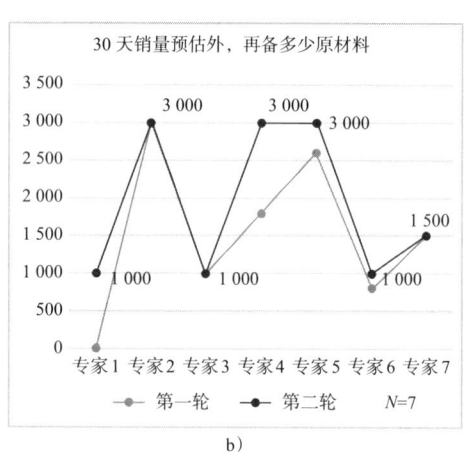

图 7-9 两轮判断后,额外备料的预测还是差异很大

第一轮的结果中,有两种说法看上去比较靠谱:一位说,基于成本和此产品的差异化设计,该产品的目标应该是基础款、高销量,所以我们就再备一个最小起订量 3 000 的面料;另一位说,该款式设计上与别的"撞色","在夏天不讨喜,预计只能在春秋两季去推",而且 3~5 月有多款类似产品上线——该款明显是低销量,没后劲儿,再备 1 000 件的面料就足够了。

这两个理由看上去都很充分,大家就跟风变成了两派,有的人选 1 000,有的人选 3 000。不过 1 000 跟 3 000 的差距可太大了,所以说专家们在这个问题上并没有达成一致。

我的建议呢,就是以后不让专家组预测后续备料,而直接由供应链根据上新 30 天的销量预测,来预估后续两个月的需求——供应链有一定的经验,大概知道上新和正常销量之间的比例关系,比如上新卖得多的,量产后也卖得多,可以相当靠谱地由前者推导出后者。

最后,实际销量出来了,案例产品上新 30 天卖掉 858 件。如果与第二轮预测的简单平均值 921 个相比,误差为 7%;如果把第二轮预测剔除最大值、最小值后取平均,误差为 6%,如图 7-10 所示。不管用哪种统计方法,预测准确度都是非常高的,远超我们的期望。

让我们看看老总的预测。

为什么单单要把老总拖出来比较呢?因为老总本来就是做预测的那个人。

图 7-11 总结了老总的预测：第一轮预测为 700，比实际低 18%；第二轮修正后为 1 050，比实际高 22%。我们当时还试点了另一种产品，老总也是第一轮预测偏低，第二轮预测就偏高，两轮预测相差 40% 左右。

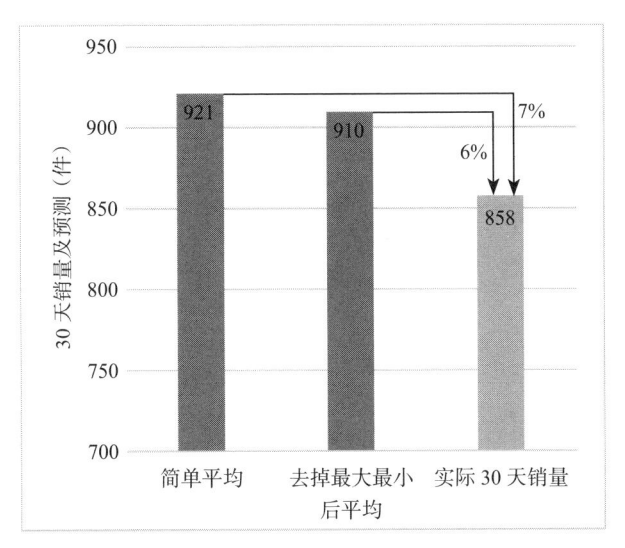

图 7-10 上新 30 天的需求，专家团队预测的准确度分析

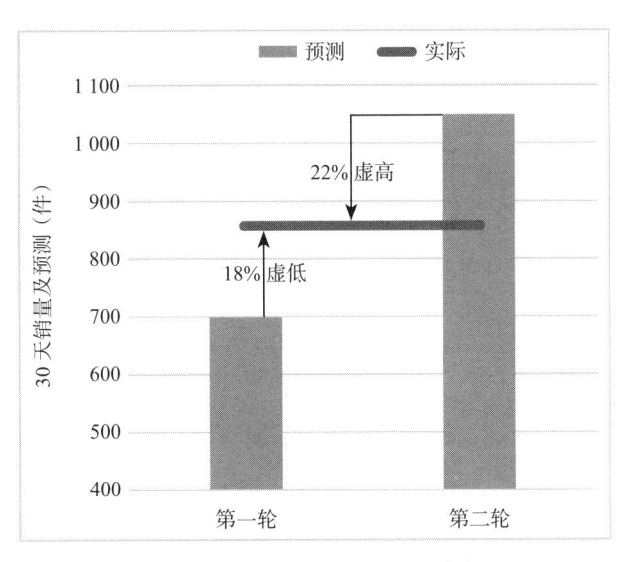

图 7-11 老总两轮预测的准确度

在试点的两种产品中，老总的第一轮预测都比较保守，大概是因为花的是他的钱，以前被过剩整怕了，就宁缺毋滥；一旦发现别人的预测都较高，老总也就随大流，相信真理是掌握在大多数人手中的，于是就拔高自己的预测。

两轮差距这么大，表明老总有没有一套科学的预测方法论？没有——如果有的话，两次预测的差距不会这么大。这再次表明，老总做预测，并不是因为他的本事有多大，而是因为企业没有更好的方法论，预测准确度太低，风险太大了，别人不敢做预测，老总就不得不拍脑袋了。

《超预测：预见未来的艺术和科学》一书写道：（在预测准确度上）**一个人要打败多个人，需要有很强的能力和相当的训练；一群人要打败一个人，则不需要多少专业知识和训练。**[⊖]这也解释了，为什么在这个案例中，没有受过多少训练的专家团队，很容易地打败了吃过很多苦、试过很多错、交过很多学费的老总。

多人智慧胜一人。这正是德尔菲法的精髓所在。

德尔菲法失败的一些原因

三个臭皮匠，胜过一个诸葛亮。德尔菲法本质上并不难，但有些问题处理不好，会导致专家判断法流于形式，达不到期望的效果，而最终又回到老板拍脑袋，或者强势职能说了算的老路上来。如图 7-12 所示，我们总结了三个常见的错误。

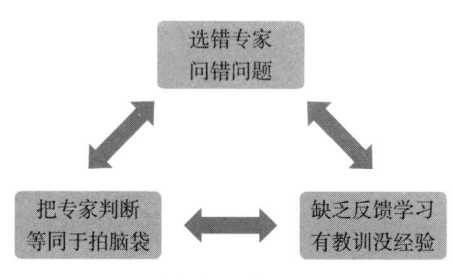

图 7-12　德尔菲法失败的三个原因

其一，**选错了专家，问错了问题**。专家的定义是在某个方面深入了解这个产品。比如设计师熟悉这个产品的受众，产品经理熟悉这个产品的定位，电商经理熟悉促销计划，门店经理熟悉消费者的爱好——这些都跟具体的**产品**相关，可能显著影响产品的需求。

但在实践中，人们往往从**专业**角度确定专家，那专家团队就变成了首席技术官、营销总监、产品总监之类的。这些人是各自领域的专家没错（至少名义上如此），但往往并不熟悉**具体产品**，并不是做出产品预测的最佳人选；他们职位高、责任重，往往也没有足够的精力投入具体的产品预测中，对具体产品的判断往往低于平均水平，也降低了决策效率。

其二，**把专家判断完全等同于拍脑袋**。专家判断还是得遵循"从数据开始，由判断结束"的决策流程，只不过数据比较少，更加不结构化而已。对于产品层

⊖ 菲利普·泰洛克和丹·加德纳著，熊祥译，中信出版社，2016 年。

面的专家，他们聚焦自己的领域，往往缺乏整体信息。比如这个产品跟其他产品是竞争关系还是互补关系？现有相关产品的销量如何？以前类似产品的需求预测、实际销量如何？这些信息需要**组织者**统一整理，提供给每个领域的专家，让信息变对称，以尽量缩短他们的学习曲线，减少循环的次数，尽快达成共识。

其三，**缺乏反馈机制，有教训没经验，没法持续提高决策质量**。专家判断法很容易被当成一锤子买卖，但其实不然。比如，我们一直在导入新产品，一直在做高风险备货，专家团队其实也相对固定（都是各职能的一些骨干人员）。一锤子买卖经常做，就变成了经常行为，需要不断改进，这里的关键是形成**闭环反馈**的复盘机制。

比如，新品上市了，有了销量，我们要跟需求预测对比，跟每个具体专家的预测比，看他们对是对在何处，错又错在哪里；某个专家一直虚高，另一位专家一直虚低，为什么？这是组织者的一项重要任务：他们需要把这些数据收集起来，形成集体智慧和经验，提高以后新品预测的准确度。没有反馈和总结，就容易导致有教训、没经验、随意性大、准确度低，最后就又回到老板拍脑袋，或者强势职能说了算的状态。

:: 小贴士　反馈改进，从失败中学习

结果出来后，结果本身已经并不重要，重要的是理解结果是怎么发生的。只有不断学习总结，才能更好地掌握和改善专家预测法，这才算闭环完成。

总结学习的方式有很多，比如奖励最准确的专家，小组分享成功经验、总结失败教训，让更多的员工参与学习等。在上面的案例中，对于给每个专家的反馈，组织者根据预测误差排名，如图 7-13a 所示。不过这种排名方式也有改进之处。

专家	综合排名	误差
专家 2	1	10%
专家 7	2	16%
专家 6	3	19%
专家 5	4	24%
专家 4	5	28%
专家 3	6	34%
专家 1	7	71%

a)

专家	综合排名	准确度
专家 2	1	90%
专家 7	2	84%
专家 6	3	81%
专家 5	4	76%
专家 4	5	72%
专家 3	6	66%
专家 1	7	29%

b)

图 7-13　瓶子是半空的，还是半满的

首先，我们的目的是表扬先进，还是鞭策后进？如果是表扬先进，那么可以考虑只列出前3名，也好保护排名靠后的（他们排名靠后，更多的是在学习过程中，而不是故意做砸）。对于先进者，如果给予小小奖励的话就更棒了——奖励不一定要花多少钱，一颗糖也是奖励啊；甚至根本用不着花一分钱，扬善于公庭就是最好的奖励。[一]

其次，我们是想看到"半只瓶子是满的"，还是"半只瓶子是空的"？10%的误差和90%的准确度从统计上看是一回事，但传递的信号却大不相同。前者是说错得少，强化大家少错，有点负面激励的感觉；后者说的是对得多，鼓励大家多对，更加积极正面（见图7-13b）。这些都是很小的细节，但对激励士气，更好地完善专家判断法不无裨益。

作为组织者，结果出来后把专家们叫到一起，说今天中午我们提供盒饭，大家一边吃饭，组织者一边做汇报，分享哪些地方做得好，哪些地方可以改善。专家们也可分享自己的经验教训，为什么有些人判断得很准，而有些人则相反。复盘学习有助于我们以后做得更好。毕竟，人都是从经验里学习的，要么从自己的经验，要么从别人的经验。这样的复盘两者都提供。

| 实践者问 |

如何提高专家判断的质量？

| 刘宝红答 |

研究表明，两方面的因素可提高专家判断的质量：①专业领域的知识；②更及时的信息。专业度和信息对称，德尔菲法在这两个领域发力，以结构化、系统的方式，群策群力来避免大错特错。

:: 小贴士　德尔菲法的设计[二]

德尔菲法看上去直观、简单。越是简单的方法，就越得关注细节。比如，究竟如何定义专家？几个才算合适？专家们的判断要不要分配权重？要达成共识，

[一] 扬善于公庭，规过于私室，出自《曾国藩家训》，意即人的优点要在公众场合表扬，人的不足要在私下规劝。

[二] 参考了 Use of Delphi in Health Sciences Research: A Narrative Review, by Zhida Shang, Medicine (Baltimore). 2023 Feb 17, 102(7): e32829.

那什么是共识？共识又是如何衡量的？取平均值还是中位值？要不要拿掉最大、最小值？达不成共识的话，多少轮就算上限？我们在这里一一来探究。

什么是专家？

这里的"专家"是熟悉具体产品的人，往往是各职能的骨干，而不是级别最高、资历最深的人。这就如你去做手术，90岁的老院长资深是资深，却站都站不稳了，你当然不想让他来主刀。

比如说，企业大了，研发、销售、供应链的负责人一般都是"每顿饭都吃得很好，但已经不知道真相了"，跟具体的产品不怎么打交道了，所以将其纳入专家团队要非常小心。

那在上面的案例里，为什么还把他们纳入专家团队？这是因为案例企业尚处于小而美的阶段，这些部门负责人还深度介入产品层面的事务，对**具体产品**有判断能力。总经理本来就在拍脑袋、做预测，自然也就被归入专家团队。

要多少个专家？

文献中看到，少到4个，多到几千个的德尔菲法都有。⊖参与者越多，数理统计的可靠性一般也越高。比如只有10个专家时，每个专家的权重为10%；有20个专家时，每个专家的权重只有5%，单个专家对整体结果的影响就小多了。

但也不是专家越多越好。一方面，数据搜集和管理难度会增加，花费的时间和资源也可能更多。另一方面，对于特定的判断对象，可供选择的专家往往有限，如果为了数理统计的目的而增加样本数量，也可能会稀释专家的判断能力。

统计学和预测专家 Robert Hyndman 等认为，德尔菲法的专家数量应该介于 5～20 位。

专家数量之外，专业背景的多元化同样重要。一般情况下，多元化的团队判断能力更强。就拿需求预测来说，同样是7个人的专家团队，都来自销售，跟分别来自销售、市场、渠道、研发、计划等多个相关专业职能，对于需求预测的准确度影响应该不同。

如何定义共识？

参考 ChatGPT，我们可用一系列方式来判断专家团队是否达成共识。

1. 一致率。如果一定百分比的专家同意特定选项，就表明专家们达成了共

⊖ 我在前文的猜糖游戏中，统计了准确度和竞猜人数的关系，发现两者之间的相关系数为0.3，表明两者是正相关，也就是说竞猜人数越多，其平均值的准确性越高，不过相关性相当弱。当然，竞猜游戏中的参与者跟德尔菲法的专家还是有区别的。所以，这个结论只能供参考。

识。但究竟多少百分比,并没有定论。比如在医疗健康领域(德尔菲法的应用大户),30%~50%的专家达成一致意见,还是有点太薄弱;70%~80%的专家达成一致意见,才算更加严谨。

2. 趋同。有些共识是一眼就能看出的,比如图7-8中的案例。不够直观的,或许我们可以用离散度来度量。比如离散度小于一定门槛值,就可视为达成共识。而这门槛值呢,还是基于经验的,跟行业、产品的需求特性有关。

3. 稳定性。如果两轮之间没有实质性的区别,比如两轮平均值(或中位数)之间的变化小于预设的百分比(如5%),就表明具有稳定性。但究竟什么是实质性的区别,还是要靠组织者的判断。

如果共识的统计指标难以客观量化,我们也可结合多轮结果和变化趋势,决定是否达成共识;如果没有的话,是否因为轮数已经太多而不再继续(意味着德尔菲法不合适)。

不幸的家庭各有其不幸。没法达成共识,可能有多个原因,比如问题太复杂,维度太多;专家的背景差异太大,对问题的理解和偏好不同;反馈机制不充分,信息难以对称等。还有,德尔菲法可能并不是合适的解决办法。

简单平均,还是去掉最大、最小值?

常见的方法是在各位专家的预测值中取平均值或者中位数。用中位数,好处是不受最大、最小极端值的影响。所以,一些文献中建议用。在实践中,我们可以用复盘来研究,看究竟是平均值还是中位数更准确。

平均值可以更好地整合多位专家的智慧,但要处理好极端值的影响。

刚开始应用德尔菲法,有些成员还不熟悉这一方法论,也不熟悉需求预测本身,容易出现极端值。还有些成员在部门利益驱动下,比如我是个销售,希望不断货;他是个采购,希望能满足最小起订量,就有意虚高(这些都可在事后总结时发现),我们要考虑剔除最大、最小值。

但是,在专家团队比较小的情况下,这样做会导致样本更少,降低数理统计的可靠性。所以,当大家都熟悉了德尔菲法,熟悉了需求预测,没有了"私心杂念"后,不再博弈的话,应该不再剔除最大、最小值。

做几轮就停止?

虽然德尔菲法的目标是达成共识,但很多案例却没有基于共识,而是基于轮数上限而停止。典型的德尔菲法就两三轮,一般认为3轮是上限。有研究表明,轮数太多了,准确度反倒可能下降;有更多专家可能退出,反而影响整体的判断效果。

为了达成共识而增加轮数，并不是个好点子。一方面，这可能"逼迫"有些专家为了达成共识而达成共识，也增加了专家们中途退出的风险。另一方面，尽管匿名，但轮数多了，专家的个性、职能、职位等还是可能产生负面影响。比如软弱的人最终可能放弃自己的看法，强势的人则更可能坚持自己的判断。轮数越多，前者随大流的可能性就越大。这些都有悖德尔菲法的初衷。

此外，2轮之间的间隔要短。间隔太长，可能需要再次"热身"，也增加了专家流失的风险，比如参加了第一轮，没法参加第二轮等。放弃的专家可能是因为观点不同，导致共识打折扣。提醒专家们，他们的建议已经被整合到下一轮，有助于提高参与感和回复率。

要不要分配权重？

一般情况下，每个专家意见的权重是一样的。如果知道有些专家更资深、判断更准确，我们也可以给他们更大权重。在需求预测上，我们也可通过复盘的方式，调整权重，看能否提高准确度，从而识别权重更大的职能、专家。

有一项研究说根据多轮判断的一致性来分配权重。比如专家A在每轮的判断都差不多，那么就分配更大的权重。这种做法也不无缺陷：有些人可能不认真，有些人可能比较固执，每次给的判断都一样。如果专家们知道这是分配权重的方法，那更可能导致博弈，人为地维持判断不变。

也有建议说，根据参与程度分配权重。比如有的专家积极参与，反馈的质量高，权重就大点；那些吊儿郎当、敷衍了事的人呢，权重就小点。这也要谨慎，因为普遍情况是有能力的人往往没动力，有动力的人往往没能力——有些资历很浅的人往往更积极，但判断质量并不一定高。况且作为组织者，往往并没有能力判断专家反馈的质量高低（这也是为什么要采取德尔菲法）。

案例 7-2 专家小组不是免责委员会

我曾经服务一家工业品企业，在培训完后，让大家分组设计一套德尔菲法，帮助企业解决高度不确定的需求预测问题，并汇报给全体学员。我们这里展现的是其中一个小组的设计。

什么适合于德尔菲法？该小组说，有些新品的预测准确度很低，可参考的历史数据很少，甚至没有；有些长周期的物料，比如主芯片，要提前半年甚至一年来预测；有些物料要停产了，供应商让买好几年的量，预测是个大问题。这些情况的不确定性很大，都是德尔菲法的应用对象。

该小组就以长周期物料的预测为例,组建德尔菲专家团队。这是一家工业品企业,很多需求是项目驱动的,所以他们认为项目经理、研发工程师、产品经理、销售经理都有一定的判断能力。产品计划工程师长期跟这些长周期物料打交道,也应该是专家团队成员。

他们接着把策略采购、执行采购工程师纳入其中。这都是些执行端的职能,对需求能有多少判断能力呢?他们把财务经理、制造工程师、售后工程师也纳入其中了。这些人同样对需求预测没有判断能力,那为什么这样做呢?你大概想得出:免责。

比如预测失败,产生一堆库存的时候,财务经理可不要三天两头来找麻烦——你也参与了需求预测啊;短缺催货的时候,采购们可不要抱怨,你们也参与制定需求预测了噢。显然,案例企业把专家团队当成了"**免责委员会**"。要知道,这些不相关的"专家"稀释了专家力量,反倒降低了决策质量。

那把这些专家叫到一起干什么?该小组说,让他们**提供信息**:产品生命周期、物料切换计划、物料用量、物料采购情况等。

是的,产品生命周期、物料切换计划会显著影响长周期物料的需求,但这些信息要在线下跟产品经理、设计人员厘清,提前提供给专家团队。对于物料用量,我们在系统里面就能找到,用不着麻烦专家们提供。采购信息呢,根本不会影响需求预测本身——客户想吃多少饭取决于客户有多饿,而不是我们能不能做出来。

要知道,专家们一般都是各职能的骨干,一帮典型的大忙人。一旦把德尔菲法做成"数据收集会",浪费了专家们的时间,下次他们还会来吗?

∷ 小贴士　德尔菲法不是万能药

尝到了德尔菲法的甜头,前面的快时尚案例企业就大面积推广,事无巨细都来用,差点把它当成了一把万能的"锤子"。

这不,我们在试点项目中只做款式层面的判断,后续应用中连 SKU 都让专家团队来预测。就拿其中一个新品来说,2 个款式、4 种颜色,那意味着在 SKU 层面,专家团队得做 8 个预测——颗粒度那么小,预测准确度能高吗?同时预测这么多项,专家们能做出高质量的判断吗?结果当然是一塌糊涂。

那该怎么办?我们得遵循预测的基本准则,那就是力求在颗粒度更大的地方做预测。就这个产品来说,就是款式层面:2 种款式、2 个判断,专家团队能更好地预测；然后根据历史经验，按比例分解到不同的颜色、尺寸，解决 SKU 层面的预测问题（当然，颜色受一定的流行元素影响，历史经验可能有一定的局限性）。

试想想，有多少专家会关注到款式+颜色层面，比如这个款式、这个颜色卖掉多少个？他们关注的大多是款式层面的销量。让他们做颜色层面的预测——我们问了个糟糕的问题，得到的当然是糟糕的答复，甚至没有答复。

再就是，德尔菲法是个重武器，要消耗很多资源。一把杀牛的刀，你不能用来杀鸡。

专家判断有没有约束力

在案例企业，专家团队的配合度、积极性逐渐降低，还有一大原因：该企业把专家判断纳入集成新产品开发流程中，要求每个新产品都得做（这有点滥用）；但究竟是否采纳专家判断结果，却取决于该产品的项目经理。

于是这样的情况就屡见不鲜：专家团队工作数轮，做了判断，项目经理却"参考"了一下，丢在一边了事。这样做的次数多了，对专家们来说，就相当于让他们在地上不断地挖坑，又给填上——没价值的事情，大家当然不愿意继续做。

那该怎么办？**你得尊重专家判断的严肃性**。如果不想用，那就不要做——项目经理在没做之前就得决定不做；但如果做了，这个凝结了公司集体智慧的决策，如果各方形成了共识，达到了预期，那我们就得用，否则专家判断法的严肃性会被削弱，最终变成走过场。

这或许比较让人费解，让我用英国脱欧的例子来说明。

几年前，英国全民公决要脱欧，但脱欧以后，只能说是一地鸡毛：谁也没有意识到会有那么多的问题。试想想，脱欧那样复杂的事，政治专家们都搞不清，一般的老百姓能搞得清吗？不时有舆论说，如果重新全民公决，相信英国人民会做出不同的选择。那为什么不搞个二次公决呢？

这有关民主的严肃性：如果民主决策有了"撤销键"，随时可以撤销重来，那大家还会不会严肃对待？这势必让民众把民主当儿戏——随便做做，大不了我们再做一次，导致民主决策的质量越来越低，大家也越来越不信任，最终导致强人政治的出现。

要知道，在民主社会，民主就是选民做主，不是供决策者参考的；英国人民做了一个糟糕的选择，那就得为这个糟糕的选择买单——这就是民主的代价，也只有这样，才能维护全民公决的严肃性，让大家对自己的决策负责，以后尽力做好决策。

放到德尔菲法上，一方面，在举行之前要定义好成功标准，一旦成功，这就是我们的预测；另一方面，如果的确只是想征求专家团队的意见，那就事前说清楚，而且尽量少这么做。

德尔菲法错了怎么办

如果是群策群力，大家都尽力而为了，预测错了就错了，除了自然承受的惩罚以外，我不认为需要**额外**的惩罚。比如，销售没货，丧失营收，少拿提成；计划和供应链得去催货，费时费力；产品经理实现不了业务目标，得站在老总面前检讨——这些都是自然惩罚。

要知道，德尔菲法的目标是群策群力，整合企业的最佳智慧和经验，在信息对称的情况下，做出一个准确度最高的判断。这个判断也可能是错的，错了就错了，那是生活的一部分。过度严苛的惩罚，不利于营造宽松的决策环境，也不是提高决策质量的有效举措。

当然，如果有专家成员在"私心杂念"的作用下，比如为了部门利益而有意博弈，那就另当别论了。

| 实践者问 |

我看您的书和文章中，对一线销售层层提需求持否定态度。在我看来，这也是由多个人背靠背独立做预测，不也是德尔菲法吗？

| 刘宝红答 |

层层提需求与这里讲的德尔菲法是两回事。在德尔菲法里，多个专家对**同一对象**做判断，这是个多对一的关系，有的人偏高，有的人偏低，互相抵消后，平均值会更接近真相。但在层层提需求时，我们把整体需求切分成 N 份，每个人只是对其中的 1 份做判断。这是典型的一对一的关系，与德尔菲法的群策群力有本质区别。

:: 小贴士　德尔菲法的变种

在需求预测上，我们并不需要太多不同的方法。这就如十八般兵器，吃透一种，能使出花样来，要远强于样样都知道点皮毛。德尔菲法的"花样"呢，就是针对不同环境和问题的多个变种。结合 ChatGPT，我们这里简单介绍一下主要的变种，为感兴趣的读者开个头。

1. 改进德尔菲法：在最初阶段直接提供背景信息、初步预测或备选项，减少轮次。其优点是缩短时间和降低成本，并减少初始信息不足导致的误差，以更好应对时间紧迫、专家数量有限的情况。

2. 实时德尔菲法：使用在线平台或软件，实时收集和反馈专家意见，专家可以实时查看他人的意见并调整自己的回答。其优点是避免多轮问卷的等待时间，从而提高效率，显著缩短研究时间，以适应快速决策的需求，应对动态变化的复杂问题。

3. 政策德尔菲法：不以达成共识为目标，而是探讨问题的不同观点，强调冲突和对立意见的表达。其优点在于全面挖掘问题的复杂性，比如在制定政策中更好地协调多方利益，解决争议性问题。

4. 量化德尔菲法：采用定量分析，比如统计模型和计算工具，来代替或补充传统德尔菲法的定性分析。其优点是增强结果的客观性，适合制定技术指标、财务或经济趋势分析。

5. 交互式德尔菲法：结合匿名和公开交流的优势，专家间可以直接互动（如讨论会或虚拟会议）。其优点在于提高了讨论的深度，解决单纯匿名流程中信息量不足的问题，以有效应对需要专家深度互动的复杂问题，以及技术开发中的协作式预测。

6. 广义德尔菲法：不局限于专家小组，扩展至公众或更大范围的利益相关者，常用于社会性问题或政策决策。其优点是能广泛收集意见，包括专家和普通公众的视角，以更好地制定公共政策，或者确定社会发展趋势。

7. 集体德尔菲法：专家不匿名，通过直接讨论形成共识。与传统德尔菲法不同，集体德尔菲法鼓励团队协作，其优点是提高互动性和沟通效率，适合团队决策或协作项目，以快速解决非争议性问题等。

8. 弱信号德尔菲法：结合情景分析，探索可能的未来变化，专注于识别潜在的弱信号或趋势。其优点在于捕捉难以预测的趋势，适用于复杂、动态的环境，可用于科技创新、新兴市场预测等。

9. 混合德尔菲法：结合多种方法，例如德尔菲法与多准则决策分析、情景分析、系统动力学等工具结合。其优点是提高预测的全面性和准确度，以适应复杂问题的多维需求，比如战略规划、复杂社会技术系统分析。

:: 小贴士　德尔菲法的应用越来越多[一]

1963年，德尔菲法的奠基文章发表在《管理科学》上。[二]这篇文章是基于兰德公司给美国空军的研究，预计技术对战争的影响，对德尔菲法的发展影响深远。

2023年，在这篇文章发表60周年之际，兰德公司资助了一份研究，分析60年来有关德尔菲法的文章（英语文献），发现共有19 831篇发表在同行评审的刊物上（属于严格的学术文章）。其中近一半发表在2010～2020年，近1/3发表在2020～2023年的两年半期间（见图7-14）。

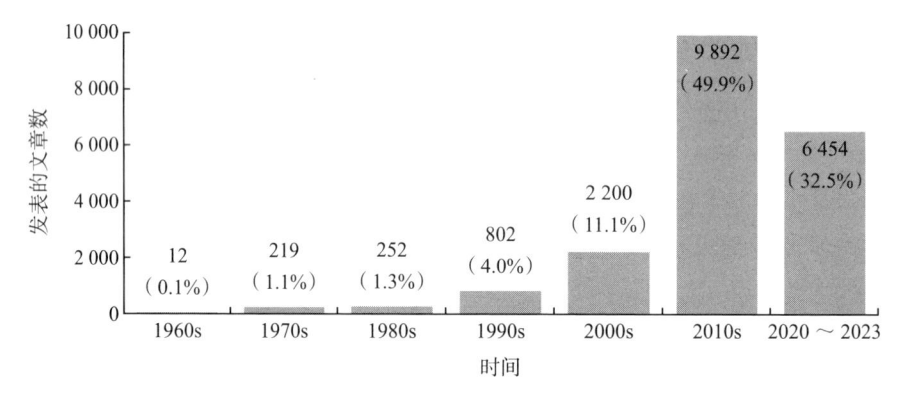

图7-14　有关德尔菲法的学术文章急速增加

自从奠基的第一篇文章发表以来，用了34年才发表了第一个1 000篇文章；第二个1 000篇花了7年，第三个1 000篇花了4年。显然，德尔菲法的应用和研究在急速增加。

在所有文章中，有近2/3被发表在医疗刊物上，15%被发表在科学技术和社会科学领域，剩下的散布在艺术、音乐、教育、军事等领域。这些领域，比如医学和社会科学，都属"非严格科学"，可以用科学的方法，但难以精准计量，是

[一] 这部分数据来自 *Disciplinary Trends in the Use of the Delphi Method: A Bibliometric Analysis*, by Dmitry Khodyakov, Sean Grant, Jack Kroger, Catria Gadwah-Meaden, Aneesa Motala and Jody Larkin, PloS ONE, August 15, 2023。

[二] *An Experimental Application of the DELPHI Method to the Use of Experts*, by Norman Dalkey and Olaf Helmer, Management Science. 1963(9): 458-467. 这都是些同行评审（peer-reviewed）过的文章。同行评审是指经过领域内其他专家的审核，确保论文的学术严谨性，是学术著作跟一般的杂志文章之间的一大区别。

德尔菲法的理想应用对象。㊀

可以说，德尔菲法的广泛应用主要是由医学领域驱动的。这其实也符合常识：过去几十年来，科学研究主要集中在两个领域，其一是计算机科学，其二是生命科学。前者属于"严格科学"，后者更多是"非严格科学"，医学研究是其重要组成部分。

医学领域面临的是复杂的系统和巨大的不确定性，牵一发而动全身，各种变量之间难以建立精准量化的关系。在人命关天的医学研究领域，德尔菲法获得了广泛的应用，而且应用在以指数级别增加，表明德尔菲法是经得住科学考验的。

我们在复杂多变的商业环境中做需求预测，就跟医学专家设计临床试验一样，需要对付各种难以客观量化的不确定性。在充满不确定性的新品导入、促销和市场拓展等方面，相信德尔菲法是能找到其用武之地的。

㊀ 与其对应的就是"严格科学"，比如数学、物理、化学等。这是能够精准量化的领域，可以用精准的方式来研究，结果可以重复验证。比如牛顿力学是可以量化的、可以预计的。天体的运动、化学反应也是。基于需求历史，用数理统计的模型来预测，也是"严格科学"。而专家判断法呢，则属"非严格科学"。

第 8 章 Demand Forecasting and Inventory Planning

新品预测：尽量做准，尽快纠偏

要完美预测不容易，要避免灾难却并不难。

对于需求重复性高的成熟产品，我们的目标是精益求精：选择合适的预测模型，让库存尽可能低，服务水平尽可能高。对于不确定性大的新产品，我们的目标是避免大错特错：初始预测尽量做准，做不准的话尽快纠偏，避免灾难性后果。

新品不同，预测的难度也不同

新产品有不同的类别，其面临的不确定性不同，初始预测的方式也不尽相同。

如图 8-1 所示，最简单的是**持续改善**，亦即老产品的升级换代。比如经济低迷、成本压力大，那就设计出成本更低的产品；质量不稳定、客户投诉多，那就推出质量更好的版本。这些情况下，新产品一般会完全取代老产品，从而"继承"老产品的需求历史。基于老产品的需求历史，配以适当的判断调整，就得到新产品的初始预测。

接下来就是**产品线延伸**。比如

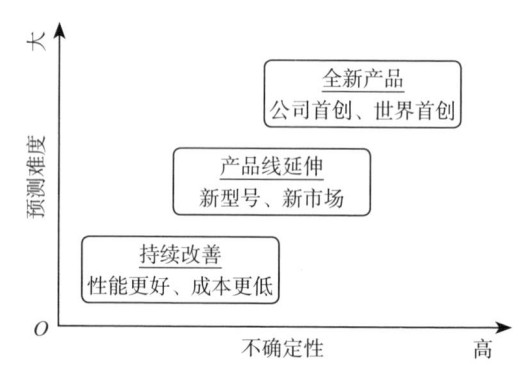

图 8-1 新产品的类别不同，预测难度也不同

有一家卫浴品牌商，因为房地产市场低迷，为了增加营收，就把产品线由中高端延伸到中低端产品。再比如有个品牌的手机，原来只在北美、欧洲销售，现在也进入中国国内。不管是产品线的延伸，还是进入新市场，一般都意味着新的规格、型号。这些产品的初始预测呢，要么可借鉴类似产品的需求历史，要么可用德尔菲法来制定。

最难对付的是**全新产品**，有的是公司首创的，比如小米开始造汽车；有的是世界首创的，比如苹果当初导入 iPhone。全新产品的不确定性高，需求预测的挑战最大。这不，苹果的首款头戴装置刚推出的时候，预计 2024 年需求为 80 万个，但上新热度一过，需求疲软，预测就砍掉了 50%。㊀

我们本章谈的主要是**全新产品**，简称新品。正因为不确定性很高，预测风险也高，此类新品预测的风险经常被转移到业务端，表现为销售提需求、产品经理做预测，或者老总拍脑袋。在**使用者偏见**下，预测虚高，容易导致库存积压问题，就成了全新产品预测的普遍挑战。

比如产品经理做预测的时候，预测对象是自己的产品，这就如自己的孩子一样，当然不会预测失败；销售人员提需求的时候，在销售目标的驱动下，也容易虚高。老总拍脑袋就更是灾难频频：新品往往被寄予老总太多的希望，老总的预测也就屡屡虚高。

比如在一家手机大厂，老总基本不介入低端新产品的预测，所以低端产品的预测、库存问题最少；老总深度介入高端新产品的预测，所以高端新品的预测总是灾难频发。难怪计划专家们在评估企业的预测能力时，第一条就是确保高层不介入需求预测。㊁

需求本身的高度不确定性，在高度发达的社交媒体"加持"下，让新品预测更加具有挑战性。

"技术不会改变我们是谁，而会放大我们是谁，我们的善和恶都会被放大。"在斯坦福大学的毕业典礼上，苹果 CEO 库克如是说。㊂ 放在需求预测上，就是技术不会改变需求的本质，却会放大需求的变化，短缺和过剩都会被放大，在新品导入阶段尤甚：各种社交媒体让我们有更多的方式影响需求，但同时也导入更多

㊀ *Vision Pro sales are really tanking, new supply chain data shows*, by Michael Grothaus, Fast Company, 4-26-2024.

㊁ *Forecasting: Methods and Applications*, by Spyros Makridakis, Steven C. Wheelwright and Rob J. Hyndman, John Wiley & Sons Inc., 第 3 版，2018 年重印。

㊂ *2019 Commencement address by Apple CEO Tim Cook*, Stanford Report, www.news.stanford.edu.

的不确定性，增加了新产品的计划难度。

表现在产品的生命周期上，就是在各种社交媒体的影响下，很多行业日益"快消品"化，平台期越来越短，甚至没有；导入期和上升期混合在一起，导入即巅峰。㊀ 相应地，产品的生命周期由传统的梯形变成三角形，甚至是直上直下，给新品预测的容错空间也更小，给供应链带来的挑战也就越大。

新品预测的两大核心挑战

整体而言，新品预测的核心挑战有二：其一，初始预测准确度太低，埋下大错特错的种子；其二，初始预测失败后，没有及时纠偏，最终酿成灾难性的损失。

初始预测的挑战要靠**群策群力**，比如采用德尔菲法来避免大错特错，从而提高首发命准率，这是第 7 章的重点。但不管如何整合前后端的最佳智慧，新品的初始预测总是准确度有限。这就得靠**尽快纠偏**来应对，亦即本章的重点。

要知道，**新品预测要做完美不容易，但在尽快纠偏的逻辑下，要避免灾难却并不难**。下面，我们通过一个快时尚服装电商的案例，主要介绍两种方法：其一，在新品开发过程中，我们就要不断整合最新信息，滚动预测；其二，在上新阶段，通过预售来探知需求，尽快调整初始预测。

案例 8-1　新品开发期的滚动纠偏

如果及时补位、及时纠偏的话，没有什么灾难是不可避免的。

——劳志成

一提到滚动预测，我们联想到的就是量产后的产品。其实，滚动纠偏也要覆盖新品开发、新品导入，尤其是对那些生命周期短、需求不确定性高、供应周期长的产品来说。快时尚服装就是这样的典型。

案例企业的产品是快时尚女装，主要通过电商平台来销售。快时尚女装本身就很难应对，电商又增加了一重挑战。结果呢，产品成熟期非常短，促销上新即达顶峰，然后大部分产品就一路下跌，进入衰退期；只有少数产品会维持一定的销量，成为长销产品。

㊀ 传统的产品生命周期分四个阶段：导入期、上升期、平台期、衰退期。

在案例企业，女装的整个供应周期为 3 个月，意味着得提前 13 周做初始预测，其时连产品设计都可能还没定型，预测的准确度就可想而知。做不准，那就得尽快纠偏，即在新品的开发、导入过程中，伴随着越来越充分的信息，我们要及时滚动更新需求计划。

大家都跟衣服打交道，但很少有人知道服装的供应链这么具有挑战性。在传统的服装行业，新产品的开发、生产、铺货等需要 1 年以上的时间。快时尚电商节奏要快很多，供应链也更短（因为没有渠道），但还是需要好几个月的时间，只为了赶那么两三个月，甚至仅仅几周的销售窗口。

各行各业没有人说自己不命苦的，但苦过快时尚服装的还真不多。为了让案例企业的日子过得好点，我们设计了 6 个关键的时间点，其中 3 个在开发期，3 个在上新期，来帮他们建立新品的滚动纠偏、管理风险的机制。

我们首先看**开发阶段**的三个节点。

新品开发期的三个节点

在案例企业，我们把 3 个月的供应周期分解为三段：长周期面料的采购大致 1 个月，半成品深加工（比如染色）大致 1 个月，成品加工大致 1 个月，如图 8-2 所示。相应地，在新品开发阶段，我们有三个决策要做，也就是说三次制定、更新需求预测：

1.倒数第 3 个月的时候（倒数第 13 周），我们要决定长周期面料的采购（决策①），这是初始预测。

2.倒数第 2 个月的时候（倒数第 9 周），我们要决定是否将面料加工为半成品（决策②），这是第一次更新预测。

3.倒数第 1 个月的时候（倒数第 5 周），我们要决策究竟加工多少成品（决策③），这是第二次更新预测。

这三个决策点是广义的，无非是行业不同、产品不同，对应的时长、成本不同罢了。与其对应的是供应链上的三个推拉结合点：原材料、半成品和成品。

越靠近原材料，库存风险越小，因为原材料一般有一定的共性；短缺风险越大，因为加工成成品需要时间。相反，越靠近成品，短缺的风险越小，而库存的风险却在增加。

伴随着产品的开发进程，越靠近上市，需求信息越充分，滚动预测就是动态匹配需求和供应，持续评估短缺和过剩的风险，调整预测来指导供应链更精准地响应。

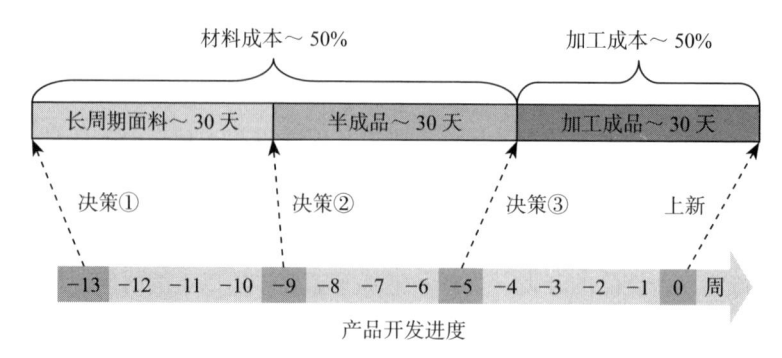

图 8-2 案例新品开发过程中的三个决策点

注：颜色越深，表明库存风险越大。

让我们把这些放到案例企业来分析。

在图 8-2 中的决策点①，产品刚出原型，甚至只有图纸、规格，信息有限，但因为已经进入 3 个月的供应提前期，我们必须制定初始预测，比如 1 000 件，来驱动长周期的面料采购。

1 个月后，供应商送来了长周期面料，就到了决策点②。此时产品的设计、工艺基本定型了，甚至已经得到一定的用户反馈，比如发现产品的受欢迎度有限，我们认为 1 000 件的预测有点高，就决定只把 700 件加工成半成品，把其余的 300 件原材料先放着。

又 1 个月过去了，半成品做好了，我们就到了决策点③。这时我们可能已经接到一些预售订单，掌握的信息更加充分，看样子前景没有多大改善，我们可能决定只把 700 件半成品中的 500 件加工成成品，把 200 件的半成品和 300 件的原材料先放着不动。当然，如果前景好的话，我们也可能会尽快把这 700 件加工成成品，把 300 件加工成半成品，同时再采购 500 件的原材料。

想想看，供应链的响应周期那么长，新品的初始预测要提前那么久做，而且往往是销售、产品经理、老总拍脑袋的结果，就注定做不准；一旦做出，预测制定者们"只管生不管养"，"养"的任务就交给计划来主导：伴随着产品、项目的进展，计划要纳入更多的信息，及时调整预测。

但现实是，在新产品计划上，很多企业的计划人员只扮演执行者的角色，跪受笔录，把销售、产品等职能给的"数字"传递给供应链就万事大吉，然后盲人骑瞎马，不管不顾地一路往前走了，直到短缺或过剩的灾难发生。就这样，既没能做准初始预测，又没及时纠偏，我们就经常性地陷入被两根棍子痛击的境地。

那解决方案呢，就是在产品开发流程中，明确上述三个时间节点，并将其整合到集成产品开发流程中，正式成为供应链的三个里程碑。这三个里程碑能让我们免于损失吗？不一定。但是，它们能让我们免于**灾难性**的损失。⊖

新品导入期的三个节点

对于案例企业来说，新产品开发结束后，就开始了为期3周的导入期（上新）。该阶段也有三个决策点，相应地，具有三次调整预测的机会。

首先是新品导入的第1天。这就如战役的第1天，案例企业在各个电商平台、公众号、社交媒体上"狂轰滥炸"，大做广告来引流。1天下来，已经可以很好地判断未来，因为上新首日销量跟上新第1周、整个上新期间（前3周）、首月正常销售的销量强相关。

如图8-3所示，我们分析了15个产品的上新历史，发现如果上新首日只卖几件十几件，这款产品的后续销量也就基本那样了；上新第一天的销量高，比如说超过100件，那上新的第1周、整个上新3周、首月正常销量注定也不错——这从图8-3中的散点图就可清楚地看出。

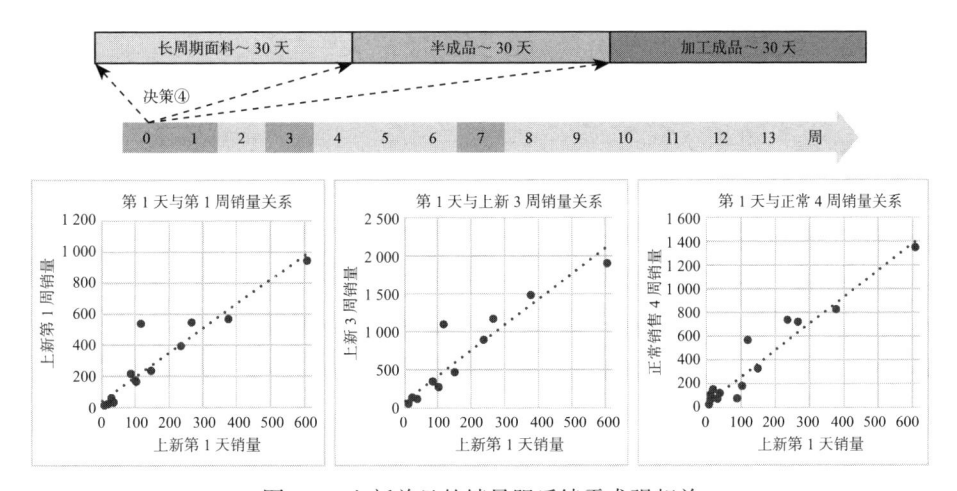

图 8-3 上新首日的销量跟后续需求强相关

这就是说，上新第1天的销量很有代表性。根据上新首日的销量，我们可以调整后续预测，决定要不要把更多的半成品加工为成品，把更多的原材料加工成

⊖ 有一次我在讲这个案例时，一位叫劳志成的总监补充道：任何一件事情做砸了，但如果及时补位、及时纠偏的话，没有什么**灾难**是不可避免的。他还说，一件事情做错了，他的老板总会问他，"这件事情你不要去考虑别人的问题。这件事情是否可被避免？如果你做了不同的努力能够让这件事情被避免，那没做的话就是你的问题"。放在新品计划上，我们不能光把新品计划的失败归咎于销售、产品等需求端职能；计划职能也有可为之处，那就是及时纠偏。

半成品，开始采购更多的长周期原材料等；或者尽快踩刹车，及时止损。这就是决策④。

很快，上新第 1 周的销量出来了，我们有了更多的需求历史。如图 8-4 所示，我们分析了 15 个产品的上新历史，发现第 1 周销量与上新 3 周、正常销售首月销量的正相关性更加明显（表现在散点更加接近线性回归的直线），因而可以用来更进一步更新计划，决定下一步的原材料、半成品和成品计划。这就是决策⑤。

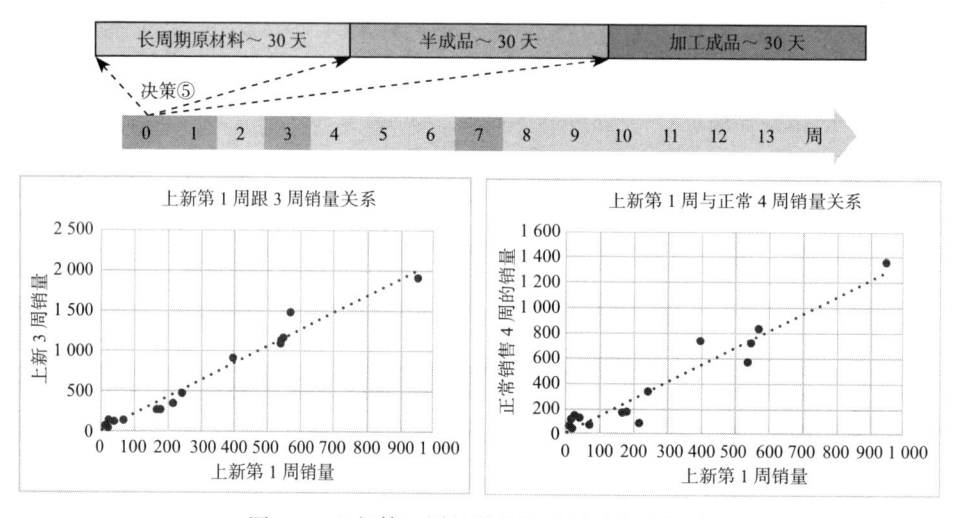

图 8-4　上新第 1 周的销量跟后续需求强相关

在案例企业，等上新 3 周结束后，我们有了 3 周的需求历史，但这些数据深受促销行为影响，是扭曲的，没法一对一转化为正常销售期间的需求，不过跟正常销量有一定的比例关系，可以通过线性回归模型来预测正常销售期间的需求。这就是决策⑥。

如图 8-5 所示，假定正常 4 周的销量是 y，上新 3 周的需求是 x，围绕这 15 个样本产品运行线性回归，能清楚地看到两者之间的线性关系，各项数理统计指标在数理统计上也是显著的。这样，我们知道了上新 3 周的总需求，就可以推算正常销售开始后，4 周的需求预测有多少。

就这样，对于案例企业的快时尚产品，我们在上新第 1 天、第 1 周、前 3 周的销售数据出来后，又有了三次回顾和调整需求预测的机会，从避免大错特错向追求精益求精迈进，来驱动供应链快速反应，也让新品更好地过渡到量产阶段。

上新 3 周与正常 4 周销量关系

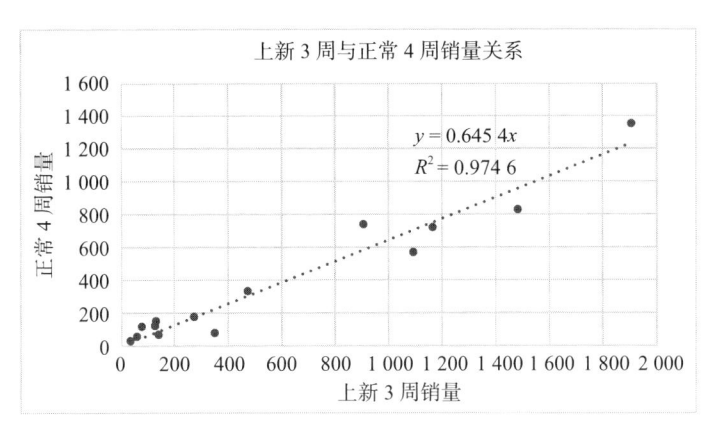

$y = 0.6454x$
$R^2 = 0.9746$

图 8-5　上新 3 周与正常 4 周销量关系

:: 小贴士　关于快反的迷思

一旦提到快反，大家想到的就是产品已经上市，卖得很不错，需要马上返单，生产更多的出来。然后就是供应链的"柔性"不够，快反失败，天怒人怨，给"快反"二字赋予浓厚的悲剧色彩，这笔生意也就做成了一锤子买卖。

其实，快反不是个量产概念，而是从新品开发过程就开始了；快反也不是一锤子买卖，而是多次纠偏、多次快反。就如上面案例中，我们在新品**开发**中就有三次快反的机会，只不过计划纠偏早，给供应链更多的响应时间，少了"救火"的紧张气氛，不像大家熟悉的快反场景罢了。

此外，人们一提起"快反"，就习惯性地联想到采购、供应商、生产线，这些是执行的快反。其实，**快反更多地要体现在计划上**，表现为快速迭代，及时调整计划。要知道，想不到就做不到：如果我们的计划职能连想都想不快，能期望生产线、供应商执行得快吗？而这正是计划的价值所在、成功之处：防患于未然。大家都在上蹿下跳，"救火英雄"频出的地方，计划注定没做好。

新品的滚动计划要有计划性

新品开发和导入期间的滚动计划，你说神秘吗？一点也不神秘，凡是家企业都或多或少在做。但问题是，我们是不是在**有计划地做计划**，为新品的滚动预测机制注入更多的可预见性？

缺乏**正式**的流程驱动，比如没有把这些决策点正式纳入新产品开发、集成供应链流程，新品的滚动计划就不得不依赖组织的能动性，而组织能力良莠不齐，就注定新品的滚动计划在**调整时间**、**调整频次**、**调整幅度**上充满随意性。

就拿上述案例企业来说，以前是销售经理兼职新品预测，虽说是上新 2 周后调整一次预测，但一忙常常拖到 3 周、4 周后，进一步压缩了供应链的响应时间。要么就是疯狂调整，昨天给供应商补单，今天又在补，供应商看到的是一张又一张的小订单，增加了执行难度和运营成本。

计划行为本身要有计划性。在众多职能中，谁最有计划性？计划职能（财务也是，不过财务不大介入产品的需求预测）。在建制完善的企业，计划一般会有固定的日程安排，比如对于哪一天做什么、由谁做、什么时候到期，都有明确的规定。⊖

对于新品计划，让计划人员来主导，包括新品开发和导入期。

比如在上述案例企业中，计划主导的新品滚动计划机制下，专职计划人员每周一汇总、分析上周的销售情况，调整基准预测，发送给销售、产品经理帮助判断；周二得到销售、产品经理的回复，更新需求预测，发送给采购执行；周三供应商已经拿到订单，开始执行。这改善了预测的时效性，增加了计划行为的可预见性，是"把规律性的事有条不紊地做好"的关键。⊖

"把规律性的事有条不紊地做好"，我第一次读到这句话时，有种被击中的感觉：我们追求计划性，因为这会给供应链更多的可预见性，降低供应链的执行难度；但计划本身却做得很没有计划性，特别是新产品的计划充满随意性，很难严格地滚动起来，就成了计划性的大敌。

:: 小贴士　新品计划由谁做

新品计划首先是计划，然后才是新品。

一提到新品计划，很多人的第一反应就是可计划性太低，自然而然地把它推给销售、产品、市场等职能，变成拍脑袋为主了。其实不然，就如我们前面讲过的，即便是用德尔菲法做新品的初始预测，也得严格遵守"从数据开始，由判断结束"的**计划流程**，数据分析自始至终贯穿其间。

⊖ 这也表现在一个月一轮的销售与运营计划（S&OP）中。对于 S&OP 的每个节点做什么、什么时候做、由哪个职能做，可参见我的《供应链的三道防线：需求预测、库存计划、供应链执行》（第 2 版），第 144～148 页。

⊖ 这句话的原话是 Doing routine things routinely，出自 *The Oliver Wight Class A Checklist for Business Excellence*，第 6 版，Wiley & Sons Inc.，2005。

初始预测做好了，新品的**滚动计划**就涉及更多的数据分析：温故而知新，新品的需求也有很大的延续性，对已有的数据分析到位了，就能更靠谱地更新预测，至少可以避免灾难性的损失。那么多的数据分析工作，再加上一系列的预测模型（比如线性回归），数据分析能力不足者很难胜任，我们不能期望销售、市场、产品等职能来完成。

要知道，**新品计划首先是计划，然后才是新品**。"计划"以数据分析为特点，"新品"以职业判断为特点，数据和判断相结合，新品滚动计划才能做好。**主导**这个流程的，应该是计划职能，而销售、市场、产品等职能呢，则以辅助判断为主。**计划职能**得建立和维护新产品的预测流程，制定滚动预测关键决策点，确定每个决策点的责任人等。

注意，这里说计划来**主导**，并不是说计划职能就得干所有的活，做所有的决策。这就如集成产品开发中，产品经理主导产品的开发和导入，并不意味着产品经理要做所有的事一样——研发在帮产品经理设计产品，营销在帮产品经理制订上市计划，供应链在制订供应计划。

就新品计划来说，上新前的各个节点，决策很可能是由计划外的职能在做；上新后，计划职能要着力快速、有计划地滚动计划，把最新的销售信息纳入，但决策很可能还是归前端的用户职能做；到了正常销售阶段，则变成计划职能驱动，滚动预测的频次也可适当降低。不管是哪种情况，我们都不能忽视新品计划背后的数据分析，而数据分析是计划职能的核心任务。

案例8-2 新品预售期的滚动纠偏

尽量做准、尽快纠偏，是应对高度不确定性的有效方案。

为了应对预测准确度低，降低新品导入的风险，各行各业有一系列"小步快走"的做法，来测试市场、调整预测，电商的预售就是其中一种。品牌商在大面积铺货前，选择先在旗舰店销售；服装商在决定下年的主打面料之前，先做有限的几款衣服卖卖看；工业品的试点项目、试点客户，跟电商的预售异曲同工。

下面我们来看一家电商的预售，看如何及时整合预售期间获得的信息，滚动调整需求预测。

案例企业是一家跨境电商，其产品以发烧友为主要消费者。为了测试市场，它会对有些新品做预售,即在产品现货上市前,让顾客下单等货,以获取一定的需求信息,帮助调整预测;作为补偿,案例企业给顾客一定的优惠,比如折扣、赠品、包邮等。

案例企业预售的主要渠道是官网、中国国内电商平台、B2B 客户等。当样品打样回来,工程师审核没有问题,就开始预售。预售期限最初统一定为 30 天,预售期结束后 5～7 日发货;但限于供应商的交期和产能,实际预售期限为 6 周左右——这也是我们在后续分析中用到的预售期限。早些年预售的折扣幅度比较大,比如 5 折;这些年来适当减小,改为 7 折。

预售并不意味着完全由订单驱动,否则消费者等待时间太长,影响客户体验。所以,案例企业在预售开始前,也需要针对预售期间的需求做预测,并一次性下达给供应商。长期以来,它让各个平台的销售提需求,汇总为预测预售期的总需求,在这里称作"初始预测"。

一线销售提需求,是在颗粒度很小的地方做预测,缺乏需求聚合效应;销售的计划能力参差不齐,预测做砸了也缺乏责任机制(谁见过哪个销售因为预测做砸了而丢了工作?),都导致初始预测的准确度很低。[一]

我们建议的解决方案有二:①采取德尔菲法,群策群力来应对高度不确定性,尽量做准预测,我们在第 7 章已经讲过;②接到部分预售订单后,尽快修正预测,是我们这里重点要探讨的。

预售一开始,案例企业就通过各种平台宣传,比如客户团队的社群、脸书上的粉丝、官网上的推送等。预售开始两三天后,已经接到一部分客户订单,这些订单有相当的代表性。预售 1 周的时候,案例企业就评估订单量,决定是否调整预售期的需求预测,为预售期间补货。

长期以来,预售期的补货决策一般归销售经理。他们会基于经验,参照一些简单法则,比如初始预测是 200 个,第 1 周预售就卖掉 100 个,那就马上补货,一般补 200～300 个等。你知道,简单的数据分析加上拍脑袋,销售经理所做补货决策的质量注定不高。

其一,补货的数量准确度低。比如"一般补 200～300 个",200～300 可是个很大的区间,究竟补多少?其二,补货决策的时效性不稳定——销售经理整天

[一] 关于一线销售提需求的更多探讨,可参考我的《供应链的三道防线:需求预测、库存计划、供应链执行》(第 2 版),第 103～118 页。比如,既然做不好预测,为什么这么多的公司在依赖一线销售提需求?加强考核,一线销售能否做好预测?销售提需求,计划来调整,如何?

忙于琐事，虽说是预售 1 周时决定补货，但有时候一忙，快两周了还没决定，这意味着损失了宝贵的响应时间，得通过生产线和供应商赶工加急来弥补。

要知道，一个预测做得好，不管是新品还是老品，不管是首批下单还是补货，都需要在**数量**上更加准确，在**时间**上更加及时。对于案例企业来说，前者可借助线性回归等模型来分析，后者可由专职的计划人员来解决。这就是我们这里要介绍的方法。

线性回归模型

凭经验，案例企业知道一个产品开始预售，第 1 周卖得好的，在预售的后几周一般也卖得好，反之亦然。我们可以用散点图来初步验证这种关系。

如图 8-6 所示，我们选择了 15 个有代表性的新品作为样本。这些新品都是过去一年内导入的，预售期间的折扣在 70% 上下，第 1 周的销量在 20 ～ 100。在散点图上，第 1 周的需求跟预售 6 周的总销量有相当明显的线性关系。第 4 章讲过的**线性回归**，就是用来量化这种线性关系的，并从数理统计的角度出发，判断这种关系的强弱，调整需求预测。

产品编号	第 1 周预售销量	前 6 周预售总量
1	22	118
2	23	94
3	25	188
4	34	218
5	39	214
6	39	141
7	44	260
8	47	262
9	48	423
10	51	264
11	52	182
12	64	251
13	64	347
14	65	431
15	95	285

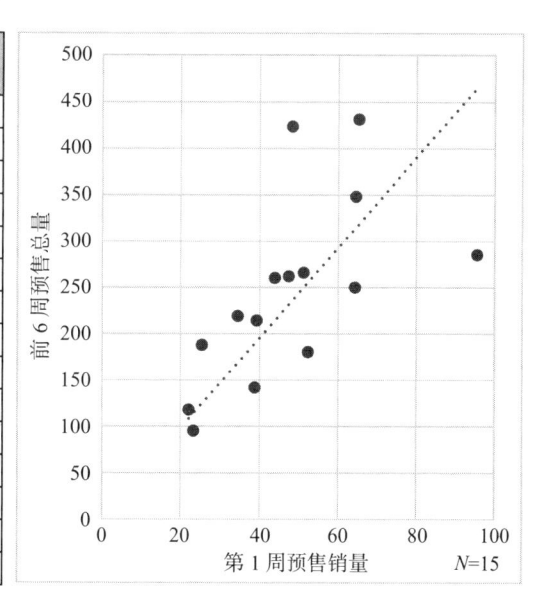

图 8-6　预售第 1 周与前 6 周销量的散点图

通过散点图，初步确定线性关系存在后，我们可以运行线性回归，量化变量之间的关系。我们基于这 15 个样本，在 Excel 中运行线性回归，得到线性回归方程。线性回归模型的数理统计细节如图 8-7 所示，各项参数都是显著的。

线性回归分析	
Multiple R	0.95
R^2	0.90
调整过的 R^2	0.83
标准误差	86
样本数	15

方差分析

	自由度	误差平方和	均方误差	F	F 显著度
线性回归	1	935 260	935 260	125	0.00
残差	14	104 434	7 460		
总计	15	1 039 694			

	系数	标准差	t 统计	P 值	95% 下限	95% 上限
第 1 周预售量	4.90	0.44	11.20	0.00	3.96	5.83

图 8-7　第 1 周预售推算 6 周总量

在这里，我们假定截距 b 为零（这在 Excel 中运行线性回归时可设定），也就是说 6 周预售销量（Y）与第 1 周预售销量（X）存在严格的正比例关系。这也符合常情：如果预售第 1 周期间，在那么多的广告、宣传的狂轰滥炸下，一个也卖不掉的话，那么整个预售 6 周期间也将一个卖不掉。

$$Y = 4.9\,X$$

案例企业当时正在预售一个新产品，第 1 周的预售量出来了，是 68 个，代入线性回归模型，我们预测到，整个预售期 6 周的销量是 68×4.9=333 个。面对这个更新了的预测，我们该怎么办？假定初始预测是 200，是不是说我们得再向供应商补 133 个？如果初始预测是 400，是不是我们得马上取消 67 个的供应商订单？不是的，不能那么简单。

要知道，333 个的预测只是个平均值，50% 的情况下，实际需求会比 333 个高；50% 的情况下，实际需求会比 333 个低。但究竟可能高多少、低多少？这是**置信区间**要解决的问题。

简单地说，置信区间告诉我们，在特定的概率下，因变量（即这里的 6 周预售总量）最高不会超过的上限，最低不会低于的下限。这也为我们界定了"大错特错"的区间，让我们更好地理解短缺和过剩的极端风险。

就本案例而言，当第 1 周的预售量为 68 时，6 周预售总量的置信区间是 192

和474（假定90%的置信度）。⊖也就是说，如果这一新品与历史上的15个样本表现一致的话，其预售6周总量在90%的情况下会介于192～474个，超过474个和少于192个的概率分别是5%。

初始预测高估或者低估了怎么办，我们稍后将在后面专门谈。

线性回归模型的验证

模型建好了，**其好坏不能光看跟建模数据的拟合度，而是要实践验证**。我们用8个产品来复盘验证，用第1周的预售销量来调整6周的总量预测，看看预测效果如何。

如表8-1所示，"预测0"是预售开始前，对预售6周期间总需求的初始预测，案例企业主要是以销售提需求的方式确定。"预测1"是第1周的实际预售销量出来后，对预售6周期间总需求预测的更新。预测2、预测3等同理。误差是跟6周的实际预售量相比。绝对百分比误差是对每个产品的百分比误差先求绝对值，然后平均。

表 8-1　第 1 周预售销量出来后，更新 6 周预售总量预测

	实际需求							预测：预售6周总量		
	第1周	第2周	第3周	第4周	第5周	第6周	6周总计	预测0	误差	预测1	误差
产品1	26	68	27	14	37	34	206	350	70%	127	−38%
产品2	42	45	44	46	57	46	280	230	−18%	206	−27%
产品3	45	42	35	49	25	11	207	230	11%	221	7%
产品4	45	37	33	29	27	15	186	160	−14%	221	19%
产品5	61	120	93	235	161	124	794	370	−53%	299	−62%
产品6	61	48	46	88	78	71	392	600	53%	299	−24%
产品7	80	50	61	55	58	59	363	500	38%	392	8%
产品8	168	153	113	115	97	100	746	700	−6%	823	10%
绝对百分比误差									33%		24%

⊖ 为了简单起见，这里我没有用复杂的置信区间公式，而是用95%对应的Z值来**近似计算**：Z值是1.64，需求预测的标准差是86（见图8-7），置信区间上限 = 333+1.64×86=474，下限 = 333−1.64×86=192。或许有的读者会问，我们这里谈的是90%的置信区间，为什么用的是95%对应的Z值？这是因为在90%的置信度下，有5%的概率会低于下限，5%的概率会高于上限，那也意味着小于上限的概率是95%。线性回归的置信区间计算起来相当复杂，大家可以到网上搜索或者参考数理统计的书。

对8个产品来说，预测1的绝对百分比误差平均降低了9个百分点（从初始预测0的33%降到预测1的24%）。其中产品1的误差从70%降到38%，产品6的误差从53%降到24%，产品7的误差从38%降到8%，都是实质性的改善；一半的产品预测误差小于20%，另外1/4的产品预测误差小于30%。

但是，产品5的误差还是很大，高达62%，看上去是个极端误差，需要进一步研究。

极端误差可能来自偶然因素。比如新品一出来，刚好被某个网络大V[一]看见了，顺手发了张图；上新那几天，竞争对手搞砸了某件事，社交媒体在口诛笔伐，殃及同行；或者那几天特别热，这款衣服用料轻薄，歪打正着。这些情况都很难预计，发生了也就发生了，我们归之于偶然因素，一般不会调整预测模型本身。

但是，有些极端误差是可以解释的，我们需要了解背后的故事，以便指导我们更好地调整模型、应用模型。这里的产品5就是这样的例子。

案例企业的新品预售期间，第1周的销量一般会很大，因为第1周会有大幅度的促销行为；伴随着促销力度的下降，后续几周的销量一般会回落；第5、6周又会攀升，因为消费者知道现货很快就到，乘着上新促销还没结束赶快下单。产品5（极端样本）的表现正好相反：前2周预售的销量相当低，后续几周大幅攀升，导致预测误差高达百分之六七十。

仔细探究后发现，原来是因为产品5的上新方式不同。

案例企业的产品是配件，配合主导产品使用，就跟手机保护壳、保护膜要配合手机使用一个道理。一般情况下，案例企业等主导产品推出一段时间后，有了相当的用户基础才推出配件。而产品5不一样：案例企业跟主导产品制造商合作，把产品5跟主导产品一起推出，在新品推出的过程中，主导产品的销量逐周大增，大幅带动该配件的销量。

这就意味着，产品5跟别的样本不同，不能用同样的预测模型来应对。

具体处理上，可以在线性回归模型中增加一个虚拟变量（也叫哑变量、虚设变量），跟主导产品一起推出为1，单独推出为0。在案例企业，产品5这样的样本数量太少，尚无法建立这样的线性回归模型，那就暂时主要依靠业务端的判断，或者借助主导产品的预测来计划。

[一] 网络大V是指在微博等社交媒体平台上经过个人认证，拥有众多粉丝的公众人物。

预售期需求的滚动预测

对于这 15 个新品样本，让我们分别基于前 1 周、前 2 周、前 3 周等不同时段的预售销量，建立线性回归模型，更新预售期 6 周的总预测。这是在走一步，看一步，边走边调整，"小步快走"，让我们看看效果如何。

在图 8-8 中，我们总结了 5 个线性回归模型的主要参数，其中"倍数"是我们预测时用的主要信息。比如当用前 3 周的预售量建模时，倍数是 1.9，意味着预售期 6 周的总需求是前 3 周销量的 1.9 倍。从图 8-8 中也可看出，需求历史越长，信息越充分，线性回归模型的拟合度就越高（"调整过的 R^2"越大，"标准误差"越小）。这些都符合常识。

线性回归参数	前 1 周预售销量	前 2 周预售销量	前 3 周预售销量	前 4 周预售销量	前 5 周预售销量
调整过的 R^2	0.83	0.89	0.91	0.92	0.93
标准误差	86	55	33	22	12
倍数	4.9	2.7	1.9	1.5	1.2

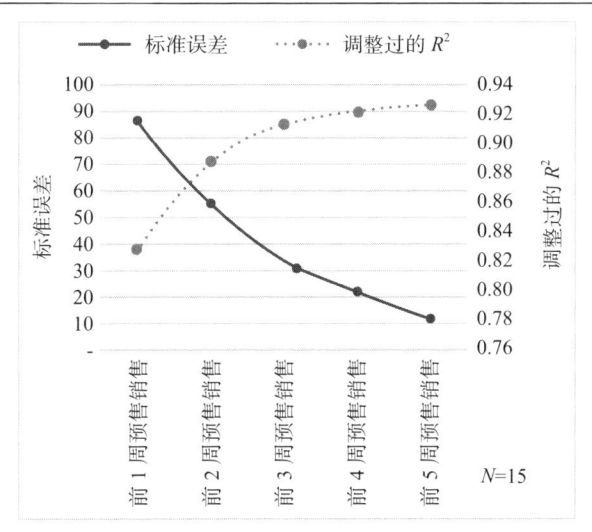

图 8-8　采用不同预售时段的销量，预测预售 6 周总需求的线性回归模型

当然，R^2、标准误差等展示的只是模型的拟合度。与前文类似，对于上述线性回归模型的结果，我们再用 8 个样本新品来检验其实际预测准确度。

如图 8-9 所示，平均绝对百分比误差随着需求历史的增加而减小，表明预测模型的准确度在上升。其中改进最显著的是第 1 周：相对于预售前的初始预测（预测 0），预测 1（基于第 1 周销量）的误差从 33% 下降到 24%，准确度提高了 9

个百分点。这后面的逻辑是，**需求从无到有时，一点点实际需求对提高预测准确度的价值很大**。⊖对我们实践者而言，就是有了一点需求后，就得尽快调整预测。

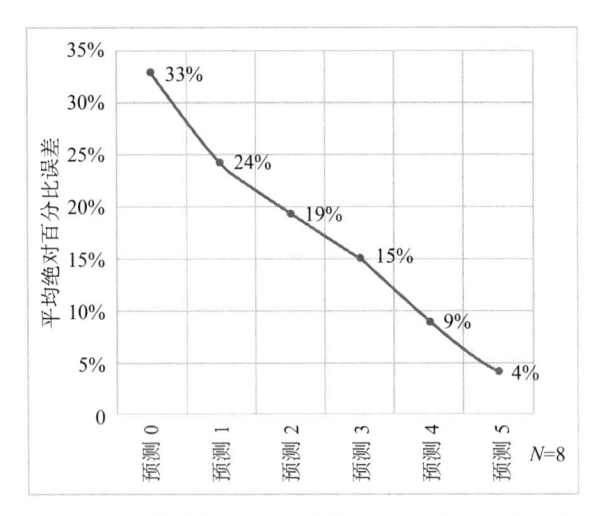

图 8-9　随着预售的开展，预测的准确度在逐步提高

预测 2 继续改善，即基于前 2 周的销量更新的预测，这 8 个产品的平均误差又减小了 5 个百分点。等到预测 3、4、5 时，预测准确度在继续提高，但因为预售快结束了，对供应链执行的意义相对有限。

初始预测高估或低估了，怎么办

对计划来说，就是随着新品预售的开展，要定期滚动更新需求预测，给供应链更准确的需求信号，以更好地指导供应链的执行。下面让我们看两个具体的产品：一个产品的初始预测高估了，另一个产品的低估了。此时如何借鉴滚动预测的信息？

我们先看初始预测偏高的例子。

如图 8-10 所示，这是产品 6 的滚动预测。预售开始 1 周后，根据第 1 周的销量，更新整个预售期（6 周）的总需求预测，得到预测 1，其 90% 的置信区间相当大，表明预测的准确度相对较低；⊜等到第 2 周的销量出来了，线性回归模型

⊖ 打个比方，这就有点像初乳，虽然只有一点点，但对婴儿"在抗菌、避免病毒感染、维持肠道内菌群正常化，以及促进双歧杆菌增殖等方面发挥着重要的作用"。摘自百度百科"初乳"词条。

⊜ 图中的置信区间之所以加上"大约"两字，是因为我没有用详细公式来计算（那个公式有点复杂，我没有计划软件来计算），就用 95% 对应的 Z 值 1.64 来近似，乘以标准差。

得出的基准预测变化不大，但由于预测的标准差更小了，置信区间就更窄了，表明预测更加准确；以此类推，随着预售数据越来越多，修正了的整个 6 周预售期的预测准确度也越来越高，其中预测 5 的整体准确度最高，最接近实际值。

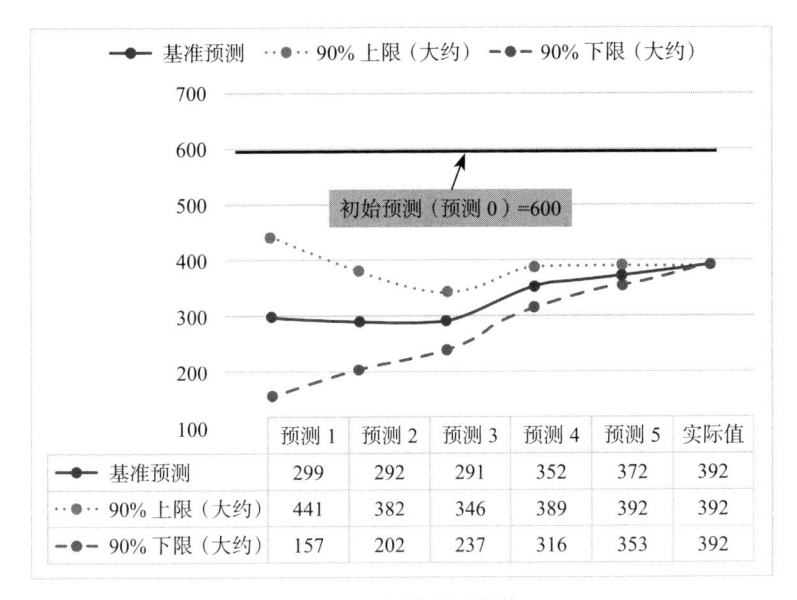

	预测 1	预测 2	预测 3	预测 4	预测 5	实际值
基准预测	299	292	291	352	372	392
90% 上限（大约）	441	382	346	389	392	392
90% 下限（大约）	157	202	237	316	353	392

图 8-10　初始预测高估

对产品 6 而言，看到预测 1，要判断初始预测是否有大错特错，需要做调整。

预测 1 的基准值是 299，90% 的置信区间上限是 441，下限是 157。这个产品的初始预测（预测 0）是 600 个，落在置信区间的上限外，这是大错特错的信号，需要尽快跟销售、产品、市场等职能对接，请求帮助判断，要不要取消、推后供应商的部分订单，或者承担库存风险，不采取任何行动。

到了预测 2，预测的准确度更高了，表现在 90% 的置信区间也更窄。初始预测高估的情况就更明显。这并不意味着非得做点什么：销售完全可以说，没事，这是个基本款，销售周期比较长，暂时多点，库存总会消化掉；或者销售准备把这个产品当作以后引流的主力，㊀后续还会做更多的活动，销量会更高等。从计划的角度看，我们分析了数据，呈现了风险，现在业务决定承担"经过计算的风险"，那也是可以的。

等到了预测 3、4、5，预测准确度更高，预测值的置信区间也变得更窄。由于交期限制，如果需求预测总量增加了，供应链很难在预售期内执行，能做的主

㊀ 简单地说，引流就是拿某些产品来吸引消费者，带动其他产品的销量。

要是对已经下达的供应商订单赶工加急；但如果总量减小了，倒可以让供应商把部分产品停留在半成品、原材料层面，以尽量止损。

所以，整体而言，对于这个案例，滚动预测的预测 1 和 2 非常关键，主要体现在**数量**的调整上（比如给供应商增加订单，或者取消订单）；后几个预测呢，主要体现在**时间**的调整上（比如对现有订单赶工加急，或者让供应商暂停、延迟交货）。

下面我们再看个初始预测偏低的例子。

如图 8-11 所示，产品 4 的初始预测（预测 0）为 160 个。预测 1 出来了，基准值是 220，90% 的置信区间上下限分别为 362 和 78。初始预测落在预测 1 的置信区间内，不算大错特错，但偏低。这时可跟销售、产品、市场等需求端职能相关人员对接，征求他们的意见。如果他们对该产品的销量看好，那么可适当拔高预测，驱动供应商多制造些；如果他们不看好该产品，或者设计变更、质量风险比较大，我们可决定维持现状，不予调整预测。

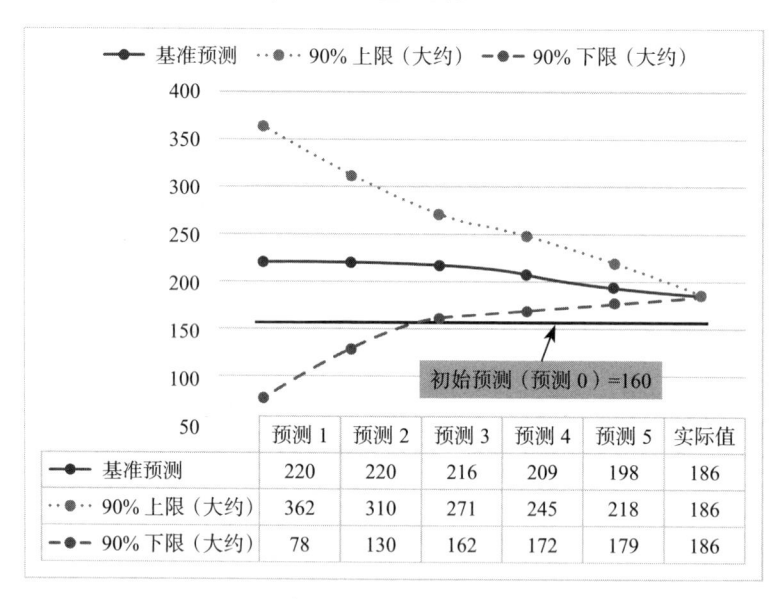

	预测 1	预测 2	预测 3	预测 4	预测 5	实际值
基准预测	220	220	216	209	198	186
90% 上限（大约）	362	310	271	245	218	186
90% 下限（大约）	78	130	162	172	179	186

图 8-11　初始预测低估

等滚动到预测 2、预测 3 的时候，我们对预售期 6 周的整体需求有了更好的判断，更加证实初始预测偏低，特别是已经落在预测 3 置信区间的下限外。这时设计可能已经完全定型，库存的风险也没以前那么高了，我们可能决定拔高预测，驱动供应商尽量赶工加急，多供应一些。但是，预测要调整到多高，仍旧需要需求端的职能来协助判断。好处呢，就是计划人员更新了基准预测，并计算出置信区间的上下限,可以帮助销售、产品等前端职能更好地评估风险。

或许有人会说,这个滚动计划很麻烦啊,要做这么多的分析,涉及这么多的数字。不过想想看,新品导入本身就有很多不确定性,需求的不可预见性很高,我们要么定期在每个产品上花点时间,及时更新预测,尽量先想到,再做到;要么盲人骑瞎马,在准确度很低的初始预测上一条路走到头,最后付出更高的代价。

在计划的世界里没有"容易"二字:我们要么动脑,要么动手;动脑得学习,动手得干活,都不容易。如果懒得动脑子,计划是容易了,执行就不容易,最后的代价更高。

想必现在也好理解,为什么新品计划首先是"计划",然后是"新品",需要专业的计划人员来主导数据分析,再结合销售、产品等职能的判断了。你不能期望销售、产品经理兼职做计划,能把新品的数据分析得这么透彻,并且采用数理统计的思维来决策。

项目型需求的滚动计划

在一些定制化程度高的行业,虽然有产品,但很多需求都是以项目的方式出现,可重复性更低。这些企业得两条腿走路:一条腿是产品管理,另一条腿是项目管理,在新产品计划之外,还有项目需求的计划。

相比新产品,项目型需求可参考的需求历史一般更有限,需求的不确定性更大,供应周期又往往更长。一旦项目需求确定了,给供应链的响应周期往往不够长。为了提高服务水平,我们往往不得不提前预测,进行风险备货;而预测做得越早,准确度就越低,短缺和过剩风险就越高。

解决方案呢,还是得回到"尽量做准,尽快纠偏"的计划逻辑上来。新品预测的成套做法,比如群策群力来尽量做准,定期滚动来尽快纠偏,放到项目型需求上同样适用。

下面让我们通过一个案例来说明。

💡 案例 8-3 大型设备的预投机制

案例企业是一家大型设备制造商,年营收为几十亿元,产品用于大型工程项目,是典型的大国重器。它的崛起,让欧美的竞争对手吃尽苦头。但是,大型设备品种多，批量小，定制化程度高，关键物料主要依赖进口，供货周期长，也让案例企业挑战重重。

大型工程一般以政府项目居多，不管是中国国内还是国外，主要采用招投标。一旦中标，留给供应链的时间往往不够。所以，案例企业就不得不推行"预投"，也就是做预测，提前采购长周期的关键物料。这是又一个典型的例子：虽说是订单驱动，但还是离不开预测。㊀

这几年大型工程行业发展放缓，导致设备制造业的产能过剩，销售的压力很大；为了拿到更多的项目，销售不得不在交期、服务上做出更多的承诺；为了缩短交期，销售就在长周期物料的预投上更激进。激进的结果呢，就是一堆堆的库存，仓库堆满了，都堆到户外了（见图 8-12）。

图 8-12　项目预投管理不善，导致很多库存积压

那么多的箱子，很多箱子里的物料是进口的（从英文标签就可看出），你能想象有多少库存。就这样，案例企业的挑战由原来的产能过剩，变成了现在的产能过剩和库存积压。

这个问题不能简单地光怪销售：项目什么时候上马，用什么样的设备配置，充满不确定性；招投标什么时候做，能不能中标，你就是打死一帮销售，也不能精准预测。

这是个典型的**预测**问题，那解决方案还得回到两个基本点：①初始预测能否做得更准？②做不准的话能否尽快纠偏？

于是案例企业就着手完善预投流程，由生产部门主导，来提高预测的准确度。需要说明的是，这并不是说生产部门就是合适的预测机构，而是在案例企业

㊀ 预测不可回避。一方面，一个人的订单一定是另一个人的预测；另一方面，即便是订单驱动，但订单一到，往往就没有足够长的响应时间，所以还是不得不在原材料、半成品层面做预测，推拉结合。

这样的订单驱动行业，往往找不到专职的需求计划职能，就不得不由某个职能来兼职做。

在案例企业，预投机制已有八九年的历史，不过管理相对粗放，只是每个月开一次预投会议，基本的游戏规则也不健全，几个领导坐在一起，凭感觉、拍脑袋。新的生产部长上任以来，了解了几个月的情况后，就出台了新的预投管理办法，比如哪些物料需要设安全库存，可以滚动预测（预投）；哪些是订单驱动，跟着项目走，没有目标就不预投。

新的预投机制实施一年多来，过剩库存降下来60%。但是，新的预投机制还有需要完善的地方，主要体现在两点：①预投管理是生产部长的兼职，没有**专人**负责预投流程；②预投计划尚欠**正式**的滚动机制。

预投是预测那些长周期、高金额的关键部件，对于案例企业缩短交期、控制库存都至关重要。在这家年营收几十亿元的企业，有很多职能需要协调，有很多项目需要管理，可考虑设立专人，比如经理级别的职位，负责管理整个预投流程。有全职的预投管理人员之前，这一任务由生产部长兼职完成，而生产部长责任多多，很难投入足够的精力，管理那么多的预投项目。

设立**专职**的预投管理人员，从**组织**上保证充分的资源，一方面督促、帮助营销及时提出、评估预投要求（尽量做准），另一方面督促、帮助他们定期更新预投决策（尽快纠偏）。特别注意的是，这一职位最好是经理级别，不是行政文秘岗位，因为其主要是跟销售经理、项目经理和高层打交道，督促、帮助他们做判断，而不是简单地搜集、汇总数据，非行政文秘所能应对。

这一职位设在哪个部门，取决于销售与运营协调流程的稳健度。当销售、项目经理们理解他们在"尽量做准、尽快纠偏"上的角色，愿意更好地支持预计划的调整时，这一职位可设在供应链部门，好处是计划和执行在同一个部门，有利于交互优化。否则的话，要考虑设在销售部门，汇报给销售老总，通过销售老总的行政手段，来有效驱动销售人员配合：①更及时、更准确地提出预投需求；②定期、尽快更新预投计划。⊖

在**流程**上，案例企业需要设立关键的管控点，倒逼销售、项目等职能来更新。

原来的预投流程规定，销售要及时更新项目进展。但什么叫"及时"？不但销售、生产两个职能理解不同，就连同一职能的不同人员在理解上也不尽相同。

⊖ 详细的逻辑，可参见我的绿皮书《供应链的三道防线：需求预测、库存计划、供应链执行》（第2版），第134～138页（需求预测汇报给哪个部门）。

我们可以规定预投决策后每个月（或每 x 周）更新；项目招标前 y 周，每周更新（这时候已经拿到招标文件，项目的信息更充分了）；项目投标后 z 天，或多或少已经知道一些竞争对手的情况，再次更新等。

要知道，从预投决策（预测）做出到项目落地，动辄要几个月、半年甚至更长的时间，很多事情会发生，信息会越来越充分，给我们调整预测、控制库存风险的机会。在这些关键管控点，虽然预投物料已经在生产，但我们还是可能影响生产进程，比如调整产品配置、调整交货日期，甚至暂停生产——如果要赔给供应商，我们也只赔半成品或原材料，而不是成本更高的成品。

项目拿到了，到了细化设计阶段，并不是说预投管理就结束了——设计变更频频，仍旧需要细致管理。这些设计变更，有些是客户驱动的，有些则是我们自己的产品管理、设计人员发起的。

比如案例企业有个主要部件，以前预投一买就买几十个，后来设计说变就变，也不给供应链打招呼，销售也不主推给客户了。车头跑得太快，当然有跑得快的原因，但拖斗也不能落下不管啊。在改进了的预投管理中，现在实行滚动投放，定期滚动预测这些关键部件；在正式的预投滚动会议上，设计、销售和供应链也能更好地沟通。

还有，预投管理会议一定要落实到**基层：真正的判断来自一线**，即那些跟进项目的销售经理们。领导层太忙，没法及时更新项目进度；月度会议只是正式的管理会议，不能是工作会议。也就是说，对于具体的销售经理、项目经理，他们得在月度会议前，就做好自己的工作，协助预投管理人员更新滚动预测。

| 实践者说 |

我原来在大型设备行业，公司在需求计划上没有什么特别好的模型，预测的准确度也不是很高。但是，公司有严格的月度滚动计划，通过尽快纠偏，也做出相当不错的计划来。其按时交货率和库存周转率成为行业的标杆。主要原因呢，估计是竞争对手们既预测不准，又不尽快纠偏吧。

——某计划经理，大型设备行业

资　源
更多计划与供应链管理的文章、案例、培训

- 我的供应链管理专栏网站（www.scm-blog.com）。
  - 这是我的个人专栏，写了快 20 年了，上面有 700 多篇文章
- 我的系列供应链专著，填补学者与实践者之间的空白。
  - 《供应链的三道防线：需求预测、库存计划、供应链执行》(第 2 版)
  - 《供应链管理：高成本、高库存、重资产的解决方案》(第 2 版)
  - 《采购与供应链管理：一个实践者的角度》(第 4 版)
- 我的微信公众号"供应链管理实践者"，更新、更快，定期发布新文章。

第9章 Demand Forecasting and Inventory Planning

预测不准，设置安全库存来应对

> 库存计划是个技术活，要交给专业的计划人员做。

十几年前，我刚进入计划领域时，看到预测准确度那么低，总是感觉很焦灼：这样的预测怎么行呢？后来渐渐明白了，我们有安全库存：凡是放库存的地方，往往就有某种形式的安全库存，虽然名称不一定这么叫；[⊖]整个供应网络里，相当一部分库存都是安全库存。预测不准我们不喜欢，但只要不是大错特错，就不会要了我们的命，如果安全库存这把保护伞设置得合理的话。

再后来，接触了越来越多的库存网络，我意识到，库存计划的任务不光是设定合理的安全库存，而且还要通过设立再订货点等，把合适的库存分配到合适的地方。

要知道，库存问题要从两个维度来看，首先是总进与总出的匹配，比如每周总需求是100个，就得总体供应100个；但合适的库存进来了，放不到合适的地方，就会出现有的地方过剩，有的地方短缺，降低了库存的利用率，也会影响客户服务水平。

如图9-1所示，相对而言，总库"深且窄"：料号数较少，但补货周期长，一旦计划失败，要恢复过来就比较困难；前置库位"浅而宽"：补货周期一般更短，几天到几周，但挑战是料号众多，复杂度高（同一料号往往备在多个库存点），要

⊖ 比如生产线的缓冲库存，起的还是安全库存的作用。

做的库存计划决策也更多。

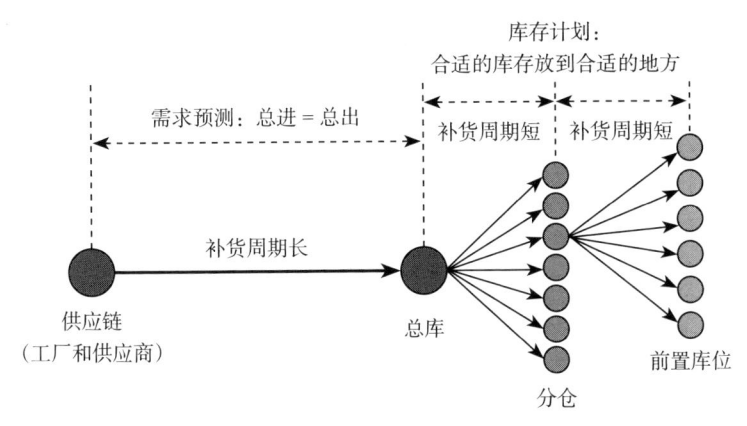

图 9-1　库存是个两维度的问题

按时交付要靠中心仓——短缺先短中心仓，一旦有短缺，中心仓会首当其冲；**库存控制**要靠前置库位——前置仓众多，每个料号在每个前置仓多放一点点，累积起来就不得了。

不管是中心仓还是前置库位，都离不开需求预测和安全库存的设置。但相对而言，需求预测在中心仓更关键，因为一旦失败，会影响所有前置库位，而且恢复周期更长。前置库位的预测一旦失败，补救相对容易，但安全库存的挑战更大：那么多的库位，那么多的产品，每个多放一两个，就意味着几十万、几百万甚至几千万元的库存。

在前些章节，我们主要谈的是需求预测。这一章，我们主要探讨安全库存的设置；第 10 章会探讨再订货点、VMI 的计划；第 11 章会讨论长尾产品的计划。这三章一起，构成库存计划的主体。

安全库存：库存计划的看家本领

下面，我们先来看库存计划的看家本领——安全库存的设置。

我们知道，安全库存是用来应对不确定性的——对于需求和供应的不确定性，供应链的自然应对就是放安全库存。如图 9-2 所示，安全库存有三个驱动因素：①**需求的不确定性**，比如平均需求是每周 100 个，但有时候是 120 个，有时候是 70 个；②**供应的不确定性**，比如供应商的标准交期是 4 周，但有时候都 5 周了，货还没有送来；③**服务水平的要求**：服务水平要求越高，就得放越多的安全库存来应对。

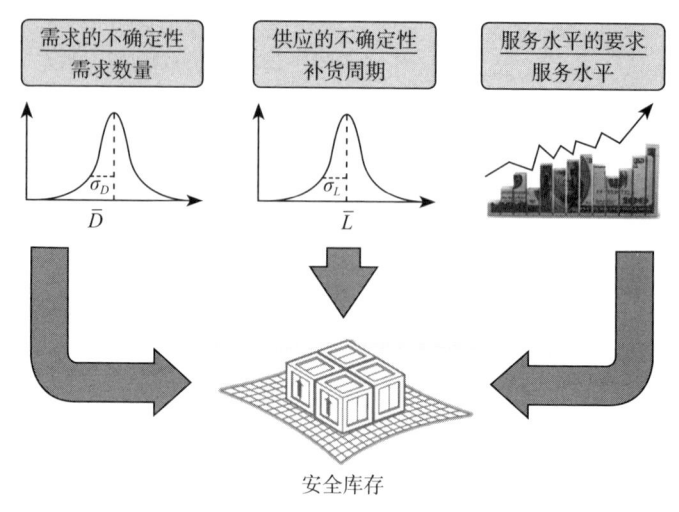

图 9-2 安全库存的驱动因素

对于安全库存，很多企业的做法是凭经验一刀切，设定一定天数的用量作为安全库存。比如，A 类物料放 3 周的量，B 类物料放 2 周的量。这些经验值来自多年来吃过的亏、受过的罪、交过的学费，凝聚着组织的很多智慧，不能一棍子打死；但是，一刀切注定有一刀切的问题。

比如，同样是 A 类物料，但需求的不确定性不一样；或者是同样的供应商，但用的工艺不同，供应的不确定性不一样。即便是同类产品、同样的供应商、同样的补货周期，但对服务水平的要求不一样，也会要求有不同的安全库存。一刀切的结果呢，注定是有的切多了，有的切少了，造成过剩的过剩，短缺的短缺，短缺与过剩并存，都是典型的计划问题。

那解决方案呢，就是**客观量化**需求的不确定性、供应的不确定性、服务水平的要求，来计算安全库存，然后适当加以调整。比如，计算出来的安全库存是 10 个，但因为是新产品，需求在增加，所以我们多放 3 个；或者因为是老产品，快下市了，我们就少放 2 个。这也是"从数据开始，由判断结束"。

下面，我们将根据需求、供应的不确定性，分几种情况来看安全库存的设置。

供应确定，需求不确定

现实中，需求不确定、供应确定的情况确实存在。比如，产能瓶颈处，随时都放着一堆库存确保不断料；重资产行业，就像石化领域，产能利用率非常重要，生产安排得很平稳，生产周期很稳定；总仓库存储备充分，给门店的供应非常稳定等。

还有些情况，就是供应的不确定性难以客观量化。比如，有时候我们给供应商一个大订单，让分次送货；或者我们给供应商订单，又要求他们推迟交货等。还有，如果跟供应商建立 VMI、JIT 的话，就根本没有订单，自然就没有简单、可靠的方法来统计交付周期了。

这些情况下，我们会假定供应是确定的，用一个简化了的公式来计算安全库存，然后根据经验判断，加上一定天数的库存来应对变动的供应周期。

下面我们将分三步来介绍只考虑需求的不确定性的安全库存公式。

第一步：量化需求的不确定性

首先，我们来看什么是需求的不确定性。人们经常把需求的变动性等同于需求的不确定性，也就是说，变动性越大，需求也就越不确定。这里有个假定，就是需求的变动性越大，预测准确度就越低。不管变动有多大，如果我们能准确预测，这样的需求就是确定的。

所谓的不确定性，其实是因为不能准确预测。也就是说，预测有误差，误差越大，我们就得放越多的安全库存来应对。所以说，需求的不确定性跟预测**误差**有关，在数理统计上，我们通过对误差求**标准差**来量化需求的不确定性。 ⊖

具体操作上，我们找出过去一段时间的预测和实际需求，计算两者之间的误差，围绕预测误差求其标准差。标准差越大，表明需求的不确定性越大，因而要放更多的安全库存。如图 9-3 所示，我们用 6 周移动平均来预测，计算每个预测与实际值的误差，并求得误差的标准差为 25.1。

| 实践者问 |

在滚动预测机制下，针对每期需求的预测有多个，究竟该用哪个预测？

⊖ 标准差反映了数据的离散程度。通俗地讲，就是量化各个数据点与平均值之间的差距。标准差越大，表明数据点离平均值越远，数据也就越离散。在 Excel 中，可以用函数 STDEV.S 来计算标准差。在安全库存的计算中，我们假定误差符合正态分布，也就是说其平均值为零，有时候为正，有时候为负，没有特定模式，随机出现等。

|刘宝红答|

驱动供应链执行的那个预测,一般跟供应周期相关。比如产品的供应周期是4周,那么我们计算安全库存用的预测就是4周前做的那个。

|实践者问|

我们以前完全基于经验值,放一定天数的库存为安全库存。现在要科学计算,没有老的预测怎么办?

|刘宝红答|

用以后要用的预测方法,复盘预测过去一段时间的需求,计算误差,围绕误差求标准差。当然,这里假定需求有一定的延续性,预测能力也有延续性。

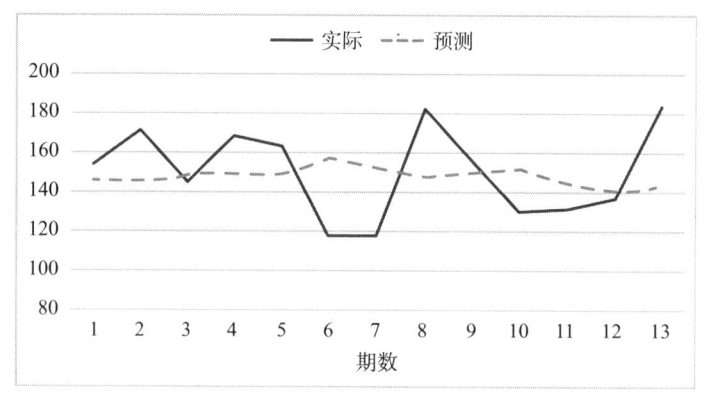

期数	1	2	3	4	5	6	7	8	9	10	11	12	13	标准差
实际值	154	171	145	168	163	118	118	182	158	130	131	137	183	
预测值	146	145	148	149	149	157	153	147	149	151	145	140	143	
误差	-8	-26	3	-20	-14	39	35	-35	-9	21	14	3	-40	25.1

图 9-3 量化需求的不确定性

当需求相对稳定,需求本身符合正态分布的时候,我们可以直接围绕需求历史来求标准差,量化需求的不确定性。[⊖] 这其实相当于把需求历史的**平均值**当成预测,预测误差等于实际需求与平均值的差,围绕差值求标准差。这种方式的好

⊖ 正态曲线呈钟形,两头低,中间高,左右对称,经常被称为钟形曲线。摘自百度百科的"正态分布"词条。放在需求预测上,简单地说,正态分布就是我们知道平均需求为 x,实际需求有时候比 x 多,有时候比 x 少,但大部分时间都在 x 左右。

处是简单直观,不用保留需求预测历史。

让我们实际演算一下来说明。如图9-4所示,第②列是过去20周的实际需求,第③列是过去20周需求历史的平均值,第④列是平均值与每周实际需求的差值(误差)。看得出,围绕第②列和第④列求标准差,两者的结果完全相同。

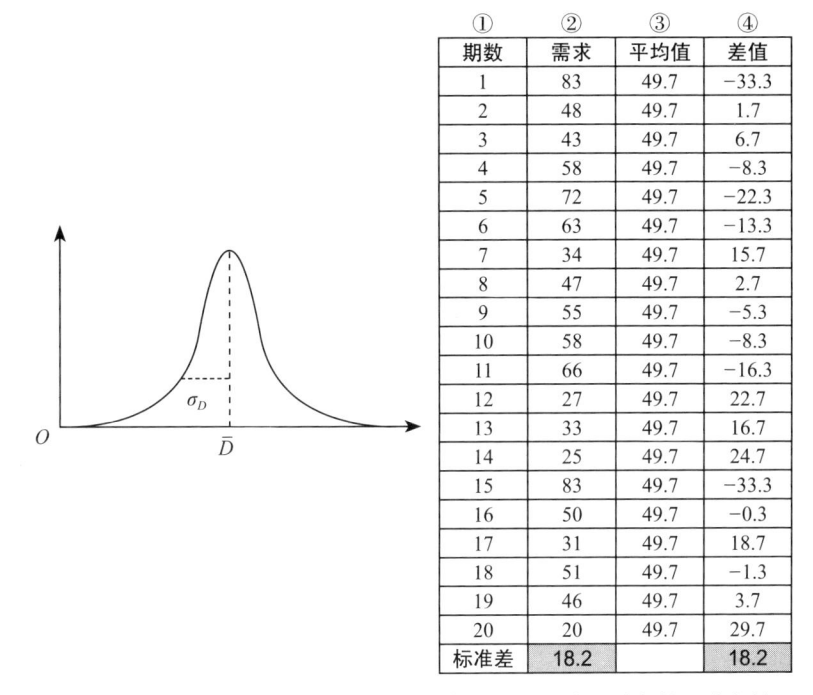

①	②	③	④
期数	需求	平均值	差值
1	83	49.7	−33.3
2	48	49.7	1.7
3	43	49.7	6.7
4	58	49.7	−8.3
5	72	49.7	−22.3
6	63	49.7	−13.3
7	34	49.7	15.7
8	47	49.7	2.7
9	55	49.7	−5.3
10	58	49.7	−8.3
11	66	49.7	−16.3
12	27	49.7	22.7
13	33	49.7	16.7
14	25	49.7	24.7
15	83	49.7	−33.3
16	50	49.7	−0.3
17	31	49.7	18.7
18	51	49.7	−1.3
19	46	49.7	3.7
20	20	49.7	29.7
标准差	18.2		18.2

图9-4 需求符合正态分布时,历史需求的标准差就是需求的不确定性

需求符合正态分布,就是一般教科书中介绍的情况,是经典研究的做法和假设。其表现在需求模式上,就是需求会上下波动,但没有明显的趋势,也没有明显的周期性或季节性。这种方法相对简单,容易计算标准差,所以容易被很多人滥用。比如有些需求有明显的趋势或者季节性,需求本身明显是不符合正态分布的,就不能用这种简化了的方法。

:: 小贴士　季节性需求的不确定性

很多人经常问,需求呈现明显的趋势或季节性,安全库存该怎么设置?这时候,你不能简单地摘取过去一段时间的需求历史,求其标准差来量化需求的变动性——那意味着用需求历史的平均值来做预测值,显然,没有人会这样预测季节性、趋势性需求。否则预测准确度太低,预测误差太大,需要放更多的安全库存。

如图 9-5 所示，合适的做法是摘取一段需求历史，比如第 8～20 周，找到每周的预测（如果没有的话，我们可以复盘，用以后要用的预测方法，来复盘预测这段时间每周的需求），计算每周的预测误差，围绕误差计算标准差。放到这个示例中，我们要用的标准差是 2 163，而不是 4 704。然后，基于这个标准差计算安全库存（具体计算稍后介绍）。

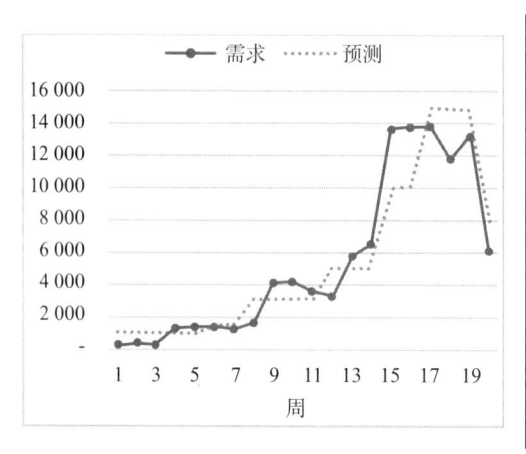

周	需求	预测	误差
8	1 613	3 000	-1 387
9	4 025	3 000	1 025
10	4 100	3 000	1 100
11	3 533	3 000	533
12	3 241	5 000	-1 759
13	5 686	5 000	686
14	6 421	5 000	1 421
15	13 637	10 000	3 637
16	13 746	10 000	3 746
17	13 823	15 000	-1 177
18	11 747	15 000	-3 253
19	13 241	15 000	-1 759
20	6 038	8 000	-1 962
标准差	4 704		2 163

图 9-5　需求呈现季节性时，如何量化需求的不确定性（示例）

| 实践者问 |

我们公司在预测季节性需求时，预测一般高过实际值。按照这里的方法设置安全库存，岂不是让过剩问题更加严重？

| 刘宝红答 |

预测一直虚高，那表明预测方法有系统性偏差，我们应该寻找更合适的预测方法。安全库存计算有一定的假设，比如误差时正时负，并没有特定的模式；误差累计值为零，误差符合正态分布等。当预测模型有系统性偏差时，是不会满足这些假设的。

| 实践者问 |

在计算安全库存时，我们按照周来汇总需求，有部分周次需求数据为 0。在计算标准差时，去掉和不去掉 0 需求的周次对结果肯定有影响。究竟去掉还是不去掉？

| 刘宝红答 |

不去掉。那一周的需求是 0，表明没有需求，我们要尊重实际数据。否则的话可能高估平均需求，也不能准确评估需求的变动性。当然，这里更重要的是，0 需求的周次较多的话，我们要细究需求是否符合正态分布；如果不符合的话，那我们要考虑用泊松分布来模拟需求，设定库存水位（在第 11 章会讲到）。

| 实践者问 |

如何判定一组需求是否符合正态分布？

| 刘宝红答 |

数理统计上有一系列的方法，比如卡方检验，来验证一组数据是否符合正态分布，不过并不很直观，需要较多的数理统计知识。从经验来看，如果补货周期内的平均需求高于 10 的话，符合正态分布的概率就很大。这只是经验值，在第 11 章的泊松分布部分还会谈到。

第二步：量化服务水平的要求

量化了需求的不确定性，接下来我们将量化**服务水平**的要求。对于备货型业务来说，服务水平就是下次补货到来之前，能够**完全**满足需求的概率。比如服务水平是 95%，意味着 5% 的情况下，需求没法被完全满足。

注意，这里讲的是现货的满足率。对于非现货供应，比如接到客户订单后 14 天交货，服务水平的性质也是同理，我们在后文会谈到。

让我们来理解服务水平的概念。

假定这一天的需求预测是 100 个，供应也正好是 100 个，那么**完全**满足本日需求的概率，也就是说服务水平有多高？很多人想也不想就说 100%。不对，只有 50%：预测是每天 100 个，那意味着一半儿的情况下，实际需求会超过 100 个，我们没法**完全**满足；一半儿的情况下，实际需求会不超过 100 个，我们能够**完全**满足，这就得到 50% 的服务水平。

50% 的服务水平够不够？不够。那为了提高服务水平，我们就得增加安全库存。如图 9-6 所示，增加一个标准差的安全库存，服务水平提高了 34 个点，达到 84%；再增加一个标准差的安全库存，服务水平提高了近 14 个点，达到 97%；

增加第三个标准差的安全库存，服务水平提高了 2 个多点，达到 99% 多。

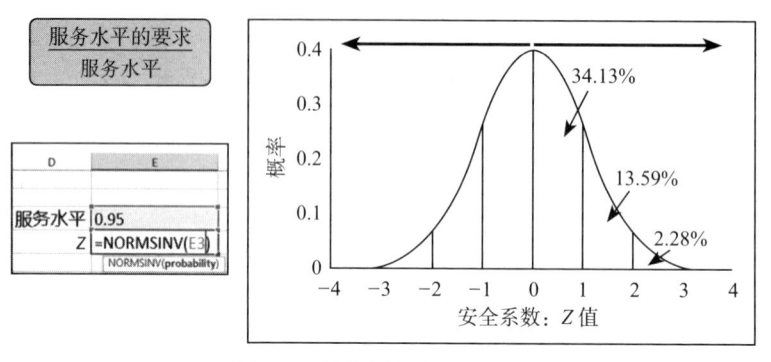

图 9-6　量化服务水平的要求

你马上看出，安全库存的边际效应在递减，为了达到最后几个点的服务水平，需要投入很多的安全库存，投入回报太低。所以，光通过设置安全库存来追求 100% 的服务水平，是个糟糕的点子。如果你是销售，尚可原谅；但作为供应链专业人士，则是不可原谅的。我们要平衡库存和运营成本，把最后几个点的服务水平，通过供应链执行，比如适当的赶工加急来实现。

反过来看，如果我们想达到特定的服务水平，需要放多少个标准差的安全库存？我们可以反算出来：Excel 中有个函数 NORMSINV（见图 9-6），能帮助我们做这样的换算；在数理统计中，这就是在计算正态分布的 Z 值，也可以通过查正态分布的表格得到。

直观地说，服务水平可以折算成一个**安全系数**（Z 值），两者是一对一关系。服务水平越高，这个系数越大，反之亦然，不过两者不是简单的线性关系。这就是在量化服务水平的要求。

让我们换个角度，看看安全库存的边际效益递减。

如图 9-7 所示，当服务水平在 50%～75% 时，每增加 1 个百分点的服务水平，安全库存会增加 3 个点左右。当服务水平介于 75%～85% 时，这一比例变为 4～5 倍的关系；85%～95% 的时候，倍数进一步加大，变为 5～10 倍；超过 95% 时，每增加 1 个点的服务水平，安全库存要剧增 10～40 个百分点。

这也是为什么 95% 是个关键点，教科书上的安全库存计算往往以此为默认的服务水平，很多公司以 95% 作为按时交付、有货率的目标等（当然，按时交付、有货率跟服务水平不是同一个概念——我们稍后会解释）。但对具体的企业来说，究竟什么是合适的服务水平，还有更多要考量的，请接着阅读下面的"小贴士"。

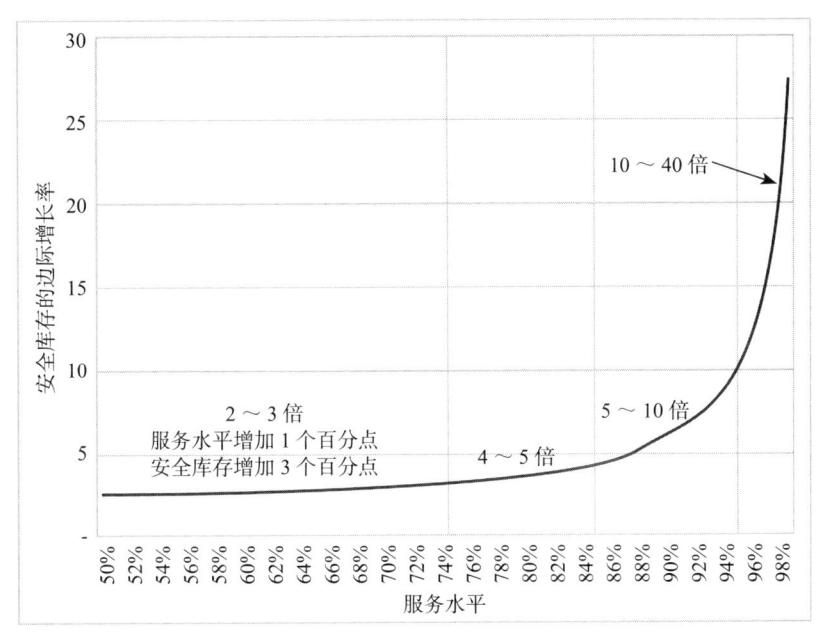

图 9-7 安全库存的边际效益递减

:: 小贴士　服务水平怎么定

一旦问起服务水平目标，从销售到供应链，大家经常是一笔糊涂账。

那么什么是合适的服务水平？从理论上讲，**合适的服务水平就是短缺成本等于过剩成本的那个点**——短缺会带来营收损失，以及对应的净利润损失；过剩意味着库存成本，比如资金积压、打折甚至报废损失等；当两者的期望值相等时，理论上我们最大化了收益，那就是我们的目标服务水平。

但在实践中，很少有人能算清这笔账。作为替代解决方案，我们会考虑三个方面的因素来确定合适的服务水平，如图 9-8 所示：客户的期望是什么？竞争对手做到了哪一步？我们的表现如何？

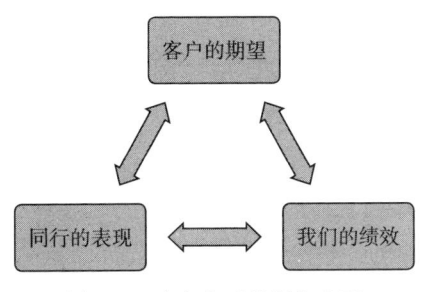

图 9-8 确定合适的服务水平

现在问题来了：客户的期望是 100%，竞争对手做到了 96%，我们的实际表现是 93%，怎么办？我们不一定非得匹配竞争对手的表现，因为基于实际表现，我们的库存、运营成本更低，从而能给客户更好的价格。这会让我们的综合表现更好，体现在市场份额的持续提升上。当然也可能是相反，因为服务水平低，我们在丧失市场份额，那就得考虑匹配甚至超过竞争对手的表现……

这又涉及另一个问题：该由谁来设定服务水平目标？

不是供应链职能，因为他们不了解客户期望；也不是销售，因为他们不了解供应成本。所以，服务水平目标的设定是销售和供应链的联合行为：**销售能够评估对营收的影响，供应链能够评估对成本的影响，再结合客户的期望和竞争对手的表现，才能设定最合理的服务水平目标**。由于这一指标直接决定了库存周转、资产利用和运营成本，所以公司高层也要介入。

为了设定这样的目标，我们需要对标研究过去一段时间的实际表现，再根据业务需要、资产周转等要求，确定持续改进的具体目标。而很多企业没有具体的目标，在强势的销售驱动下，就往 100% 的服务水平迈进，最终以堆积的库存和高昂的运营成本为代价。

可以说，服务水平直接决定了库存水平和运营成本，是衡量企业运营水平的一大核心指标。但很多企业将服务水平指标的设定完全交由计划员来定，导致标准不一、随意性大、一笔糊涂账。在精细化运营程度高的企业，服务水平会有明确、统一的指标，而且会针对业务、客户、产品进行差异化处理。

- **新产品**的服务水平一般更高。对于企业来说，新产品的毛利一般更高，缺货带来的营收损失更大；对于客户来说，新产品往往用在更关键的地方，缺货造成的问题也更大。
- **紧急需求**对服务水平的要求更高。比如，产线的关键部件坏了，停机待料，客户当然期望更高的服务水平；一般需求下，比如常规的更换，客户等几天也是可以接受的。
- **重点客户**的服务水平一般更高。重点客户要么已经给我们很多生意，要么未来可能给我们很多生意，让他们高兴当然更重要。

影响服务水平的因素还有很多。比如寄售或 VMI 下，客户不再持有库存，没了缓冲，对寄售和 VMI 的服务水平要求就更高。对于功能性产品，人们对服务水平的期望一般更高——试想想，你到楼下超市，发现他们连食盐都断货，就会对他们的运营水平嗤之以鼻；对于创新性产品，人们更能容忍较低的服务水平，比如女孩子的漂亮衣服，断码是很普遍的，你不喜欢，但不会当作多大不了的事。

对于快消品行业来说，业务量大的产品，一旦缺货，影响就很大。慢动产品呢，每年就卖掉那么几次，预测准确度、服务水平的要求可以更低。但是，在备件领域，作为设备提供商，这一点可能正好相反：对于用量大的易耗品，客户一般会备货，设备商的服务水平低点没关系；对于高值慢动的产品，客户往往不备货，完全依赖设备供应商，服务水平就要求更高。

但不管怎么样，确定合适的服务水平，最终还是要回到基本面：客户的期望是什么，竞争对手做到了哪一步，我们的表现如何？整合销售、供应链和高层的经验与智慧，三者综合平衡达成共识，实现让企业收益最大化的服务水平，就是我们的目标。

:: 小贴士　服务水平和有货率不一样

人们经常把服务水平和有货率混淆，其实两者是不同的。

简单地说，服务水平是需求来了，我们能否**完全**满足，是个0和1的关系；有货率呢，统计的则是满足的比例，是个百分比。比如今天的需求是100个，我们手头只有90个的库存，那么今天的服务水平是0，但有货率却是90%。

就拿表9-1中的例子来说，假定每天的初始库存都是10个，每天的实际需求不同。这7天里，5天能够完全满足当天的需求，2天不能完全满足，本周的服务水平是71%（5÷7=71%）。

表 9-1　服务水平和有货率计算示例

天	库存	需求	服务水平计算 当天完全满足为1；否则为0	有货率计算 当天能满足的数量
1	10	8	1	8
2	10	12	0	10
3	10	10	1	10
4	10	14	0	10
5	10	5	1	5
6	10	3	1	3
7	10	9	1	9
总计		61	5	55
百分比			71%	90%

但是，有货率的计算就不一样。比如第2天的需求是12个，库存只有10个，服务水平是0，但有货率却是83%（10÷12=83%）。这样，累计7天的需求，发现总需求61个中，有55个能够当天满足，有货率是90%（55÷61=90%）。

看到这里，大家可能得出这样的结论：服务水平看上去更严苛，如果用有货率统计的话，我们的指标会更好看。且慢，对于批量大的产品或许没错，但对于小批量的产品来说，也可能正好相反。就拿表9-2中的产品来说，假定每天开始时的库存是2个，需求一般都很低，但偶然会很高，比如第7天的需求为9个。整体的服务水平还是71%，但整体的有货率却只有58%了。

表9-2 批量小的时候，有货率可能比服务水平更低

天	库存	需求	服务水平计算 当天完全满足为1；否则为0	有货率计算 当天能满足的数量
1	2	1	1	1
2	2	2	1	2
3	2	2	1	2
4	2	1	1	1
5	2	1	1	1
6	2	3	0	2
7	2	9	0	2
总计		19	5	11
百分比			71%	58%

可以说，有货率是部分满足率，部分满足也算功劳；服务水平是完全满足率，不完全满足就一点功劳也没有。服务水平的这种计算逻辑在实践中有其现实意义。比如，生产线的设备坏了，需要一次性更换2个零件，而供应商只送来了1个，你当然是没法维修设备的。再比如，你希望一次把4只轮胎都换了，而4S店只有3只轮胎，那你八成直奔他们的竞争对手去了。

需要注意的是，安全库存公式里用的是服务水平，不是有货率。但很多企业统计的是有货率，业务目标也是围绕有货率（或者按时交付、满足率、库存达成率等）来设置的，能否换算成服务水平？很遗憾，我还没看到什么方法，能精确地换算两者。我们可以复盘统计两个指标，建立两者之间的大致关系，把有货率目标转换为服务水平，指导安全库存的设置。

那该怎么统计服务水平呢？简单的做法就是清查每天收工时的库存，如果库存不为0，就表明该产品该日的服务水平为1，否则为0；多日累计下来，就是这段时间的服务水平。当然，也可能出现库存为0，但也没有需求的情况，不过

我们没法验证，除非没库存也可以接订单。这就是说，以这种方式统计的服务水平，可能比实际的服务水平要低。

| 实践者问 |

我们的电商平台看的是页面有货率，其公式是消费者页面点击时有货的次数/消费者页面点击总次数，与我们这里讲的服务水平不一样。那这种情况下，计算安全库存时所采用的 Z 值如何选取呢？

| 刘宝红答 |

标杆研究，比如过去 3 个月、6 个月，每个月的点击有货率是 99%，而服务水平是 95%；点击有货率是 98%，服务水平是 93.5%，你大概就能建立两者之间的关系。而服务水平呢，也可以按照每天某个时间点的库存余额来计算。有库存，表明这一天完全满足了需求。然后根据服务水平来计算安全系数 Z 值。

第三步：计算安全库存

在量化了需求的不确定性、量化了服务水平的要求后，安全库存的计算就很简单了：需求的不确定性乘以安全系数，就是安全库存，如图 9-9 所示。

安全库存 $= Z \times \sigma$
Z：安全系数
σ：补货周期内的需求不确定性（标准差）

其中：
$\sigma = \sqrt{L} \times \sigma_d$
σ_d：需求不确定性（标准差）
L：平均补货周期

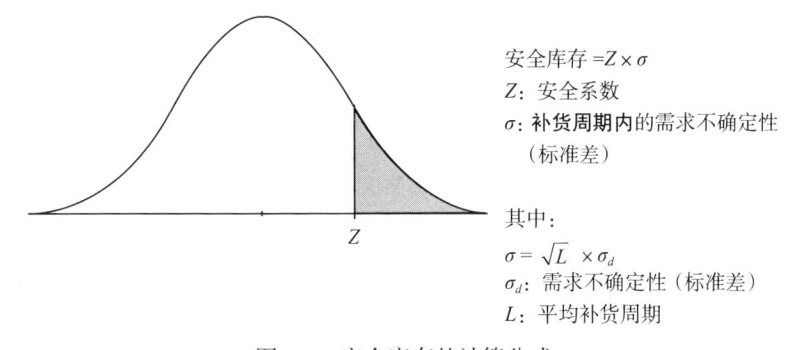

图 9-9　安全库存的计算公式

要注意的是，这里的标准差指的是**补货周期内**的标准差；而我们在图 9-3 和图 9-4 中计算的标准差呢，一般是以天、周或月为单位。如果补货周期正好是 1 天、1 周或 1 月，那么计算出来的标准差就是我们这里要用的；否则，我们要做一定的转换，图 9-9 中有详细的公式。

在转换的时候，时间的单位要一致。举个例子。如果需求历史、预测误差是按周统计，而补货周期是 28 天的话，我们要把 28 天转换成 4 周。补货周期 4 周内的需求不确定性呢，则等于每周误差标准差的 $\sqrt{4}$ 倍（如果用 $\sqrt{28}$ 就大错特错了）。

这也符合"夜长梦多"的常识：补货周期越长，补货周期内的需求不确定性就越大，但这个倍数是开根号的关系，而不是线性关系。这在统计学上可以证明。如果让时光倒流 30 年，我在读大学时还可以现场证明给你看；如今我虽廉颇未老，不过对数理统计的很多细节，却是不能推演了。感兴趣的读者呢，可以到网上搜索一下这方面的证明。

让我们回到图 9-3 中的例子。假定期数是周，产品的服务水平是 92%，补货周期是 4.5 周。那么，所需安全库存的计算如下：

安全系数 Z 值 = NORMSINV（92%）= 1.41（Excel 中有相应的函数）

σ_d = 25.1（用 Excel 中的 STDEV.S 函数，在图 9-3 中已经计算出了）

$\sigma = \sqrt{L} \times \sigma_d = \sqrt{4.5} \times 25.1 = 53.2$

安全库存 = $Z \times \sigma$ = 1.41 × 53.2 = 75（四舍五入到个位）

如果把服务水平的目标设为 95%，那么安全库存就变为 87——服务水平只提高了 3%，安全库存却增加了 16 个百分点。

:: 小贴士　补货周期如何计算

补货周期是从需求产生到补货到来可供使用的整个周期。假定供应方是供应商（自己的生产线同理），让我们举例来解释整个供货周期。

早晨生产线上用掉一个零件，门店里卖掉一件货，或者接到一个客户订单，那一刻就是**需求产生**的时间；ERP 里完成扣账，MRP 运转，发现库存少了一个，这是需求被**识别**了。需求被识别后，系统就触动补货流程，提出补货要求，这时系统就产生一个请购单。采购人员看到了请购单，就转换成供应商的订单（或者由 ERP 系统自动转换）。根据采购金额和其他规定，不同的管理层需要审批。审批完成后，订单被发送给供应商。

然后该订单就在供应商的系统里开始排队，走生产、检验、包装、发货流程。这段时间是供应商的制造时间，加上运输时间，就是我们所熟悉的采购提前期。货物到了我们的仓库门口，就开始排队等待验收、入库，直到被录入 ERP 系统，可以用来满足需求的时候，整个补货周期才算完成。

整个周期跟企业的管理能力、信息化、计划和执行的能力都密切相关。

在信息化程度高、执行效率高的企业，产线领料和 ERP 扣料同步进行，或即使不同步，间隔延误也很短；在信息化程度低、执行效率低的企业，产品流和信息流不同步，比如每天交班前统一扣账，这意味着最多一个工作日的延误。有时候太忙，扣完账已经错过了当日的 MRP 运转，这意味着得再等半天（MRP 每天运转 2 次）或 1 天（MRP 每天运转 1 次），到下一次 MRP 运转，系统才能识别需求。

需求识别了，补货申请提出了，有的企业让采购员手工转换成采购订单，这动辄又是一天半天的时间，因为采购员不是整天坐在那里下订单，他们可能在开会、打电话，或者出差。订单生成了，超过一定金额的需要审批，管理层审批的周期就更难掌控——领导们经常在开会、出差。好不容易审批了，有的企业是定期发邮件或者通过电子商务发送订单，每天一次，稍微不慎，错过当天的发送时间，就又得等 1 天。

这不，几天甚至一两周时间就这么过去了。在有些企业，要么为了规模效益，要么纯粹是管理粗放，每个月给供应商下一次订单，这就意味着给供应周期增加了平均半个月，最长一个月的等待时间，而补货周期的大头——供应商的交期还没开始呢。

供应商的交付周期也很难识别。有些企业在采购订单发送上缺乏规则，同一个料，多个订单一次性发送，后续要的时候交货；或者发送一个大订单，分次交货。这都导致难以判断真正的交期。那就以合同方式来约定吧。但在合同上，供应商又给出一个很长的不合理交期，采购也是睁一只眼闭一只眼，因为供应商的绩效就是采购绩效，采购当然不想供应商承诺一个交期，到时候又没法兑现。有些企业为了应对这些，就强制供应商在一定的天数交货，但这又往往没有顾及供应商的能力，供应商不能稳定交付，增加了供应的不确定性，最后还是得靠增加安全库存来应对。

好不容易供应商送货到门了，验收入库的程序又开始了。如果你跟自己的来料验收打过交道，你大概知道整个过程要多长时间，有多么不可控。如果你是个跨境电商，用的是亚马逊的仓库服务，你知道验收入库快的话 1 天，慢的话 1 周也不稀奇。节假日太忙，亚马逊人手不够；产品数量、质量有问题，需要澄清；包装太大，需要额外的处理时间，凡是能发生的，都会发生。但不管什么原因，从库存抵达到库存可用，又不可避免地增加了几天的时间。

为什么要连篇累牍地谈这些细节呢？作为计划人员，我们得清楚地理解补货周期的各个环节，以及每个环节的不确定性，才可能更好地管理不确定性，以降低安全库存；作为管理者，我们要认识到，补货周期的很多环节取决于我们的决策，是个管理问题。比如订单的审批、ERP系统里领料扣账频率、MRP运转的次数和什么时候运转，都是由管理层决定的。定期回顾这些决策，做出必要的调整，会显著影响补货周期及其不确定性，从而影响整体库存水平。

| 实践者问 |

在计算补货周期时，考虑供应商采购原材料的周期吗？

| 刘宝红答 |

如果供应商的原材料是独立计划的，也就是说原材料是建了库存的，那么不用考虑；如果原材料的采购要靠成品的需求来驱动，则要把其采购提前期加入补货周期。自己的工厂同理。

案例 9-1　安全库存的计算示例

让我们回到图 9-5 中的例子，假定该产品是由供应商提供的，采购提前期是 3 周，假定补货周期等于采购提前期。如果期望的服务水平是 95% 的话，我们可以这样计算该产品的安全库存：

安全系数 Z 值 = NORMSINV（95%）= 1.64（Excel 中有相应的函数）

σ_d = 2 163（用 Excel 中的 STDEV.S 函数，在图 9-5 中已经计算出了）

$\sigma = \sqrt{L} \times \sigma_d = \sqrt{3} \times 2163 = 3746$

安全库存 = $Z \times \sigma$ = 1.64 × 3 746 = 6 144（四舍五入到个位）

计算出来的安全库存是 6 144 个，意味着基于这样的需求历史和我们预测需求的能力，我们需要设 6 144 个安全库存，才能做到 95% 的情况下一有需求，我们马上有现货来完全满足。

需要说明的是，我们驱动供应链执行的，除了安全库存以外，更重要的还有需求预测。我们的毛需求等于安全库存加上提前期内的需求预测。

假定现在是第 7 周，采购提前期 3 周（第 8～10 周）内的预测是 3 000 个/周，所以我们的毛需求 = 3 000 × 3 + 6 144 = 15 144 个。减掉在库和在途库存，得到净需求，就是给供应商的新订单。然后每周滚动更新，随着新一周的预测进入提前期，给供应商释放更多的订单。

之所以讲这些，是因为有些企业只设"安全库存"来驱动供应链，一旦库存低于"安全库存"，就补货到"安全库存"水位。它们的"安全库存"其实是后面要讲的再订货点，跟我们这里讲的安全库存不是一回事。

| 实践者问 |

如图 9-10 所示，我用过去 16 周的需求历史计算安全库存，发现需求的标准差很大，计算的安全库存看上去很大。

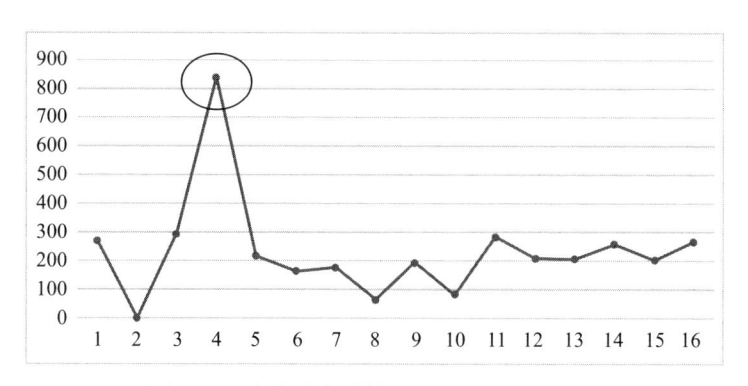

图 9-10　安全库存计算中，也要清洗极端值

| 刘宝红答 |

第 4 周的需求看上去是个极端值，如果经确认后确实是一次性的，应该首先清洗数据，然后计算需求的标准差，得到的安全库存会更加准确。要知道，计算安全库存的需求历史还是要有重复性的，一次性的需求要清洗。此外，我们这里还假定需求历史是符合正态分布的。

需求、供应都不确定

在前面的公式中，我们假定供应是确定的。但该假定往往并不成立，我们有两种方式来应对：要么做一定的假设，比如按照经验值给安全库存增加一定的量；要么量化供应的不确定性，用更全面（也更复杂点）的公式，这也是我们这里要讲的。

供应的不确定性有两种。其一是补货**周期**的不确定性，比如供应商说 3 周送货，但4周了还没送来；其二是补货**数量**的不确定性，比如说应送来100个，结果只送来90个。数量的不确定可以转换成时间的不确定，比如90个按时送来，其余10个比正常交期延误5天。那我们就把供应的不确定统一定义为**补货周期的不确定**。

在图9-11的例子中，我们抽取20个历史订单，统计每个订单的补货周期，围绕补货周期求标准差来量化供应的不确定性。⊖当然，这里的假设是补货周期服从正态分布，比如平均补货周期是4.5周，意味着实际补货周期有时候会超过4.5周，有时候会短于4.5周，但总体在4.5周左右的概率最高；越是向两端，出现的概率越低。

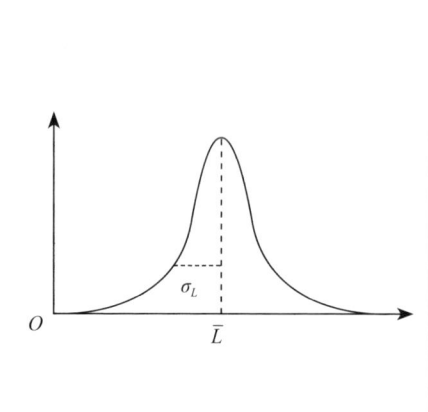

订单号	补货周期（周）
1	6.2
2	4.8
3	5.8
4	2.4
5	6.7
6	5.7
7	3.1
8	3.4
9	1.3
10	4.9
11	7.0
12	4.8
13	4.0
14	2.4
15	6.7
16	5.7
17	3.1
18	4.0
19	1.3
20	6.0
平均值（L）	4.5
标准差（σ）	1.8

图 9-11 量化供应的不确定性

这样，我们就得到更全面的安全库存公式：

$$安全库存 = Z \times \sigma$$

其中：

$$安全系数\ Z = \text{NORMSINV}（服务水平）$$

⊖ 我们也可采用需求不确定性的量化方式，来量化供应的不确定性：针对一系列订单，预计每个订单的到货日期（比如基于供应商的承诺），跟实际相比，就是"误差"；围绕"误差"求标准差，就是供应的不确定性（假定"误差"符合正态分布）。这种统计方法更加全面、灵活，可以应对变动的供应周期。我在文献中没有看到这种做法，而是根据实际业务总结出这种量化方式的。

$$\sigma = \sqrt{(L \times \sigma_d^2) + (F^2 \times \sigma_l^2)}$$

式中，L 为平均补货周期；σ_l 为供应的不确定性（补货周期的标准差）；σ_d 为需求的不确定性（预测误差的标准差）；F 为平均需求预测。

这里要注意的是，时间单位要一致。比如需求是按周汇总，而补货周期的单位是天，那么两者得换算成统一的单位，否则计算结果会大错特错。另外，需求和供应的不确定性是独立的，也就是说，需求的变动不会影响供应的变动，反之亦然。

下面我们看个例子。

假定某产品的需求如图 9-3 所示，预测为 143 个/周，误差的标准差为 25.1 个。假定该产品的补货周期如图 9-11 所示，平均值为 4.5 周，标准差为 1.8 周：

$$L = 4.5$$
$$\sigma_l = 1.8$$
$$\sigma_d = 25.1$$
$$F = 143$$
$$Z = 1.64$$

那么，为达到 95% 的服务水平，需要放置的安全库存如下：

$$\begin{aligned}安全库存 &= Z \times \sigma = Z \times \sqrt{(L \times \sigma_d^2) + (F^2 \times \sigma_l^2)} \\ &= 1.64 \times \sqrt{(4.5 \times 25.1^2) + (143^2 \times 1.8^2)} \\ &= 431\end{aligned}$$

前文已经计算过，如果供应没有不确定性，设定安全库存为 87 个，即可达到 95% 的服务水平。供应不确定性带来的库存影响，可见一斑。

:: 小贴士　两种不确定性对安全库存的影响

接着上面的例子，我们来看看需求和供应的不确定性对安全库存的影响。

如图 9-12a 所示，我们把需求的不确定性 σ_d 分别降低 10%、20%、30%，一直到 90%，会看到安全库存有所降低，但降低的幅度有限，降到 422 就降不动了，因为那主要是由供应的不确定性决定的安全库存。

在图 9-12b 中，我们把供应的不确定性 σ_L 分别降低 10%、20%、30%，一直到 90%，会看到安全库存的降低幅度大多了，最低能够降到 88（那主要是由需求的不确定性决定的安全库存)。

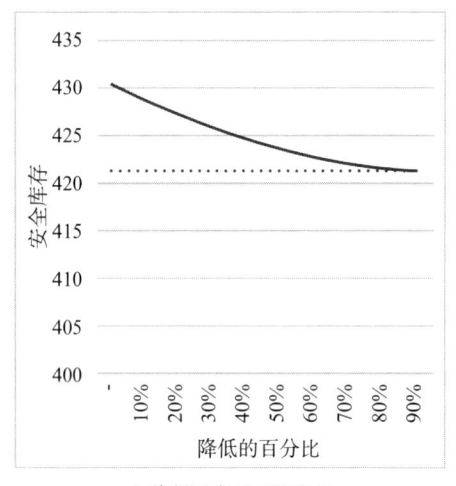

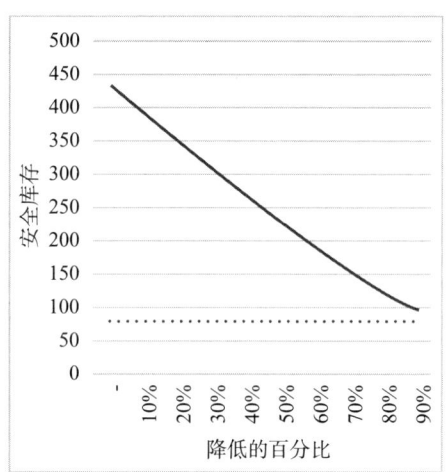

a) 降低需求的不确定性　　　　　b) 降低供应的不确定性

图 9-12　需求与供应的不确定性对安全库存的影响

供应的不确定性对安全库存影响更大,这个例子并非特例。这从安全库存的计算公式中就可以看出:假定需求没有任何不确定性,安全库存就等于供应的不确定性(σ_l) × 平均需求预测(F) × 安全系数。这可是简单的倍数关系。放在这个例子里,就是 143 的 1.8 倍,再乘以安全系数 1.64,就得到 422。

计划员们对此深有体会。我在管理计划团队时,一旦总部的供货不及时,各地的计划员就非常紧张——他们久病成医,深知供应不确定性的危害。作为供应链实践者,这也是为什么要更好地管理供应,不管是自己的工厂,还是供应商的工厂,让它们说到做到,降低供应的不确定性。

那么,如何降低供应的不确定性? 最简单的做法就是**统计按时交货率**,让供应方知道他们的交付绩效,不管是供应商还是自己的生产、物流。这就如打篮球,没计分时,大家都在那里胡乱地打;突然有人说,开始计分了,大家就都很卖力了。在更深层次,我们要提高预测准确度,合理设置安全库存;选好、管好供应商,适当集中采购额,把自己做成供应商的相对的大客户,获取供应商的更多关注。

需求确定,供应不确定

在有些情况下,比如化工厂、炼钢厂、炼油厂等重资产行业,产能利用率很重要,生产排程因而很稳定,生产线的需求可预见性很高,对原材料、零部件的需求没有不确定性。我们在设置原材料、零部件的安全库存时，只需要考虑供应的不确定性。

$$安全库存 = Z \times \sigma = Z \times F \times \sigma_l$$

式中，Z 为安全系数；σ_l 为供应的不确定性（补货周期的标准差）；F 为平均需求预测。

有些企业在库存责任上是"铁路警察，各管一段"，需求的不确定性由成品的安全库存来覆盖，供应的不确定性由零部件的安全库存来应对。那么，零部件的安全库存就可按上述公式来计算。

在操作上，零部件的需求由两部分构成：①根据成品的预测和安全库存，分解出的对零部件的需求；②为应对供应不确定性，在零部件层面设置的安全库存。

这样做的好处是，不同零部件的供应不确定性也可能不同，我们可以通过精准量化来设置安全库存。但问题是，最后收尾的时候，零部件的齐套率往往是个问题，容易造成浪费。另外，零部件众多，往往需要多个不同的物料计划员来计划；计划水平参差不齐，也可能加剧齐套率低的问题。

另一种方法呢，就是在**成品**层面考虑零部件的供应不确定性，统一在成品层面设置安全库存。这一般是考虑长周期物料的供应周期、供应不确定性。这样做的好处有二：其一是简单，零部件的计划完全由成品驱动；其二是齐套率高，零部件是齐套的，可以组装成成品最后处理。

这么做的问题也有二：其一，这样做把推拉结合点设在成品处，增加了成品的安全库存，而且一旦做成成品，零部件就失去了灵活性，不能用在别的产品上；其二，对于那些交期短、供应不确定性小的零部件，安全库存可能过高，增加了整体零部件的库存。

要注意的是，不管是哪种情况，我们都要避免对零部件**重复**设置安全库存。也就是说，如果成品已经考虑了零部件的供应不确定性，零部件就不应该再设置安全库存。反之亦然。

在零部件层面设置安全库存，本来是供应链**推拉结合**的一种，更好地平衡库存和服务水平。比如有共性的零部件，在零部件层面设置安全库存，可更好地利用需求的聚合效应，降低不确定性，从而降低安全库存。但是，在有些企业，这却成了组织博弈的重灾区。

比如，在一家千亿级的新能源企业，相当一部分零部件有共性，但工厂在承担零部件的库存指标，为了降低库存，就不备零部件的安全库存，迫使销售端在成品层面建安全库存来应对供应不确定性。这对工厂是两全其美，执行起来容易，零部件库存低，但代价是形成了更高的成品库存、更高的供应链的整体库存，库存的灵活性更低。

当然，这么做也是有原因的：有些专用的零部件需要销售端协助来设置安全库存，但销售与运营对接的流程不健全，信息不对称，工厂的物料计划就不得不主要依赖需求历史设置安全库存，自然有很多问题。那好，谁的问题谁来解决，由销售在成品层面设置安全库存，一刀切得了。

还有一家几十亿元营收的企业，芯片短缺的那几年，供应的不确定性很大。这是个采购问题，所以采购自己得备芯片的安全库存来应对。采购的专长不是做计划，你自然不能期望他们能合理地设好安全库存；采购更加远离需求，信息更加不对称，在库存计划上更是盲人骑瞎马。

芯片安全库存的投资动辄就以百万元计，找老总审批时，采购总不能说"我们做采购的管不好供应商的交付，就花钱消灾放安全库存来应对"。所以，采购就给安全库存取了个"高大上"的名字：战略库存。瞧，我们是在"战略"层面考虑保供啊。有时候，你真的不得不佩服人民群众的聪明才智。

非现货供应，安全库存如何设置

到现在为止，我们谈的都是现货供应，也就是说，需求一来手头就有库存。这也叫按库存生产或备库生产，在大批量行业相对普遍，比如家电、快消品、电商、新零售等领域。对现货率要求高的备品备件环境下，我们也采取备库生产。

与按库存生产对应的是按订单生产，其好处是库存风险低，但客户等待时间长，客户体验差；赶工加急多，生产和运营成本高。我们这里要讲的非现货供应，介于两者之间，以更好地平衡库存和交付风险。这并不是不备安全库存，而是备得少一点。让我们通过一个例子来说明。

让我们再回到图 9-3 中的例子。假定该产品的补货周期是 6 周（包括自己的生产和供应商的零部件交付），我们要在接到客户订单 2 周内发货，那么该放多少安全库存？

我们知道，如果只靠预测来驱动供应链，不备任何安全库存的话，现货的服务水平是 50%，等待时间为 0；另外 50% 的情况下我们手头没货，等待时间是 6 周。那么，等待时间的期望值 = 50% × 0 + 50% × 6 = 3 周。

那我们反算一下，如果要期望的交期小于等于 2 周，假设现货供应的服务水平是 x，其余 1–x 就得等 6 周才能供货，我们得到如下方程：

$$x \times 0 + (1-x) \times 6 \leqslant 2$$
$$x \geqslant 66.7\%$$

这就是说，现货供应的服务水平不能低于 66.7%。我们用 Excel 中的函数 NORMSINV 来计算安全系数，用前文的公式来计算安全库存：

安全系数 Z 值 = NORMSINV（66.7%）= 0.43

σ_d = 25.1（用 Excel 中的 STDEV.S 函数，在图 9-3 中已经计算出了）

$\sigma = \sqrt{L} \times \sigma_d = \sqrt{6} \times 25.1 = 61.5$

安全库存 = $Z \times \sigma$ = 0.43 × 61.5 = 26（四舍五入到个位）

也就是说，为了达到 2 周内交付的目标，我们得在手头备 26 个的安全库存。

案例 9-2　需求符合正态分布时，非现货供应的安全库存

一个产品的需求历史如图 9-13 所示。假定该产品的需求符合正态分布，那么围绕需求历史计算的标准差就是其需求的不确定性。假定该产品的补货周期是 8 周，平均每周的需求是 17 个，周需求的标准差是 10 个。接到客户订单，如果要求 2 周内发货，手头得备多少安全库存？

周	需求
1	24
2	3
3	1
4	16
5	32
6	20
7	24
8	3
9	20
10	20
11	17
12	17
13	28

平均每周的需求 = 17
周需求量的标准差 = 10

图 9-13　非现货供应时，安全库存的计算示例

我们知道，如果只按照平均需求做预测，不备任何安全库存，现货的服务水平是50%，等待时间为0；另外50%的情况下我们手头没货，等待时间是8周。那么，等待时间的期望值 = 50%×0 + 50%×8 = 4 周。

那我们反算一下，如果要期望的交期小于等于2周，假设现货供应的服务水平是x，其余$1-x$就得等8周才能供货，我们得到如下方程：

$$x \times 0 + (1-x) \times 8 \leqslant 2$$

$$x \geqslant 75\%$$

这就是说，现货供应的服务水平不能低于75%。我们用Excel中的函数NORMSINV来计算安全系数，得到的Z值是0.67。

我们这里是用13周的需求历史，需求相对平稳，没有明显的趋势、季节性等，符合正态分布。那么，需求历史的标准差就是需求的不确定性。

$$\sigma_d = 10$$

$$\sigma = \sqrt{L} \times \sigma_d = \sqrt{8} \times 10 = 28.3$$

$$安全库存 = Z \times \sigma = 0.67 \times 28.3 = 19$$

我想现在大家明白了，即便我们的供货方式不是现货，但为了不让客户等太久，手头仍得设一定的安全库存。

缓冲库存也是安全库存

我们通常讲的安全库存，是个**数量**的概念：需求有不确定性，供应有不确定性，那就多放点安全库存来应对。安全库存放在那里，就会一直待着，不管有没有需求。那需求没了的话怎么办？理想的情况是提前把安全库存水位清零，库存用掉后不再补货，最后完全消化掉。

不过能这么精准操作可不容易，稍有不慎，安全库存就可能最终形成呆滞。所以，这里的安全库存有个假定，就是需求是长期的。比如这款产品一直在门店卖，这个备件一直有客户要，这种原材料一直在产线上用。

你知道，凡是假定都有不成立的时候。很多时候，我们面临的是非持续需求。比如你是个手机厂商，型号一年一换；你是个空调制造商，每年集中生产几个月，集中销售几个月。产线要应对需求的不确定性、供应的不确定性，那就设置**缓冲库存**，多放几天的库存来应对。

缓冲库存也是安全库存，不过是个**时间**概念。⊖也就是说，把原材料、半成品提前一段时间供应到位，但总量不变。表现出来，就是整体库存高，积压资金多，但总量还是按照原计划，并没有增加，最后齐套做成成品。

我问过很多生产企业：你们是如何设置缓冲库存的？答案基本都是：按经验。其实，缓冲库存完全可以按照安全库存的逻辑来计算，最后除以平均需求而折算成天数（这样理解起来直观，也容易沟通）。

比如需求不确定性高的产品，就多放一些缓冲库存；采购提前期长、供应不确定性大时，就多放一些缓冲库存；产线停机待料的成本越高，缓冲库存就放得越多等。这个逻辑其实也相当于在成品层面设置安全库存，通过 MRP 来驱动半成品、原材料的供应。我们要做的，就是把这三方面的因素量化了，按照安全库存的公式来计算缓冲库存。

安全库存计算中的一些假设

安全库存的计算公式有一系列假设，我们这里讲主要的三个。

1. 误差的延续性。这也是说，我们的预测能力相对稳定，以后的预测误差和以前的差不多，错的方式差不多。这样，我们可以根据以往的预测误差，来量化需求的不确定性，用于以后的安全库存计算。

这就如员工 A 做事一直很仔细，很少出差错，你以后也不会花很多时间检查她做的事；员工 B 有点马大哈，经常出差错，你以前花了很多时间，以后也会花很多时间来检查他的工作——你都在假设两个员工的差错（误差）有延续性，过去的历史可以代表未来的表现。

2. 需求跟补货周期是独立的。也就是说，需求的增加或减少，不会影响补货周期；补货周期的变动，也不会改变需求。现实往往正好相反：需求越多，供应周期就可能越长；供应周期越长，越可能刺激客户拔高预测、拔高安全库存，产生更多的"需求"（或者另寻他源，转移需求到别处）。

3. 我们这里要强调的是正态分布假设：要么需求本身符合正态分布，要么误差要符合正态分布。当需求没有明显的趋势、季节性，补货周期内的平均需求比

⊖ 严格地说，缓冲库存和安全库存还是有所区别的：安全库存一经设定，就会成为"沉没资本"，总会维持相应数量的库存；缓冲库存则是通过调整主数据，让库存提前一段时间进来，并没有改变库存总量。"简单点理解就是，安全库存是以增加库存换所谓的安全，而缓冲库存则是以时间换安全。"摘自程晓华的微博。

较大（比如高于10），需求本身符合正态分布的概率相当大。

当需求呈现趋势、季节性或周期性时，需求本身一般是不符合正态分布的，但我们假设预测误差符合正态分布，表现在预测的高估、低估是随机的，不会呈现模式，长期以来会互相抵消（误差的均值为零）等。

但很多时候，你会发现误差的均值并不是零。一方面，误差本身并不一定严格符合正态分布；另一方面，数据点可能太少。但不管怎么样，均值应该相当接近零，否则表明预测可能有系统性偏差，我们得找更合适的预测方法。

对于长尾产品来说，需求和预测误差都不符合正态分布，我们不能用正态分布的公式来计算其安全库存。作为应对措施，我们可用泊松分布来模拟需求，我们在第11章会详细介绍。

| 实践者问 |

按照书上的公式，计算出的安全库存让人匪夷所思，跟经验值的差异非常大。我该相信公式，还是经验值？

| 刘宝红答 |

相信经验值。经验值做不到精益求精，但更可能避免大错特错。如果公式让经验值看上去是大错特错，那十有八九是公式出问题了：刚开始套用公式，可能没套对；数据没清洗，可能有极端值；时间的单位没统一，都可能让公式的结果大错特错。

毕竟，作为一家企业，多年这么做下来，现在还这么做是有原因的，也有一定的合理性；如果新的方法让老的方法看上去非常不合理，那八成是新的方法有问题。尊重自己的直觉。如果你觉得错了，那八成是错了。这是另一种形式的"从数据开始，由判断结束"。

| 实践者问 |

安全库存的计算，究竟要有多少个数据点？

| 刘宝红答 |

对于正态分布，如果你看那些数理统计的书，一般要有30个以上的样本，

其统计指标的可靠性才比较高。我们往往没有那么多的数据。不过少于13个数据点（1个季度为13周），我会非常担心——试想想，如果要画一个像样的正态分布曲线，你也至少需要十几个点吧。

数据点太少，会影响标准差在数理统计上的可靠性，从而影响安全库存的准确性；数据点太多，意味着取更长时间的需求历史，可能导致需求历史的代表性下降——这期间需求的模式可能发生大的变化。我们得平衡两者。

第10章 Demand Forecasting and Inventory Planning

再订货点和再订货机制

在库存计划领域,除了安全库存,经常打交道的还有**再订货点**。它原理简单,容易维护,当补货周期较短,需求没有明显的趋势、季节性时,是一种不错的补货方式。

再订货点的主要参数

如图 10-1 所示,再订货机制是一旦库存降到预设的水位,就启动订货机制,驱动供应链补充一定数量的货;在补货到来之前,库存继续下降,直到补货到达,拉高库存的水位,然后开始下一个周期。再订货点法在企业里使用很广,对于它的几个参数,在此稍做解释。

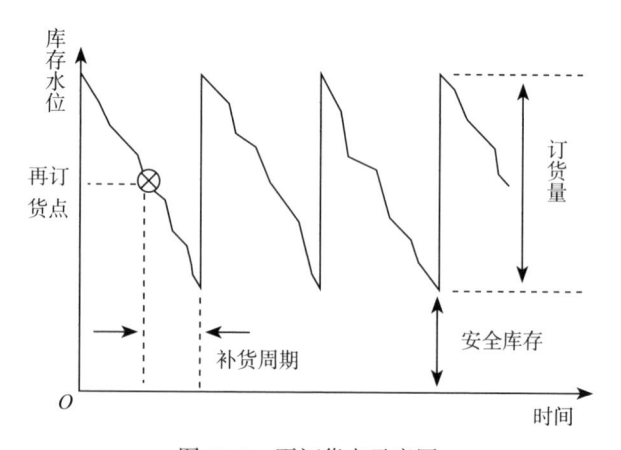

图 10-1 再订货点示意图

再订货点

假定刚开始的时候，库存是满的。然后需求不断进来，库存被不断消耗，到了一定水位，你知道该补货了，否则会面临断货风险。这就是**再订货点**。

再订货点究竟该设置多高呢？这首先跟补货周期内的平均需求有关。

假定补货周期是 10 天，每天的平均需求是 5 个，那我们至少要在库存还剩 50 个的时候下达补货指令。然后世界很完美，每天消耗 5 个，10 天后库存正好是 0 的时候，补的那批货来了。当然你知道，世界没那么完美，需求高了怎么办？我们得放置一定的安全库存来应对。

这就是说，再订货点是由两部分构成的：①**补货周期内的平均需求**，这是平均需求预测 × 补货周期；②**安全库存**，这是为了应对需求和供应的不确定性，以及提高服务水平。

这个概念其实你在做单身汉的时候就烂熟于胸：假定你每周买一次菜（这意味着补货周期是 7 天），每天平均吃半斤小白菜，那你要把小白菜的"库存"至少建到 3.5 斤，那是"补货周期内的平均需求"；有时候斜对门的另一个单身汉来蹭饭，那是"需求的不确定性"，你就得多备点，比如再加 1 斤，那是你的"安全库存"。两者相加，你的"再订货点"就是 4.5 斤。

💡 案例 10-1　再订货点的计算

让我们看一个例子，来加强对安全库存和再订货点计算的理解。

一个产品的需求历史如图 10-2 所示。假定随时监控库存水位，一旦在途和在库库存之和低于再订货点，就触动补货机制。再假定供应商的补货周期为 4 周，如果要达到 95% 的服务水平，再订货点要设多高？其中安全库存是多少？补货周期内的平均需求呢？

我们这里使用 13 周的需求历史，需求相对平稳，没有明显的趋势、季节性等，而且符合正态分布。那么，围绕这 13 个数据点，我们就可求出平均需求为 17 个／周，每周需求的标准差为 10 个。在图 10-2 的右边，我们用图形的方式，展示了服务水平与安全系数 Z 值的一对一关系（安全系数可用 Excel 中的函数 NORMSINV 计算）。

再订货点等于补货周期（4 周）内的平均需求（4×17＝68 个），加上安全库存。

安全库存＝Z 值 × 补货周期内的需求不确定性（标准差）。95% 的服务水平对应的 Z 值为 1.64。每周需求的标准差已经知道（10 个），那补货周期 4 周内的需求标准差也可以算出：$\sqrt{4} \times 10 = 20$（公式见图 9-9）。

周	需求
1	24
2	3
3	1
4	16
5	32
6	20
7	24
8	3
9	20
10	20
11	17
12	17
13	28

平均每周的需求 =17
周需求量的标准差 =10

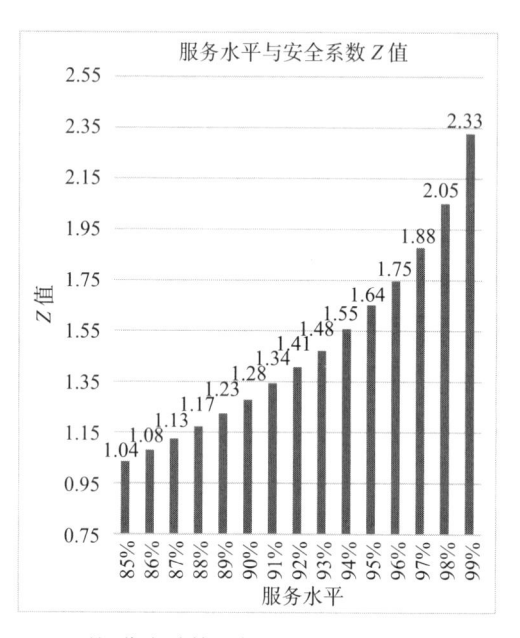

图 10-2　再订货点计算示例

安全库存就等于 $1.64 \times 20 = 32.8$，加上补货周期内的平均需求 68 个，就得到再订货点 100.8。当然，你不能订 0.8 个货，那就四舍五入为 101 个。

详细的计算如下。

$$补货周期内的平均需求 = 17 \times 4 = 68$$

$$安全系数\ Z\ 值 = 1.64$$

$$安全库存 = 1.64 \times \sqrt{4} \times 10 = 1.64 \times 2 \times 10 = 32.8$$

$$再订货点 = 68 + 32.8 \approx 101$$

| 实践者问 |

我的数据如下，计算出来的安全库存、再订货点非常大。怎么办？

1周	2周	3周	4周	5周	6周	7周	平均周销售	销售周数	标准差	服务水平	采购周期	采购周期开平方	采购周期（周）	安全库存	再订货点(ROP)	补货周期需求
20			50			60	43.33	3	20.82	3	30	4.29	2.07	129.28	315.00	185.71

| 刘宝红答 |

这里用了7周的需求历史，数据点太少，数理统计意义不大；只有3周有需求，别的周都是0，不符合正态分布。所以，我们不能套用正态分布的安全库存公式。还有，周平均需求计算成（20+50+60）/3 = 43.33，不对，应该是（20+50+60）/7 = 18.57——需求为0的周不能忽略。

在这种情况下，你大概也只能采取经验值了，比如大致估计补货周期内的需求，按照经验值放1周、2周的安全库存，计算相应的再订货点等。㊀

订货量

谈完了再订货点，我们来谈**订货量**，也就是说，每次补货的时候究竟补多少。在这方面，其实你天生是个专家，生来就懂。

1. **订货成本**越高，订货量就越大——为了几根葱，就让你跑趟菜市场，你会很愤怒，因为你跑一趟的"订货成本"很高，你当然希望多买些东西，把单位订货成本降下来。

2. **需求量**越大，订货量就越大——这就是为什么你会一次买50斤米，但不会买50斤盐。

3. **库存成本**越高，订货量就越小——这就是为什么你不会买半年喝的水，因为占地方没处放；你也不会买一个月吃的小青菜，因为小青菜会坏掉，这两种情况下的库存成本都很高。

在经济学中，有个经济订货量（Economic Order Quantity，EOQ）的概念，已经被研究了110多年，来帮助采购方平衡上述三方面的因素。㊁生产的最小批量也是同理。

∷ 小贴士　经济订货量

每次订多少货最合适，跟库存持有成本、订货成本密切相关。每次订货量越

㊀ 我把这个实践者的问题列出来，也是为了展示很多企业的现状：计划人员缺乏最起码的专业训练，就跟不会拿筷子吃饭一样，能把库存计划好、把业务支持好吗？每每看到这些，我都感到很绝望：我写了6本书和上千篇的文章，还是没法解决不会拿筷子吃饭这样的问题啊！

㊁ 经济订货量 EOQ 的公式是一位叫福特·哈里斯（Ford Harris）的人于1913年开发的。有趣的是，他只有高中学历，也不是个研究者，后来自学成才成为一位律师。这也说明，你不需要是个数学家，才能做库存计划。资料来源：*How to Understand the History of the Economic Order Quantity*, by Shaun Snapp, https://www.brightworkresearch.com。

大，单位订货成本就越低，但库存持有成本就越高；每次订货量越小，库存持有成本降下来了，单位订货成本却上去了。让两者之和最小的订货量，就是经济订货量，如图10-3所示。

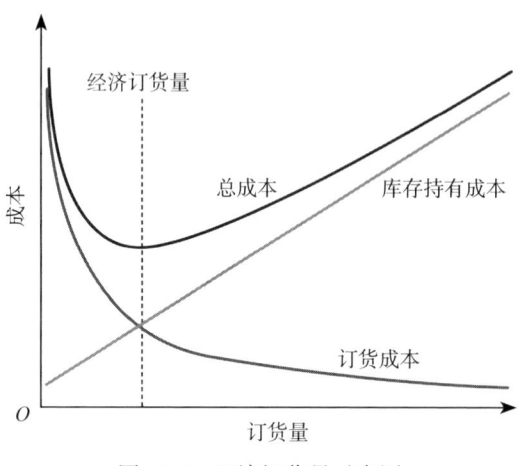

图 10-3　经济订货量示意图

在图10-3中，我们谈的成本都是**变动**成本。比如库存持有成本跟库存的数量成正比，假定每次的订货量是 Q，那么平均库存水平 = $Q/2$。假定单位的存储成本是 H，那么库存持有成本 = $H \times Q/2$。假定每年的需求是 D，每次的订货成本是 S，那么订货成本 = $S \times D/Q$。总成本最小，就是最小化这两者的和，得到下面的经济订货量（EOQ）公式。

$$Q = \sqrt{\frac{2D \times S}{H}}$$

式中，Q 为每次的经济订货量；D 为每年的需求；S 为每个订单的订货成本；H 为单位库存持有成本。

要注意的是，需求预测 D 得转换成每年的量（这里假设每年的需求相对稳定）。每次订货成本 S 主要是发生在公司内部的变动成本，比如下订单、跟踪订单、催货、验收、付款等。H 作为库存持有成本，包括资金成本、仓储成本、呆滞成本等，要换算成单位产品的。

经济订货量如此计算，最小生产批量也是。两者事关规模效益，是供应链管理中的一个核心概念，指导很多采购、生产决策。试想想，稍微上点规模的企业，就有几百、几千甚至几万个采购项，其中大部分属于C类物料（比如几分钱、几毛钱一只的螺丝钉），单价低，如果没有经济订货量，完全按照 MRP 需求要多少就采购多少，每年采购几十、几百次，该有多少采购成本啊！

这个110多年老的经典公式背后有多个假设，比如需求恒定且已知，订货成本、库存持有成本、采购单价恒定，供应能力无限，补货无限制，供应没有不确定性（订货提前期恒定）等。

凡是假定，就有不成立的情况：订货成本不恒定，而是随着订货量变化呢？采购单价不恒定，而是有批量采购折扣呢？需求、供应如果有不确定性呢？跟别的产品一起采购呢？

这就衍生了无穷无尽的经济订货量（EOQ）变种，学术界都研究了几十年，还不断有新的学术文章发表。到INFORMS的网站上搜索关键词EOQ，光2000～2024年间就有155篇学术论文。[一]学者们有做不完的研究，作为实践者，我们还是先从理解最基本的模型开始，然后见招拆招，具体问题具体应对。

| 实践者问 |

为什么经济订货量用的是每年的需求？

| 刘宝红答 |

经济订货量是110多年前研究出来的，是典型的工业时代的产物。传统工业时代的特点是节奏较慢，"从前的日色变得慢/车，马，邮件都慢/一生只够爱一个人"[二]，人们思考的"单位时间"也就比较长，比如需求是按年来计算的。

20世纪90年代以来，信息技术发展迅速，特别是这些年的电商经济，工业节奏就更快了。如果这些研究是在现在完成的话，围绕快消品，我想更可能会用周或月来做计量单位。

信息技术也显著改变了订货成本。以前下订单、发送订单、跟踪订单、收货验收、付款等都是手动，成本相当高；现在大部分任务，包括付款都可以自动化——ERP自动产生订单，自动通过电子商务发给供应商，仓库收货验收时扫码，相关信息自动录入ERP，付款期限一到，自动付款。人工参与少，成本自然就下降，也意味着经济订货量可以更小。

[一] INFORMS是运筹学与管理科学学会的简称，旗下有众多杂志，包括管理领域顶尖的学刊《管理科学》(*Management Science*)、《运筹学》(*Operations Research*)、《生产与服务运营管理》(*Manufacturing & Service Operations Management*) 等。

[二] 《从前慢》，木心。选自《云雀叫了一整天》，广西师范大学出版社，2013年。

|实践者问|

经济订货量（EOQ）跟供应商要求的最小起订量（Minimum Order Quantity，MOQ）是否一样？

|刘宝红答|

两者的计算逻辑有很多共性，尽管最小起订量没有标准的公式。但是，两者的数值往往不同。这是因为经济订货量考虑的是采购方，而最小起订量考虑的是供应商的成本。究竟哪个占主导，很多时候取决于双方的力量对比。买方强势时，往往强迫供应商减小最小起订量；供应商强势时，则可能增加最小起订量。

此外，EOQ 的订货量固定，亦即每次订货是 EOQ 的整数倍。MOQ 则否，可以是 MOQ+n 个，每次订货只要不小于 MOQ 即可。⊖

🔖 案例10-2　经济订货量的计算

这是我在网上看到的一道中级会计的考试题。该考题说，案例企业是一家标准件分销商，主要业务是采购并向固定客户供应某种标准件产品。有关资料如下：

1. 该标准件上一年订货次数为 60 次，全年订货成本为 80 万元，其中固定成本总额为 26 万元，其余均为变动成本。单位变动成本和固定成本总额不变。

2. 该标准件仓储总费用中，每年固定租金成本为 120 万元，每增加一件标准件就增加 1 元仓储费。每件标准件的占用资金为 50 元，资金利息率为 6%。

3. 该标准件年需要量为 180 万件。一年按照 360 天计算。

那么，每次订货的变动成本为（80−26）×10 000/60 = 9 000（元）。注意，影响经济订货量的是**变动成本**，所以要把固定成本剔除。⊖

对于单位库存，每年的单位变动储存成本为 1+50×6% =4（元）（这包括资金成本和仓储费，但不包括 120 万元的固定租金）。

根据经济订货模型，该标准件的经济订货量为：

⊖ 参考自《EOQ、MOQ、FOQ 和 Lot for Lot 有什么区别？通过一个案例详细说明订货的时候该如何选择》，卓弘毅，微信公众号"弘毅供应链"。

⊖ 成本的固定和变动是相对的。比如建个仓库，你用不用都在折旧，该仓库是固定成本。但是，人人都这么做，每个产品都这么做，很快一个仓库不够用了，得建两三个了，该固定成本就变成了变动成本。还有，用第三方仓储的时候，比如按照体积、存储时间、季节、库龄等付费，仓储费用就成了变动成本。

$$经济订货量=\sqrt{\frac{2D\times S}{H}}\sqrt{\frac{2\times 1\,800\,000\times 9\,000}{4}}=90\,000$$

基于经济订货量，每年订货的次数为 1 800 000/90 000 = 20，订货间隔为 360/20 = 18 天。这表明以前每年订 60 次货有点太频繁。

如图 10-4 所示，我们选用不同的订货量，分别计算订货成本、库存持有成本和总成本，可见订货成本和库存持有成本相等时，对应的就是经济订货量。

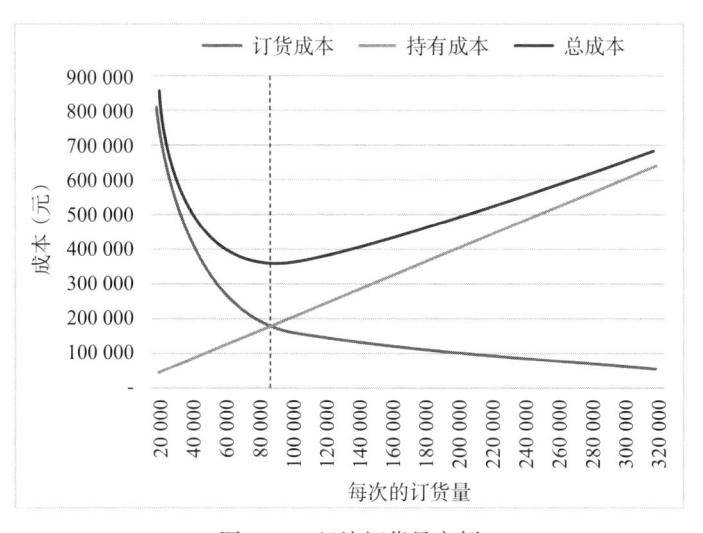

图 10-4 经济订货量案例

每次 90 000 个的经济订货量不太直观，我们折算成库存天数：每年用 180 万个，那么每天的用量就是 1 800 000/360 = 5 000，每次订货就是 90 000/5 000 = 18（天）。也就是说，基于当前的订货成本和库存成本，案例企业每次采购 18 天的用量最为经济。

我们接着看订货成本对经济订货量的影响。

当下的订货成本是每次 9 000 元，可能是自己在派专车去运输。如图 10-5 所示，当订货成本减半时，经济订货量就从 18 天下降到 13 天的量；订货成本降低 90% 时，经济订货量就变成 6 天的量；等到订货成本下降 99% 时，经济订货量就连 2 天的量也不到了。

当然，每次的订货成本可不光是运输成本，还可能有进出口清关、来料质量检验等一系列费用。这些费用有一定的刚性，也注定了订货成本不可能无限减小，除非你给供应商的生意足够多，议价能力足够大，让供应商免费送货上门。

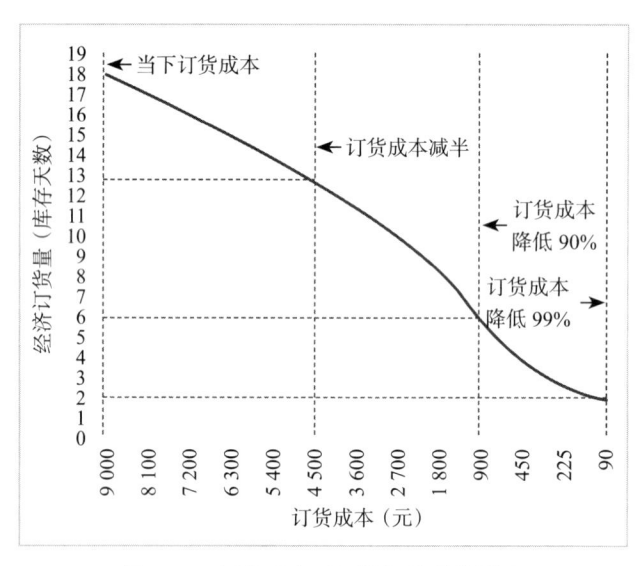

图 10-5　订货成本对经济订货量的影响

准时制生产（Just in Time，JIT）之所以能够实行，采购方的库存非常低，根本原因是**采购方**的订货成本无限降低。这一方面是通过平滑需求，另一方面是通过把订货成本转移给供应商来实现的。

∷ 小贴士　库存持有成本

库存成本是**获取**和**持有**库存的成本，前者是一次性成本，比如下订单、跟进订单、来料验收、付款等；后者是持有库存而产生的成本，也是我们这里重点要谈的。

对于库存持有成本，你马上能联想到两个主要部分：①库存积压资金，而资金是有成本的，这是**资金成本**；②库存放久了会贬值、变质，甚至完全报废，还不要说在存储过程中可能的丢失、盗窃等，这些损耗成本、过期成本在这里统称为**过期成本**。

此外还要租仓库、买保险、付人工费，杂七杂八的，所有这些成本加到一起，大概每年占产品成本的 10%～35%。[○] 也就是说，成本 100 元的产品，在仓库里放上 1 年，就会产生 10～35 元的持有成本。当然这些都是**估计值**，行业、产品不同，库存的持有成本也会不同，如表 10-1 所示。

○　*APICS Dictionary*, 17th Edition, Carying Cost 词条。

表 10-1　不同行业的库存持有成本（估计）

行业	库存持有成本占比	特点
电商	20%～30%	滞销、退货率高，需求波动大
零售	20%～30%	滞销、损耗风险高，需求季节性强
制造业	15%～25%	包括原材料和成品库存，资金占用显著
快消品	20%～25%	高周转率，但损耗风险高
医药	25%～35%	温控存储需求高，过期风险显著
高科技与电子	30%～40%	高价值库存，技术更新快，贬值过期成本高
汽车配件	20%～30%	零配件种类多，需要长期库存以保障服务
仓储物流	10%～20%	服务成本较低，主要集中在存储与管理
时尚与奢侈品	25%～40%	高价值、高过时风险
农业与食品加工	20%～30%	冷链存储需求高，损耗显著

资料来源：ChatGPT。

我想特别指出的是，我们往往低估了库存的**过期成本**。

在工业经济时代，产品的生命周期相对较长，家有余粮，心中不慌，库存的过期成本相对有限。这也是为什么在那些经典文献中，过期成本一般不是库存持有成本的主要构成。但是，在信息时代，产品生命周期越来越短，改变需求的行为越来越多，库存的过期风险也就越来越高。

这不，芯片的价格每个季度都在降，新手机一出来老手机就得打折，今天的海鲜、蔬菜放到明天就可能卖不掉了……从短缺经济过渡到过剩经济时，库存的过期成本只会更高。

让我们再回到案例 10-2，看看过期成本对经济订货量的影响。

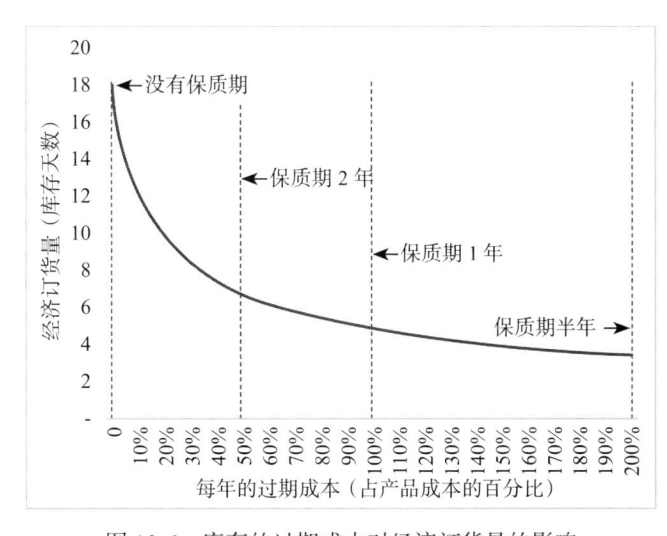

如图 10-6 所示，假定这个产品的保质期是 2 年，再假定其按照固定速度贬值、变质，到期后没有残值，那么其每年的过期成本就是 25 元（占产品单位成本的 50%），经济订货量就变成了 7 天不到的库存。如果该产品的保质期是半年，经济订货量就变成了 3.5 天。

图 10-6　库存的过期成本对经济订货量的影响

如果你是做生鲜生意的，大龙虾放不了几天就死掉了；或者你是开餐馆的，凉菜不能放过夜，过期成本是如此之大，你的经济订货量就会更小，道理就在这里。

再订货点的适用范围

再订货点的一大优点是简单，一旦由专业的计划人员设定好参数，不管是仓库、客服还是销售人员都可以执行；在自动化程度高的企业，甚至可以由 ERP 自动补货，运营和维护就更简单了。

再订货点也可避免补货过程中的组织博弈。当销售、客户、计划员们每次预测补货时，一旦短缺，大家都拔高预测抢购，先这么做的卷走了有限的一点货，不但人为加剧了短缺，而且制造了局部过剩，降低了库存的利用率，也给仓储物流带来更大的挑战。

但是，再订货点有其适用范围，那就是需求相对平稳，没有明显的趋势和季节性。当补货周期足够短的时候，这些情况一般都能满足。比如前置库从上级库调货，零售店从前置库调货，其补货周期一般不过几天；有些新零售甚至一天补货多次，那就意味着补货周期只有几个小时。用再订货点来驱动补货，往往效果不错。

从预测角度看，再订货点跟"幼稚预测"类似，上次用掉多少，就让下次补货多少（假定经济定货量为1），预测准确度不高，而且难以有效平滑需求，供应方看到的需求起伏较大，也不利于产能安排。不过在补货周期较短、供应能力充足的情况下，这些影响就相对有限。

当补货周期较长时，需求呈现趋势、季节性的可能性就更大；或者需求的变动比较大的时候，再订货点就难以有效传递预测给供应方。这些我在另一本书中有详细阐述，为了内容的完整性，特意摘录如下。

:: **小贴士　用再订货点，还是安全库存 + 需求预测**[⊖]

对于备货型生产来说，库存是由计划驱动的，按照计划提前生产出来，订单一到即可满足需求。这里的"计划"呢，常见的有两种做法：一种是**再订货点**法，一旦库存下降到或低于再订货点，就驱动供应链补货；另一种是按时段设定**需求**

⊖ 摘自《供应链的三道防线：需求预测、库存计划、供应链执行》（第 2 版），第 240 ~ 244 页，有修改。

预测，外加**安全库存**。

前者其实是把需求预测和库存计划整合到一起，好处是简单，缺点是没法有效传递需求预测；后者是把需求预测、安全库存两道防线分开，上帝的归上帝，恺撒的归恺撒，更加清晰，但维护起来工作量更大。

在补货周期内，这两种方式带来的总库存一样，但传递给供应商和供应链的信息可大不相同，对于供应链运营成本的影响也大不相同。鉴于大多数人不熟悉这点，我们这里来专门解释一下。

我们先看再订货点法。

再订货点 = 补货周期内的平均需求 + 安全库存。假定需求预测是每周10个，补货周期是6周，安全库存是30个，那么再订货点就是 10×6+30=90（个）。首次设置好后，MRP跑起来，假定没有在库、在途库存，再订货点对供应链的需求信号是：给我90个，马上就要。当然，作为生产线或供应商，你知道不会是90个马上都要。但是，你没法系统地知道，究竟什么时候需要多少，因为再订货点没法准确传递需求的**时间维度**，它传递的只是需求的**数量维度**。

需求进来了，用掉1个的库存，假定正好触动补货机制，MRP一跑，就产生1个的需求，驱动生产线或供应商补货1个；用掉100个，MRP就产生100个的补货指令（假定经济订货量是1）。供应链看到的需求是忽高忽低的，这对追求平稳的生产、配送来说，是个大挑战。根本原因呢，是**再订货点没法平滑需求变动**，除非手工干预，前端的需求波动会直接传递给供应链。

再订货点的上述两个缺点，在安全库存+需求预测的模式下，即拆分需求预测和库存计划两道防线，都能得到相当完美的解决。

在安全库存+需求预测模式下，需求预测的**数量维度**和**时间维度**都能设立，比如每周的预测是10个，供应商看到的指令就是每周送10个过来。对于客户订单，一旦录入ERP系统，就会"消耗"预先设好的预测值，而不是直接转化成给供应商的指令，这样就平滑了需求的起起伏伏，如图10-7所示。供应链和供应商看到的需求信号呢，还是原来设好的需求预测，按照一定的时段、数量分布。这样，需求就更平滑，有利于控制生产、配送过程中的运营成本。当然，如果实际需求太高，超出ERP里向后消耗、向前消耗的设置，多余部分就会以紧急需求的方式传递给供应链，形成需求波动。⊖

⊖ 超前消耗、逾期消耗有点专业性，更多的细节请参考我的《供应链的三道防线：需求预测、库存计划、供应链执行》(第2版)，第331～333页。

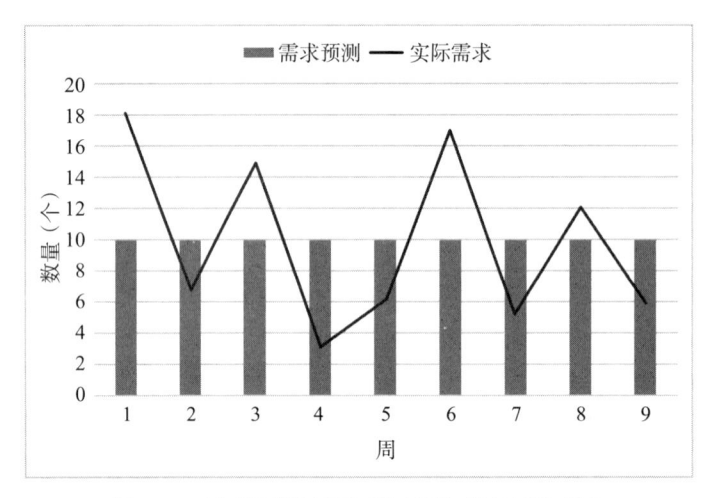

图 10-7　需求预测比再订货点更加能够平滑需求

进一步讲，**再订货点没法传递需求预测**。就像前面的例子，再订货点是 90，如果你不参与再订货点的计算，有多大可能把 90 分解为安全库存 30 个，每周的预测 10 个？安全库存为 12 个，每周预测为 13 个，也能得到同样的再订货点 90。这样的组合有 N 种可能。对于供应商来说，再订货点传递的只是一个个订单，很难翻译成准确的预测，难以有效指导原材料备货和产能规划。

在多重供应链的情况下，这个问题就更加突出。如图 10-8 所示，从门店到经销商，再到品牌商（以及后面的供应商），供应链有多个环节，层层再订货点加上最小起订量掩盖了真实需求，根本没法在多个供应链伙伴间传递需求预测。这助长了牛鞭效应，是供应链协同的大敌。当产品特殊性较高，比如定制化设计，供应方高度依赖需求方的预测时，问题就更大。

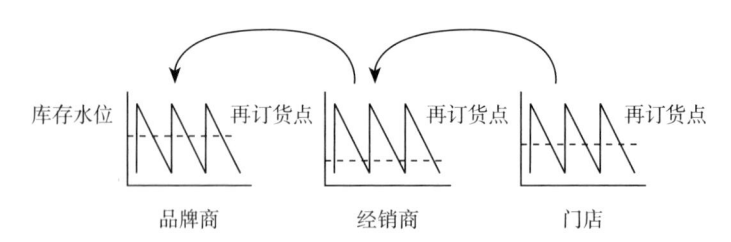

图 10-8　层层再订货点和最小起订量，掩盖了真实需求

资料来源：Creating Agile Supply Chains in the Fashion Industry, by Martin Christopher, Robert Lowson and Helen Peck, *International Journal of Retail and Distribution Management*, Vol. 32, 2004.

另外，再订货点没法有效应对**变动**的需求预测，比如前 6 周预测是 10 个 /

周，后 7 周是 15 个 / 周，除非到第 7 周时调整再订货点水位。而安全库存 + 需求预测则可以更灵活地呈现需求的变化，如图 10-9 所示。这让我们得以更灵活地应对促销、新老产品交替，以及趋势、季节性、周期性需求等。

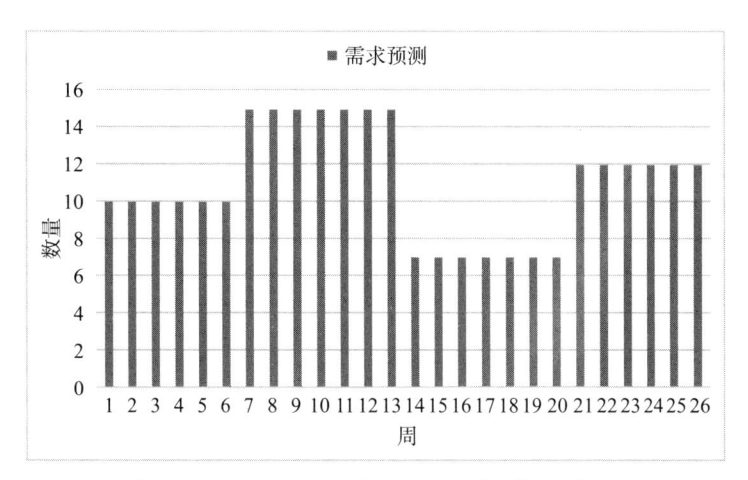

图 10-9　在 ERP 里，需求预测比再订货点更灵活

当然，再订货点也不无优点，比如**简单**，好理解，操作、维护起来也容易，因为它只有两个参数：再订货点和订货量。一旦设定，只要整体需求没有大的变化，再订货点就不用调整，一直在驱动供应链来补货。安全库存 + 需求预测呢，操作起来则相对更复杂，在 ERP 里需要设置多个数据点，包括安全库存和多个时间段的需求预测，而且得定期维护，比如每过 1 周，就有 1 周的预测被消耗，需要补上 1 周的预测。维护的间隔越长，每次需要补上的预测周数就越多。

对于简单的情况，比如前置库从总库调货、门店从前置库调货等，补货周期较短，一般是几天到一两周，下级库存点也不需要向上级库存点传递预测，再订货点往往能很好地应对。这些简单的情况下，设好再订货点和订货量，由 ERP 系统持续监控库存，一旦降到再订货点，自动补货即可。如果用安全库存 + 需求预测，维护成本较高，有点像杀鸡用牛刀，特别是越是前置库位，兼职做计划的可能性越大，人员能力参差不齐，很难确保需求预测的质量。

对于供应商向总库补货，补货周期动辄几周、十几周甚至更长的情况下，供应商需要依赖采购方的预测来备原材料、备产能，再订货点就显得力不从心，特别是供应商需要比采购提前期更长的预测时，安全库存 + 需求预测就更有效（再订货点只能传递提前期内的总需求）。通过 ERP 系统和电子商务平台，安全库存 + 需求预测也更容易传递，在跨职能、跨公司沟通时更不易失真。

| 实践者问 |

需求不稳定，存在趋势和季节性，我还能用安全库存公式、再订货点公式和经济批量公式吗？如果不能用，该用什么公式解决？

| 刘宝红答 |

安全库存公式可以，不过在计算时要围绕预测误差计算标准差，来量化需求的不确定性（假设误差符合正态分布）。再订货点、经济批量公式不能用，因为它们假定需求是恒定的。

解决方案呢，就是用补货周期内的预测＋安全库存来驱动供应链。

补货机制

在再订货机制中，再订货点相对简单，但补货机制相对复杂，有很多细节，比如是定量还是不定量，是随时补货还是定期补货，我们这里接着讲。

补货机制：定量与不定量

补货量就是每次补多少，分两种情况，即定量和不定量。

在**定量**的补货机制中，我们根据经济订货量和其他因素，确定了订货量，然后当在途＋在库库存水位降到或低于再订货点的时候，我们就补一个订货量的货；如果还没达到再订货点，我们就再补一个订货量的货，直到超出再订货点。

在这里，订货量是固定的，会参考经济订货量，也会考虑别的因素。比如有些材料要成对成双地用，即便经济订货量算出来是 5，我们也要把订货量定为双数 6。最小包装的情况也类似，比如瓶装水一箱 24 瓶，瓶装啤酒一箱 12 瓶，要补至少补一箱。

举个例子。在一个便利店，某瓶装水的再订货点是 120 瓶。一旦在库和在途库存总量低于 120 瓶，就会触动补货指令，最少补 1 箱 24 瓶（这是订货量）；如果还没达到 120 瓶，那就再订一箱 24 瓶，直到在途加在库的库存水位达到或超出 120 瓶。

在定量的补货机制下，整个通路的库存由三部分驱动：补货周期内的平均需求（周转库存）、安全库存、订货量。顾名思义，周转库存是一边进、一边出，形成的**在库**的期望值为 0。对于安全库存来说，有时候需求高，会用掉一些安全库存；有时候需求低，会有一定库存形成在库，但其在库的期望值还是等于安全库存。至于订货量形成的在库呢，最高时等于订货量，最低时等于 0，平均在库的期望值为订货量的一半。

所以，定量补货的机制下，平均的在库库存如下：

$$在库库存 = 安全库存 + \frac{订货量}{2}$$

也就是说，平均在库库存等于安全库存加上一半的订货量。这可以帮助我们更好地理解，在设定再订货点、订货量后整体的在库库存量，以指导管理仓库容量等。

在**不定量**的补货机制中，我们持续监控库存水位，当库存水位降到或低于再订货点时，就启动补货机制，补货补到最高库存水位（Max）。在一些 ERP 系统中，这种补货方式也简称 Min/Max 机制。

Min 在这里就是再订货点。在有些 ERP 系统里，订货机制的设置稍有不同，比如到达 Min 还不订货，而是要降到 Min−1 才订货，那么这时候再订货点和 Min 之间就差 1。最高库存水位 Max 要考虑补货的规模效益，也要考虑仓储、物流、库存持有成本等因素。如果你想更科学地计算的话，公式如下：

$$Max = ROP + ROQ$$

式中，ROP 是再订货点；ROQ 是订货量。

Min/Max 方式的一个好处是沟通容易，大家都能懂。但每次补货的量可能不同，增加了补货的复杂度，比如把大包装拆开，需要额外的操作，增加了运营成本，而且增加了失误的可能性。

在 Min/Max 订货机制下，平均的在库库存水位如下，其实跟前面定量补货的情况类似。

$$在库库存 = 安全库存 + \frac{Max - Min}{2}$$

可见在定量、不定量两种不同的补货方式下，平均的在库库存都一样（假定订货量等于 Max−Min）。但是，两者的总体通路库存却不同，不定量补货更低。让我们举个简单的例子来说明。

假定再订货点 Min=12，订货量 =10，Max=22。再假定在库加在途库存为 3。

如果是**定量**补货的话，我们补一个订货量，总库存变为3+10=13，达不到再订货点22，那就再补一个订货量，在库加在途库存变为13+10=23。

如果是**不定量**补货的话，我们只需要补到最高库存22即可，在库加在途库存是22。

补货机制：定期与随时

定量还是不定量，谈的是补货的**数量维度**。补货机制还有**时间维度**，即定期还是随时补货。

到现在为止，我们讲的再订货点法都是**随时**补货。这要求**持续**监控在库和在途库存，一旦总库存降到或低于再订货点，就触动补货机制。这对库存的实时管理要求较高。在信息化水平高的企业，库存的监控、订货机制的触动、订单的生成都在ERP系统里自动化了，随时补货成为可能；对于信息化程度低的企业，就做不到实时监控、即时补货。

比如在我的老东家，一家当时年营收为几十亿美元的制造商，总库在硅谷，在全球有20多个前置仓，分布在亚洲、欧洲的各主要工业地区，用的主要是不定量、随时补货：ERP实时监控库存水位，一旦低于再订货点，就发出补货指令。⊖

但是，对于在客户现场的八九十个寄售库存点，我们就做不到随时补货，主要是因为跟客户之间没有建立电子连接，寄售库存的信息滞后。于是，我们只能**定期**补货，大客户每半周补货一次，小客户每一周补货一次。

类似地，有些跨境电商由于信息化水平太低，订单处理流程完全是手动，用Excel表格来判断是否要订货，效率低下，就没法做到随时补货。还有些企业，虽然信息系统在实时监控库存，能做到随时补货，但鉴于业务量较小，也采取定期补货的方式，比如每周发货，以提高货运、进出库的规模效益，降低单位补货成本。

定期补货下，假定每周补货（补货间隔是1周），意味着需求产生了，库存消耗了，但可能得等待多达7天才能启动补货机制。在再订货点的计算上，要把补货间隔加到补货周期中，会系统地增加库存。我们常说"懒人养库存"，就是这

⊖ 要说随时，其实也做不到，因为MRP是每天跑一次，也就是说，每天监控一次库存，严格意义上是间隔为1天的定期补货，但因为间隔相对较短，而整个补货机制完全自动化了，也就视作随时补货。

个道理:补货频次太低,补货间隔太长,省的是员工的事,花的是股东的钱,整体库存更高。

案例 10-3 定期补货机制下,再订货点计算

在前面图 10-2 的例子中,我们假定是随时订货。也就是说,随时监控库存,一旦在途和在库扣掉需求后低于再订货点,就启动订货机制来补货。下面我们看看,如果是定期补货的话,再订货点如何计算。

假定每周给供应商下一次补货指令,这就意味着补货周期最长增加了 1 周。假定供应商也不是每天都发货,而是每周发一次货,补货周期又最长增加了 1 周。供应商的货物送到仓库了,进库验收快则 1 天,慢则 1 周,又意味着增加最长高达 1 周的补货周期。加上原来的 4 周生产、运输周期,整个补货周期就变成了 7 周(见图 10-10)。

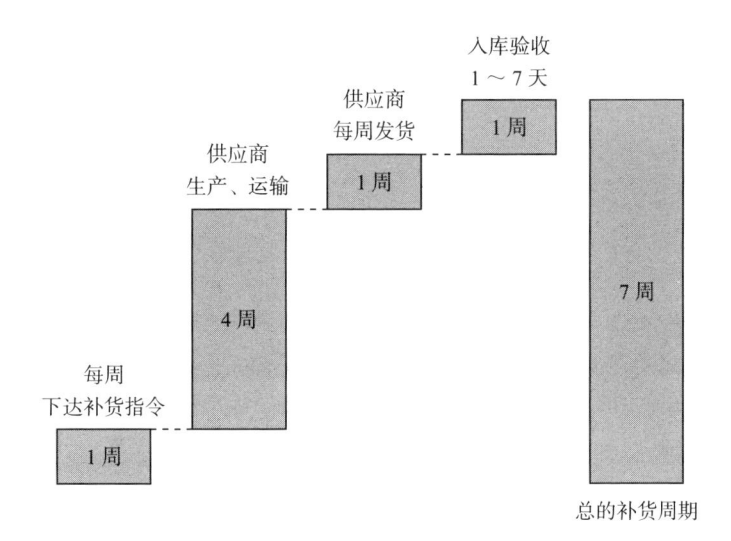

图 10-10 定期补货拉长了总的补货周期

这时候,让我们再重复前面的计算,你会发现,安全库存增加了 33%,再订货点增加了 61%,如图 10-11 所示。

$$补货周期内的平均需求 = 17 \times 7 = 119$$
$$安全系数 Z 值 = NORMSINV(95\%) = 1.64$$
$$安全库存 = 1.64 \times \sqrt{7} \times 10 = 1.64 \times 2.65 \times 10 = 43.5$$
$$再订货点 = 119 + 43.5 = 163(四舍五入到个位)$$

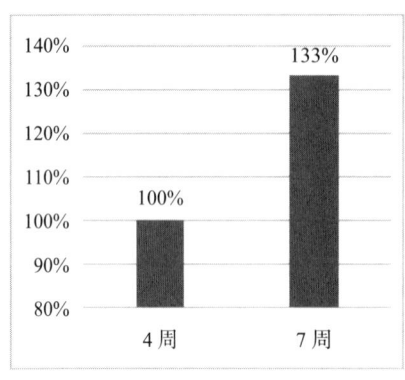

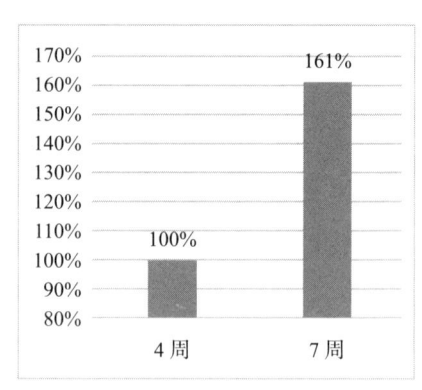

图 10-11　补货周期对安全库存、再订货点都有显著影响

看得出，补货周期对安全库存、再订货点都有显著的影响。而企业"批处理"的营业方式，比如每周下一次订单、每周发一次货，虽然在运营成本上获得一定的规模效益，却以更高的库存成本为代价。库存如此，产能利用也是。精益之所以提倡小批量、多批次来降低库存，原因也在这里。

前些年我给一些客户做寄售库存时，虽然寄售点离我们的补给仓也就十几分钟的车程，却放着两三周甚至更多的库存，就是因为客户每周更新一次库存余额，我们每周补一次货等批处理。有些跨境电商，虽然空运补货本身不过几天时间，但亚马逊的仓库里却放着四五周的库存，也是同样的原因。

补货机制小结

补货的数量、时间维度结合到一起，就是4种典型的补货方式：定量不定期、不定量不定期、定期定量、定期不定量。[1]这有点拗口，让我们总结成一个简单的表格（见表10-2）。

表 10-2　选择合适的补货机制

	不定量	定量
定期	A类	B类
不定期	A类	B类

- A类物料的价格高，对库存金额的影响大，不管是定期还是随用随补，我们都倾向于不超上限Max的补货法，亦即**不定量**补货，以有效控制库存。

---

[1] *Inventory and Production Management in Supply Chains*, by Edward A. Silver, David F. Pyke and Douglas J. Thomas, CRC Press, 2017，第4版，第245页。

- B 类物料的价格相对低，对库存金额影响较小，用量一般也较大，我们采取简单的补货方式，也就是**定量**补货，牺牲一点库存，以有效控制运营成本。
- 对于最便宜、用量一般也最多的 C 类物料，我们可用更简单的方法，比如双桶法，一桶空了就再补一桶，对库存金额影响有限，但节省不少运营成本。这其实也是定量补货。

这么复杂的补货机制，除了让我们看上去更有学问外，还有什么用？

用处可大着呢：如何设置补货机制，直接影响我们的整体运营成本和库存成本。显然，就**运营成本**来说，定期、定量最低——不是随用随补，省却很多麻烦；补货的时候一补就一箱或一定数量，不够再来一箱，操作简单。

但是，这种做法却是以库存为代价的：定期补货，拉长了补货周期，拔高了再订货点和安全库存；定量补货，比如本来再有 1 只就超过了再订货点，却补了 1 箱 12 只，增加了整体库存。

相反，不定期、不定量对于**库存控制**最有利，但以牺牲运营成本为代价：你得随时盯着，因为随用随补，提高了补货频次；因为不定量，补货不能超出库存上限 Max，这意味着有时候得把完整的一箱给拆开，只取其中几只，这都增加了运营成本。

不要小看这些：企业动辄有几百、几千甚至几万个产品以及几十、几百个库位，每个产品、每个库位多放一个还是少放一个，就是几百、几千万元的库存；每个产品多补一次还是少补一次，整包装地补还是拆分零补，时间长了，运营成本就是千百万元。

到现在为止，我们介绍了库存计划最根本，也是最重要的内容。总结起来，其实就这三个概念：**安全库存**、**再订货点**、**订货量**。熟悉这三点，你在做库存计划方面就入门了。其实就概念而言，我们天生就懂得安全库存、再订货点和订货量——会买菜的人都懂这些。天生懂得，并不意味着我们就做得精；而做不精，就不是个优秀的计划人员。

优秀的库存计划人员就像会勤俭持家的人，精打细算，打的算的都是数字。数据给我们**理性**，数据分析让我们从无序中找到有序，也让我们拿理性来平衡感性。很多库存计划员呢，虽然干的是计划的活，一路走来凭的却都是经验，不是靠分析而是拍脑袋，注定做不好计划。

案例 10-4　某工业品企业的库存计划

这是一家工业品企业，总部在美国，中心仓也设在美国。它在全球各地有 20 多个前置仓，来满足当地客户的订单需求，也支持给客户的八九十个寄售点。整个库存网络有几亿美元的库存、上万个独特的料号、10 万级的产品／库存点组合（同一个料号可备在多个库存点）。

在案例企业，**中心仓**向供应商订货，提前期一般是 6 周，但最长的有十几周。作为所有前置仓、客户寄售点和客户订单的大本营，做好中心仓的需求预测和库存计划任务艰巨，得确保有足够的库存，否则大河没水小河干，前置仓和客户寄售点很快就会有麻烦。

在案例企业，中心仓采取的是安全库存加预测的方式，供应商能通过电子商务平台看到这些计划参数。预测细化到周，每周滚动更新，覆盖未来 26 周。其中前 13 周的准确度较高，指导供应商的生产、发货计划；后 13 周的准确度较低，指导供应商的产能建设、长周期物料的采购。

在众多的**前置仓**，案例企业有两种计划方法：安全库存和 Min/Max。

安全库存是针对那些长尾产品，在 ERP 里只设置安全库存，一旦库存低于安全库存，就启动补货机制，补到安全库存水位。⊖ 对于需求量大的产品，前置仓采取 Min/Max：设定再订货点作为 Min，一旦库存水位低于再订货点，就启动补货机制，补到最高库存 Max。

从补货机制上来讲，前置仓用的是不定时、不定量的补给方式：ERP 随时监控库存水位，一旦低于 Min，就在当日运行 MRP 时，启动补货机制。

之所以采取随时补货，主要原因有二：其一，案例企业的信息化程度高，库存准确，有能力实时监控中心仓与前置仓的库存，为随时（不定时）补货提供了先决条件；其二，前置仓的业务量较大，从中心仓每天补给，也能满足物流运输的规模效益（有几个小的前置仓，因为业务量较小，采取的是定期补货）。

对于需求量大的产品，比如易耗品，案例企业经常给大客户建立寄售库存。**在客户寄售点**，案例企业采取的是定期、定量的补给方式。也就是说，根据补货周期内的平均需求，再加上一定的安全库存，确定再订货点；每周或者每半周定期更新库存水位，一旦库存水位低于再订货点，就启动补货机制，补一个订货量；如果还达不到再订货点，那就再补一个订货量，直到达到或超过再订货点。

⊖ 这种安全库存其实是 Min/Max 的特例，就是 Min 和 Max 相等——平均用量很低，加上中心仓的补给速度较快（空运），补货周期内的平均需求几乎可以忽略不计，所以 Max=Min= 安全库存。

定量补货，一方面也是因为这些产品需求量较高，即便补货较多，也可较快消耗完，库存风险较低；另一方面是为了简化补货手续，比如补给仓的环境较差，要把一个整包装打开分拣、再包装，往往不具备条件（比如有的产品需要在无尘室里打开，在一般仓库根本做不到）。

定期补货，主要有两个原因。其一，**信息不对称**。虽然客户每天都可能在领料，但由于跟大多数客户之间没有 EDI 或其他电子连接，除非到了每周或每半周跟客户结账日，案例企业是没法获知需求和库存信息的。其二，**规模效益**。如果每天都结账，每天都送货，由于寄售点的库存一般料号较少，补货总量也相对少，形不成规模效益，单位运输成本就比较高。

但是，定期补货是一种"批处理"，代价是高昂的库存：寄售点从需求发生到启动补货机制，最多有 1 周的延误；前置仓为追求规模效益，采取定期发货的方式，又拉长了几天的补货周期；周末、节假日给补货周期又增加几天（一年 365 天，周末和节假日加在一起，就有 100 多天，而客户的工厂是全年运行）。细算下来，整个补货周期就是两三周的时间。

所以，你会看到很奇怪的现象：客户寄售点离当地的补给仓也就十几分钟的车程，但手头却动辄放着几周的库存。这些都最终反映到寄售点的库存周转上：周转最快的产品能达到 18 次左右，意味着手头有 3 周左右的库存；一般的产品也就 10 次左右，手头平均放着 5 周的库存；最慢的产品只有两三次，因为寄售的是一些用量很低、单价很高的产品。

寄售点的库存周转慢，还有个根本原因，那就是对**服务水平**的严苛要求。

在案例企业，客户寄售点的服务水平目标一般是 98%。这么高的服务水平是有原因的：寄售点的库存有很多是用量较大的易耗品，客户不再备库存，一旦由于易耗品短缺，让客户几亿美元的生产线停工待料，那可不是"杀头"，而是"凌迟"的罪啦。服务水平高，安全库存自然就高，再订货点也就水涨船高，手头放着一堆库存就不难理解了。

VMI 的库存水位如何设置[一]

VMI 是**供应商管理库存**的缩写，英文全称是 Vendor Managed Inventory，最

[一] 这部分摘自我的《供应链的三道防线：需求预测、库存计划、供应链执行》（第 2 版），为了内容的完整，特意收录在此，并做了修改和补充。

早在零售行业出现,由沃尔玛和宝洁于20世纪80年代率先导入。我们这里把VMI当作一个专题讨论,主要是因为这些年来VMI应用广泛,但由于计划和管理不善,又造成了诸多问题,不光是给供应商带来损失,而且影响到采购方。

简单地说,VMI就是根据库存的最高、最低计划水位和需求预测,由供应商自主安排补货,包括补货数量和补货时间,目标是把库存维持在最低水位和最高水位之间,并达到一定的服务水平。操作得当,VMI通过消除信息不对称、减少双方的博弈,简化了客户与供应商之间的**产品流**、**信息流**和**资金流**,降低了双方的交易成本和供应链总库存,因而被广泛应用于各个行业。[一]

在VMI运作中,供应商得到的指令就像这样:你在我家或者第三方仓库放一堆货,库存不要低于最低,比如说200个,但也不要超过最高,比如说600个;这是给你的预测,比如每周100个,你自己安排生产、配送吧。在这里,最低库存、最高库存水位是VMI顺利运作的关键。那么,它们是如何设置的呢?

计算最低、最高库存水位

VMI可以按照再订货机制来计划。如图10-12所示,这里有个再订货点,我们已经知道如何去计算。最高库存Max呢,其实就等于再订货点 + 订货量。

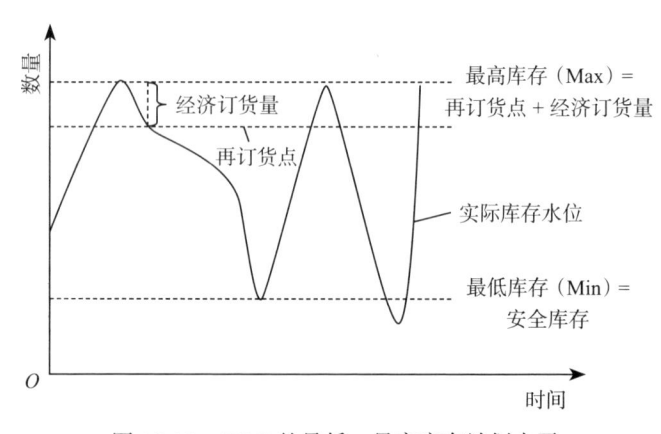

图10-12 VMI的最低、最高库存计划水平

我们可以这么想:VMI的在库、在途库存之和一旦降到再订货点时,供应商就安排补货,发送一个"订货量"的库存;极端情况是这期间客户没有任何需求,等这批货抵达时,库存就达到再订货点 + 订货量,也就是**最高库存**(Max)的水位。

[一] 对于VMI的优缺点,可参考我的《供应链的三道防线:需求预测、库存计划、供应链执行》(第2版),第260~262页。

最低库存（Min）其实就是安全库存。理想情况下，供应商按照既定的预测定期供货，客户按照既定的预测消耗，两者都没有变动性，实际库存应该高于或等于 Min。但是，不确定性是不可避免的，有时候需求会高于预测，有时候供货会迟到，实际库存就可能低于 Min。

最高库存（Max）的设置要综合考虑经济订货量、需求预测、仓储空间、补货频次、供应商的执行能力等多个因素。经济订货量越大，需求预测越高，供应商执行能力越弱，Max 也就越大；仓储空间越小，补货频次就越高，Max 也就越小。有些公司采取简单法则，比如把 Max 定义为 Min 的一定倍数，虽然直观、易沟通，但缺乏科学依据。

作为客户，你也不想让 Max 太大，让你成为供应商的仓库，这样供应商的仓库一旦不够用了，或者说供应商一下子生产半年的量，一股脑儿都送给你。当然，你也不能为了追求所谓的"精益"，或者单纯为节省仓储面积，就把 Max 设得太小，导致供应商的送货频次大增，补货的运营成本太高。

VMI 的库存风险

对供应商放在 VMI 里的库存，有一家企业承诺，消化不掉的话给供应商付款——该企业的计划主任信誓旦旦地说，坐在旁边的供应商老总却愁眉苦脸。

原来，为了降低自身的责任风险，该企业就把最高库存（Max）设得很低。按照这样的库存设计，供应商就没法生产、配送足够多的产品；为了确保服务水平，就不得不额外又建一堆库存随时待命，整体库存反倒更高。

这样做，反倒不如按照这里的逻辑，设置合理的 Max，把两堆库存合为一堆，告诉供应商只有其中一部分由客户负责，至少这样可以把供应商的整体库存降下来点儿（供应链的基本原理：拿掉一个库存节点，供应链的整体库存会降低）。

当然，就如莫泊桑说的，在瞎子的国度里，独眼龙就是国王——相对于那些不对 VMI 库存负责的流氓企业来说，这家企业还是相当不错的，至少对部分 VMI 库存买单。

那么，Max 是不是 VMI 库存责任的上限呢？不是的。为了维持 Min/Max 的库存水位，供应商可能得维持一定的在制、在途库存，甚至跟下级供应商的在途订单（对于那些长周期物料，采购提前期动辄是一个季度甚至更长，往往没法完全由最高库存即 Max 来拉动）。这些都是在采购方的计划指令下运作的，采购方理论上都要负责。

当然，这并不是说采购方最后都要买单：对于在制库存，在处于特定阶段之前，可以加工或返工成别的产品；对于标准化、通用化程度高的成品，供应商也可以卖给别的客户；产品呆滞了，处理废料也能回收部分成本。供应商也应善意配合，尽量减少双方的损失。

我在硅谷处理过这样的 VMI 库存索赔，跟三个供应商协商，总价为 600 多万元，最后按照 30% 左右的比例赔偿供应商。那是些钣金件，主要是铝材，供应商所在行业为小批量行业，毛利较高，卖废铝也能回收一部分钱，所以这样的赔偿大概能覆盖供应商的直接材料和直接人工成本。这些呆滞是当年互联网泡沫破灭的产物，双方基于长期合作关系，善意协商，供应商没有在这些零部件上盈利，采购方也不能让供应商在物料和人工上亏本，算是双方都能接受的结果吧。

| 实践者说 |

我们按照这里的逻辑合理设置了 VMI 的最高库存，但供应商就是找各种理由，不给我们放满，我们整天提心吊胆，总是担心断料。

| 刘宝红说 |

这家企业的情况我熟悉：它不对 VMI 的库存负责，供应商就想方设法，不按它的计划执行，以控制供应商自己的库存风险。你得到的都是你应得的，也就是说，活该。

| 实践者问 |

VMI 的仓储费谁付，供应商还是采购方？

| 刘宝红答 |

按照丛林法则，那取决于胳膊的粗细，往往是供应商付。如果讲道理的话，有些采购方会支付。很多企业的 VMI 往往是实质上的寄售，库存放在那里，采购方卖掉的话给供应商钱，卖不掉的话给供应商货，所以采购有义务提供仓储，并保证库存的安全。

VMI 库存的绩效管理

在 VMI 机制下，采购方要定期更新 Min、Max 和需求预测，确保各项计划参数的准确性，先想到，再让供应商做到。相应地，供应商要定期更新补货计划，确保库存水位介于 Min 和 Max 之间，最低库存（Min）是 VMI 的警戒线。

在设计良好的 VMI 系统，一旦手头库存等于或接近 Min（具体多近可定义），客户的信息系统会自动给供应商催货指令，比如**黄色**警报；而一旦库存为零或接近零，那就非常严重，黄色警报变成**红色**警报。这些都可以通过电子商务系统直接传递给供应商。

供应商也可通过电子商务平台随时监控整体库存的情况，比如百分之多少的料号库存处于最低和最高库存之间，百分之多少的低于 Min 但高于零，百分之多少的库存为零。中国台湾地区有一家半导体制造商，它每天统计一次库存水平，要求供应商的 VMI 库存 98% 的情况下高于 Min。

让我们看个例子。图 10-13 是某制造商管理 VMI 的示意图。该制造商每周滚动预测，更新未来 13 周、26 周的需求预测（图中只拿 13 周为例），相应的 Min、Max 水位也是每月更新（对于新品导入、老品下线，需求预测和 Min/Max 的更新频次会更高）。在库库存每天更新。任何时候，供应商都能通过电子商务平台，看到当天的实际库存，未来 13 周、26 周的每周预测，还有要求的最低、最高库存水位。它们的义务是至少每周要更新未来 13 周、26 周的交货计划，确保未来每周的预计库存水位介于 Min 和 Max 之间。

周	本周	\multicolumn{13}{c}{未来 13 周}
		1	2	3	4	5	6	7	8	9	10	11	12	13
Min		20	20	20	20	20	20	20	20	20	20	20	20	20
Max		60	60	60	60	60	60	60	60	60	60	60	60	60
需求预测		8	13	12	7	20	5	12	33	10	12	6	15	18
送货计划		10	10	10	10		30	20	20	20	20	15	15	10
库存余额	28	30	27	25	28	18	43	51	38	48	56	65	65	57

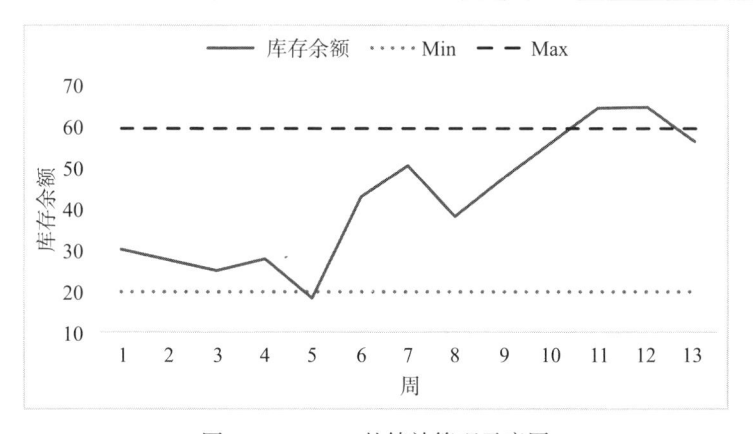

图 10-13　VMI 的绩效管理示意图

比如，对于下一周（第 1 周），本周的余额（28 个）加上下周的送货计划（10 个），减去下周的预测需求（8 个），就得到预计的库存余额 30 个，介于最低 20 个和最高 60 个之间，所以第 1 周没问题。根据同样的逻辑，我们会发现第 5 周的短缺风险较大：预计库存余额是 18 个，低于最低库存计划水平的 20 个，变成了红色（用斜线标识）；第 11、12 周的过剩风险较大，超过了最高库存（Max）的 60 个，变成了黄色（用竖线标识）。

这些信息由电子商务推送给供应商，供应商的任务是在规定期限内，更新未来的送货计划，把这几周的期望库存控制在 Min 和 Max 之间。这都是在动态地平衡需求和供应：需求一直在变，今天的供应计划能够满足，明天就可能不能，需要双方都得投入资源来持续监控、动态调整。

案例 10-5　离开信息化，就很难具备做 VMI 的条件

案例企业是一家制造商，让供应商做 VMI 库存。我探究了该企业的详情，发现它根本不具备运行 VMI 的条件，除了计划人员的能力不足，不能有效设置最低、最高库存水位外，还跟信息系统薄弱，没法有效支持 VMI 有关。

比如，在案例企业的系统里，能看到最新的需求预测，但找不到历史上的需求预测。要知道，最新预测跟供应商**现在**的表现没啥关系，因为真正驱动供应商的呢，是采购提前期前的预测。假定供应商的采购提前期是 6 周，我们需要 6 周前的预测作为基准，跟实际需求比较，计算误差，据此设置安全库存，亦即最低库存（Min）——VMI 库存计划中最根本，也是最难的部分。

该企业 ERP 用的是 SAP 系统，虽然理论上功能强大，但需求预测一旦成为历史，就再也找不到了——这些信息应该有，只是当时没有保存下来，或者保存了但没法从 SAP 中提取出来。这还不是最糟糕的：它的计划人员说，系统里甚至连历史用量也找不到。SAP 里当然有历史用量，只是得一个个产品去看，如果能找到后台的数据库的话，应该可以批量导出。

数据如此难以找到，数据分析就无从着手，一刀切地设置库存计划水位就是自然选择了，这就为后续 VMI 库存的短缺、过剩埋下了伏笔。

对于供应商来说，信息化水平低，没有电子商务系统，就没法系统、及时获知采购方的实际库存水位、最新的预测和最近的实际用量等关键信息。这都造成信息不对称。面对信息不对称带来的不确定性，供应链的自然反应就是拔高安全库存，通过一堆又一堆的库存来应对。**拿信息换库存**，在 VMI 里也适用。

VMI 是企业与供应商的深度集成，商业上要以长期关系为基础，技术上要以信息化和电子商务为平台。

就信息化和电子商务而言，在硅谷 20 多年前就能做到的，现在中国国内的很多企业还是做不到。这背后不是因为信息技术或者经费问题，而是因为在快速发展中，企业一直没有决心来推动信息化——信息系统的建设是一项长周期任务，今天忙的跟三年后忙的不会有显著区别，比如主数据的维护等，很难速战速决，所以就容易一拖再拖。

信息系统的能力不足，就拿组织措施来弥补。案例企业这几年在显著加强团队的力量，其计划人员大都是名校毕业，或者有知名外企的背景。但在信息系统如此薄弱的环境里，巧妇难为无米之炊，就不可避免地倒退到拍脑袋做计划了。

离开信息系统和电子商务，信息不对称和由此而来的组织博弈问题就更加显著，人为操纵信息的情况就更普遍，**多重需求预测**的问题也就更严峻：计划给采购一套数字，采购给供应商另一套数字，供应商拿到后再做调整，变成第三套数字。这三重预测经常是层层加码，一旦增速放缓或下降，所有的石头就会露出水面，供应链上的库存积压、产能过剩就成了大问题。

那么或许有人会问，要做好 VMI，信息系统得具备什么条件？这里简单列举一些：

- ERP 系统要有能力录入预测，且通过电子商务传递给供应商。
- VMI 的 Min 和 Max 计划水位要能通过电子商务传递给供应商。
- 供应商实时得到库存数据，比如在库、在途、验收状态、质量问题等。如果做不到实时，也要每天或至少每周能够同步给供应商。
- 供应商可看到实际的需求历史数据，按日、按周、按月等汇总。
- 供应商能够输入未来 N 周的送货计划。
- 基于预测和补货计划，库存的预期水位能够传递给供应商。

还有些能力，如果能具备的话，对 VMI 的管理会非常有用。比如预期库存一旦低于 Min 或特定水位，系统能够通过邮件或其他方式主动提醒供应商；供应商可以通过电子商务获取自己的 KPI 数据，比如过去三个月内有多少次断货，次品率是多少等；供应商可以通过电子商务获取最新图纸、设计变更、质量报告等。要知道，凡是我们手工能够发两次邮件解决的问题，理论上都可以自动化，交给电子商务来应对。

:: 小贴士　VMI 有助于减轻牛鞭效应

VMI 下，供应商能看到采购方的实际需求，信息更加对称，可以更加平稳地安排生产，有助于消除牛鞭效应。让我们以案例来说明。

假定该产品的 52 周需求历史如图 10-14 所示，其平均需求是 32 个/周，需求的标准差是 21。当没有 VMI 的时候，供应商看不到产品的真实需求历史，看到的是客户的补货指令。假定客户的再订货点为 212，订货量为 96（3 周的平均用量），最高库存（Max）就等于 308（=212+96）。

周	1	2	3	4	5	6	7	8	9	10	11	12	13	14	15	16	17	18	19	20	21	22	23	24	25	26
实际需求	9	49	46	30	44	47	35	18	23	64	48	60	78	25	22	19	25	12	23	23	8	12	0	52	14	15

周	27	28	29	30	31	32	33	34	35	36	37	38	39	40	41	42	43	44	45	46	47	48	49	50	51	52
实际需求	21	18	37	20	0	2	10	44	17	12	11	35	44	20	71	60	47	68	17	39	51	65	37	58	51	4

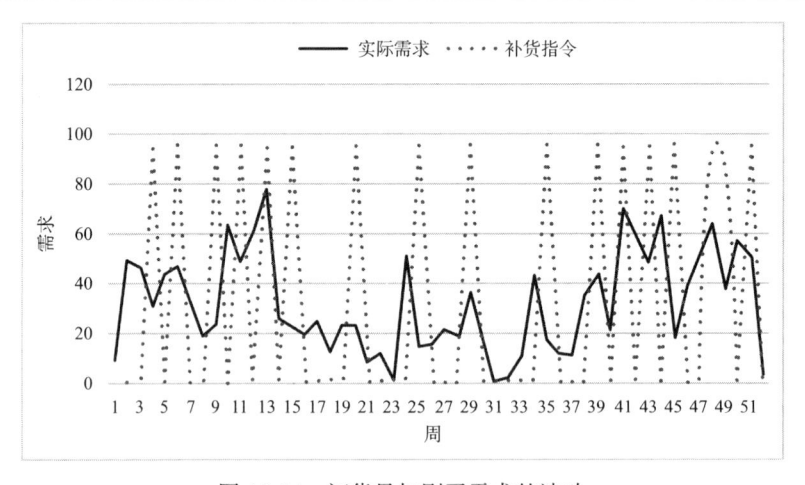

图 10-14　订货量加剧了需求的波动

假定刚开始在库库存为 308，没有在途库存。根据后续每周的需求，我们可模拟计算每次的补货量，如图 10-14 中的虚线。看得出，有时隔 1 周、2 周补货 96 个，有时隔 3 周、4 周甚至 5 周补货 96 个，其余时间都为 0，供应商看到的需求波动相当大，补货量的标准差为 46，为实际需求标准差的 2 倍多。

当实施 VMI 的时候，供应商能看到客户的实际需求历史，就可直接用这样的历史数据来做计划，需求波动就更小。这也是 VMI 的一大好处：它让信息更对称，从而减轻牛鞭效应。

让我们继续看需求波动跟订货量的关系。如图 10-15 所示，当订货量在 1 周的用量之内时，再订货机制驱动的补货量的波动（标准差）跟实际需求的差不多，因为实际需求也是按周汇总的。当订货量高于1周用量时，补货的规模效益更大了，但每次补的货也更多了，相应的标准差也更大了。当订货量增加到3周、4周的量时，补货的规模效益继续增加，补货量的标准差继续攀升，供应商看到的需求也就更加不平稳。

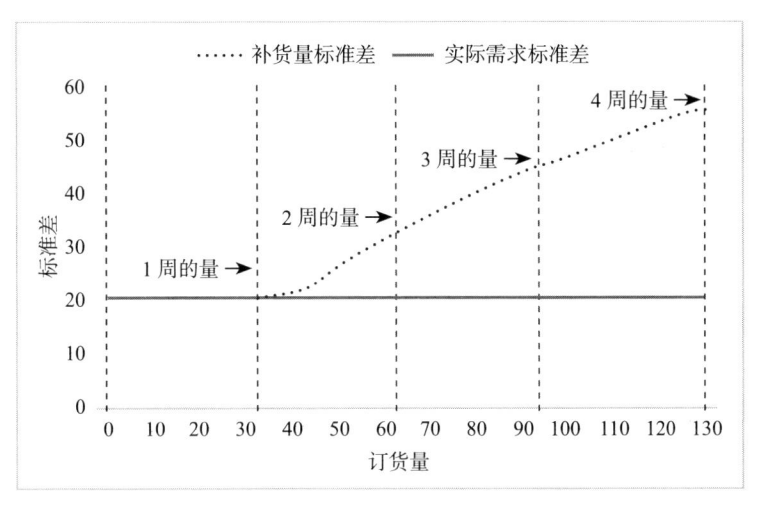

图 10-15　订货量越大，造成的需求波动也越大

你现在就能明白，为什么最小起订量、最小生产批量越大，从零售到分销再到制造商，层层再订货点下来，需求的波动和失真也就越严重了。而VMI、JIT的一大好处是，让供应链的各个环节都用同一个预测，让信息变对称，有助于解决需求信息失真问题，从而消除牛鞭效应。

第 11 章 Demand Forecasting and Inventory Planning

长尾产品：库存计划的终极挑战

在前面两章，我们谈的主要是批量较大的产品，要么是需求历史本身符合正态分布，要么是预测的误差符合正态分布。对这些产品，我们可以按照前面的一系列公式，基于正态分布的假设，设定安全库存、再订货点，计算出合适的补货量。

这一章要谈的是长尾产品，正态分布的公式不适用了，该如何设置合理的库存水位？

小批量、多品种行业的特点是长尾产品众多，但长尾产品并不是小批量行业所特有的：在大批量行业，**只要需求足够细分，任何需求都会成为长尾**。比如家电是大批量产品，但一旦到了零售店，特别是小店铺，一天也就卖个三两台，有时甚至两三天也卖不掉一台，就成了长尾产品；轮胎是短尾产品，但到了具体的4S店，很多轮胎，特别是独特的轮胎，可能好几天也卖不掉一只，也成了长尾产品。

大众是由小众组成的。**需求越是细分，或者说越是在供应链的末端，就越呈现小众化**，我们面临的就越可能是长尾需求。只要足够细分，所有的需求就都是长尾需求。我们说的供应链的末端

只要足够细分，所有需求就都是长尾需求

供应链的最后一公里，主要都是长尾需求

或者说最后一公里问题，放在库存计划上，就是如何应对此类长尾产品。

幸运的是，有些情况下我们用不着在长尾处做预测、建库存，因为供应链是拉式的。这是订单驱动，在大型设备这样的小批量行业比较普遍。不幸的是，在相当多的情况下，我们不得不在长尾处做计划，把库存一路推到最接近需求的地方。

比如在零售业，规模巨大如沃尔玛者，看上去是以海量取胜，周转快，销量高，但到了具体的门店，每家门店平均有 14 万种具体型号、规格的产品，相当多的产品一年也卖不了几件，这就是典型的长尾产品，而且必须在门店层面建库存。这由零售的特点决定，否则怎么做生意？

电商也是。虽然电商都想做爆款，但爆款毕竟是极少数，相当多的产品销量都非常低，但又不能不备货，结果是成为慢动库存。就拿图 11-1 中的 B2B 电商来说，它主营办公文具，在全国有多个大仓库，我们分析其中的一个，发现在 6 000 多个 SKU 中，3 000 多个在过去一个季度（13 周）没有任何需求，2 000 多个只有 1 周或 2 周有需求。这些都属于典型的长尾产品。

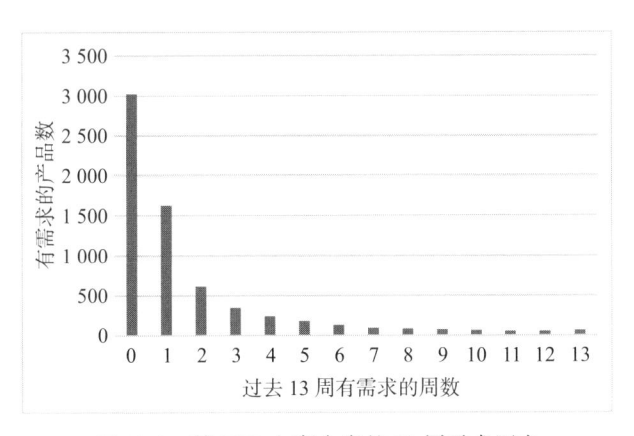

图 11-1　某 B2B 电商仓库的 13 周需求历史

备品备件是又一个典型的长尾行业。想想看，一台设备动辄几百万、几千万元，一条生产线动辄几亿元的投资，如果因为没有备件而停工待料，那成本就可想而知。而很多备件的需求量非常低，需求非常难预测，都给库存计划带来莫大的挑战。

军工行业也不例外。现代国防越来越依赖飞机、坦克、舰船等尖端装备，这些大型装备造价高。就拿美国来说，尖端战机动辄就是 1 个多亿美元一架；舰船就更贵，尼米兹级别的航空母舰高达几十亿美元一艘。为了支持各种军用设备和作战武器，就得准备各种各样的备件。

比如美国国防后勤局就备了 400 多万种备件，其中只有 140 多万种在过去 12 个月里有需求。这些过去 12 个月有需求的备件，又可细分为三大类，如图 11-2 所示。

- 需求频繁，而且稳定：只有 4% 的备件属于此类。
- 需求相对频繁，但很不稳定：20% 左右的备件属于此列。
- 需求非常不频繁，而且很不稳定：这是主流，占 3/4 的备件。

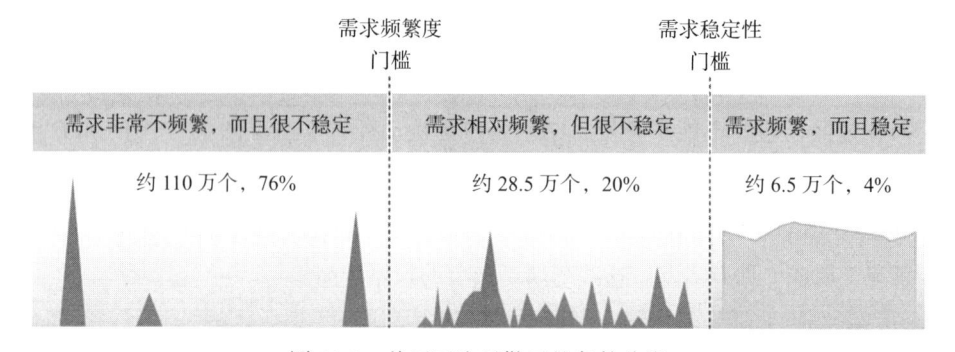

图 11-2　美国国防后勤局的备件分类

资料来源：PNG: Effective Inventory Control for Items with Highly Variable Demand, Tovey Bachman, Robert Carroll, http://www.lmi.org.

美国国防后勤局是典型的**两头难**：在需求端，各式武器品种多、需求杂，军事行动不可预知，操作人员的行为未知，武装系统的失效模式未知，武器装备的维修计划充满不确定性；在供应端，备件的交期长，动辄几个月甚至几年，量小货杂对供应商吸引力不足，可供选择的供应商少，备件的生命周期长，有些供应商甚至都不存在了。[⊖]

这其实是长尾需求，特别是多品种、小批量行业的缩影。军工业如此，民用行业也好不到哪里去。比如大型设备、发电机组、通信设施、数据中心，都有类似的挑战。在供应链的末端，如何应对那些需求很小、变动性很大的长尾产品，设定合理的库存水位，平衡库存投资和服务水平，是长期以来困扰业界和学界的老大难问题。

⊖　*PNG: Effective Inventory Control for Items with Highly Variable Demand*, by Tovey Bachman and Robert Carroll.

长尾、中尾、短尾分类

基于需求的频繁度和稳定性，我们把产品分为短尾、中尾和长尾三大类，在需求预测和库存计划上采取不同的策略，如图 11-3 所示。

- **短尾产品**：需求频繁，而且稳定，需求历史的可重复性高，我们通过选择合适的预测模型，基于需求历史就可以做出相当不错的预测。此类产品的需求符合正态分布的可能性较大，我们可以直接围绕需求历史求标准差，来计算其安全库存。
- **中尾产品**：需求相对频繁，但不稳定。需求频繁，表明有相当一部分业务来自中尾；需求不稳定，表明有各种因素在影响需求，比如销售的促销、压货行为。我们可以基于需求历史，结合业务端的促销计划等来做好需求预测，然后假定误差符合正态分布，来设定安全库存。
- **长尾产品**：需求既不频繁，也不稳定。这类产品的需求太低，需求预测可以忽略。在库存计划上，正态分布的公式不再适用，我们一般有两种策略：①找到更合适的概率分布，比如泊松分布，来模拟长尾需求并计算库存水位；②采用简单法则，比如单位成本和需求频次，帮助决定备什么、不备什么、备多少。

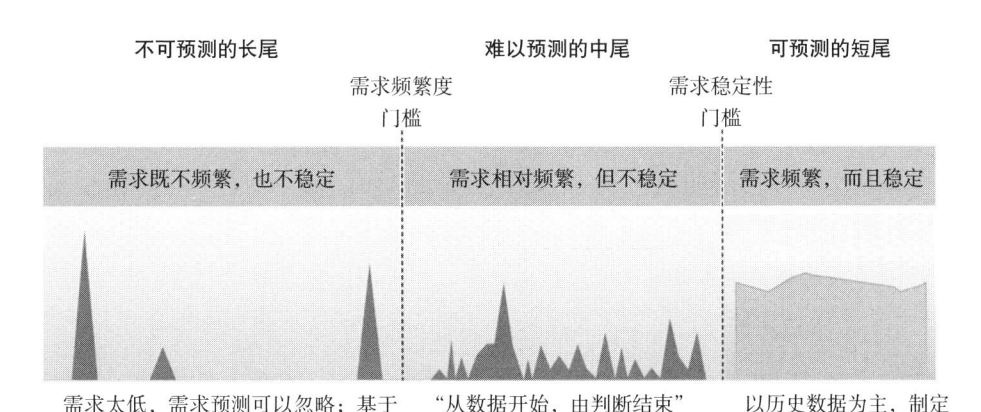

不可预测的长尾	难以预测的中尾	可预测的短尾
	需求频繁度 门槛	需求稳定性 门槛
需求既不频繁，也不稳定	需求相对频繁，但不稳定	需求频繁，而且稳定
需求太低，需求预测可以忽略；基于泊松分布来计算安全库存；借助简单法则，决定备什么、不备什么	"从数据开始，由判断结束"来预测；围绕误差求标准差，设置安全库存	以历史数据为主，制定预测；围绕需求历史求标准差，设置安全库存

图 11-3　三类产品的需求预测、库存计划策略

下面我们首先会介绍泊松分布，用泊松分布来更好地模拟长尾需求，设定库存水位；然后介绍简单法则，指导长尾产品的库存计划。

:: 小贴士　从计划的角度来对产品分类[一]

一提到产品分类，很多人想到的就是 ABC 分类法。比如 A 类产品贡献 80% 的营收，B 类产品贡献 15%，其余贡献 5% 等。这是从**业务**的视角来进行产品分类，也有公司称这三类为头部、腰部、尾部产品。

但从计划的角度看，价值 5 000 元的 A 产品和价值 5 分钱的 C 产品单价差别很大，对业务的影响大不一样，但完全可能用同样的计划逻辑。比如汽车的价格高，是典型的 A 类产品；备胎价格低，是典型的 C 类产品。但每卖掉一辆车，就会卖掉一只备用轮胎，两者的"计划特性"一样，完全可以用同样的方法来预测需求、设定安全库存等。

那什么是"计划特性"呢？简单地说，计划特性就是产品的需求特点，可从两个维度来描述：**稳定性**和**频繁度**。需求越频繁、越稳定，产品的可预见性越高，可计划性也越高；需求越不频繁，越不稳定的情况正好相反。

对于需求的频繁度，我们这里导入 13 周频次的概念，亦即在过去的 13 周里（1 个季度），有多少周有需求。比如 13 周频次为 5，表明在过去 13 周里，有 5 周有需求。这里的判断标准很简单：在特定的一周，如果有需求，那就是 1；如果没有，那就是 0；把 13 周的值累计起来，就得到该产品的 13 周频次。13 周频次越高，表明需求越频繁。

26 周频次、12 月频次的概念同理。

如图 11-4 所示，这是某电商在前置库位的 13 周频次图。其中有 2 500 多个 SKU+店铺组合的 13 周频次为 0，表明这些产品在过去 13 周内没有一周有需求，是典型的长尾产品；400 多个 SKU+店铺组合的 13 周频次为 13，表明这些产品在过去的 13 周里，每周都有需求，更可能是短尾或中尾产品。

13 周频次越高，产品越可能是短尾产品，但并不一定是短尾产品，因为这里还有个需求**稳定性**问题：需求虽然频繁，但不稳定的话，我们会将其归入中尾产品。

对于需求的稳定性，我们导入**离散度**的概念。如图 11-5 所示，假定产品的需求符合正态分布，我们用离散度（也叫离散系数）来描述需求的稳定性。比如在过去 20 周里，示例产品的每周平均需求是 49.6 个，需求的标准差为 18.2，那么该产品的需求离散度就是 0.37（=18.2÷49.6）。

[一] 摘自我的《供应链的三道防线：需求预测、库存计划、供应链执行》(第 2 版)，有修改。

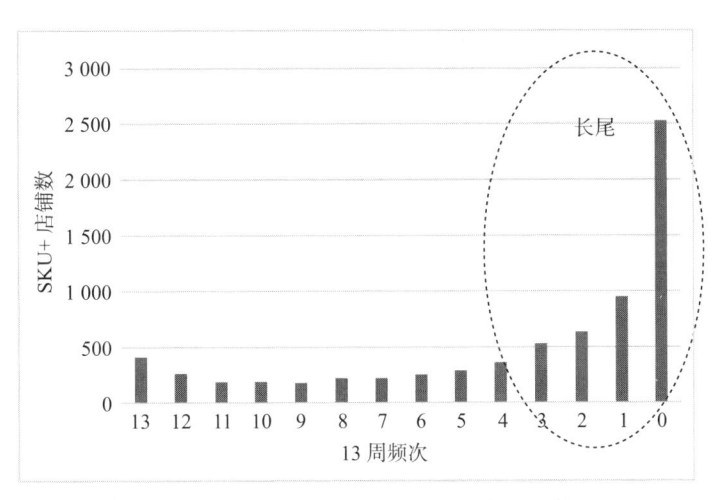

图 11-4　需求的频繁度：13 周频次（示例）

资料来源：某电商。

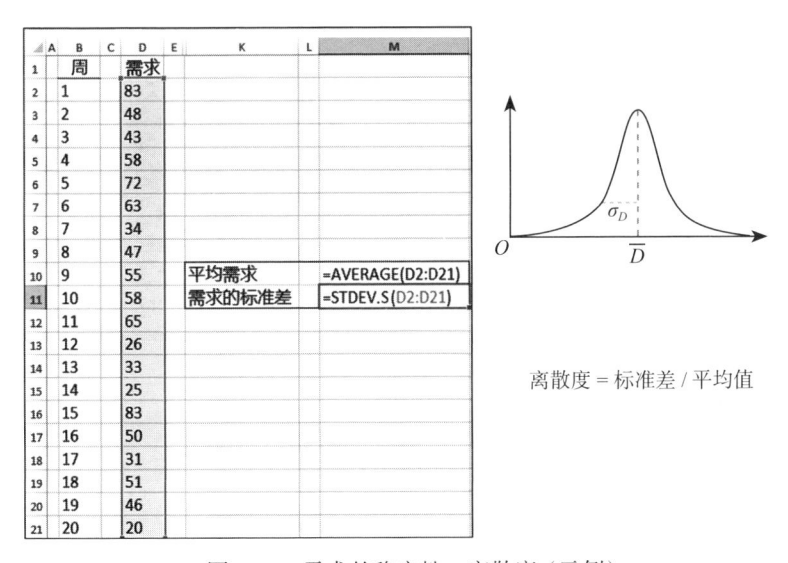

图 11-5　需求的稳定性：离散度（示例）

离散度 = 标准差 / 平均值

从数理统计的角度看，标准差本身就能反映需求的稳定性。但是，产品的平均需求不同，其需求的标准差就缺乏可比性。比如需求量越大的产品，其标准差一般也越大，反之亦然。离散度是对标准差的归一化，让不同产品有了可比性。

基于需求的频繁度和稳定性，我们可以把产品分为三类。第一类是需求频繁而且稳定的产品，我们这里称之为**可预测**的"短尾"；第二类产品的需求相当频繁，但不稳定，这里称之为**难预测**的"中尾"；第三类产品的需求既不频繁，也不稳定，是**不可预测**的"长尾"。

再回到前面的 ABC / 头部、腰部、尾部分类法。平日所说的 A 类（头部）产品，需求相当频繁，营收占比也较大，其实也可能包括这里的中尾产品，以及单价很高的一些长尾产品。从**计划**的角度出发，我们把需求频繁，但变动性也大的产品单列出来，这就是"中尾"。

让我们举个例子，看如何通过频繁度和稳定性两个维度，来把产品分门别类，区别对待。

如图 11-6 所示，这是一家工业品企业，共有 1 919 个产品型号。在**频繁度**上，我们用 12 月频次，因为它的产品批量小，品种多，12 月频次比 13 周频次更合适。对于**稳定性**，为了分类的方便，我们把离散度分为多个台阶，每个台阶为 0.25。

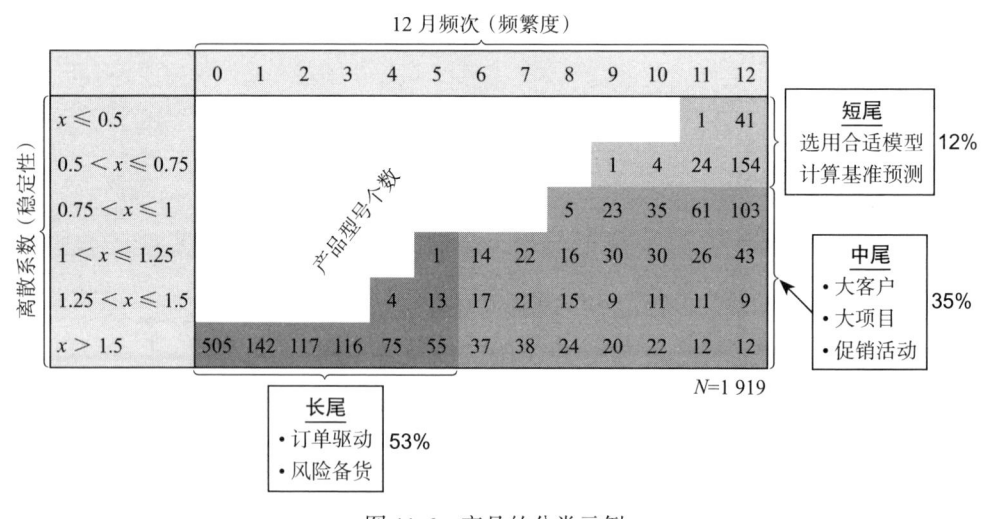

离散系数（稳定性） \ 12月频次（频繁度）	0	1	2	3	4	5	6	7	8	9	10	11	12	
$x \leq 0.5$												1	41	**短尾** 选用合适模型 计算基准预测 12%
$0.5 < x \leq 0.75$										1	4	24	154	
$0.75 < x \leq 1$									5	23	35	61	103	
$1 < x \leq 1.25$						1	14	22	16	30	30	26	43	**中尾** ·大客户 ·大项目 ·促销活动 35%
$1.25 < x \leq 1.5$					4	13	17	21	15	9	11	11	9	
$x > 1.5$	505	142	117	116	75	55	37	38	24	20	22	12	12	

产品型号个数

长尾 ·订单驱动 ·风险备货 53%

N=1 919

图 11-6 产品的分类示例

资料来源：某工业品企业。

比如图 11-6 中表格的最右上角是 41，意味着有 41 个产品型号的 12 月频次为 12，需求的离散度不超过 0.5。相应地，表格最左下角的 505，意味着有 505 个产品型号在过去 12 个月没需求，需求离散度大于 1.5 等。

我们这里把 12 月频次大于等于 8、离散系数小于等于 0.75 的定义为短尾产品。要强调的是，这种分法仅仅是示例，具体的标准要视企业的具体情况而定。比如在需求相对稳定的行业，离散度为 0.75 其实已经是变动相当大的产品；但在小批量行业，就如这里的案例企业，项目型需求多，大客户的影响大，再加上销售的周期性压货行为，离散度为 0.75 的产品已经算需求相当"平稳"的了。这些产品占所有产品数量的 12%，它们的需求相对频繁，需求变动也相对小，是用数据模型来预测的理想对象，并不需要太多的判断，除非是有设计变更、大客户的导入导出等。

对于中尾产品，图 11-6 中的示例定义为 12 月频次大于等于 6，离散系数大于 0.75。中尾产品的需求之所以频繁但不稳定，往往是因为有显著改变需求的事情在发生，比如促销等活动，要么是企业自己驱动，要么是客户、竞争对手驱动。我们的应对方案就是基于可重复的需求历史，制定基准预测，然后结合销售、市场、产品等部门的判断，来调整需求预测。

剩下的就是长尾产品，需求很不频繁，也很不稳定，可预测性非常低。这类产品所占的营收金额比例往往不大，但产品数量众多，在小批量、多品种环境下尤甚。对于图 11-6 中的案例企业，此类需求往往是项目驱动，或者客户定制。为了提高服务水平，这些产品往往需要备一定的库存。如何确定合适的备库水平，就是接下来要谈的。

用泊松分布来模拟长尾产品

长尾产品需求的特点是需求的频次低、需求量的差异大。让我们以上面提到的 B2B 电商为例，图 11-7 是它的一个产品，在过去 12 个月里，这个产品有五个月每月卖掉 1 个，一个月卖掉 2 个一个月卖掉 3 个，其余月份没有任何需求。看得出，需求不连续、离散度大，不符合我们熟悉的正态分布，但符合另一种分布：**泊松分布**。

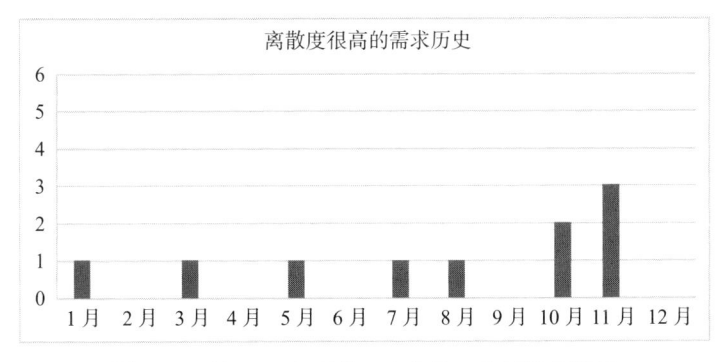

图 11-7 某 B2B 电商的一个产品，长尾特征明显

在统计学中，泊松分布是常见的随机离散分布，用来描述单位时间（或空间）内随机事件发生的次数。这种分布是用法国数学家泊松的名字命名的。在管理学上，泊松分布有着广泛的应用，特别是对长尾产品的库存计划。

泊松分布有3个特点——如果满足这3个特点，就算符合泊松分布。

第一，**平均值**：单位时间里事件发生的平均数已知。

第二，**随机性**：没法预测具体什么时候会发生。

第三，**独立性**：这个事件发生，并不意味着下个事件会发生，或者不会发生。

这听起来挺拗口，让我们举个例子来解释。

普鲁士王国在统一德国的过程中，建立了强大的骑兵部队。是骑兵就要跟马打交道，跟马打交道就有被马踢死的可能。针对14个普鲁士骑兵团，一位统计学家研究了20年的数据，发现被战马踢死的士兵数量有3个特点：①每年被马踢死的士兵数量差不多（**平均值**）；②但这些士兵究竟什么时候会被马踢死，却没法预见（**随机性**）；③今天有士兵很不幸被马踢死，并不意味着明天会有还是没有士兵遭遇同样的厄运（**独立性**）。

这就是泊松分布，即每年死于马蹄的普鲁士士兵的数量符合泊松分布。

现实生活中，服从泊松分布的情况非常普遍。

比如汽车的轮胎，我们都知道它有一定的寿命里程（平均值），但究竟开到多少公里时会爆胎，我们不知道（随机性）；今天前胎扎了根钉子，跟明天后胎扎还是不扎钉子，没有半毛钱的关系（独立性）。

被马踢死的普鲁士士兵数量符合泊松分布

再比如，我们平均每天接到20个订单（平均值），但这些订单具体几点几分来，我们不知道（随机性）；刚才来了3个订单，是不是意味着待会儿还会来3个，或者不来3个，前者对后者没有任何参考价值（独立性）。

从数理统计的角度而言，描述正态分布需要两个参数：平均值、标准差。但对泊松分布来说，我们只需要知道一个参数（**平均值**）就够了，其均值和方差相等。放在库存计划上，就是知道了补货周期内的平均需求，我们借助泊松分布，就能计算出合适的库存水位，来达到期望的服务水平。

让我们继续上面图11-7中的B2B电商案例，看要放多少库存，以达到95%的服务水平。

假定这个产品的补货周期是8周，那么补货周期内的平均需求就是1.54（过去 12 个月的平均需求是 0.192 个 / 周，乘以补货周期 8 周）。这就是泊松分布中唯一需要的参数：平均值。我们把这个值代入泊松分布的计算公式中，得到图 11-8 的再订货点和服务水平的曲线。

补货周期内的需求	累计发生的概率
0	21%
1	55%
2	80%
3	93%
4	98%
5	99%
6	99.9%
7	99.98%
8	100.00%
9	100%

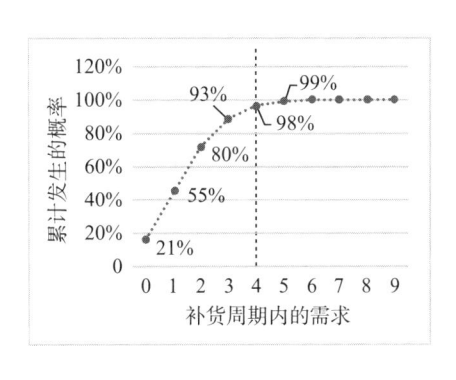

图 11-8　用泊松分布计算再订货点

在图 11-8 中，累计发生的概率是补货周期内，需求小于等于特定值的概率。比如在 8 周的补货周期内，需求小于等于 4 的概率是 98%。这也意味着如果手头有 4 个库存的话（再订货点为 4），我们的服务水平就是 98%。如果再订货点是 7 的话，就能达到 99.98% 的服务水平。

看得出，跟正态分布类似，泊松分布下，库存的边际投资回报率递减，特别是过了 95% 以后，就递减得相当厉害。实际上，案例企业手头放着 12 个库存，能够满足 1 年多的量，你就知道为什么它的库存周转率不高了。

这些概率是如何计算出来的？Excel 里有个函数可以帮忙：POISSON.DIST（X，平均值，True）。

函数中的"平均值"就是补货周期内的平均需求，X 是补货周期内累计需求的上限，True 表示这里求的是累计概率，即在补货周期内，总需求介于 0 和 X 之间的概率（包括 0 和 X）。这里的 X 就是我们要计算的再订货点，图 11-8 中的"累计发生的概率"就是由该公式计算出的。

对于这个函数，我们分别代入不同的 X 值，就得到相应的累计概率，描绘出图 11-8 的曲线图来。下面是几个例子：

- POISSON.DIST（2，1.54，True）= 80%（在 8 周的补货周期内，总需求小于或等于 2 的概率是 80%。也就是说，再订货点是 2 时，期望的服务水平是 80%）。

- POISSON.DIST（3，1.54，True）= 93%（在 8 周的补货周期内，总需求小于或等于 3 的概率是 93%。也就是说，再订货点是 3 时，期望的服务水平是 93%）。

对于正态分布，Excel 中有个函数，可以反算出来，要达到一定的服务水平，应该放多少安全库存；可惜的是，对于泊松分布，Excel 中没有这样的函数。在微软开发出这样的函数之前，我们要么得一次次地手工尝试（其实试不了几次就能得到答案），要么用 Excel 中的函数，MATCH 自动匹配，要么用网上的泊松分布计算器（比如 gj.aizhan.com/bsfb.html 上就有一个）。

上面求出来的再订货点是 4，减掉补货周期内的平均需求，就得到安全库存：4−1.54=3（取整到个位）。你会看到，泊松分布下，因为需求比较低，再订货点中安全库存占的比例相当大，而且需求越低，安全库存的比例就越大。

:: 小贴士　什么时候用正态分布，什么时候用泊松分布

我们看一下泊松分布的概率分布图。

如图 11-9 所示，λ 是平均值，是泊松分布需要的唯一参数，纵轴表示的是事件发生的概率。λ 很小的时候，概率分布严重向左偏斜；λ 越大的时候，概率分布就越对称；λ 大到一定地步，比如 $\lambda=10$ 时，你发现这个概率分布看上去很面熟：这不就是正态分布嘛。

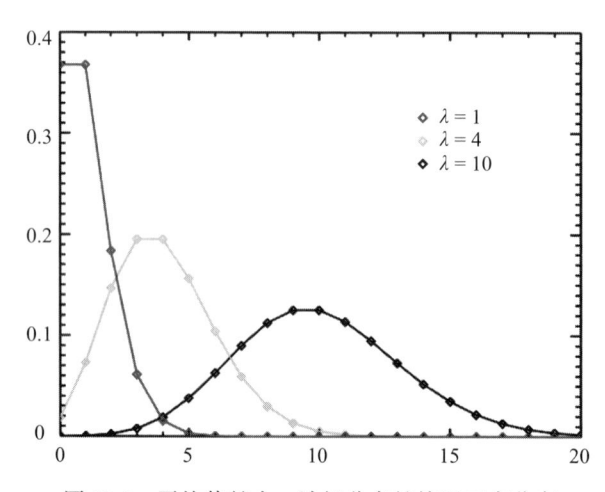

图 11-9　平均值越大，泊松分布越接近正态分布

资料来源：http://en.wikipedia.org。

也就是说，**平均值越大，泊松分布就越接近正态分布**。看文献，发现平均值 λ 足够大的时候（比如大于 1 000 时），正态分布可以绝佳地模拟泊松分布；当 λ 大致大于 10 的时候，正态分布可以很好地模拟泊松分布。⊖

对库存计划来说，就是当补货周期内的平均需求比较大，比如大于等于 10 时，用正态分布来模拟需求就相对靠谱。如果这一数值小于 10 的话，我们应该用泊松分布。当然，这只是经验值，我们这帮实践者的经验，在追求严谨的数学家看来是要皱眉头的。

举个例子。当需求相对频繁时，比如补货周期是 4 周，每周的需求是 2.5 或更多，补货周期内的平均需求就是 10 或更多，**正态分布**一般更可能适用；当平均每周需求低于 2.5，补货周期内的平均需求低于 10 时，**泊松分布**一般更合适。

当然，地球上 99.999% 的人是不知道这些的，也用不着知道。但是，作为一个专业的计划人员，知道这些基本的数理统计的话，有助于培养我们的数理统计思维。毕竟，我们生活在充满不确定性的世界里，而泊松分布等数理统计方法提供了看待不确定性的独特视角和工具。

简单法则来指导长尾产品的计划

对于很多长尾产品来说，需求是如此之不频繁，如此之低，库存计划的决策就简化为备 1 个，还是 1 个不备。除了数理统计模型外，我们还可以借助简单法则来决策。这就是我们接着要讲的。

试想想这样的情况：一家珠宝零售门店有一种很贵的首饰，如果运气好的话，每年也就卖一两个，不备货的话，又显得店面不上档次；一家工厂有一个很贵的备件，每两三年用一次，但如果没有货的话，关键的生产设备就没法运转。

在这两种情况下，备还是不备？要备的话，只备 1 个就够了；要不备则 1 个都不用备，黑白分明，没什么中间路线可走。门店、工厂那么多，要备的话究竟谁家备，谁家不备？每家都备 1 个，那加起来可不得了。

这都是非常典型的长尾需求，在多品种、小批量环境中经常遇到。

比如有一家大型设备制造公司，每年营收为几十亿美元，也要给客户提供关键备件。在该公司的 5 000 万美元的备件库存中，在相应的库位如果备货的话只备 1 个，占超过一半的库存金额。很多备件的需求非常低，甚至是几年也没有一

⊖ WikiPedia 词条 Poisson distribution。

个需求。企业每天面临的挑战是，备1个，风险是几年不用，库存周转太低，甚至最后变成呆滞库存；不备的话，在服务水平很高的工业品行业，万一有需求，就很难达到既定的服务水平目标。

那怎么办？这有两个层面的解决方案。

在**公司层面**，我们可以通过整体优化来决定备哪些，不备哪些。比如公司有5 000多个备件，整体服务水平目标是95%，为了既达到服务水平目标，又达到库存金额最低，我们会给这5 000多个备件都做需求预测（一般是基于需求历史，以及新设备的装机计划等），然后便宜的多备，昂贵的少备或不备，将贵的、便宜的产品一遍遍地组合，最后找到最合适的备货方案，既能达到整体的服务水平为95%，又能达到库存金额最低。

你马上看得出，这是个很复杂的优化过程，需要计算机软件来辅助。该公司有一套专业软件，优化一次，动不动就得跑几个小时甚至一两天。整套逻辑太复杂，很多人弄不明白，也很难用在**日常库存计划**中。

那日常中，该企业参考产品的成本和需求历史，结合经验，制定**成本—频次编码体系**，通过单位成本和需求频次两个维度，来指导备哪些、不备哪些产品，什么地方备、什么地方不备。

成本—频次编码体系

成本—频次编码体系的第一个维度是**单位成本**。之所以用单位成本而不是单价，是因为同一个产品在不同地区卖给不同客户的单价可能不同，但成本在公司里却只有一个值——一般是在供应商的采购价基础上，加上一定比例的附加费用得到，成为计算库存的基准。

根据单位成本的高低，一家工业品公司把备件分为5档：单位成本在5 000美元及以上是A档，这些备件很贵，占总料号数的1%；1 500～5 000美元是B档，这些产品相对贵，占总料号数的2%；150～1 500美元是C档，占20%；25～150美元是D档，占25%；25美元以下是E档，这都是些低值产品，超过一半的备件料号都属于这一档。

再说第二个维度：**需求频次**。该工业品公司采取12月频次，即对于一个特定的产品，在过去12个月里，在全公司有多少个月有需求（当然也可针对具体的地区、库存点来统计频次）。对于特定的月份，如果有需求，该月就是1；如果没有，该月就是0——这只是统计**有无**，并不是具体需求量（按这种方法，月消耗1个跟消耗100个在这里都被认为一样,不过对于慢动产品,这种情况非常少见)。

把最近12个月的值加起来,就是这个备件的12月频次。比如在过去12个月里,一个产品在3个月里有需求,那它的12月频次就是3;如果没有任何月份有需求,那就是0。12月频次值越大,表明产品的需求越频繁;12月频次值越低,表明该备件越可能是长尾产品。

结合成本与频次两个维度,我们把该公司的3万多个备件SKU切分如表11-1(一个备件在不同库位算多个SKU)。注意,为了描述的简单,我们把B档(介于1 500和5 000美元之间的备件)标注为"≥1500",C和D档同理。

表 11-1　成本—频次分类法示例

		按成本分为A、B、C、D、E 5个档次(美元)						
		≥5 000	≥1 500	≥150	≥50	<50		
		A	B	C	D	E	小计SKU数	百分比
过去12个月里,有需求的月数	0	14	37	153	372	587	1 163	4%
	1	23	41	200	244	868	1 376	4%
	2	23	38	160	199	634	1 054	3%
	3	13	29	162	170	846	1 220	4%
	4	14	29	141	134	526	844	3%
	5	17	28	154	181	564	944	3%
	6	17	26	146	258	863	1 310	4%
	7	13	33	132	150	1 012	1 340	4%
	8	12	27	153	381	687	1 260	4%
	9	22	54	170	218	879	1 343	4%
	10	24	44	185	454	1 095	1 802	6%
	11	13	79	534	739	1 719	3 084	10%
	12	114	95	4 188	4 279	6 286	14 962	47%
	小计SKU数	319	560	6 478	7 779	16 566	31 702	100%
	百分比	1%	2%	20%	25%	52%	100%	

从表11-1中可以看出,该公司的C8类备件有153个,这意味着对于单位成本介于150和1 500美元之间的备件,有153个在过去的12个月中有8个月有需求。显然,C8比A2的需求频次要高得多。但是,A2要比C8类备件贵很多,需求更低,不但库存金额高,而且呆滞的风险更高。

从**服务水平**的角度来说,一个A2和E2备件没什么区别——缺一个就是缺一个,不管是5 000元一台的发动机,还是5分钱一颗的螺丝钉。但从**库存金额**的角度看,这两个备件有天壤之别。如果不是追求100%服务水平的话,同样是缺一个，你知道该缺哪一个了：A 类单位成本高，缺一台 5 000 元的发动机却可以节省很多库存，那就少备甚至不备；但如果是 E 类的螺丝钉，为省 5 分钱的库存让客户停机待料绝对不是个好主意，所以还是多备几个为上。

这就是把**成本**和**频次**两个维度加到一起，制定简单法则来指导备料。

比如凡是 E 类物料，不管需求频次高低，在每个地区库都至少备 1 个；凡是 A 类物料，只有 12 月需求频次在 6 以上的才在本地库备，而且只备 1 个（否则在总库备货就够了）。这样，我们就可以制定一个备货的纲要，如表 11-2 所示，凡是深色的格子，都要求在本地库备库存（一般都是备 1 个，除了需求频次较高的备件）；凡是空白的格子，则不建议在本地库备库存，而只在总库备货来支持所有地区。

表 11-2　成本—频次编码指导备货（深色的格子建议在地区库备货）

		按成本分为 A、B、C、D、E 5 个档次（美元）				
		≥ 5 000	≥ 1 500	≥ 150	≥ 50	< 50
		A	B	C	D	E
过去 12 个月里，有需求的月数	0					
	1					
	2					
	3					
	4					
	5					
	6					
	7					
	8					
	9					
	10					
	11					
	12					

当然，这只是个示例，每家企业要根据自己的情况来调整。这背后是承担计算过的风险。比如一个产品是 A6，在全公司过去 12 个月只有 6 个月有需求，假定每月的需求是 1 个（这对高值慢动的备件而言很正常），如果共有 24 个地区库的话（假定每个地区都有设备用这个料），每个库每年的平均需求只有 0.25（=6/24）个，也就是说平均 4 年会有 1 次需求。这样你就可以大致理解短缺的风险了。

在新建库存点时，我们可借鉴成本—频次指数，决定备哪些料。

比如一个备件是 A6，在全公司几百个客户的情况下，每年也只在 6 个月有需求，也就是两个月有一次需求；现在要建个新仓库，来支持一个新客户，该客户的需求能有多高呢？所以在这个新建的仓库里不备货。你的风险是万一这个客户有需求，就得从总库调货，但这种概率很低，如果真的"中了彩票"，你也就认了。

同理，在降库存、减少呆滞风险时，我们可以借助成本—频次指数，把那些高值慢动备件的安全库存计划水位拿掉，尽量消耗手头已有的库存。比如在特定的仓库，有个 A3 的备件已经备在那里几年时间了，或许当时做决策时没多少需求历史，为了保险就备了料；现在有了足够多的需求历史，证明这个料的需求量非常低，我们就可以把安全库存计划水位清零，慢慢把手头的库存消耗掉，然后不再补货。

成本—频次是基于需求历史的，前提是相对稳定的业务（即需求历史的可重复性）。这种重复性在不同地区、库位虽然不一定是严格意义上的重复，但还是有一定的参考意义。

比如作为跨境电商，你在欧洲有个大仓库，已经做了一两年的生意，现在想在北美建立仓库，开拓北美市场。虽然地域不同，有些消费习惯也有区别，但欧洲的销售历史对北美还是有一定的参考价值，那些长尾需求也不例外。

再比如，你是一家工业品公司，在中国有相当大的客户群，并在中国国内设地区库来支持售后业务；现在想到韩国做类似的业务，那中国的销售历史和经验对韩国也是有相当大的参考价值的。至于在零售、餐饮行业，一家门店借鉴别的门店的历史经验，也是常见的事。

成本—频次不管是用 12 个月、24 个月的需求历史，还是 13 周、26 周的需求历史，都需要定期（比如每月）更新。可以建立在全公司层面，也可以建在特定的配送中心、区域、前置仓层面。可以说，成本—频次体系其实是**历史经验**和**职业判断**的载体，是企业智慧的结晶，存在于多品种、小批量行业，尤其是产品的生命周期长、长尾需求显著的行业。

需要指出的是，成本—频次编码是基于历史信息的，其风险呢，就是历史需求逐渐增加的试错过程。

比如，每个 A 类物料刚导入时都是 A0，慢慢变成 A1、A2、A3 等，你都不备料，这意味着客户有了需求我们没法及时满足。直到这个料成了 A7，有足够多的需求历史了，按照表 11-2 的指导纲要该备料了，但已经为时太晚：客户已经多次受到影响，损失已经造成了，而且往往是那些最重要、顶尖的客户受影响，因为他们引导行业发展，最可能最先采用新产品。

你知道，在重点客户身上试错可不是个好主意。所以我们得预判，在新产品导入时，就整合设计人员、运营人员的智慧，做好长尾备件的库存计划，提高**首发命准率**，避免单纯依赖需求历史来计划的缺点。下面要讲的"备件损耗指数"，可以解决这一问题。

备件损耗指数

继续以上面的大型工业设备制造商为例。该公司设备的有些零件要定期或者不定期更换。对于关键零部件，一旦损坏，形成紧急需求，就必须在4个小时甚至更短时间内给客户一个新的，否则停机待料，成本惊人。

针对每个重点客户，该公司每个月都统计总共有多少紧急需求，多少次手头有货，多少次手头没货，目标是98%的服务水平。多年的经验是，如果对于一个备件，首次有紧急需求而没法满足，就很难达到整体的服务水平。在严苛的工业环境，这是典型的首发命准挑战。

表11-3就是某月的服务水平，相当有代表性。该公司的整体目标是，80%的重点客户要达到98%的服务水平目标。而现在的情况是，16个重点客户中有11个达标（69%），距80%的整体达标率有一些差距。假设每个客户再多缺1个料，就有3个客户转为不达标；如果多缺2个的话，就有4个客户转为不达标。

表11-3 严苛的服务水平很难实现

重点客户	当前绩效目标：服务水平≥98%			如果多缺1个		如果多缺2个	
	缺货	有货	服务水平	达标（是/否）	服务水平	达标（是/否）	服务水平	达标（是/否）
客户1	53	900	94%	否	94%	否	94%	否
客户2	30	559	95%	否	95%	否	95%	否
客户3	4	406	99%	是	99%	是	99%	是
客户4	0	320	100%	是	100%	是	99%	是
客户5	3	303	99%	是	99%	是	98%	是
客户6	6	292	98%	是	98%	是	97%	达标变不达标
客户7	0	234	100%	是	100%	是	99%	是
客户8	3	232	99%	是	98%	是	98%	是
客户9	52	135	72%	否	72%	否	71%	否
客户10	0	104	100%	是	99%	是	98%	是
客户11	0	98	100%	是	99%	是	98%	是
客户12	3	70	96%	否	95%	否	93%	否

(续)

重点客户	当前绩效目标：服务水平≥98%				如果多缺 1 个		如果多缺 2 个	
	缺货	有货	服务水平	达标（是/否）	服务水平	达标（是/否）	服务水平	达标（是/否）
客户 13	17	37	69%	否	67%	否	65%	否
客户 14	0	32	100%	是	97%	达标变不达标	94%	达标变不达标
客户 15	0	18	100%	是	94%	达标变不达标	89%	达标变不达标
客户 16	0	12	100%	是	92%	达标变不达标	83%	达标变不达标

这也是说，你没法承受再多缺一个物料的代价。这也意味着你不得不堆积大量的库存，把所有可能出现的坑都提前填了，把所有可能出现的短缺都提前预防住，而代价呢，就是高库存。

这也要求绝大多数的需求要首发命准。**如果首发命不准，就不可能达到既定的服务水平目标**。这也是很多设备行业的共同挑战，单纯依赖需求历史来计划库存注定会吃尽苦头：你不能等着产生了需求后才备库存；你一定要想方设法首发命准，在客户首次有需求时就能满足。

这无异于在黑暗里射击，要命准的话，得射多少发子弹才行啊，库存的周转率就可想而知了。所以，你到那些固定资产密集的地方，比如核电站、晶圆厂、飞机场、数据中心，备件类的库存都是一堆一堆的，每年只周转一次半次的多的是。

说到首发命准，顺便讲个笑话。第二次世界大战期间，德国人开苏联人的玩笑，说苏军的炮火一点也不用怕：首发基本从来命不准，靠首发的落点来调整；但首发开火后暴露目标，没来得及开第二炮，就被德国的炮火摧毁了。现在的电子技术更加发达，克敌制胜就更得依靠首发命准了。

为了避免漫无边际地"射击"，我们必须借助设计人员的力量。该设备商的做法是，研发人员在设计零部件时，就得确定是不是备件；如果是的话，要确定设计寿命是多长，更换频次是多少。

按照备件**设计的更换频次**，该设备商把备件分为 6 类，对应 6 个**备件损耗指数**，指导备件的初次备库计划，然后根据实际需求来调整库存计划水位。

一类备件（损耗指数 1）：易耗品，每年更换 13 次或以上。

二类备件（损耗指数 2）：易耗品，每年更换 4～12 次。

三类备件（损耗指数 3）：易耗品，每年更换 1～3 次。

四类备件（损耗指数 4）：非易耗品，平均寿命在 1 年或更短。

五类备件（损耗指数 5）：非易耗品，平均寿命在 1 年以上。

六类备件（损耗指数6）：按照设计正常使用不会坏，但如果损坏（比如用锤子给砸了）或丢失，设备运营会受到严重影响。

在这家公司，凡是备件损耗指数在1～5的，都属于典型的备件，在新产品导入阶段，得在客户所在的当地仓库至少备1个；对于备件指数为6的，如果是重点客户或新产品导入，也要求在当地仓备1个。凡是当地仓库备的，除非有特殊原因，在总库至少也要备1个。这样，一旦当地库用掉了，总库就可以及时补货。这是研发、运营团队经过多年实践后总结出来的经验，帮助在没有需求历史或者需求历史还不够长的情况下做备件计划。

从名义上看，备件损耗指数是由产品设计决定的，实际上离不开跨职能协作，比如现场服务工程师、备件计划部门、产品管理等——这些职能从不同角度对备件有经验。可以说，备件损耗指数是跨职能智慧的结晶，是在没有足够需求历史情况下的最佳判断。这对提高首发命准率，避免或降低试错风险至关重要。

当然，跟成本—频次编码一样，备件损耗指数也是基于经验的，备什么、不备什么，备多少，只能作为指导纲要，需要结合别的信息，具体问题具体分析。比如有些零部件的设计寿命非常长，但投入运营后，发现消耗得很快，需求量很大；有些零部件的设计寿命很短，但投入运营后，发现需求反倒非常低，有的甚至根本都不用更换。

客户不同，使用环境不同，也决定了备件的实际消耗不同。比如，同样的半导体制造设备，相比生产逻辑芯片的工艺，生产记忆芯片的工艺对备件的消耗量就大得多。这些都得具体问题具体分析。

此外，当有一定需求历史后，备件损耗指数和成本—频次指数可以结合使用。需求历史越短，备件损耗指数就越有指导意义；需求历史越长，成本—频次指数在库存计划中的决策分量也就越重。

长尾产品的库存控制

在长尾产品的库存计划上，我们要避免**两个极端**：一个极端是纯粹基于需求历史的试错做法，这在对服务水平要求严苛的工业行业，注定是个灾难；另一个极端是为了安全，先备一个，以后慢慢消化呗——这样做的结果是等你发现时，手头的库存几年都消耗不掉了。

所以，不管我们是用更准确的概率分布，比如泊松分布来模拟长尾需求，还是用成本—频次、备件消耗指数等简单法则，都是为了做好库存计划，争取提高首发命准的概率，不光涉及服务水平，还有库存控制。

在我的职业生涯中，有 8 年致力于长尾产品的计划制订，发现在库存和服务水平的平衡上，企业可以分为 3 类：

1. 做得最差的企业是库存一大堆，但客户要的没有。这些企业的特点是管理粗放，计划水平低，不知道客户要什么，所以就备了很多没用的货；同样因为不知道客户要什么，最终还是没法提高客户服务水平，结局就是"高库存、低有货"。

2. 做得最好的企业是库存最低，但客户服务水平却最高。这些企业的精细化管理到位，计划能力强，知道客户要什么，也知道客户不要什么，所以两者都能满足，真正做到"低库存、高有货"。

3. 居于中间的企业呢，客户服务水平挺高，但库存也挺高，是高库存下的高服务水平（简称"高库存、高有货"，也叫"两高"企业）。

低库存、高有货的企业凤毛麟角，高库存、低有货的企业满地都是。而我们所熟悉的那些知名企业，大部分是高库存、高有货这一类。"两高"企业的存在是有原因的，让我们看一看。

高库存、高服务水平是怎么来的

首先看企业更重视什么，也就是**绩效考核**。虽然说服务水平和库存周转要并重，但你到每周、每月的运营例会上看，有多少时间在谈服务水平，有多少时间花在库存上面？在很多企业，不管库存周转有多"重要"，把你敲得满头是包的，还是服务水平。

服务水平日日谈、月月谈，还是不达标，解决方案呢，自然是花钱消灾，多加库存了。虽说库存重要，但有几个人是因为库存超标被开掉的？但服务水平不达标，却的确可能丢了工作。**考核什么，就得到什么**。这不，服务水平就这样做上去了，但同时库存也做得更高。

还有，库存指标达不到，找些理由来解释也罢，搪塞也罢，这次被敲打了，以后就变"合法"了。下次的库存指标呢，则在这次库存的基础上加些，所以库存总是在增长。但服务水平不是。服务水平的目标是 95%，并不会因为你这次的绩效是 92% 就降到 92%。这不，服务水平一般都是越变越好；而库存指标呢，鲜有例外，都是一路越变越糟。

值得一提的是，有些"两高"企业的管理能力相当强，比如它们的产品物料清单准确，备件损耗指数靠谱，需求历史及时整合到成本—频次编码体系中，再加上良好的计划组织、流程和信息系统，客观上就具备了低库存、高服务水平的基础。但是，**指标体系层层嵌套**，却让一些指标远超目标，成为"两高"的系统性驱动因素。

比如有一家企业的总体服务水平目标是95%，即客户订单来了，95%的情况下手头有货。但在总体指标下又细分，比如重点客户、关键产品、新产品的目标为98%。差异化的服务水平，看上去很有道理，但最终都导致高服务水平、高库存水平并存。

其一，**重点客户**买的产品一般客户也买，你没法差异化，说一般客户来买，服务水平是95%；重点客户来买，服务水平是98%。为了达到重点客户98%的服务水平，你只有把所有的产品都计划成98%的服务水平，结果是所有的客户都朝98%看齐。

比如，为了达到95%的服务水平，有些高值、慢动产品就不需要备在本地库，而只在总库备货即可（不过没法满足服务水平的时效要求）。为了满足对重点客户98%的服务水平，企业就得把更多的高值、慢动产品备在本地库，显著增加了整体库存。

其二，**关键产品、新产品**跟重点客户类似。比如有一家大型设备制造商，为了更好地支持新设备导入，要求最新设备卖掉后，一旦出现问题需要更换备件，备件的服务水平是98%；而一般设备呢，95%的服务水平就可以。这在计划上是个难题，因为有很多备件既用在新设备、关键设备上，也用在老设备、一般设备上。于是，你就只有向98%的目标靠近，所有产品得到的备件服务水平都是98%。

这后面反映的是供应链的灵活性不足：供应链的基础设施是同一套，即同样的组织、流程和信息系统。**围绕不同的业务需求，供应链没法有效地进行差异化服务**。

比如，对于不同的客户，ERP系统没法区别对待，说一般客户的订单我们即使有货，也不要发，留给可能来的重点客户的订单。所以，ERP能做的就是一看到客户订单，就先到先得，有货就发，除非人为干预。但面对千千万万的产品、千千万万的订单，哪家公司有那么多的人手，逐个干预呢？

同样的组织、同样的流程、同样的信息系统，结果就是提供同样的服务水平，基于最高要求而定的服务水平，最终助长了高库存、高服务水平的"两高"现象。

长尾产品的库存控制事关决心

在长尾产品的服务水平和库存水平上,有一个"效率边界"的概念,如图11-10所示。库存控制就是平衡和推动效率边界。

当处于临界状态时,服务水平跟库存水平互相背反。也就是说,要提高服务水平,就得增加库存;要降低库存,就得牺牲服务水平(成本是一个道理)。图中的 B 点和 C 点就处于这样的"效

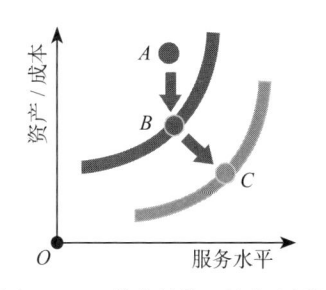

图 11-10　供应链的"效率边界"

率边界"上。这里有个重要的前提,那就是库存与服务水平已经优化,多余的库存"水分"已被挤掉,库存和服务水平已经处于平衡状态,摁下葫芦就会起了瓢。

但现实中,达到临界状态的企业少之又少。大部分企业是高库存、低服务水平,库存一大堆,服务水平却一塌糊涂(处于图11-10中的 A 点);少数做得不错的企业以库存为代价,实现高库存下的高服务水平(图中 B 点);极少的顶尖企业能同时优化库存和服务水平,做到低库存下的高服务水平(图中 C 点)。

从 B 点到 C 点非常困难,需要以实质性的能力提升为后盾:计划要做得更准确,执行要做得更到位。但从 A 点到 B 点,其实不需要多少技巧,需要的更多是**决心**,也就是如何理性应对那些高值慢动的产品——典型的长尾,高库存的"罪魁祸首"。

这些高值慢动的产品,当初放上去时当然是有正当理由的,要么是解决问题,要么是预防问题。一段时间后,这些假设不成立了,但没人愿意动这些库存,因为任何改变都是有风险的。你降了库存,没人看得见;一旦出了问题,人人都跳出来指责你,说以前的备库产品,为啥要拿掉?

不过想想,这料放在那里都两三年没用了,那下一两年要用的概率会有多大呢?所以,真正的业务风险很小,有的不过是心理压力。再退一步想,万一"中了奖",有需求也没什么大不了,因为我们的目标不是100%的服务水平,要缺就缺这种高值慢动的料。⊖

让我们分享个决心降库存的小故事。

⊖ 对于计划人员来说,**知道要备什么料是水平,知道要缺什么料更是水平**。我们计划人员的工资单由两部分组成,一部分是确保95%的需求能得到满足(假定那是服务水平的目标),另一部分是让5%的需求不要被满足。如果是100%的服务水平,那我们十有八九是在牺牲股东的利益——我们不但要理解缺货的成本,而且要理解不缺货的成本(赵玲女士语)。

某工业品公司的服务水平一直接近100%，库存也很高，属于典型的高库存、高服务水平。新的计划经理上任伊始，面临的最大挑战就是降库存。这位经理深知，降库存得从那些长尾慢动的高值产品着手。他就分析全球几十个库的用量，把那些单价高昂、用量奇低的料拎出来，一刀切，将安全库存水位统设为零。

这下子可捅了马蜂窝，各地的内部客户纷纷跳起来。这位经理说，你们想把这些料的水位设回去，那好，我们一个一个地来重新审批。内部客户看着那么长的一份清单，挑了些，估计连10%都没有。计划经理也做了让步，把那些料放回去了，让内部客户觉得赢了。两三年过去了，当时拿掉的料，真正影响客户的微乎其微，而库存却降下来几百万元。

对于很多企业来说，快速增长中，没有严峻的盈利、资金挑战，就没有动力去动那些本来可以动的库存。一旦增速放缓甚至转入负增长，现金流和盈利压力加重，需要降库存时，却发现需求已经没了，即便把这些高值慢动产品的计划水位清零，库存却是再也消耗不掉了。

所以，我们要未雨绸缪，早下决心。对于工业品行业尤其如此，因为工业品行业特别是大型设备行业周期性明显，不能等到生意不好的时候再降库存。

资　源
更多计划与供应链管理的文章、案例、培训

- 我的供应链管理专栏网站（www.scm-blog.com）。
  - 这是我的个人专栏，写了快20年了，上面有700多篇文章
- 我的系列供应链专著，填补学者与实践者之间的空白。
  - 《供应链的三道防线：需求预测、库存计划、供应链执行》（第2版）
  - 《供应链管理：高成本、高库存、重资产的解决方案》（第2版）
  - 《采购与供应链管理：一个实践者的角度》（第4版）
- 我的微信公众号"供应链管理实践者"，更新、更快，定期发布新文章。

后记

写书是一个漫长的过程，会让你筋疲力尽。自2014年以来，我每年都写一本新书，或者重写一本老书。一年结束时，一定满是疲惫，但又等不及马上开始下一本——写作是会上瘾的。我想保持这种"成瘾"的习惯，在一生最精华的岁月里，一年一本或一版，直到兴趣不再。

这是我的第5本书，第2版，花了整整一年才算完稿。写起来艰难，读起来也不轻松。你能看到最后一页，也是经历过重重困难——我能理解，作为职业人，工作、家庭的事情已经太多太多；而你能分出宝贵的个人时间，读完这样的专业书，真是难能可贵，请接受我的敬意。

能读到最后的，想必很多是我的老读者。你或许已经发现，从覆盖面而言，我的这些书在逐渐收缩，逐渐聚焦。是的，我们一开始都是冲着拯救全世界而去的，但随着征程的继续，你越来越发现，拯救世界最终还是得从拯救一个人开始，扫天下最终还是得从扫一屋开始。

于是，你会发现你越走越深，越走越艰难。一个标志就是开始跟那些最基本的公式、最基本的假设死磕——它们就跟数学界的1+1=2一样，是整个供应链管理的"地基"，入门时浅尝辄止可以，但最终是没法回避的。本书的那些需求预测模型、库存计划公式，就属此列。

你也会发现，你越来越"小众"。恭喜你，你已经超越99.9%的人，进入顶尖的那个小群体。不管是作者还是读者，都需要耐得住寂寞。自古英雄多寂寞。我们不是英雄，不过在我们的职业生涯，如果能走到寂寞的境地，还是可喜可贺的。

最终我们总会穷途末路，就如牛顿最终打住在"一个针尖上能站多少个天使"上一样。这不是失败的标志，这意味着我们到达了极顶。如果我们的路越走越顺、越走越宽，那我们可能没有把自己推到极致，取得本该取得的更大成就。

我们的同行者会越来越少，最终我们会来到人迹罕至的地方，成为一个独行者。不要停止。自古圣贤多寂寞，唯有"独行"留其名。求知若渴，虚心若愚，持续关注。到了硅谷，给我个电话；我也定期来中国，后会有期。我的个人微信和联系方式附后。

刘宝红 | Bob Liu

供应链管理专栏创始人 | 西斯国际执行总监

www.scm-blog.com | baohong@hotmail.com

电话：1 (510) 456 5568（美国）| 136 5127 1450（中国，微信同）

2025 年 6 月 8 日于硅谷

参考文献

[1] Business Forecast Systems, Inc. 的一系列文章和 Webinar（网络研讨会），在其网站 www.forecastpro.com。

[2] Institute for Business Forecasting & Planning 的一系列文章，在其网站 ibf.org 和 demand-planning.com。

[3] MAKRIDAKIS S, WHEELWRIGHT S C, HYNDMAN R J. Forecasting: methods and applications [M]. 3rd ed. New York: John Wiley & Sons Inc., 1997.

[4] HYNDMAN R J, ATHANASOPOULOS G. Forecasting: principles and practice [M]. 2nd ed. Melbourne: OTexts, 2018.

[5] JAIN C. Fundamentals of demand planning and forecasting [M]. Albany: Graceway Publishing, 2017.

[6] SILVER E A, PYKE D F, THOMAS D J. Inventory and production management in supply chains [M]. 4th ed. Boca Raton: CRC Press, 2017.

[7] 乔普拉. 供应链管理：英文版第7版 [M]. 北京：中国人民大学出版社，2021.

[8] 刘宝红. 供应链的三道防线：需求预测、库存计划、供应链执行 [M]. 2版. 北京：机械工业出版社，2022.

[9] 刘宝红. 采购与供应链管理：一个实践者的角度 [M]. 4版. 北京：机械工业出版社，2024.

㊀ 详细的参考文献以脚注的形式标明在正文了。这里把主要的罗列一下，帮助感兴趣者进一步参考阅读。

刘宝红供应链实践者丛书

书号	书名
978-7-111-75428-2	采购与供应链管理：一个实践者的角度 第4版
978-7-111-72591-6	供应链管理：高成本、高库存、重资产的解决方案 第2版
978-7-111-56439-3	供应链管理：实践者的专家之路
978-7-111-69543-1	供应链的三道防线：需求预测、库存计划、供应链执行 第2版
978-7-111-78435-7	需求预测和库存计划：一个实践者的角度 第2版
978-7-111-68112-0	供应链管理：重资产到轻资产的解决方案